Baedeker

Allianz Reiseführer

W0347666

Leipzig

Halle

www.baedeker.com

Verlag Karl Baedeker

TOP-REISEZIELE ★★

Ausgeprägtes Traditionsbewusstsein, Weltoffenheit und wegweisende neue Projekte prägen die Nachbar-Großstädte Leipzig und Halle. Beide haben ihren Besuchern besondere Höhepunkte zu bieten. Die Palette reicht von geschichtsträchtigen Kirchen über denkwürdige Plätze und Monumente bis zu einzigartigen Museen und viel besuchten Freizeiteinrichtungen.

★★ Altes Rathaus
Eines der bedeutendsten Renaissance-Bauwerke in Deutschland ► **Seite 155**

Nikolaikirche in Leipzig
Symbol der politischen Wende 1989

★★ Auerbachs Keller
Durch Goethes »Faust« unsterblich gewordenes Lokal ► **Seite 158**

★★ Augustusplatz
Zentraler Knotenpunkt von Leipzig mit dem Neuen Gewandhaus, der Oper, dem Mendebrunnen, der Universität u. v. m.
► **Seite 160**

★★ Gohliser Schlösschen
Einst Sommerpalais im Rokokostil, heute stilvoller Rahmen für Veranstaltungen
► **Seite 176**

★★ Grassi-Museen
Museales Dreigestirn mit den Bereichen Völkerkunde, angewandte Kunst und Musikinstrumente ► **Seite 178**

★★ Museum der bildenden Künste
Der Glas-Beton-Kubus am Sachsenplatz birgt eine der größten bürgerlichen Gemäldesammlungen. Sie reicht von deutscher und holländischer Malerei bis zur Leipziger Schule. ► **Seite 192**

★★ Naschmarkt
Besonderes Kleinod mit Goethe-Statue vor der barocken Alten Börse ► **Seite 214**

★★ Neues Gewandhaus
Heimstatt des weltberühmten Gewandhausorchesters ► **Seite 198**

★★ Neuseenland
Mustergültig rekultiviertes Braunkohlenabbaugebiet mit diversen Badessen, Freizeitpark BELANTIS und Kanupark Markkleeberg, einer der modernsten Wildwasseranlagen der Welt ► **Seite 205**

Unter den Schwibbögen des halleschen Stadtgottesackers
ruhen u. a. August Hermann Francke und Georg Friedrich Händels Familie.

DIE BESTEN BAEDEKER-TIPPS

Von allen Baedeker-Tipps in diesem Buch haben wir hier die interessantesten für Sie zusammengestellt. Erleben und genießen Sie die Städte Leipzig und Halle an der Saale von ihren schönsten Seiten!

! Historisches Leipzig
Eine gute Vorstellung vom Wandel in den letzten knapp 200 Jahren erhält man beim Blick auf die Stadtmodelle im Alten und im Neuen Rathaus. ► **Seite 52**

! Krug zum grünen Kranze
Gegenüber der Burg Giebichenstein, direkt am Ufer der Saale, liegt die Gaststätte, in die schon die Gebrüder Grimm und Joseph von Eichendorff gerne eingekehrt sind.
► **Seite 83**

! BELANTIS
Im größten Freizeitpark Ostdeutschlands kann man vielerlei Abenteuer erleben, z. B. eine Wildwasserfahrt durch Europas größte Pyramide. ► **Seite 92**

! »Hier schlafen Sie mit einem Original«
... so lautet der Werbeslogan für das Galerie-Hotel Leipziger Hof, in dessen Korridoren und Gästezimmern Gemälde von Leipziger Künstlern zu sehen sind.
► **Seite 102**

! Bummeln und shoppen im Trockenen
Dank ihrer Passagen kann man Leipzigs Innenstadt bei jedem Wetter erkunden. Die berühmteste ist übrigens die Mädler-Passage mit Auerbachs Keller.
► **Seite 132**

! Kulturinsel
Dem Schauspieler, Regisseur und späteren Tatort-Kommissar Peter Sodann ist dieser Komplex mit verschiedenen Theatern, Kulturtreffpunkten und Kneipen zu verdanken. ► **Seite 116**

! Spaß und Action
versprechen Power-Rafting oder ein Kajak-Training im Kanupark Markkleeberg.
► **Seite 123**

Der Saale-Radwanderweg
führt durch eindrucksvolle Landschaften vorbei an zahlreichen Burgen und Schlössern.

Zur Erinnerung an die Völkerschlacht
Alljährlich im Oktober treten historisch Uniformierte zu Gefechten an und beziehen Stellungen in der Gegend um die Torhäuser Markkleeberg und Dölitz.

Die Saale entlang
Vom Weinanbaugebiet Saale-Unstrut her kommend führt der Saale-Radwanderweg nordwärts durch Merseburg, bevor er Halles historische Innenstadt streift.
▸ **Seite 125**

Mit Boot und Gondel durch Plagwitz
– so lernt man auch die idyllischen Ecken von Leipzigs kreativem In-Viertel kennen.
▸ **Seite 142**

Straße der Romanik
An dieser beliebten Touristikroute liegen auch die Burg Giebichenstein und die Böllberger Kirche. ▸ **Seite 150**

Einkehren am Augustusplatz
Rund um Leipzigs größten Platz ist für jeden Geschmack etwas zu finden.
▸ **Seite 160**

Workshops und Geschenke
Interessante Mitmach-Angebote und einen bestens sortierten Museumsladen bietet das Museum für Druckkunst in Leipzig.
▸ **Seite 195**

Wendegeschichte
Diverse Führungen bringen den Besuchern die DDR, das Vorgehen der Stasi und die Ereignisse von 1989 nochmals nahe.
▸ **Seite 196, 213**

Unterwegs mit Bach und Schiller
Als historische Persönlichkeiten gewandete Guides führen durch ihr Leipzig.
▸ **Seite 226**

Motetten und Orgelvespern
Ein besonderer Genuss ist es, den Thomanerchor live in der Thomaskirche zu erleben. ▸ **Seite 231**

Zeitreise zur Völkerschlacht
Hunderte von historisch Uniformierten treffen sich jedes Jahr, um die Ereignisse im Oktober 1813 nachzustellen.
▸ **Seite 236**

Zauber des Saaletals
Einen Blick auf eines der berühmten Szenarien der Romantik bietet die Bergschenke in Halle. ▸ **Seite 246**

Lindenblütenfest
Eine Zeitreise ins historische Glaucha ...
▸ **Seite 251**

Händel-Festspiele
Musikliebhaber aus aller Welt zieht es im Juni nach Halle. ▸ **Seite 255**

HINTERGRUND

Keine Kunstinstallation – *die blauen Rohre wurden für das Großprojekt City-Tunnel errichtet und dienen zum Abtransport des Grundwassers.*
► **Seite 23**

PRAKTISCHE INFORMATIONEN

Leipziger Lerchen
Süße Köstlichkeit aus Mürbteig, Mandeln, Nüssen und Erdbeerkonfitüre
► **Seite 84**

Preiskategorien

Hotels
Luxus: über 150 €
Komfortabel: 70 – 150 €
Günstig: unter 70 €
(für eine Übernachtung im Doppelzimmer)

Restaurants
Fein & teuer: über 25 €
Erschwinglich: 15 – 25 €
Preiswert: unter 15 €
(für ein Hauptgericht)

TOUREN

Russische Gedächtniskirche
zur Erinnerung an die bei der Völkerschlacht 1813 gefallenen russischen Soldaten erbaut
▸ **Seite 237**

LEIPZIG VON A BIS Z

HALLE VON A BIS Z

nachdenken • klimabewusst reisen
atmosfair

Händel-Festspiele
in der Geburtsstadt des Barock-Komponisten
► **Seite 255**

Hintergrund

KURZ UND KNAPP, VERSTÄNDLICH GESCHRIEBEN UND RASCH NACHZUSCHLAGEN: WISSENSWERTES ÜBER DIE STÄDTE LEIPZIG UND HALLE, ZU GESELLSCHAFT, POLITIK UND WIRTSCHAFT, KUNST, GESCHICHTE UND ALLTAGSLEBEN.

ZWEI STÄDTE – EINE REGION

Nur 30 km beträgt die Distanz zwischen den Zentren der beiden Großstädte Halle und Leipzig. So unterschiedlich sie sich auch entwickelten – beide gehörten stets verschiedenen Herrschaftsbereichen an –, so lassen sich doch viele Gemeinsamkeiten feststellen.

Halle verdankt seine Entstehung dem »Weißen Gold«, dem über Jahrhunderte hier gewonnenen Salz. Auch war es lange Residenzstadt des Magdeburger Erzbischofs. Leipzig hingegen konnte sich als selbstbewusste Bürgerstadt an der Kreuzung wichtiger Fernhandelsstraßen Freiheiten für seine wirtschaftliche Entfaltung erkaufen und als privilegierte Messestadt zu Reichtum gelangen. Abwechslungsreich ist die Landschaft rund um die beiden Städte. Während sich um Leipzig Auwälder ausbreiten und vielerlei Wasserläufe das Gelände durchziehen, liegt Halle im breiten Tal der Saale mit seinen sanften, von romantischen Burgen gekrönten Hügeln. Und außerhalb der Stadtgrenzen, im ehemaligen Braunkohlenrevier, entsteht mit dem Neuseenland eine attraktive Freizeitregion.

Leipzig-Besucher *werden am Brühl mit comicartigen Figuren aus der Stadtgeschichte von Michael Fischer-Art begrüßt.*

Anhand vieler Baudenkmale aus verschiedenen Epochen lässt sich die Geschichte beider Städte nachvollziehen. Themenrouten wie die Straße der Romanik, die Weinstraße Saale-Unstrut und die Mitteldeutsche Straße der Braunkohle erschließen im Raum Halle – Leipzig über ein Jahrtausend Kultur-, Wirtschafts- und Technikgeschichte. Wehrhafte Burgen und ehrwürdige Kirchen liegen ebenso an der Strecke wie technische Denkmale und die derzeit »größte Landschaftsbaustelle Europas«, in der die Vision einer künftigen mitteldeutschen Seenplatte erkennbar wird.

Beide Städte haben bedeutende Barockmusiker hervorgebracht: Georg Friedrich Händel war ein Sohn Halles und laut Beethoven »der größte Komponist aller Zeiten«, Johann Sebastian Bach wirkte als Thomaskantor und Musikdirektor in Leipzig. Alljährlich im Juni finden ihnen zu Ehren bedeutende Veranstaltungen statt: in Halle die Händel-Festspiele und in Leipzig das Bachfest. Auch der Einfluss der Reformation prägte die Region und ihre Menschen. Geschichte gemacht hat man zuletzt im Oktober 1989, als Leipzig zur »Stadt der friedlichen Revolution« wurde und als auch in Halle gewaltfreie Proteste zum Sturz des DDR-Regimes beitrugen.

Fassaden aus der Gründerzeit
im Waldstraßenviertel im Nordwesten Leipzigs

Freisitz
nennt man hierzulande jede Gelegenheit, unter freiem Himmel zu essen und zu trinken.

Buch- und Verlagsstadt
ist Leipzig seit Jahrhunderten.

Gose
In Leipzig und Halle gleichermaßen beliebte Bierspezialität

Besuchermagnet in Halle
Ein Zimmer ganz aus Schokolade

Stiftung Moritzburg
Spannender Dialog zwischen alten Burgmauern und moderner Architektur

Entwicklungen nach der Wende

Ab 1990 kam es in der Region zu tief greifenden Veränderungen. Die klassische Industriestruktur, die vor dem Zweiten Weltkrieg und in der Nachkriegszeit hauptsächlich von Chemie, Schwermaschinenbau und Braunkohlentagebau geprägt war, ist einer Neuorientierung auf zukunftsträchtige Bereiche gewichen. Ein Hallenser Beispiel bildet der »weinberg campus«, der als zweitgrößter Technologiepark in Ostdeutschland ein Netzwerk von der Forschung bis zur Produktion im Hochtechnologiebereich knüpft. Pendant dazu in Leipzig ist die »Bio-City«, in der sich v. a. mittelständische Unternehmen zusammengefunden haben. Die Umstrukturierung führte vorübergehend zu einem starken Anstieg der Arbeitslosenrate, der jedoch in jüngerer Zeit durch die Ansiedlung neuer Industrie- und Dienstleistungsbetriebe zum Stillstand gebracht werden konnte.

Sowohl in Halle als auch in Leipzig hat sich das Stadtbild in den letzten beiden Jahrzehnten wesentlich verändert – Historisches erstrahlt in neuem Glanz, Modernes ergänzt über Jahrhunderte Gewachsenes. Die Wohn- und Lebensverhältnisse haben sich wesentlich verbessert: So manche zu DDR-Zeiten errichtete Satellitenstadt wie Halle-Neustadt oder Leipzig-Grünau hat durch Sanierungsmaßnahmen an Lebens- und Wohnqualität gewonnen. Und an vielen Stellen sind moderne Einkaufs- und Dienstleistungszentren aus dem Boden geschossen. Es lohnt sich also, auf den Spuren der älteren und jüngeren Vergangenheit zu wandeln.

Außergewöhnlich *ist der Blick von den Hausmannstürmen der Marktkirche auf die Innenstadt von Halle.*

Zukunftsmusik?

Die demografische Entwicklung im Raum Leipzig/Halle mit der zunehmenden Überalterung der Bevölkerung und die weitere Abwanderung der jüngeren qualifizierten Einwohner in wirtschaftlich stärkere Regionen bringen auch Überlegungen hinsichtlich einer Vereinigung der beiden Großstädte ins Spiel. Schon im 19. Jahrhundert wollte man Leipzig mit Halle (und der Welt) durch einen schiffbaren Kanal zur Saale verbinden und trieb den Bau der Leipziger Westvorstadt voran. Als richtungsweisendes Zeichen wird die Neubaustrecke der S-Bahnlinie Leipzig–Halle verstanden.

Wie dem auch sei: Dank ihres reichen kulturhistorischen Erbes werden beide Städte lohnende Reiseziele bleiben.

Fakten

Wann wird der City-Tunnel in Leipzig in Betrieb genommen? Wo verlief die erste Fernbahnverbindung in Deutschland? Was bietet die »Costa Cospuda« Urlaubern? Wo hat die Nationale Akademie der Wissenschaften Leopoldina ihren Sitz?

Bevölkerung · Politik · Wirtschaft

Ballungsraum Leipzig – Halle

Zweitgrößte Bevölkerungskonzentration Ostdeutschlands

Die beiden nur knapp 30 km voneinander entfernten Großstädte Leipzig und Halle bilden den zweitgrößten Ballungsraum Ostdeutschlands, nicht nur hinsichtlich der Bevölkerungszahl, sondern auch hinsichtlich ihrer Wirtschaftskraft. In Leipzig leben 511 000 Menschen, in Halle an der Saale rund 231 000. Im gesamten Ballungsraum, dem Kernbereich der seit alters her relativ dicht besiedelten Leipziger Tieflandsbucht, wohnen rund 1,5 Mio. Menschen.
Fasst man diesen Raum hinsichtlich seiner engen wirtschaftlichen und verkehrstechnischen Verflechtungen etwas weiter, so kommt man auf einen rund 6000 km² umfassenden Verdichtungsraum mit rund 2 Mio. Einwohnern, den man zu DDR-Zeiten als Industrieregion Halle – Leipzig bezeichnet hat. Dieser reicht von der Saale im Westen bis zum Muldental östlich von Leipzig sowie von der Dübener Heide im Norden bis ins Mittelsächsische Hügelland und ins Vorland des Erzgebirges.
Der Ballungsraum Leipzig – Halle, der den südöstlichen Zipfel des Bundeslands Sachsen-Anhalt und den nordwestlichen Teil des Freistaats Sachsen einnimmt, ist Teil der polyzentrischen Europäischen **Metropolregion Sachsendreieck**, die auch die Ballungsräume Dresden und Chemnitz – Zwickau einschließt und in der insgesamt rund 3,5 Mio. Menschen leben.

? WUSSTEN SIE SCHON ...?

- ... wer Hallenser, Halloren und Hallunken sind? Halloren waren die Salzarbeiter, die ursprünglich auf der »Halle«, lebten. Als Hallenser wurden die Händler und Bürger bezeichnet, die um den heutigen Marktplatz, gelebt und mit Salz gehandelt haben. Hallunken mussten sich die Bewohner der heruntergekommenen Vorstadt Glaucha nennen lassen. Heutzutage werden die in Halle geborenen Menschen als Hallenser bezeichnet, während hingegen die Zugezogenen scherzhaft Hallunken genannt werden.

Bevölkerungsentwicklung

Die Lage in einem recht fruchtbaren Schwarzerdegebiet, das schon früh eine ertragsstarke Landwirtschaft begünstigte, und reiche Braunkohle-Vorkommen, die den raschen Aufbau einer florierenden chemischen Industrie ermöglichten und wichtigster Energieträger waren, sorgten in beiden Städten für ein rasches Anschwellen der Bevölkerungszahlen.

◄ Leipzig

In Leipzig zählte man schon 1792 knapp 30 000 Einwohner. Zwischen den Weltkriegen stieg die Einwohnerzahl auf 719 000, sank aber kriegsbedingt 1945 auf 584 000. Nach der Wende ging es erneut bergab auf 493 000 im Jahr 2000. Seither nimmt die Bevölkerungszahl wieder zu und liegt gegenwärtig bei 511 000.

← *Eines der bekanntesten Leipzig-Motive: die Goethe-Statue am Naschmarkt*

Halle ► Nicht ganz so rasant wie in Leipzig verlief die Bevölkerungsentwicklung in Halle an der Saale. Hier zählte man erst im Jahre 1841 etwa 28 000 Einwohner. In den 1890er-Jahren wurde Halle Großstadt mit mehr als 100 000 Einwohnern. In den 1960er-Jahren wurde westlich der Kernstadt die eigenständige Wohnsiedlung Halle-Neustadt aufgebaut und 1990 mit der alten Stadt an der Saale vereinigt, sodass Halles Bevölkerungszahl mit knapp 317 000 ihren historischen Höchststand erreichte. Danach verlor die Großstadt an der Saale rund 80 000 Einwohner. Mittlerweile ist die Abwanderung abgeebbt. Halle ist mit heute 231 000 Einwohnern die größte Stadt in Sachsen-Anhalt.

Religionszugehörigkeit Etwa ein Drittel der Bevölkerung bekennt sich zu einer Konfession, die meisten zur evangelisch-lutherischen, einige zur römisch-katholischen Kirche. Ferner gibt es in beiden Städten wieder jüdische Gemeinden mit jeweils mehreren Hundert Mitgliedern und weitere kleinere Religionsgemeinschaften.

Ausländer Im Vergleich zu westdeutschen Großstädten leben hier verhältnismäßig wenig Ausländer. In Leipzig beträgt der Ausländeranteil derzeit etwa 6 %, in Halle nur knapp 4 %. Die größten Gruppen bilden Vietnamesen, Ukrainer, Russen, Polen und Ungarn.

Zwei Oberzentren

Leipzig Die kreisfreie Großstadt Leipzig ist eines der sechs Oberzentren im Freistaat Sachsen. An der Spitze der Stadt steht seit 2006 Oberbürgermeister Burkhard Jung (SPD). Die drei größten Fraktionen des zuletzt 2009 gewählten Stadtrats sind etwa gleich stark und werden von CDU, Die Linke und SPD gebildet.

Halle Die ebenfalls kreisfreie Großstadt Halle ist eines der drei Oberzentren im Bundesland Sachsen-Anhalt. Oberbürgermeisterin ist seit 2007 Dagmar Szabados (SPD). Die größten Fraktionen im Stadtrat stellen die CDU, die Linken und die SPD.

Wirtschaftlicher Kernraum

Altes Kulturland Der Ballungsraum Leipzig – Halle ist zugleich auch der Kernraum der **Leipziger Tieflandsbucht**, die sich vom Südosten des Bundeslandes Sachsen-Anhalt bis in den Freistaat Sachsen erstreckt und den am weitesten nach Süden ragenden Ausläufer des eiszeitlich geprägten Norddeutschen Tieflands bildet.

Sie wird im Süden und Südosten vom Mittelsächsischen Hügelland begrenzt und geht im Westen und Südwesten in die Saale-Unstrut-Region über. Fruchtbare humus-reiche und kalkhaltige **Schwarzerde** bzw. Lössböden ermöglichen bis heute einen ertragreichen **Anbau von Getreide und Zuckerrüben**.

Zahlen und Fakten Leipzig Halle

Lage

- Leipziger Tieflandsbucht (Teil des Norddeutschen Tieflands)
- 51° 40' – 51° 10' nördlicher Breite
- 11° 50' – 12° 30' östlicher Länge

Fläche

- Leipzig: 297 km²
- Halle: 135 km²
- Ballungsraum Leipzig – Halle: ca. 6000 km²

Höhe

- Leipzig: 91 – 155 m ü. d.M.
- Halle: 71 – 136 m ü. d. M.

Bevölkerung

- Leipzig
  Einwohnerzahl: 511 000
  Bevölkerungsdichte: 1717 Einw./km²
- Halle: 231 000
  Bevölkerungsdichte: 1739 Einw./km²
- Ballungsraum Leipzig – Halle: 1,5 Mio.

Wirtschaft

- Bruttoinlandsprodukt pro Erwerbstätigem: ca. 48 000 Euro (2007)
- Beschäftigte: 446 000 (2007)
- Beschäftigtenstruktur:
  – Land- und Forstwirtschaft: 0,5 %
  – Baugewerbe: 5,5 %
  – Produzierendes Gewerbe: 7 %
  – Handel, Gastgewerbe, Verkehr: 27 %
  – Öffentliche und private Dienstleistungen, Finanzen: 60 %
- Arbeitslosenrate:
  – Halle 13,4 % (April 2009)
  – Leipzig 15,4 % (April 2009)

Verkehr

- Flughafen Leipzig/Halle
  2,5 Mio. Passagiere (2008)
  Luftfracht: 442 000 t
- Leipzig Hauptbahnhof
  (ICE, EC, IC, RE, RB, S-Bahn)
  150 000 Reisende pro Tag
- Halle Hauptbahnhof
  (IC, RE, RB, S-Bahn)
- S-Bahn Halle – Leipzig
  – 5 Linien
  – 57 Stationen
- Hallesche Verkehrs-AG
  – 15 Straßenbahnlinien
  – 23 Buslinien
  – 58 Mio. Fahrgäste p. a.
- Leipziger Verkehrsbetriebe
  – 14 Straßenbahnlinien
  – 62 Buslinien
  – 124 Mio. Fahrgäste p. a.
- Hafen Halle (Saale-Hafen Trotha) zugänglich für Europaschiffe

Tourismus

- Leipzig: 1,9 Mio. Übernachtungen / Jahr (2008)
- Halle: 0,4 Mio Übernachtungen / Jahr (2008)

Urbanisierung und Industrialisierung

Noch bis weit ins 19. Jh. hinein gab es rund um Leipzig und Halle großflächige Auwälder entlang der Flüsse Saale, Weiße Elster, Pleiße und Mulde. Mit der fortschreitenden Urbanisierung und Industrialisierung wurden jedoch zwischen Saaletal und Dübener Heide große

Flächen abgeholzt und durch Drainagen bzw. Kanäle trockengelegt. Nun konnte man neue Siedlungen und Industrieanlagen sowie die zugehörige Verkehrsinfrastruktur anlegen und die reichen Braunkohlenvorkommen der Gegend erschließen.

Braunkohlentagebau und Folgeindustrien

Bereits Ende des 14. Jh.s hat man wenige Kilometer westlich von Halle Braunkohle abgebaut. Stark forciert wurde der Braunkohlenbergbau im Mitteldeutschen Revier um Halle und Leipzig nach dem Ersten Weltkrieg, seit Braunkohle nicht mehr nur als Heizmaterial diente, sondern auch als Basis für Treibstoffe und diverse Grundstoffe wie Teer, Pech und Schwefel für die im Aufbau befindliche chemische Industrie. Im Dritten Reich erlebte die auf Kohle basierende chemische Industrie eine erste Blüte mit den südlich von Halle gelegenen seinerzeit hochmodernen Standorten Leuna und Buna-Schkopau. Zu DDR-Zeiten wurde der Braunkohlentagebau weiter vorangetrieben. Der Universalrohstoff fand Verwendung als Energieträger und als Kohlenstofflieferant in der **Metallurgie** und **chemischen Industrie** (u.a. zur Reifenherstellung und Kunststoffproduktion). Die Stadt Halle entwickelte sich zur ostdeutschen Chemie-Metropole. Nach der Wende hat der US-Konzern Dow Chemical mehrere Milliarden Dollar in Schkopau, Leuna, Böhlen und Teutschenthal investiert, um dort weiterhin Kunststoffe (u.a. den Glasersatz PET) zu produzieren.

Umweltprobleme ►

Allerdings war das Verbrennen von Braunkohle in Kraftwerken und im Hausbrand sowie das Verschwelen in der chemischen Industrie mit erheblichen Umweltbelastungen verbunden. Kohleverschwelungswerke wie in Espenhain südlich von Leipzig stießen täglich gewaltige Mengen Asche, Ruß, Phenole und Schwefelwasserstoff aus, die der Gesundheit der Bevölkerung sehr zusetzten.

Kohleverstromung ►

Nach der Wende von 1989 kam es zu einem abrupten Strukturbruch in der auf Braunkohle basierenden Wirtschaft. Feste Brennstoffe fanden immer weniger Verwendung als Hausbrand und wurden rasch durch Öl und Erdgas ersetzt. Stattdessen wurde die Braunkohle verstärkt zur Stromgewinnung verwendet. Alte Kohlekraftwerke ersetzte man durch effektiv und umweltgerecht arbeitende moderne Anlagen. Heute lagern im Raum Halle – Leipzig noch rund **10 Milliarden Tonnen Braunkohle**, von denen derzeit jährlich etwa 20 Millionen Tonnen abgebaut werden.

Rekultivierung von Braunkohlentagebauen ►

Bereits zu DDR-Zeiten, verstärkt jedoch seit der Wende, sind zahlreiche Braunkohlentagebaue und -veredlungsbetriebe aus ökologischen und ökonomischen Gründen aufgelassen bzw. stillgelegt worden. Stattdessen wurden umfangreiche Rekultivierungsmaßnahmen in die Wege geleitet. Wo vor wenigen Jahren noch tiefe Löcher gähnten und wenig schöne Abraumkippen das Bild prägten, liegen heute beliebte Badeseen wie der **Goitzschesee** bei Bitterfeld, der **Cospudener See** (»Costa Cospuda«) bzw. die Gewässer im **Leipziger Neuseenland** südlich der Stadt. Sie werden inzwischen von Wassersportlern und Erholungssuchenden aus nah und fern geschätzt.

Neben der chemischen Industrie konnten sich im Raum Halle – Leipzig auch eine Reihe weiterer Industriezweige etablieren. Da wären beispielsweise die **Salzgewinnung** und der Salzhandel in Halle zu nennen. Dieser Wirtschaftszweig erlosch jedoch mit dem Versiegen der Salzquellen im Jahre 1964. Die Zuckerrüben- und Getreidefelder der Region waren und sind die Rohstoffbasis für die **Zuckerfabriken**, die **Süßwarenindustrie** und die **Nährmittelindustrie**. Bis heute werden die süßen Leckereien der bereits 1804 gegründeten Hallenser Schokoladenfabrik »Halloren«, einer der ersten ihrer Art in Deutschland, geschätzt. Die ebenfalls in Halle hergestellten »Kathi-Backmischungen« sind bis heute ein Begriff.

Weitere Industriezweige

Auch der **Apparate-, der Maschinen- und der Fahrzeugbau** haben in der Region Tradition. In Ammendorf bei Halle wurde die erste Brikett-Presse der Welt konstruiert und von 1903 bis 2005 Schienenfahrzeuge gebaut. Größter Industriebetrieb in Halle ist die Pumpen- und Armaturenfabrik KSB, die auch Entsalzungsanlagen herstellt. Ein Brennpunkt des Fahrzeugbaus ist heute Leipzig, wo neben Schienenfahrzeugen (bes. Straßenbahnen) auch Automobile der Marken Porsche (seit 2002) und BMW (seit 2005) gebaut werden. Die Leipziger Firmen Tenova TAKRAF und Kirow stellen Bergbau-Ausrüstungen und Mobilkräne her.

Handelsmetropole Leipzig

Leipzig ist als Handelsplatz entstanden und erhielt bereits 1165 das Stadtrecht und Marktprivilegien. 1497 verlieh Kaiser Maximilian I.

Die neue Messe von oben: Das Doppel-M, einst Symbol für Mustermesse, steht heute für »Messen nach Maß«.

das Messeprivileg. Seitdem entwickelte sich Leipzig zu einem Handels- und **Messeplatz** von europäischem Rang. 1895 fand hier die **erste Mustermesse der Welt** statt. Bis zum Ausbruch des Zweiten Weltkrieges war Leipzig die weltweit tonangebende Messestadt. Auch zu DDR-Zeiten konnte Leipzig seine führende Stellung als Messeplatz zumindest im Bereich der Ostblockstaaten halten. 1996, also nach der Wende, konnte ein **neues Messegelände** eröffnet werden, das Leipzig wieder zu einem bedeutenden Messeplatz in Europa werden ließ (►Baedeker Special S. 28).

Energiebörse ► Strom, Kohle, Gas und Kohlendioxid-Zertifikate werden an der **European Energy Exchange** in Leipzig gehandelt. Sie ist die größte Energiebörse Europas.

Verlagsstadt ► Leipzig hat eine lange Tradition als Stadt der Bücher. Viele namhafte Verlage wurden hier gegründet, waren oder sind bis heute hier ansässig. Große Namen wie Baedeker (►Baedeker Special S. 46), Brockhaus, Reclam, Teubner etc. belegen dies.

Tourismus Leipzig und Halle sind dank ihrer interessanten Geschichte, ihrer vielen Sehenswürdigkeiten und ihres vielfältigen Freizeitangebots beliebte Städtereiseziele. 2007 zählte man in beiden Städten zusammen ca. 2 Mio. Übernachtungsgäste (davon etwa 10 Prozent aus dem Ausland. v. a. aus den USA, Japan, Großbritannien und den Niederlanden) und mehrere Millionen Tagesbesucher. Die durch den Tourismus generierten Umsätze beliefen sich auf weit über 1 Mrd. Euro.

Wissenschaft und Forschung

Universitäten und Forschungsinstitute Die Hochschulregion Halle – Leipzig wird geprägt von den Lehr- und Forschungsstätten der beiden geschichtsträchtigen Universitäten Leipzig und Halle-Wittenberg. Zahlreiche renommierte Forschungsinstitutionen sind hier angesiedelt.

Halle ► Die Universität Halle wurde 1694 gegründet und entwickelte sich rasch zu einem Zentrum der deutschen Aufklärung. 1817 wurde sie mit der Universität Wittenberg vereinigt. Seit 1933 heißt sie Martin-Luther-Universität Halle-Wittenberg.

International stark beachtete Forschungsschwerpunkte in Halle sind derzeit die Materialwissenschaften, die Biotechnologie und die Nanotechnologie. Der neue Wissenschafts- und Innovationspark in Halle mit seinem Weinberg Campus genießt einen vorzüglichen Ruf. Halle ist Sitz der Nationalen Akademie der Wissenschaften Leopoldina, der ältesten ihrer Art in Deutschland, der auch etliche Nobelpreisträger angehören.

Eine Besonderheit in Halle sind die 1695 gegründeten ► Franckeschen Stiftungen mit diversen christlichen, sozialen, pädagogischen, kulturellen und wissenschaftlichen Einrichtungen, die auch ein Kunst- und Naturalienkabinett und eine barocke Kulissenbibliothek umfassen. Ferner ist noch die renommierte Hochschule für Kunst und Design Halle auf Burg Giebichenstein hervorzuheben.

◄ Leipzig

Die 1409 gegründete Universität Leipzig ist die zweitälteste auf deutschem Boden. Hier haben u. a. Leibniz, Goethe, Lessing und Nietzsche studiert. Der Leipziger Universität mit ihren 14 Fakultäten sind u. a. das Herder-Institut sowie das einzigartige Deutsche Literaturinstitut angegliedert. Weitere renommierte Hochschulen sind die Hochschule für Grafik und Buchkunst, die Hochschule für Musik und Theater »Felix Mendelssohn Bartholdy«, die Hochschule für Technik, Wirtschaft und Kultur sowie die Handelshochschule. Einen hervorragenden Ruf genießen ferner das Leipziger Max-Planck-Institut für Kognitions- und Neurowissenschaften, das Fraunhofer Institut für Zelltherapie und Immunologie sowie das Helmholtz-Zentrum für Umweltforschung. Außerdem ist Leipzig Standort der Deutschen Nationalbibliothek (früher: Deutsche Bücherei) und ab 2010 auch des Deutschen Musikarchivs.

Verkehrsdrehkreuz Halle – Leipzig

Straßenkreuz

Seit alters her ist das Gebiet Halle – Leipzig Durchgangsraum. Im Mittelalter kreuzten sich hier wichtige Handelswege, heute treffen stark befahrene Autobahnen und Fernstraßen aufeinander. Bekanntestes Symbol ist das Schkeuditzer Autobahnkreuz zwischen Halle und Leipzig, Europas erstes Autobahnkreuz, das bereits 1936 eröffnet wurde. Um beide Großstädte hat man in den letzten Jahren einen doppelten Autobahnring angelegt, der als sog. Mitteldeutsche Schleife die Verbindung zu benachbarten Ballungsräumen herstellt.

Eisenbahnknoten

Mit dem größten Kopfbahnhof Europas ist Leipzig einer der am stärksten frequentierten Bahnknoten Deutschlands sowohl im ICE- und Fernverkehr als auch im Regionalverkehr. Täglich werden hier rund 150 000 Reisende abgefertigt. Auch der kürzlich sanierte Hauptbahnhof von Halle ist gut ins deutsche Eisenbahnnetz eingebunden. Allerdings halten hier keine ICEs. Seit 2004 sind die S-Bahn-Netze der beiden Städte Leipzig und Halle miteinander verbunden. 2012 wird in Leipzig der neue City-Tunnel eröffnet, in dem alle S-Bahn-Strecken des Ballungsraums Halle – Leipzig gebündelt werden.

? WUSSTEN SIE SCHON ...?

- ... dass die erste Fernbahnverbindung Deutschlands bereits 1839 entstand? Damals wurde die Strecke Leipzig – Dresden in Betrieb genommen.

Luftdrehkreuz

Der genau auf halbem Wege zwischen den beiden Großstädten am Schkeuditzer Autobahnkreuz gelegene Flughafen Leipzig/Halle ist gut in das innerdeutsche Linienflugnetz eingebunden. Überragende Bedeutung als Luftdrehkreuz hat der Flughafen seit 2008 im Luftfrachtverkehr, seit hier die DHL International, ein Tochterunternehmen der Deutschen Post AG, ihren wichtigsten Hub in Europa zusammen mit Lufthansa Cargo in Betrieb genommen hat.

Geschichte

Was geschah bei der Leipziger Disputation? Welcher Schwedenkönig starb in der Nähe des zwischen Leipzig und Halle gelegenen Ortes Lützen? Wer sind die Halloren? Welche Neuerungen brachte die Mustermesse? Wie verliefen die Tage der friedlichen Revolution?

Die Anfänge bis zum 15.Jh.

1015	Erste Erwähnung der »urbs Libzi«
um 1165	Verleihung von Stadtrecht und Marktprivileg
1212	Gründung des Augustiner-Chorherrenstifts St. Thomas
1409	Gründung der Universität Leipzig

Erste Siedlungsspuren in der Jungsteinzeit

Grabungen in jüngster Zeit belegen eine Besiedlung des heutigen Leipziger Stadtkerns bereits in der Jungsteinzeit. Ab dem 7. Jh. rückten im Verlauf der Völkerwanderung slawische Bauern auf das von germanischen Stämmen bewohnte Gebiet vor. Um 800 existierte an der Pleiße die Siedlung **Lipzk** (Lipa – dt. Linde), deren Bewohner von Fischfang und Landwirtschaft lebten. Als das Heilige Römische Reich unter Sachsenkönig Heinrich I. nach Osten expandierte, wurde zum Schutz der Furten durch Parthe, Pleiße und Elster die »urbs Libzi« errichtet.

Erste Erwähnung und Verleihung des Stadtrechts

Im Jahr 1015 nannte Bischof Thietmar von Merseburg eine **»urbs Libzi«** in seiner Chronik. 1165 erhielt Leipzig das Stadtrecht und das erste Marktprivileg durch Markgraf Otto den Reichen von Meißen.

Von der Stadtgründung bis zur Universitätsstadt

Günstig für die Entwicklung Leipzigs war die Lage **an der Kreuzung von zwei Handels- und Heerstraßen**: in West-Ost-Richtung verlief die via regia von Frankfurt a. M. über Merseburg nach Leipzig und weiter nach Osten über Grimma und Görlitz bis Breslau, von wo aus Verbindungen bis ins Moskowiterreich bestanden. Von Italien über Nürnberg führte die Reichsstraße via imperii durch die heutige Innenstadt und weiter über Halle und Magdeburg bis zur Nordsee.
1212 stiftete Markgraf Dietrich der Bedrängte das Augustiner-Chorherrenstift **St. Thomas**, womit die Geschichte der Thomaskirche und des Thomanerchors ihren Anfang nahm.
Mit der Herausbildung eines städtischen Bürgertums aus Handwerkern und Kaufleuten gingen Bestrebungen einher, den jeweiligen Landesherren mehr Unabhängigkeit abzutrotzen. Ständig kam es zu Auseinandersetzungen, sodass der Markgraf 1217 drei Zwingburgen errichten ließ und der Stadt bereits zugesagte Privilegien verweigerte. Nach Dietrichs Tod 1221 wurden zwei der Burgen wieder abgerissen. Lediglich der Vorgängerbau der **Pleißenburg** (►Neues Rathaus) blieb erhalten. An der Abrissstelle am Grimmaischen Tor (► Augustusplatz) bauten Dominikanermönche ihr Kloster und die Paulinerkirche. Anstelle der Burg am Ranstädter Tor entstand ebenfalls eine Klosteranlage.

← Seit 1857 markiert der Napoleonstein den Ort, wo der Kaiser der Franzosen 1813 bei der Völkerschlacht seinen Befehlsstand hatte.

Dietrich von Landsberg, der ab 1262 herrschte, sorgte für das weitere Gedeihen des Handels, indem er Schutzbriefe für Kaufleute auch aus feindlichen Ländern ausstellte. 1273 verkaufte er das **Münzrecht** an die Stadt Leipzig, sodass hier bis in das 18. Jh. hinein eine Münzstätte existierte. Ein erster Bürgermeister wurde 1292 als »consulum magister« erwähnt. Ab 1301 übernahm er zusammen mit einem 12- bis 15-köpfigen Rat die Stadtregierung. Mit der **Gründung der Universität** 1409 durch Professoren und Studenten, die die Prager Karls-Universität aus Protest gegen den tschechischen Nationalismus verlassen hatten, begann für Leipzig eine neue geistige Ära als Universitätsstadt. Unterstützt wurde die neue Alma mater von Markgraf Friedrich IV., Papst Alexander V. steuerte die Genehmigung bei. Durch die 1485 unterzeichnete Leipziger Teilung fiel die Stadt zusammen mit den östlichen Wettiner Besitzungen der albertinischen Linie zu.

Frühe Neuzeit

1497	Kaiserliches Messeprivileg
1519	Disputation auf der Pleißenburg
1539	Einführung der Reformation in Leipzig
1618–1648	Dreißigjähriger Krieg: 1632 fällt der schwedische König Gustav II. Adolf in der Schlacht bei Lützen
1650	In Leipzig erscheint die erste Tageszeitung der Welt.
1694–1733	Herrschaft August des Starken

Messeprivileg ebnet den Weg zur Reichsmessestadt

Ein Meilenstein auf dem Weg Leipzigs zum führenden Handelsplatz bildete das 1497 von **Maximilian I.** ausgehändigte **Messeprivileg**. Das Dokument erhob die dreimal jährlich in Leipzig abgehaltenen Märkte zu Reichsmessen und legte fest, dass in keinem der fünf Leipzig umgebenden Bistümer ein weiterer Markt stattfinden durfte. Zehn Jahre später wurde das Privileg um die sog. Stapelgerechtigkeit erweitert, die besagte, dass Kaufleute im Umkreis von 15 Meilen (rd. 115 km) ihre Waren nach Leipzig zu bringen und feil zu bieten hatten. Damit erreichte die Handelsstadt eine privilegierte Vorrangstellung u. a. gegenüber Halle, Naumburg und Erfurt. Um ganz sicher zu gehen, ließen sich die Leipziger dieses Privileg durch Papst Leo X. 1514 nochmals bestätigen.

Reformation in Leipzig und Sachsen

Der Leipziger Dominikanerpater **Johannes Tetzel** war von Papst Leo X. als Generalsubkommissar für den Ablasshandel im gesamten mitteldeutschen Raum eingesetzt worden. Nach dem Thesenanschlag Martin Luthers (► Berühmte Persönlichkeiten) 1517 in Wittenberg wagte es Tetzel kaum noch, das Paulinerkloster zu verlassen, da die Leipziger Kaufmannschaft für die neue Lehre Sympathien hegte. Der

Leipziger Disputation zwischen dem katholischen Theologen Johannes Eck und Martin Luther auf der Pleißenburg

Landesherr Herzog Georg der Bärtige, ein überzeugter Katholik, befürwortete den Ablasshandel nicht, wollte aber mehr über die Reformatoren erfahren und lud sie nach Leipzig zu einem theologischen Streitgespräch, blieb aber dennoch bis zu seinem Tod ein Gegner der Reformation. Erst durch seinen Bruder Heinrich den Frommen wurde in Leipzig zu Pfingsten 1539 die **Reformation** mit einer Predigt Martin Luthers in der Thomaskirche eingeführt.

◄ Leipziger Disputation

Schmalkaldischer und Dreißigjähriger Krieg

Als Kaiser Karl V. zum Krieg gegen den Schmalkaldischen Bund rüstete, verbündete sich der evangelische Landesherr Herzog Moritz mit den katholischen Kaiserlichen gegen den Kurfürsten Johann Friedrich von Sachsen. Leipzig war als reichste Stadt des Herzogtums Angriffsziel der kurfürstlichen Truppen, weswegen 1546 in aller Eile die Verteidigungsanlagen ausgebaut wurden. Trotz Belagerung und schwerer Schäden durch Geschosse hielt die Stadt stand. Ab 1553 regierte Kurfürst August. In Leipzig setzt eine rege Bautätigkeit ein, u. a. wurde das Alte Rathaus erbaut.

Im Dreißigjährigen Krieg (1618 – 1648) wurde Leipzig 1631 nach Belagerungen und ersten Zerstörungen kampflos dem Heer des **Feldherrn Tilly** übergeben, um dem Schicksal von Magdeburg, das völlig niedergebrannt worden war, zu entgehen. Im gleichen Jahr erlitt Tilly in der **Schlacht bei Breitenfeld** eine erste Niederlage, die eine Wende im Krieg darstellte. Nach erneuter Belagerung durch kaiserliche Truppen 1632 bei Lützen (Ausflugsziele S. 150) errangen die Schweden unter **König Gustav Adolf**, der bei diesem Kampf fiel, den nächsten Sieg. Dennoch blieb Leipzig vorerst besetzt. Obwohl Krieg und Besatzungen Leipzig über 1 Mio. Taler gekostet hatten, konnte die Stadt nach dem Abzug der Besatzungstruppen bald mit dem Wiederaufbau beginnen. Mit der 1650 erschienenen ersten Tageszeitung der

◄ weiter auf S. 30

Schon im Mittelalter trafen sich Händler und Käufer auf dem Marktplatz vor dem Rathaus.

LEIPZIG IST MESSE ...

... Messe ist Leipzig – so könnte das Motto lauten, unter dem die Stadt bis heute lebt. Bereits seit dem Mittelalter profitierte der alte Warenumschlagsplatz an der Pleiße von seiner Lage am Schnittpunkt wichtiger Fernhandelswege. Und stets hat es Leipzig verstanden, seine Vorrangstellung als Messeplatz zu behaupten.

Schon im 11. Jh. wurde an der Pleiße ein reger Warenaustausch betrieben. Es entstand ein befestigter Handelsplatz, an dem bereits Ende des 12. Jh.s zwei wichtige **Jahrmärkte** im Frühling (Jubilatemarkt) und Herbst (Michaelismarkt) abgehalten wurden. Im 13. Jh. sprach man erstmals von Leipziger Kaufleuten, die mit Silber aus dem Erzgebirge handeln. Wenig später traten Pelzhändler aus dem Osten und Tuchhändler aus den Niederlanden auf den Plan. Im 14. und 15. Jh. wurde Leipzig zu einem überragenden Warenumschlagsplatz, dessen Verbindungen bis Riga, Nowgorod und Konstantinopel reichten.

Messe- und Stapelprivileg

Anno 1497 bekam Leipzig von Kaiser Maximilian I. das Reichsmesseprivileg und zehn Jahre später auch das kaiserliche Stapelprivileg verliehen. Dadurch wurde Leipzig zum **bedeutendsten Güterumschlagsplatz zwischen West- und Osteuropa**. Brennpunkte des Messegeschehens wurden die Alte Waage und das im Jahr 1501 für die Tuchhändler erbaute Alte Gewandhaus. Und bereits Ende des 16. Jh.s, also kurz nach der »Erfindung« des Buchdrucks durch Johannes Gutenberg, erschien in Leipzig der erste Messekatalog für Buchhändler.

Handelsplatz von Weltrang

Ab Ende des 17. Jh.s wurde Leipzig zu einem Handelsplatz von Weltrang, denn in der Stadt ließen sich Kaufleute aus Italien und Frankreich nieder, mit Russland gab es feste Handelsbeziehungen und der Handel mit der »Neuen Welt« kam in Gang. Nach den napoleonischen Kriegen boten in Leipzig auch Kaufleute aus Nord- und Südamerika sowie aus Indien ihre Waren an. Übrigens: 1765 begründeten 65 Verleger die erste deutsche Buchhandelsgesellschaft.

Leipziger Mustermesse

Mitte des 19. Jh.s verlor die reine Warenmesse an Bedeutung. Die industrielle Serienproduktion veränderte das Messewesen von Grund auf. Immer mehr Kaufleute und Handels-

Die Petersstraße zur Frühjahrsmesse 1929

vertreter erkannten, dass ein Muster einer Ware genügt, um lukrative Lieferverträge abzuschließen. Die **Mustermesse** entstand. Sie fand ab 1896 im neuen Städtischen Kaufhaus statt, dem ersten Messepalast der Welt, in dem ein »Zwangsrundgang« an allen Messeständen vorbeiführte.

Für eine erste internationale Bau-Fachausstellung erschloss man 1913 außerhalb der Innenstadt beim Völkerschlachtdenkmal ein neues Messegelände, auf dem nach dem Ersten Weltkrieg auch technische Großgeräte gezeigt wurden.

Universalmesse

Nach dem Zweiten Weltkrieg änderte sich der Charakter des Messegeschehens erneut. Von 1947 bis 1990 wurden im Frühjahr und Herbst Universalmessen abgehalten. Aussteller aus Ost und West zeigten hier ihre Neuheiten, die wiederum Besucher aus aller Herren Länder anzogen. Leipzig wurde vor allem aber zum **Schaufenster der DDR-Kombinate**, die hier ihre neuen Maschinen, Fahrzeuge und andere technische Großgeräte »live« präsentierten.

Neue Messe

Nach der deutschen Wiedervereinigung 1989/1990 wurde deutlich, dass das bisherige Messekonzept und auch die bestehende Messeinfrastruktur modernen Erfordernissen nicht mehr genügten. Die letzte Universalmesse fand 1991 statt. Ab 1993 entstand ein spektakuläres neues und zukunftsweisendes Messegelände im Norden von Leipzig nach den Plänen des Büros Gerkan, Marg und Partner, auf dem nunmehr zeitgemäße **Fach- und Besuchermessen** abgehalten werden können. Zur Eröffnung des neuen Messegeländes im März 1996 kamen über 220 000 Besucher. Einen Monat später wurde hier auch das hypermoderne **Congress Center Leipzig** (CCL) eingeweiht.

In der Messestadt setzte man nicht nur auf Tradition wie im Fall der Buchmesse, sondern hier wurden auch jetzt wieder neue Trends gesetzt. Die »Auto Mobil International (AMI)« wurde auf Anhieb die zweitwichtigste Ausstellung ihrer Art in Deutschland. Mit der 2002 erstmals veranstalteten »GC – Games Convention« gelang es der Messegesellschaft, Europas erste und einzige Fach- und Erlebnismesse rund um Info- und Edutainment sowie interaktive Unterhaltung zu etablieren. Auch mit neuen Messen zu den Themen Gesundheit und Pflege sowie Energietechnik hatte man in Leipzig von Anfang an Erfolg. Pro Jahr werden inzwischen über drei Dutzend Messen veranstaltet, die zusammen weit über eine Million Besucher anziehen.

Welt **»Einkommende Nachrichten«** traf der Drucker Timotheus Ritzsch den Nerv der Zeit. Einen herben Rückschlag erlitt Leipzig durch eine schwere Pestepidemie, die 1680 rund 2300 Opfer forderte – etwa jeden achten Stadtbewohner.

Herrschaft Augusts des Starken

Im Sommer 1694 begann ein neues, das »Augusteische Zeitalter«, für Sachsen der Höhepunkt der feudalen Herrschaftszeit. Leipzig gewann als der Ort, an dem mit exotischen Waren aus aller Welt gehandelt wurde, weiter an Bedeutung. Zu den Messen wurde daher in Leipzig häufig Hof gehalten. Bereits 1501 war die erste Wasserleitung und 1660 ein »Rathsmarktkehrer« zur Straßenreinigung eingeführt worden – und der Fortschritt hielt unter Bürgermeister Romanus (►Romanushaus) weiter Einzug: u. a. 1701 mit der ersten Stadtbeleuchtung und städtischen Sänftenträgern, einem Vorläufer des Nahverkehrs. Der Kurfürst bestätigte der Stadt alle Rechte, darunter freie Ratswahl, eigene Rechnungsführung, Münz- und Braurecht.

Ende und Anfang glanzvoller Zeiten

Mit dem Tod Augusts des Starken 1733 endete eine der kulturell und wirtschaftlich bedeutendsten Perioden des Kurfürstentums Sachsen. Während des Siebenjährigen Krieges (1756 – 1763) wurde die Stadt von Preußen besetzt. Nach dem Friedensschluss kam Friedrich Christian auf den kursächsischen Thron und sorgte für die wirtschaftliche Wiederbelebung des Landes und der Handelsstadt Leipzig. Da sich die Befestigungsanlagen als sinnlos erwiesen hatten, wurden sie an die Stadt übergeben, die bald mit der Gestaltung des heutigen ►Promenadenrings begann.

18. und 19. Jahrhundert

1813	Völkerschlacht bei Leipzig
1831	Wahl der ersten Stadtverordnetenversammlung
1839	Eröffnung der ersten Ferneisenbahnstrecke
1894	Übergang von der Waren- zur Mustermesse

Napoleonische Zeit und Völkerschlacht

Mit dem 19. Jh. begann eine neue Ära kriegerischer Auseinandersetzungen, wobei Sachsen diesmal auf preußischer Seite stand, als die Truppen Napoleons in der Schlacht bei Jena und Auerstedt im Oktober 1806 einen triumphalen Sieg feierten. Mit dem Friedensvertrag zwischen Frankreich und Sachsen wurde das Land im Dezember in den Rang eines Königreichs erhoben – Kurfürst Friedrich August III. regierte nun als König Friedrich August I. von Sachsen. Die sog. Franzosenzeit brachte aufgrund der Kontinentalsperre gegen England den hiesigen Kaufleuten so manchen Vorteil. Im Mai 1813 rückten erneut französiche Truppen ein, bis Napoleon, der am 14. Oktober in Leipzig eintraf, zur Entscheidungsschlacht gezwungen wurde. Die Völkerschlacht bei Leipzig war die größte und opferreichste Kampfhandlung in Mitteleuropa im 19. Jh.: Unzählige Tote säumten die Straßen, eilig wurden in öffentlichen Gebäuden und Kirchen Lazarette eingerichtet und noch bis in die Gegenwart stößt man bei Bauarbeiten auf Gräber von Gefallenen aus jener Zeit. In der Stadt lagen nach der Schlacht rd. 30 000 Verwundete und Kranke, also fast genau so viele, wie Leipzig Einwohner hatte. Die überlebenden 3000 sächsischen Soldaten waren am 18. Oktober auf die Seite der Napoleon-Gegner übergelaufen. Am folgenden Tag zog sich Napoleon mit noch 135 000 Mann seiner vor der Schlacht 210 000 Kämpfer zählenden Truppe zurück. Der sächsische König Friedrich August blieb in Leipzig und wurde gefangengenommen. Mehr als die Hälfte Sachsens wurde auf Beschluss des Wiener Kongresses preußisch.

? WUSSTEN SIE SCHON ...?

- ... was es mit den rund 50 Apelsteinen in und um Leipzig auf sich hat? Die ersten 44 der meist 1,5 m hohen Sandsteinsäulen ließ der Leipziger Schriftsteller Guido Theodor Apel 1861 bis 1864 aufstellen. Sie markieren Truppenstandorte, wobei die Stellungen der Verbündeten gegen Napoleon durch einen zugespitzten Stein und ein V, die napoleonischen mit einem runden Kopf und einem N markiert sind. Beispiele findet man an der Nordostecke des Zoos Richtung Gohlis und gegenüber vom Völkerschlachtdenkmal.

Vom Biedermeier bis zur Reichsgründung

Während der Restauration blieb der Leipziger Bürgerschaft zunächst nur der Rückzug ins Private. Die Verbote bis hin zur Pressezensur ließen die Messestädter 1830, inspiriert von der Julirevolution in Frankreich, protestierend auf die Straße gehen. Im Ergebnis wurde der verhasste sächsische Kabinettschef Graf Einsiedel abgelöst und eine **konstitutionelle Monarchie** ausgerufen. Der sächsische Prinz Friedrich August als Mitregent war durch die Verfassung, u. a. die Abschaffung des Feudalsystems, Gewerbefreiheit und **städtische Selbstverwaltung,** festgelegt.
Für die wirtschaftliche Entwicklung Leipzigs spielten der Beitritt zum Deutschen Zollverein 1833 und der Bau der ersten deutschen **Ferneisenbahn** von Leipzig nach Dresden eine wichtige Rolle. Die 130 km lange, 1839 eingeweihte Strecke zeichnete sich durch viele herausragende technische Leistungen beim Brücken- und Tunnelbau aus. Mit der 1840 nach Magdeburg führenden Strecke überquerte erstmals die Eisenbahn eine Landesgrenze. 1842 folgte die Strecke der Sächsisch-Bayerischen Staatseisenbahn nach Altenburg, wofür der Bayerische Bahnhof errichtet wurde, heute der älteste Kopfbahnhof Deutschlands. Zahlreiche öffentliche Gebäude wurden erbaut, die für den Fortschritt auf wirtschaftlichem, politischem, wissenschaftlich-technischem und kulturellem Gebiet wegweisend waren, u. a. das Augusteum der Universität, das Postgebäude am Augustusplatz, aber ebenso privatwirtschaftliche Unternehmen wie die größte deutsche Kammgarnspinnerei.

? WUSSTEN SIE SCHON ...?

- ... dass Leipzig das älteste Muster-Messehaus der Welt besitzt? Die Räumlichkeiten im Städtischen Kaufhaus (1894/96) waren so angelegt, dass jeweils ein Rundgang durch die gesamte Etage führte, der sich für Präsentationen der Waren optimal eignete. Bis in die 1930er-Jahre entstanden über 30 repräsentative Messehäuser, die auch »Messpaläste« genannt wurden, u.a. das Hansa-Haus und Specks Hof, die heute gemeinsam eine Einkaufspassage bilden, sowie die Mädler-Passage.

Verschiedene politische Gruppierungen entstanden, die den von Frankreich ausgehenden revolutionären Prozess unterstützten. 1863 wurde der Allgemeine Deutsche Arbeiterverein gegründet, die Vorgängerorganisation der Sozialdemokratischen Partei.

Zur Zeit der Reichsgründung 1871 zählte Leipzig bereits über 106 000 Einwohner. Es entstanden repräsentative Gebäude, darunter das Reichsgericht (heute Bundesverwaltungsgericht). Durch Vermächtnisse, Schenkungen und Legate wurden Einrichtungen für die Allgemeinheit geschaffen, darunter das Völkerkundemuseum, der Mendebrunnen, das Neue Konservatorium sowie der Johannapark. Mit der Eingemeindung mehrerer Vororte wuchs die Bevölkerungszahl bis zur Wende zum 20. Jh. auf über 450 000. Die Gründerzeit führte zu einem neuerlichen Bauboom und zur Entwicklung einer leistungsstarken Industrie. Dazu gehörten Firmen, die auch auf dem Weltmarkt für ihre Erzeugnisse bekannt wurden: Adolf Bleichert (Förderanlagen), Rudolf Sack (Landmaschinen), Karl Krause (Buchbindereimaschinen) sowie der auch heute noch bekannte Konzertflügelhersteller Blüthner.

20. Jahrhundert bis zur Wende

1913	Einweihung des Völkerschlachtdenkmals
1938	Reichspogromnacht
1945	Einmarsch amerikanischer Truppen am 18. April, Ablösung durch die sowjetische Armee am 2. Juli
1945	Erste Nachkriegsmesse
1953	Streiks und Demonstrationen gegen die SED-Regierung

Zwischen Blüte, Niedergang und Neuanfang

Als 1905 das Neue Rathaus unter Anwesenheit des letzten sächsischen Königs eingeweiht wurde, hatte die Halbmillionenstadt Leipzig ihre führende wirtschaftliche Stellung im Königreich gefestigt. Mit der Eröffnung des Messegeländes 1920 expandierte die wichtigste wirtschaftliche Basis der Stadt. Östlich vom Zentrum hatten sich Druckereien und Verlage etabliert. Weitere repräsentative Gebäude waren das **Völkerschlachtdenkmal** und die Russische Gedächtniskirche, der Hauptbahnhof, die Deutsche Bücherei und mehrere Messe-

3D-Grafik S. 235 ►

häuser. Nach dem Ersten Weltkrieg lebten hier mehr als 600 000 Menschen und die Zahl der Arbeitslosen wuchs.
Bis zur Machtergreifung der Nationalsozialisten war Leipzig das Zentrum des internationalen Pelzhandels. Die Kürschnerinnung, die 1925 bereits 500 Jahre bestand, hatte ihre Werkstätten am (damals) weltberühmten Brühl, in der Ritter-, Nikolai- und Reichsstraße. Da Pelzhandel und -verarbeitung jüdisch dominiert waren, begann ab 1933 der Niedergang dieser Branche in Leipzig. Die jüdische Gemeinde zählte Anfang der 1930er-Jahre rund 14 000 Mitglieder. Fast alle wurden in Konzentrationslagern ermordet, die teils bedeutenden und international renommierten Betriebe jüdischer Unternehmer enteignet bzw. geschlossen.
Zum erstenmal wurde Leipzig im Oktober 1943 bombardiert, im Dezember erfolgte der schwerste Bombenangriff, dem bis Kriegsende weitere folgten. Die Schäden sind teilweise heute noch sichtbar. Zerstört wurden fast 40 Prozent der Stadt, u. a. viele historische Ensembles in der Innenstadt, der Hauptbahnhof und ein Großteil der Messeeinrichtungen. Am Widerstand waren auch Leipziger beteiligt, darunter der ehemalige Oberbürgermeister Dr. Carl Friedrich Goerdeler, dem eine Gedenkstätte vor dem Neuen Rathaus gewidmet wurde. Am 18. April 1945 nahmen US-amerikanische Truppen Leipzig nahezu kampflos ein. Entsprechend dem Vertrag von Jalta wurden sie ab Juli von der sowjetischen Besatzung abgelöst.
Mit der Musterschau Leipziger Erzeugnisse versuchte man bereits im Oktober 1945 wieder an die Leipziger Messegeschichte anzuknüpfen.

! *Baedeker* TIPP

Spuren jüdischer Geschichte

Mit den bronzenen Stühlen als Sinnbild des Verlustes erinnert die Gedenkstätte an der Gottschedstraße (Nähe Centraltheater) an die 1938 zerstörte Synagoge. Deutschlandweit das erste jüdische Kultur- und Begegnungszentrum wurde 2009 im Ariowitsch-Haus im Wald-straßenviertel (Hinrichsenstr. 14, www.ariowitschhaus.de) eröffnet.

Leipzig wird die zweitgrößte Bezirkshauptstadt der DDR

Die Jahre bis zur Gründung der DDR im Oktober 1949 waren äußerst entbehrungsreich für die Bevölkerung, auch aufgrund der laufenden Reparationen an die Siegermacht Sowjetunion. 1952 wurden die Länder, also auch Sachsen, abgeschafft, und Leipzig zu einer von 15 Bezirkshauptstädten. Die schlechte Versorgungslage und die in den volkseigenen Betrieben laufend erhöhten Normen brachten das Fass im Juni 1953 zum Überlaufen. Beim Volksaufstand rollten auch in Leipzig sowjetische Panzer in die Innenstadt, um die Tumulte niederzuschlagen. Im Salzgässchen hinter der Alten Handelsbörse ist zum Gedenken daran ein Stück Panzerkette aus Bronze in den Gehweg eingelassen. Mit dem Bau der Mauer 1961 gewann die Leipziger Messe in ihrer Brückenfunktion zwischen Ost und West nicht nur wirtschaftlich an Bedeutung. Großbetriebe prägten mehr und mehr das wirtschaftliche Leben Leipzigs, z. B. der Schwermaschinenbau. Im späteren Kombinat TAKRAF wurden u. a. Maschinen für den innerbetrieblichen Transport, Kräne und Tagebau-Großgeräte herstellt. Neue und moderne Industriebetriebe entstanden, u. a. im Bereich Nachrichtenelektronik und Chemieanlagenbau. Der Verstaatlichungswelle privater Unternehmen 1972 konnten nur wenige entgehen. Besonders südlich von Leipzig wurde der Braunkohlentagebau forciert, um den Energie- und den Rohstoffbedarf der Chemieindustrie zu decken. Druckereien wurden zu volkseigenen Betrieben (VEB). Leipzig entwickelte sich zum bedeutendsten Standort der Polygrafie in der DDR: Hier wurden die meisten Bücher gedruckt, darunter auch eine Vielzahl von Schulbüchern für den Export in die Sowjetunion.

Vor allem durch die Messe nahm Leipzig in der DDR eine **gewisse Sonderstellung** ein, da sie sich zweimal im Jahr, im März und September, in eine weltoffene Stadt verwandeln konnte. Vor allem für den innerdeutschen Handel war die Leipziger Messe von ausschlaggebender Bedeutung, aber ebenso für den Warenaustausch mit dem größten Außenhandelspartner der DDR, der Sowjetunion.

Nach den Aufbaujahren verfiel die historische Bausubstanz zusehends. Mit der Zerstörung historischer Gebäude am Augustusplatz 1968 sollte der Stadt ein »sozialistisches Gesicht« gegeben werden. Das Wohnungsbauprogramm der DDR führte ab 1976 u. a. zur Entstehung der Plattenbausiedlung Grünau für 100 000 Menschen. In dem »Schlafstadt« genannten Stadtteil entstanden sowohl kommunale als auch genossenschaftliche Wohnungen. Für die Instandhaltung des Altbaubestands standen immer weniger finanzielle und materielle Mittel zur Verfügung, zumal Ressourcen für die Entwicklung Berlins, der Hauptstadt der DDR, abgezweigt werden mussten, sodass in Leipzig ganze Stadtbezirke allmählich verfielen.

1989 bis zur Gegenwart

1989	Friedliche Revolution
1990	Wiedervereinigung Deutschlands
1996	Eröffnung des neuen Messegeländes
2004	Der Flughafen Leipzig-Halle wird zu einem internationalem Drehkreuz der Posttochter DHL.
2009	Feierlichkeiten zu 20 Jahren Friedliche Revolution und 600 Jahren Universität

Politische Wende und Wiedervereinigung

Die Friedensgebete in der Nikolaikirche (► Baedeker Special S. 210) boten seit 1982 nicht nur Christen eine Möglichkeit, sich mit Gleichgesinnten zu treffen und kritisch zur bestehenden Ordnung des DDR-Staates zu äußern. Die wachsende Unzufriedenheit der Bevölkerung und eine Ausreisewelle über Botschaften in der Tschechoslo-

Am 9. Oktober 1989 zogen rund 70 000 Leipziger von der Nikolaikirche über den Augustusplatz auf den Promenadenring und skandierten »Wir sind das Volk!«

wakei und Ungarn fand zunehmend Resonanz und führte ab Herbst 1989 auch zu Protestdemonstrationen auf dem Leipziger Innenstadtring. Am 9. Oktober 1989 hatte sich die Atmosphäre gefährlich aufgeheizt, war die Staatsmacht doch mit bewaffneten Einsatzkräften in der Innenstadt präsent.

Mit dieser Montagsdemonstration wurde ein beispielloser Prozess eingeleitet, dem die Partei- und Staatsführung der DDR nichts mehr entgegenzusetzen hatte. Als **»friedliche Revolution«** ging dieser Tag in die deutsche Geschichte ein und Leipzig wird seitdem als **»Stadt der Helden«** gefeiert. Diese Großdemonstration leitete die politische Wende und die Wiedervereinigung Deutschlands ein.

Als der Einigungsvertrag am 3. Oktober 1990 in Kraft trat, entstand für die vormals in das östliche Wirtschaftsbündnis RGW eingebundene DDR-Volkswirtschaft eine völlig neue Situation. Die volkseigenen Betriebe wurden privatisiert und den marktwirtschaftlichen Mechanismen ausgesetzt. Der wegbrechende Absatzmarkt, das Fehlen wettbewerbsfähiger Produkte, Restitutionsansprüche früherer Eigentümer und die Tätigkeit der Treuhandanstalt sind die wichtigsten Ursachen dafür, dass zahlreiche Betriebe liquidiert oder in kleinere Einheiten bzw. neue Firmen überführt wurden. Das industrielle Spektrum veränderte sich tiefgreifend und die Umstrukturierung führte zu einer bis dahin nicht gekannten Arbeitslosigkeit. Weit über 100 000 Industriearbeitsplätze in der Region fielen weg und die Orientierung auf den Aufbau einer mittelständisch geprägten, durch den Dienstleistungssektor dominierten Struktur bestimmte die weitere Entwicklung. Damit einher ging die damalige Positionierung Leipzigs als Bankenzentrum in Ostdeutschland sowie als Medienstandort. Mit der Ansiedlung renommierter Pkw-Hersteller und dem Aufbau eines Logistikdrehkreuzes auf dem Internationalen Flughafen Leipzig-Halle gewann der mitteldeutsche Wirtschaftsraum deutlich an Bedeutung.

Geschichte der Stadt Halle

Geboren aus dem Salz der Erde

In der Dölauer Heide, dem Stadtwald von Halle, wurde bei archäologischen Grabungen eine der ältesten und größten Befestigungsanlagen aus der Jungsteinzeit mit mehrfach gestaffelten Verteidigungsanlagen gefunden. Diese und weitere Ausgrabungen aus dem 4. und 5. Jahrtausend vor unserer Zeitrechnung bestätigen, dass die Region um Halle an der Saale früh besiedelt war.
Bereits in der Bronze- und Eisenzeit – vor rund 3000 Jahren – gewann man hier Salz aus den **Solequellen**. Darauf bezieht sich auch der Stadtname, der sich vom keltischen »Halla« (Ort der Salzaufbereitung) ableitet. Archäologische Funde, u. a. Tongefäße zum Salzsieden, belegen die Gewinnung beachtlicher Mengen Salz. Vom Zeitraum des 7. bis. 4. Jh.s v. Chr. spricht man daher von der **Halleschen Kultur**: In dieser Zeit erreichte die Salzgewinnung ihren ersten Höhepunkt.

9. bis 15. Jahrhundert

806	Erste urkundliche Erwähnung von Halle
1280	Beitritt zur Hanse
1310	Verleihung der Stadtrechte

Kastell

Die erste chronikalische Erwähnung von Halle datiert auf das Jahr 806, als König Karl, ein Sohn Karls des Großen, auf dem Ostufer der Saale ein Kastell errichten ließ, um die Solequellen sowie die Furten durch die in mehrere flache Arme zergliederte Saale zu schützen. Es hatte sowohl eine Schutz- als auch eine Brückenfunktion nach Osten, lag es doch an einer wichtigen Fernhandelsstraße. In anderen Quellen wird von zwei Befestigungsanlagen berichtet, die das fränkische Heer angelegt habe. Der Standort der einstigen Befestigung(en) ist jedoch nicht mehr nachweisbar.

Giebichenstein – die erste Burg über der Saale

Bereits vor rund vier Jahrtausenden hatten slawische Siedler einen Kultplatz auf einem steilen Felsen hoch über der Saale angelegt, der später von den Germanen erobert und ihrem Gott Wodan bzw. Givico (»der Gebende«) geweiht wurde. Daher rührt offensichtlich der Name **Giebichenstein** – der ersten Burg über der Saale, die im frühen 10. Jh. unter Heinrich I. errichtet wurde und zu einem ausgedehnten

← *»Eine Kirche, in der Martin Luther dreimal predigte, Georg Friedrich Händel getauft wurde und deren große Orgel Johann Sebastian Bach eingeweiht hat, finden Sie auf der ganzen Welt nicht wieder.« (Prof. Oskar Rebling, Organist der Marktkirche 1919 – 1967)*

System von Grenzburgen gehörte. Seit 987 besaßen die Burg und die südlich davon gelegene Siedlung (civitas) mit Markt-, Münz- und Zollrechten eine Vorrangstellung gegenüber Halla, dem Salzsiederort im Tal.

Wachsende Bedeutung des Salzsiederortes

Das änderte sich über 100 Jahre später, als sich in Halle verstärkt Kaufleute niederließen. Die Gewinnung und der **Handel mit Speisesalz** war bis ins 18. Jh. der wichtigste Wirtschaftszweig. Aus vier Brunnen auf dem Hallmarkt mit unterschiedlichem Salzgehalt wurde die Sole gefördert und in den benachbarten rund 100 Koten (Salzsiederhütten) eingedampft. Ab 1869 vereinigte die Pfännerschaft ihren Siedebetrieb in den Räumen der ihr vom Staat überlassenen Saline (heutiges Salinemuseum). Seit dem 15. Jahrhundert werden die Salzsieder als **Halloren** bezeichnet.

Weitere wichtige Entwicklungen

Im Mittelalter gehörte Halle zu den wichtigsten Handelsplätzen im römisch-deutschen Kaiserreich, bis 1497 Kaiser Maximilian I. dem benachbarten Leipzig das Messeprivileg für einen Umkreis von 15 Meilen (ca. 112 km) verlieh, sodass Halle als Handelsplatz an Bedeutung verlor.

Etwa um 1150 wurde eine **große Verteidigungsanlage** mit vierzig Türmen errichtet, deren Verlauf noch im heutigen Ringstraßensystem erkennbar ist. Im Stadtkern entstanden neben Wohngebäuden große Kirchen und Klöster. Zu Beginn des 14. Jahrhunderts leben ungefähr 4000 Einwohner in Halle, wobei die Hörigen slawischen Ursprungs integriert worden waren, während die Juden ebenso wie die Halloren jeweils eigene Gemeinden bildeten.

Mit dem **Beitritt zur Hanse** im Jahr 1280 wuchs der Wohlstand vor allem durch den sich ausdehnenden Salzhandel. Die Pfänner bzw. Salzherren gewannen als Ratsherren Einfluss auf die Stadtpolitik.

1310 erkannte der Erzbischof von Magdeburg die **städtische Verfassung** an, die Halle praktisch bereits seit 1263 eine relative Autonomie verschafft hatte. Erzbischof Ernst von Wettin nutzte 1478 innerstädtische Auseinandersetzungen – Vertreter verschiedener Handwerksinnungen hatten der alten Salzaristokratie Sitze im städtischen Rat abgetrotzt –, um die Stadt zu besetzen und ihre Autonomie zu beenden. 1484 bis 1503 ließ er die Moritzburg als Zwingburg gegen die Hallenser Bürger errichten.

? WUSSTEN SIE SCHON ...?

- ... dass die 1524 gegründete Salzwirker Brüderschaft im Thale zu Halle die älteste protestantische Brüderschaft Deutschlands ist? Mit ihrer festlichen Tracht (Dreispitz, Kniehosen mit weißen Strümpfen, Rock mit geblümter Weste und 18 Silberknöpfen, von denen jeder einen eigenen Namen hat) pflegen sie bis in die Gegenwart eine einzigartige Tradition.
  Früher wurden sie auch als Feuerwehr, beim Hochwasserschutz und selbst heute noch als Leichenträger eingesetzt. Den »Silberschatz der Halloren«, u. a. wertvolle Geschenke für diese Dienste, kann man zu besonderen Anlässen im Technischen Halloren- und Salinemuseum sehen.

Blütezeit als Residenzstadt

1513	Halle wird Residenzstadt von Kardinal Albrecht.
1520	Gründung des Neuen Stifts
1541	Reformation in Halle

Erzbischöfliche Residenz

Anno 1513 wurde **Kardinal Albrecht**, Markgraf von Brandenburg, zum Erzbischof von Magdeburg und zusätzlich Erzbischof von Mainz und 1514 Reichskanzler. Der bei seinem Amtsantritt erst 23-jährige Regent und Anhänger des Humanismus wählte Halle zu seiner Residenz und verschaffte der Stadt eine erste Blütezeit, indem er sie künstlerisch und geistig zur **Metropole Mitteldeutschlands** aufbaute. Die Feste Moritzburg wurde zur Hofburg ausgebaut. In jener Zeit entstanden zahlreiche repräsentative Renaissance-Bauwerke. 1520 erfolgte die **Gründung des Neuen Stifts** (heute: Neue Residenz) als humanistisch ausgerichtete, aber klerikal gebundene Universität. Sie sollte einen Gegenpol zur Universität in Wittenberg, die unter dem Einfluss der Lutheraner stand, bilden.

Reformationszeit

1541 kapitulierte der völlig überschuldete Erzbischof vor der **Reformation** – die er u. a. durch seinen Geldbedarf, den er durch den Ab-

1552 wurde die Marienbibliothek als heute älteste evangelische Kirchenbibliothek begründet.

lasshandel decken wollte – wesentlich mit ausgelöst hatte. Er verließ Halle in Richtung Mainz und nahm enorme Kunstschätze mit.
In Halle wurde die Reformation eingeführt und durch Martin Luthers Vertrauten **Justus Jonas** vorangetrieben. Dieser trat sein Amt als erster evangelischer Prediger am Karfreitag 1541 an. Auch Martin Luther (► Berühmte Persönlichkeiten) predigte mehrmals in der Marktkirche.

Nach dem Dreißigjährigen Krieg

1685	Geburt Georg Friedrich Händels
1694	Gründung der Universität
1695	Gründung der Franckeschen Stiftungen
1891	Erstes elektrisches Straßenbahnnetz in Europa
1933–1945	Halle im Dritten Reich

Dreißigjähriger Krieg (1618 – 1648)

Die Stadt wurde in Kämpfe zwischen Schweden und den Kaiserlichen Truppen unter Wallenstein verwickelt und 1625 besetzt. Die Moritzburg brannte 1637 aus, die Burg Giebichenstein und viele weitere Gebäude wurden stark beschädigt bzw. zerstört, so dass die Stadt Halle verarmt aus dem Krieg hervorging.

Nach dem Krieg

Seit 1642 regierte Herzog August aus dem Fürstenhaus Wettin als letzter erzbischöflicher Administrator. Er setzte sich für die Wiederbelebung von Handel und Gewerbe sowie den Wiederaufbau der zerstörten Residenzstadt ein, wusste allerdings, dass aufgrund der Festlegungen im Westfälischen Friedensvertrag die Stadt und das Territorium des Erzbistums Magdeburg den Brandenburgern – also dem Haus Hohenzollern – zufallen würde. 1701 wurde das Gebiet **Teil des neuen Königreichs Preußen**. Beinahe die Hälfte der Bevölkerung, etwa 6000 Menschen, fiel 1681/82 einer **Pestepidemie** zum Opfer. Um das wirtschaftliche und gesellschaftliche Leben nach Krieg und Seuche wieder in Gang zu setzen, förderte Preußen die alteingesessenen Gewerke und v. a. die Salzgewinnung. Ende des 17. Jh.s brachten Hugenotten aus Frankreich und später auch Pfälzer, die wegen ihres Glaubens aus ihrer Heimat vertrieben worden waren, neue wirtschaftliche und geistige Impulse nach Halle. Durch staatliche Privilegien gefördert, entwickelte sich durch sie das Textil- und Luxusgewerbe in der Stadt. Als Ausgleich für die Verlegung des Regierungssitzes nach Magdeburg 1714 wurde in Halle das Anhalt-Dessauische Regiment stationiert.

Kultur und Geistesleben

Am 23. Februar 1685 kam **Georg Friedrich Händel** in Halle zur Welt. Mit der Gründung der Universität 1694 und der Armenschule als

Vorläuferin der Franckeschen Stiftungen 1695 begann eine wichtige Periode der **Frühaufklärung und des Pietismus** in Halle. Durch Christian Wolff und Christian Thomasius wurde die Alma mater, übrigens die erste, an der in deutscher Sprache unterrichtet wurde, zur wichtigsten Universität der deutschen Frühaufklärung.

Königliche Saline

Mit der Königlichen Saline entstand 1721 eine moderne Salzfabrikationsstätte, die kostengünstiger produzieren konnte als die Saline der Pfännerschaft auf dem Hallmarkt. Durch die Einführung der Allgemeinen Salzkonskription 1726 wurde jeder königliche Untertan ab neun Jahren dazu verpflichtet, preußisches Salz bei »Salz-Sellern« zu kaufen. Das sind Ausgabestellen, an denen das Salz entsprechend einer Ausgabeliste abgeholt werden muss, bei Zuwiderhandlung wird als Strafgeld der 3,5-fache Salzpreis verlangt. Halle war als preußische Grenzstadt während des **Siebenjährigen Krieges** (1756–1763) ein besonderes Angriffsziel. 1759 besetzen kaiserliche Habsburger Truppen die durch den Salzhandel wohlhabende Stadt, um Kontributionen zu erzwingen. Die angedrohte Brandschatzung konnte durch die Zahlung von 44 000 Talern abgewendet werden. Trotzdem wurden durch Plündereien schwere Schäden angerichtet.

Napoleon

Das 19. Jh. begann für Halle erneut mit kriegerischen Auseinandersetzungen, als die Truppen Napoleons im Oktober 1806 die Stadt belagerten und nach großen preußischen Verlusten bei der Schlacht an der Hohen Brücke einnahmen. Ab Dezember 1807 gehörte Halle zum per Erlass gegründeten Königreich Westfalen, dessen Krone Jérôme, der Bruder Napoleon Bonapartes, trug. Nach der **Völkerschlacht bei Leipzig** 1813 wurden zahlreiche Verletzte in die Stadt gebracht.

Erweiterung, Modernisierung und Industrialisierung

Mit der ersten Erweiterung der Stadt ab 1817 seit über 600 Jahren – durch die Eingemeindung der beiden Amtsstädte Glaucha im Süden und Neumarkt – erhöhte sich die Einwohnerzahl von rund 14 000 auf über 20 000. Dies war sozusagen der erste Schritt der ab Mitte des Jahrhunderts mit der **Industrialisierung** einsetzenden Entwicklung zur Großstadt. Mit der ersten Eisenbahnverbindung nach Magdeburg begann im Juli 1840 eine wichtige verkehrstechnische Ära, bis mit der Eröffnung des Hauptbahnhofs 1890 die Stadt in das Fernverkehrsnetz eingebunden ist. 1890 besaß Halle sogar zwei konkurrierende Straßenbahnunternehmen. Die traditionelle Thalsaline stellte 1869 ihren Siedebetrieb ein, der Platz im Herzen der Stadt wurde später bebaut. Die Preußisch-Königliche Saline produzierte weiter Salz, wobei mit zunehmender Industrialisierung nicht nur Dampfmaschinen, sondern als neues Brennmaterial für die Siederei auch

? WUSSTEN SIE SCHON ...?

- ... dass 1891 das erste elektrische Straßenbahnnetz Europas in Halle in Betrieb genommen wurde?

Braunkohle aus den um Halle erschlossenen Gruben eingesetzt wurde. Zu den neu entstehenden industriellen Bereichen gehörte u. a. die Rübenzuckerindustrie. An der Schwelle zum 20. Jh. hatte sich Halle mit über 100 000 Einwohnern zu einer **prosperierenden Großstadt** entwickelt.
Mit den Montanwerken von **Carl Adolph Riebeck**, nach dem heute der größte Verkehrsknotenpunkt der Stadt benannt ist, entstand auch einer der ersten Großbetriebe am Standort Halle. Er entwickelte u. a. ein Schwelverfahren, bei dem aus Braunkohle Ölprodukte gewonnen werden konnten, gründete bis zu seinem Tod verschiedene Industrieunternehmen für über 3000 Beschäftigte und sorgte für sozialen Wohnungsbau. Mit dem Leuna-Werk setzte sich 1916 die Profilierung Halles zum Chemiestandort fort, 1936 kam das Buna-Werk für synthetischen Kautschuk hinzu.

Zweiter Weltkrieg

Halle erlitt im Zweiten Weltkrieg als eine der wenigen größeren deutschen Städte nur geringe Schäden. Häftlinge, u.a. aus Polen, der Tschechoslowakei, der Sowjetunion, Frankreich und Niederlande im KZ Birkhahn-Mötzlich (Außenlager des KZ Buchenwald) wurden zur Zwangsarbeit in die Siebel-Werke gebracht, in dem Kampfflugzeuge gebaut wurden.
Ende März und Anfang April 1945 wurde Halle zweimal bombardiert. Da die Stadt auf Befehl Hitlers »bis zum Äußersten verteidigt« werden sollte, wurden neun Saalebrücken gesprengt. Doch Schlimmeres konnte durch **Felix Graf von Luckner** verhindert werden, der mit der 104. US-Division verhandelte und die kampflose Übergabe Halles an die amerikanische Armee erreichte. Die amerikanische Besatzung wird im Juni 1945 durch die sowjetische Militäradministration abgelöst.

Nach dem Zweiten Weltkrieg

1947	Landeshauptstadt von Sachsen-Anhalt
1952	Bezirkshauptstadt
1964	Gründung der Chemiearbeiterstadt Halle-Neustadt
1990	Vereinigung von Halle und Halle-Neustadt

DDR

1947 wurde Halle Landeshauptstadt von Sachsen-Anhalt. Nach der Eingemeindung von 14 Orten besaß sie Stadt 1950 fast 290 000 Einwohner. Mit einer Verwaltungsreform im DDR-Gebiet, bei der die Länder aufgelöst wurden, zwei Jahre später, bekam Halle den Status einer Bezirkshauptstadt zugewiesen. Mit dem sozialistischen Aufbau wurde viel historische Bausubstanz beseitigt; besonders der verkehrsreiche Riebeckplatz erhielt ein völlig neues Gesicht. Der Bau der

Anfang der 1990er-Jahre erhielt die ehemalige Chemiearbeiterstadt Halle-Neustadt ein neues Einkaufs- und Kulturzentrum.

«Chemiearbeiterstadt Halle-West« – das spätere **Halle-Neustadt**, das bis 1990 eigenständig war, am Westufer der Saale war nur durch permanentes Absenken des Grundwassers möglich. Zu den wichtigsten Großbetrieben gehörte der VEB Waggonbau Ammendorf, der ab 1948 Eisenbahnwagen für den gesamten damaligen »Ostblock« produzierte. Ende 1964 endete die Salzproduktion in Halle, war sie wirtschaftlich nicht mehr vertretbar. 1967 wurde hier das Hallorenmuseum und zwei Jahre später das Salinemuseum eingeweiht.
Während es am 7. Oktober 1989 – dem 40. Jahrestag der DDR – noch zu Übergriffen auf friedliche Demonstranten und Verhaftungen kam, wagten die Staatsorgane elf Tage später nicht mehr einzugreifen, als 20 000 Demonstranten auf dem Markt mit Blumen und Kerzen zusammenkamen.

Nach der Wende

Mit der Vereinigung von Halle und Halle-Neustadt entstand 1990 die viertgrößte Stadt in den neuen Bundesländern.
Das erste hallesche Salzfest 1995 markierte den Beginn von Aktivitäten, die die Attraktivität der Innenstadt und den Tourismus fördern sollen. Bei Festen setzen die Auftritte der Halloren u. a. mit Fahnenschwenken, Fischerstechen und anderen traditionellen Vorführungen besondere Akzente.
Zum Wirtschaftsstandort Halle gehört heute das Bio-Zentrum im Wissenschafts- und Innovationspark als modernste derartige Forschungseinrichtung Deutschlands. Hinzu kam die Ansiedlung neuer Unternehmen, u. a. des weltgrößten PC-Herstellers DELL. Die älteste deutsche Schokoladenfabrik »Halloren« hielt sich ebenfalls erfolgreich am Markt. Die Franckeschen Stiftungen wurden 2002 zum Sitz der Kulturstiftung des Bundes. Zur 1200-Jahrfeier der Stadt 2006 und bis heute präsentiert sich die Saale-Metropole als historisches Kleinod, das jung geblieben und lebendig ist.

Kunst und Kultur

Welche Veränderungen in der Theatergeschichte nahmen in Leipzig ihren Lauf? Wo befand sich die »Herberge der Romantik«? Was hatte es mit dem Baedeker Leipzig von 1948 auf sich? Und welche Verbindungen hatte Lyonel Feininger zu Halle an der Saale?

Kulturgeschichte Leipzigs

Musen, Mammon und Museen

Das Kultur- und Geistesleben Leipzigs wurde über die Jahrhunderte stets vom aufstrebenden Bürgertum gefördert. Zu Zeiten von Johann Sebastian Bach und seines Wiederentdeckers Felix Mendelssohn Bartholdy, der auch das erste deutsche Konservatorium gründete, nahm die Stadt einen führenden Platz im europäischen Musikleben ein. Der auf 800 Jahre Tradition zurückblickende Thomanerchor und das seit über 300 Jahren bestehende Gewandhausorchester sind zwei Klangkörper, die in der heutigen Musikwelt Rang und Namen haben. Leipzig ist auf dem besten Weg, an die **Tradition als einst führende Musikstadt** Europas anzuknüpfen, findet man doch hier so viele Lebens- und Wirkungsstätten namhafter Komponisten und Musiker wie sonst nur in der Musikmetropole Wien. Zudem gibt es eine Vielzahl von Laienkünstlern und -ensembles vom Chor bis zur Punk-Band. Zu den Legenden der jüngeren bzw. aktuellen Musikszene gehören die Rockband Klaus-Renft-Combo und Die Prinzen. Die **vielfältige Museumslandschaft** ist ohne diejenigen Leipziger nicht denkbar, die ihre privaten Sammlungen der Allgemeinheit vererbt oder geschenkt haben, wie beispielsweise Franz Dominic Grassi (Grassi-Museen). Viele wohlhabende Leipziger Bürger und Kaufleute taten es den Feudalherren gleich und trugen Kunstwerke zusammen, die nun der Öffentlichkeit zugänglich sind. Ein Beispiel dafür ist das Museum der bildenden Künste mit Werken von niederländischen Meistern über die Leipziger Schule bis hin zur zeitgenössischen Kunst.

Buch- und Verlagsstadt

Das gedruckte Wort verhalf der Reformation zu rascher Verbreitung. Bereits vor 1485 gründete Meister Kunz Kachelofen die erste Druckerei Leipzigs und Marcus Brand druckte bald darauf das erste Buch: »Glossa super apokalypsim«. 1595 erschien der erste Bücherkatalog zur Messe, womit ein wichtiger Schritt getan war, um dem konkurrierenden Frankfurt a. M. auf Augenhöhe begegnen zu können. Als 1764 einflussreiche Buchhändler in Frankfurt ihre Lager nach Leipzig verlegten, war das Ende der Frankfurter Buchmesse besiegelt.
Zu den Pionieren des Druck- und Verlagswesens gehörte **Immanuel Breitkopf**, der 1755 mit dem Notendruck mit beweglichen Lettern begann und 21 Jahre später den Landkartendruck mit austauschbaren Typen entwickelte. 1780 gab er die erste Fachzeitschrift für den deutschen Buchhandel heraus, das Magazin des Buch- und Kunsthandels. Dem wachsenden Informationsbedürfnis der Bevölkerung wurde ab Ende des 18. Jh.s durch die Herausgabe von Zeitschriften entsprochen; darunter etwa das Modemagazin, die Zeitung für die elegante Welt und die Allgemeine Musikalische Zeitung. 1812 erschien das **Konversationslexikon** des Brockhaus-Verlags.

◄ weiter auf S. 50

← Mit der rekonstruierten »Goldenen Ananas« erhielt die Hauptfassade des Grassi-Museums Leipzig 2005 ihre historische Silhouette zurück.

VON LEIPZIG IN DIE WELT

Unter den großen Verlagen, die Leipzig zur deutschen Buchstadt schlechthin werden ließen, sticht auch der Name des berühmtesten Reiseführers der Welt heraus: Baedeker.

Gegründet wurde der Verlag allerdings **in Koblenz**. Karl Baedeker (1801 – 1859), Sohn eines Essener Verlegers und Buchdruckers, eröffnete dort am 1. Juli 1827 seine Verlagsbuchhandlung. 1835 brachte er mit der »Rheinreise« den ersten Reiseführer heraus, dem er bis zu seinem Tod zwar nur fünf weitere folgen ließ, doch mit seiner Methode – das Ziel sich »selbst zu erwandern« und die Erkenntnisse genau den Lesern mitzuteilen, um sie auf Reisen unabhängig zu machen – begründete er den Ruf des »Baedekers« als verlässlichen und unbestechlichen Reisebegleiter.

Nach Leipzig

Nach Karl Baedekers Tod übernahm zunächst sein Sohn Karl und nach dessen Ausscheiden der zweite Sohn Fritz (1844 – 1925) die Verlagsleitung. Ihm gelang es, den Namen Baedeker in die Welt zu tragen. Eine Voraussetzung dafür war, aus der rheinischen Provinz in das Zentrum des deutschen Buchhandels zu ziehen: Im **November 1872** verlegte die Firma ihren Sitz nach Leipzig. Zuerst residierte der Verlag in der Lindenstr. 1, später in der Königstr. 8, dann in der Brüderstr. 15, bis man 1877 einen Neubau in der **Nürnberger Str. 43b** (Ecke Brüderstr., später in Nr. 46 umgewidmet) bezog.

Fritz Baedeker drückte den Büchern aus seinem Haus nun seinen Stempel auf. Die Reiseführer wurden inhaltlich

Das Verlagshaus in der Nürnberger Straße

1927 feierte man das 100-jährige Bestehen des Verlags in der »Harmonie«.

und formal gestrafft, die Kunstgeschichte gewann an Gewicht, ohne zum zentralen Thema zu werden, und die bisweilen sehr gemütvollen Ausführungen von Vater Karl, die den besonderen Charme der ersten Baedeker ausgemacht hatten, machten der Sachlichkeit Platz. Heraus kam geballte Information bei übersichtlicher Gliederung und ohne lyrische Ausschweifungen – jener typische, sachlich-knappe **»Baedekerstil«**. Besonderes Augenmerk galt auch den in zunehmender Zahl abgedruckten Karten.

Über Europa hinaus

Damit einher ging die Ausweitung des deutschsprachigen Verlagsprogramms und die Eroberung des internationalen Markts. Wer sich zu jener Zeit auf Reisen begab (und es sich leisten konnte), war wissensdurstig und bildungshungrig. Die Reisen glichen eher Expeditionen, waren strapaziös und dienten v. a. dem Zweck, möglichst viel zu sehen, um hernach zu Hause renommieren zu können. Ein verlässliches Reisehandbuch war dafür unabdingbar. Baedeker gab daher in rascher Folge sowohl deutsch- als auch fremdsprachige Reiseführer über »exotische« Ziele heraus. Es entstanden die berühmten **Standardwerke von Baedeker**, die heute begehrte Sammelobjekte und kulturgeschichtliche Fundgruben sind: »Palästina und Syrien« (1875), »Ägypten« (1877), »Griechenland« (1883) und »Russland« (1883), »Konstantinopel und Kleinasien« (1905) und schließlich »Indien« (1914). Ein solches Verlagsprogramm machte es allerdings unmöglich, sich wie der Verlagsgründer »alles selbst zu erwandern«. Fritz Baedeker installierte eine fachkundige Redaktion und engagierte namhafte Autoren wie den Archäologen Wilhelm Dörpfeld, Assistent Schliemanns in Troja und Erforscher von Pergamon.

Zwei Kriege und die Folgen

Der Ausbruch des Ersten Weltkriegs markierte das Ende der ganz großen Zeit des Verlags. Nach 1918 kam der Tourismus nur zögerlich wieder in Gang. Die bürgerliche Schicht der individuellen Bildungsreisenden hatte im Krieg ihre wirtschaftliche Grundlage weitgehend verloren. Man reiste, wenn überhaupt, zu nahe gelegenen Zielen und wanderte viel. Folgerichtig brachte der Verlag in jener Zeit unter der Leitung der Brüder Dietrich, Hans und Ernst Baedeker (intern die »Heilige Dreieinigkeit« genannt) viele Regionalführer heraus wie »Sachsen« (1920) oder »Württemberg und Hohenzollern« (1925).

Das Jahr 1933 brachte einen tiefen Einschnitt in das Verlagsgeschehen:

Damit war die Besatzungsmacht nicht einverstanden: Im Baedeker »Leipzig« von 1948 war zunächst die sowjetische Kommandantur verzeichnet.

Der Fremdenverkehr war zur Staatsangelegenheit geworden und die Titelauswahl gestaltete sich nun weniger nach dem Willen der Verleger als vielmehr nach den Vorstellungen des Propagandaministeriums. Ergebnis waren Titel wie »Madeira« (1934) als Ziel der KdF-Schiffe, »Berlin« zum Olympiajahr 1936 und, ganz im Zeichen des von der Naziführung propagierten Volks- bzw. KdF-Wagens der »Autoführer Deutsches Reich« (1938). Anerkennung gab es auf anderer Ebene: 1934 wurde die Charlottenstraße in Reudnitz in Baedekerstraße umbenannt. Mit Ausbruch des Kriegs wurden die meisten Redakteure an die Front geschickt; dennoch kamen in Kriegszeiten noch drei Bücher zustande, darunter als letztes 1943 »Das Generalgouvernement«, ein reines Propaganadawerk. Beim Luftangriff auf Leipzig am 4. Dezember 1943 wurde auch das Verlagshaus völlig zerstört.

Neubeginn und rasches Ende

1948 wagte man einen bescheidenen Neuanfang – womit sonst als mit einem **Stadtführer von Leipzig**? Im Vorwort schrieb der damalige Oberbürgermeister Erich Zeigner:
»Für Fremde mag es zurzeit weniger in Betracht kommen, denn bis auf Weiteres werden wir mit einem nennenswerten Besuch durch Ortsfremde kaum zu rechnen haben. Für Einheimische aber kann dieses kleine Handbuch eine recht wesentliche Bedeutung erlangen, denn es erzieht ja dazu, unseren so sehr geschmälerten Besitz an kulturellen Werten aufmerksam und verständnisvoll zu genießen und diesen Besitz liebevoll zu pflegen.«
Doch kaum waren 1000 der beim Bibliographischen Institut gedruckten 10 000 Exemplare verkauft, erhob die sowjetische Besatzungsmacht Einspruch und untersagte den Weiterverkauf: Auf dem Stadtplan war auch die sowjetische Zentralkommandantur eingezeichnet. In den verbleibenden 9000 Exemplaren wurde der Plan ausgewechselt – die unzensierte Ausgabe ist heute begehrtes Sammlerobjekt. Doch die Verlagsarbeit war damit in Leipzig praktisch unmöglich geworden. Die Gebrüder Baedeker erhielten keine Lizenz zum Weiterbetrieb mehr. Zwar erlosch die Leipziger Firma erst 1959, doch schon 1948 hatte Karl Friedrich Baedeker (1910 – 1979), Urenkel des Verlagsgründers, im schleswig-holsteinischen Malente den Verlag neu gegründet.
Wer sich heute in Leipzig auf **Spurensuche** macht, wird fündig in der Käthe-Kollwitz-Str. 64, wo die Villa der Brüder Ernst und Dietrich Baedeker noch steht (ehem. Plagwitzer Str. 30), und auf dem Südfriedhof mit dem Familiengrab der Baedekers.

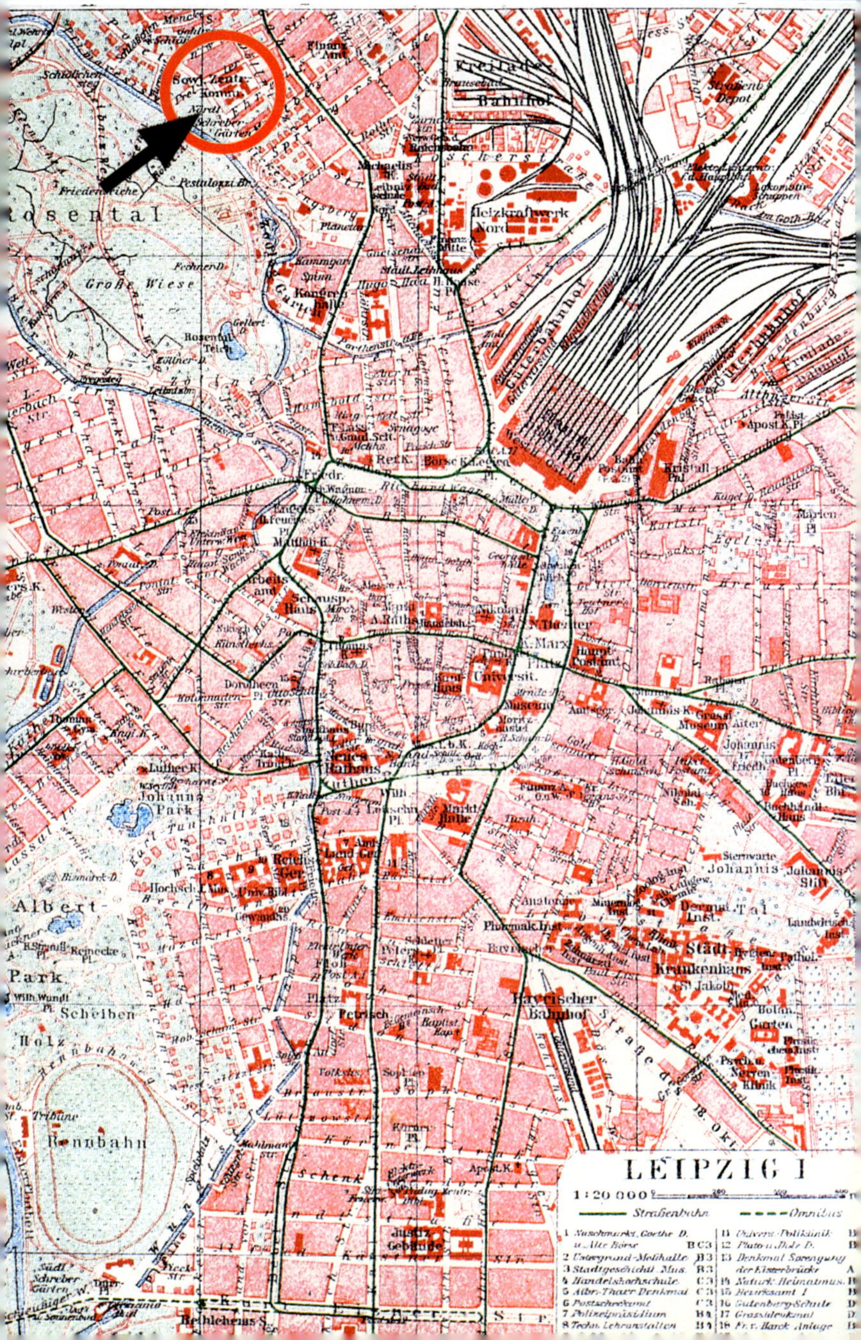
LEIPZIG I
1:20 000
Straßenbahn
Omnibus
2 Untergrund-Meßhalle B3
3 Stadtgeschichtl. Mus. B3
4 Handelshochschule C3
5 Albr.-Thaer-Denkmal C3
7 Polizeipräsidium B4
8 Techn. Lehranstalten
13 Denkmal Sprengung der Elsterbrücke A
15 Bezirksamt I
17 Grassidenkmal
18 Fr. v. Harck-Anlage
Rosental
Große Wiese
Albert-Park
Scheiben Holz
Rennbahn
Heizkraftwerk Nord
Bayrischer Bahnhof
Johanna Park
Neues Rathaus
Universit.
Stadt. Krankenhaus
Sowj. Zentr.-Komm.
Nordl. Schreber-Gärten
Friedensbrücke
Pestalozzi Br.
Planetar.
Kongreßhalle
Rosental Teich
Hauptpost
Grassi Museum
Johannis Tal
Hochsch.
Petrisch
Reich-Ger.
Gewandh.
Sternwarte
Bethlehem S.

Der aus Frankfurt stammende **Philipp Erasmus Reich** führte 1756 in Leipzig zur Ostermesse 56 Verleger und Buchhändler in seiner Buchhandelsgesellschaft zusammen, die sich vor allem dagegen wehrten, dass ihre Bücher nachgedruckt wurden, ohne dass sie um Erlaubnis gebeten worden waren und ohne Bezahlung einer Lizenzgebühr. 1825 wurde in Leipzig der **Börsenverein Deutscher Buchhändler** gegründet: Die Leipziger Verlage gehörten zu den führenden Verfechtern des Liberalismus und kämpften gegen die Pressezensur. Mit der Gründung des Centralvereins für das Buchgewerbe 1884 und einer Vielzahl von Verlagsgründungen Ende des 19. Jh.s wurde der Standort Leipzig weiter gestärkt. Auch Fritz Baedeker hatte seinen in Koblenz gegründeten Verlag 1872 nach Leipzig verlegt (►Baedeker Special S. 46). Als herausragender Buchhandelsort verfügte die Stadt Anfang des 20. Jh.s über 800 Buchhandlungen, Kunst- und Musikalienhandlungen sowie Antiquariaten. 1914 wurde die erste Ausstellung für Buchgewerbe und Grafik organisiert, 1927 fand die erste Internationale Buchkunst-Ausstellung statt. 1946 gründete sich der Börsenverein der Deutschen Buchhändler zu Leipzig, der 1991 mit dem Börsenverein des Deutschen Buchhandels in Frankfurt fusionierte. Seitdem hat der Börsenverein seinen Sitz in Frankfurt a. M.

Die Thomaskirche ist als Wirkungsstätte Bachs und des Thomanerchors weltbekannt.

Literatur und Theater

1727 kam **Friederike Caroline Neuber** (»die Neuberin«) erstmals mit ihrer Schauspieltruppe nach Leipzig, unterstützt durch **Johann Christoph Gottsched** und seine Deutsch-übende poetische Gesellschaft (später Deutsche Gesellschaft). Ihre Bestrebungen, ein deutsches Nationaltheater zu begründen, gingen in die Theatergeschichte ein. Insbesondere setzte sie sich für den Abschied vom derb-zotigen bzw. primitiv-rührseligen Schmierentheater und für die Ausbildung (moderner) Schauspielkunst ein. Neuber hatte engen Kontakt zu dem jungen Poeten **Gotthold Ephraim Lessing**, dessen Erstlingswerk »Der junge Gelehrte« 1747 auf ihrer Bühne Premiere hatte. In Leipzig verfasste Lessing auch seine ersten Fabeln. Ab 1751 hielt **Christian Fürchtegott Gellert** Vorlesungen über Rhetorik, Literatur, Poesie und Moral. Seine »Fabeln und Erzählungen« wurden außerordentlich beliebt.
Mit dem Aufenthalt **Friedrich Schillers** in Gohlis 1785 ging das beliebte Ausflugsziel nördlich der Stadt in die deutsche Literaturgeschichte ein (► Schillerhaus). Zwei Jahre später erschien »Don Carlos«, herausgegeben von dem Verleger Georg Joachim Göschen, den Schiller in Gohlis kennengelernt hatte.

Ein Zentrum des europäischen Musikschaffens

Die 300-jährige Leipziger Operntradition wurde 1692 von Nicolaus Adam Strungk (1640 – 1700), dem Vizekapellmeister am Dresdner Hof, begründet. Er erhielt vom sächsischen Kurfürst Herzog Johann Georg IV. die Genehmigung, in Leipzig Opern aufzuführen. Gegen den Widerstand des Leipziger Stadtrates eröffnete er die Alte Oper am 8. Mai 1693 mit seiner Oper »Alceste«. Bis zur Einstellung der Vorstellungen wegen der Baufälligkeit des Holzgebäudes 1720 wurden pro Jahr etwa 50 Stücke aufgeführt, insgesamt gab es mehr als 100 Premieren. 1701 hatte der Jurastudent **Georg Philipp Telemann** (1681 – 1767) die Direktion inne.
Als **Johann Sebastian Bach** (► Berühmte Persönlichkeiten) im Februar 1723 sein Amt als Thomaskantor und Stadtmusikdirektor antrat, ahnte niemand, dass Leipzig mit diesem Komponisten, der für die Leipziger Ratsherren nicht einmal die »erste Wahl« war, zu einem musikalischen Zentrum jener Epoche aufsteigen würde. Am Karfreitag 1729 führt Johann Sebastian Bach vor begeisterten Zuhörern erstmals die Matthäus-Passion auf. Ingesamt 27 Jahre arbeitete Bach in Leipzig und regelmäßige Aufführungen seiner Werke in den beiden Stadtkirchen St. Thomas und St. Nikolai zeigen die nach wie vor enge Verbundenheit mit dem Werk des großen Meisters.
In der Stiftung des »Grossen Concerts« 1743 durch Bergrat Schwabe und den Buchhändler Gleditsch, die die Tradition regelmäßiger Aufführungen vor Musikfreunden begründete, sieht das **Gewandhausorchester** seinen Ursprung. Die Wende vom 19. zum 20. Jh. brachte mit der industriellen und wirtschaftlichen Blüte Leipzigs auch einen Aufschwung für Kultur und Bildung.
In Leipzig wurden einige herausragende Werke uraufgeführt, z. B. 1830 die Paukenschlag-Ouvertüre B-Dur von Richard Wagner (►Be-

rühmte Persönlichkeiten), 1837 »Die beiden Schützen«, die erste Oper von Albert Lortzing, der seit 1833 am Stadttheater als Schauspieler tätig war, und sein »Zar und Zimmermann«.
Ihren Ruf als Weltstadt der Musik festigte Leipzig 1843 mit der Gründung des ersten deutschen Conservatoriums der Musik (heute Hochschule für Musik und Theater).
Zu den wichtigsten Ereignissen der Nachkriegszeit gehört die Einweihung der Oper, die anstelle des im Krieg zerstörten Neuen Theaters errichtet und 1960 mit Wagners »Meistersingern« eröffnet wurde. 1981 erhielt das Gewandhausorchester, das unter seinem Kapellmeister **Kurt Masur** (►Berühmte Persönlichkeiten) einen guten Ruf genießt, mit dem Neuen Gewandhaus wieder ein eigenes Domizil.

Architekturgeschichte

Aus der Frühzeit der Stadt ist lediglich ein Fachwerkhaus erhalten, das versteckt im Innenhof des Großen Blumenbergs (Richard-Wagner-Platz mit Tordurchgang) steht, sorgfältig restauriert wurde und das Weinrestaurant Zur Neuberin beherbergte. Auf dem Dachboden dieses oder eines benachbarten Hauses soll 1750 die Theaterintendantin Friederike Caroline Neuber aufgetreten sein. Bis etwa 1500 wurde das Stadtbild vorwiegend durch schmale, zweigeschossige, strohgedeckte Fachwerkhäuser geprägt, deren Giebel zur Straßenseite ausgerichtet waren. Mit zunehmendem Wohlstand wurde immer mehr in Stein gebaut.
Ein typisches Merkmal von Bürgerhäusern bildet der **Erker**. Der wohl schönste – der 1986 als Kopie am Neubau des 1558 errichteten und im Krieg zerstörten Fürstenhauses angebrachte Runderker aus Rochlitzer Porphyr – reicht über zwei Etagen. Andere sehenswerte Erker sieht man an Barthels Hof und am Fregehaus, in der Hainstraße bezaubert der reich dekorierte Rosenerker.
Neben historischen Renaissancebauwerken wie dem Alten Rathaus und der Alten Handelsbörse prägen heute v. a. Bauten aus der Zeit des **Historismus** das Stadtbild. Zu den bekannteren Architekten, die öffentliche Bauwerke ebenso wie Stadtvillen und Bürgerhäuser konzipierten, gehören Arwed Roßbach und Hugo Licht. Sehenswert ist insbesondere das Waldstraßenviertel, eines der größten geschlossenen Areale historistischer Architektur. Bemerkenswerte Bauwerke aus moderneren Zeiten sind die Großmarkthalle (1929) mit zwei frei tragenden Stahlbetonrippenkuppeln mit jeweils 75 m Durchmesser, die Bahnsteighalle des Hauptbahnhofs, die Glashalle der Neuen Messe und das Neue Gewandhaus.

! *Baedeker* TIPP

Historisches Leipzig

Ein Bild von der historischen Stadt um 1823 vermittelt das Stadtmodell im 1. OG des Alten Rathauses (Stadtgeschichtliches Museum), einen Überblick über das Leipzig der 1990er-Jahre gibt das Modell im 4. OG des Neuen Rathauses. Beide können während den Öffnungszeiten kostenlos betrachtet werden.

Universität Leipzig

Die 1409 gegründete Universität entwickelte sich rasch zu einem geistigen Zentrum. 1415 wurde die medizinische, 1446 die juristische Fakultät ins Leben gerufen. Zu Beginn der Reformationszeit beharrten ältere Gelehrte auf der hergebrachten Scholastik, während Anhänger von Luther, u. a. der humanistische Gelehrte Petrus **Mosellanus**, das Neue Testament nach dem griechischen Urtext erschlossen. Durch die Auflösung des Dominikanerklosters kamen die Klosterbestände, darunter die Bibliothek (Bibliotheca Albertina) und Kirche in den Besitz der Universität. Neue Dynamik erhielt die Hochschule im 19. Jh. durch neue Fakultäten in den Bereichen Natur- und Landwirtschaftswissenschaft. Ab 1870 waren **Frauen** als Gasthörerinnen zugelassen, ab 1906 konnten sie ganz regulär studieren. Das weltweit erste **Institut für experimentelle Psychologie**, 1884 ins Leben gerufen, beeinflusste die Entwicklung der modernen Psychologie ganz wesentlich. Unrühmliche Zeiten erlebte die Universität hingegen unter den Nationalsozialisten, die von vielen Professoren und Studenten tatkräftig unterstützt wurden. Ein weiterer geistiger Aderlass erfolgte nach dem Zweiten Weltkrieg, als viele Dozenten in den Westen abwanderten. Von 1953 bis 1991 hieß die Hochschule Karl-Marx-Universität. Heute ist sie insbesondere auf dem Gebiet der Medizin eine der führenden Lehranstalten Deutschlands. 2009 feierten Mitarbeiter, Lehrende und Studierende das **600-jährige Bestehen** ihrer Universität.

Kulturgeschichte Halles

Musikalische Tradition

Auf der ältesten Burg an der Saale lässt sich bereits im 10. Jh. ein Minnesänger nachweisen: **Heinrich von Giebichenstein**. Durch die Klöster gewann die Kirchenmusik an Bedeutung. **Samuel Scheidt** (1587 – 1654), Sohn eines Halloren, war ein Meister an der Orgel, spielte auch Trompete und förderte als Musikdirektor den Chorgesang. Von seiner Hofkapelle berichteten Zeitgenossen, dass sie »die schönste Musik gespielt hat, die Deutschland besaß«. Er bereitete mit den Weg für Johann Sebastian Bachs begabtesten Sohn, **Wilhelm Friedemann**, der 18 Jahre lang an der Marienkirche wirkte und als begnadeter Organist verehrt wurde. **Georg Friedrich Händel** (► Berühmte Persönlichkeiten) wuchs in Halle auf und trat 1702 mit 17 Jahren sein Amt als Organist der Hof- und Domkirche zu Halle an, womit er die begonnene Juristenkarriere endgültig abbrach, um sich ganz der Musik zu widmen. Die

? WUSSTEN SIE SCHON ...?

- ..., dass »um zwei am Händel« nicht nur eine beliebte Form der Verabredung am Händel-Denkmal auf dem Marktplatz ist, sondern um diese Zeit auch der Stadtrundgang »Auf den Spuren Händels« der Tourist-Information Halle beginnt?

Gedichte der Romantiker vertonte **Johann Friedrich Reichardt** (1752–1814) und der Komponist des »Erlkönig«-Lieds **Carl Loewe** (1796–1869) erhielt in Halle seine Ausbildung.
Zu den heute kaum noch bekannten Komponisten Halles gehört **Robert Franz** (eigentlich Robert Knauth, 1815–1892), der von 1842 bis 1867 die hallesche Singakademie leitete und mit über 350 Liedern und Chormusik an die Klassik anknüpfte. Als Universitätsmusikdirektor beförderte er auch die Aufführung der Oratorien von Händel.

Literatur

Ab dem 18. Jh. war Halle ein bedeutendes literarisches Zentrum des mitteldeutschen Raums. Der um 1735 gegründete Bund der Anakreontiker entwickelte sich unter dem Einfluss von Johann Wilhelm Gleim zur **halleschen Dichterschule**, an die die Romantiker an der Wende zum 19. Jh. anknüpften. Sie setzten der sachlichen Aufklärung ihre gefühlvollen Verse entgegen, mit denen insbesondere **Joseph von Eichendorff** die Region um Halle beschrieb: »*Da steht eine Burg überm Tale / Und schaut in den Strom hinein. / Das ist die fröhliche Saale, das ist der Giebichenstein. / Da hab ich so oft gestanden / Es blühten Täler und Höhn, / Und seitdem in allen Landen / Sah ich nimmer die Welt so schön.*« Die Heimstatt einer späteren Dichtergeneration bildete das »Musenparadies« Reichardts Garten am Giebichenstein (Burg Giebichenstein). Hier gestaltete der Komponist **Johann Friedrich Reichardt** (1752–1814) einen Park und seine »Herberge der Romantik«.

Bildende Kunst und Architektur

Aus der Zeit um 1400 stammen einige Skulpturen, die der Baumeister und Bildhauer **Konrad von Einbeck** (1360–1428) für die Moritzkirche geschaffen hatte: die Gestalt des heiligen Moritz, genannt Schellenmoritz, Christus an der Martersäule sowie ein Relief mit der Anbetung der heiligen drei Könige, das die Signatur »Conradus de Einbecke« trägt. Kennzeichnend für seine Arbeiten sind für die damalige Zeit noch ungewöhnliche realistische Gesichtszüge.
Unter Kardinal Albrecht entstanden neben der zur Hofburg ausgebauten Moritzburg weitere repräsentative Renaissancebauwerke: **Nickel Hoffmann** (um 1510–1592) schuf u. a. die Hausmannstürme der Marktkirche, den Stadtgottesacker sowie zahlreiche Patrizierhäuser, darunter auch das Schleiermacherhaus und das Christian-Wolff-Haus (das heutige Stadtmuseum). **Matthias Grünewald** (1475/1480–1528) war an der Ausgestaltung des Doms beteiligt, zu dessen Ausstattung auch die beiden Cranachs und Albrecht Dürer beitrugen.
Zur Gründung des Halleschen Kunstvereins 1834 ermöglichten namhafte Persönlichkeiten der Stadt durch ihre Beiträge den Aufkauf von Kunstwerken. Am Großen Berlin wurde 1885 die Kunstsammlung der Stadt Halle eröffnet.
Die Entwicklung zur Industriemetropole ging einher mit einer erhöhten Nachfrage nach Wohnraum für die Arbeiterfamilien und nach repräsentativen Stadtvillen für die Unternehmer und Großbür-

August Hermann Francke (1663–1727)

ger. Sehenswert sind die Gründerzeitbauten im **Paulusviertel** im Nordosten der Stadt. Ab 1900 entstand hier ein einmaliges Ensemble mit Häusern im italienischen Landhausstil (Schillerstraße), im Jugendstil (Schleiermacherstr. 39) und im Bauhausstil (Steffensstraße, Albert-Schweitzer-Straße).

Ihrem Bürgermeister Richard Rive, von 1906 bis 1933 im Amt, verdankt die Stadt eine erfolgreiche Kunst- und Museumspolitik: 1908 wurde die Galerie Moritzburg als städtisches Kunstmuseum und 1913 das Landesmuseum für Ur- und Frühgeschichte eröffnet.

Der von 1919 bis 1933 am Bauhaus in Weimar und Dessau lehrende **Lyonel Feininger** schuf 29 Zeichnungen und elf Gemälde, die Landschaft und Architektur der Saalestadt verewigten. Werke aus seinem Halle-Zyklus, die 1937 als »entartete Kunst« von den Nazis aus der Moritzburger Galerie entfernt worden waren, bilden heute wieder einen Anziehungspunkt der Ausstellung (►Baedeker Special S. 272).

Zu den bekannten Vertretern des Sozialistischen Realismus gehört der Hallenser Künstler **Willi Sitte**, der auch außerhalb der damaligen DDR Beachtung fand.

Die **Hochschule für Kunst und Design Burg Giebichenstein** ist heute insbesondere im Bereich des Industrieproduktdesigns maßgebend.

Für Liebhaber zeitgenössischer Architektur sind die Georg-Friedrich-Händel-Halle, das Multimediazentrum, das MDR-Funkhaus, die Neustadt-Passage oder das Stadtcenter Rolltreppe interessant.

Pietismus

1695 rief der Pfarrer und Pädagoge August Hermann Francke (►Berühmte Persönlichkeiten) eine Armenschule ins Leben, die alsbald um Bürger- und Adelsklassen erweitert wurden. Hier entstand ein **Zentrum des Pietismus**, das auf ganz Deutschland ausstrahlte. Mithilfe von Spenden und staatlicher Unterstützung wurden weitere Schul- und Wirtschaftsgebäude, u. a. eine Druckerei, eine Apotheke und eine Buchhandlung, errichtet (Franckesche Stiftungen).

Universität Halle-Wittenberg

Auf Befehl Kurfürst Friedrichs wurde 1694 die »Friedrichs-Universität« gegründet, die sich vor allem unter der Leitung von Christian Thomasius zu einem **Zentrum der deutschen Frühaufklärung** entwickelte. Nach der Besetzung Halles durch die französische Armee 1806 wurde die Universität auf Befehl Napoleons geschlossen, zwei Jahre später aber wieder eröffnet, als Halle Teil des Königreichs Westfalen unter König Jérôme wurde. 1817 vereinigte man die beiden Hochschulen von Halle und Wittenberg, seit 1933 trägt die Einrichtung den Namen Martin-Luther-Universität Halle-Wittenberg.

Berühmte Persönlichkeiten

Welcher gebürtige Hallenser erhielt als erster Ausländer in der Londoner Westminster Abbey seine letzte Ruhestätte? Wer wurde 1989 »Politiker wider Willen«? Wie kam es zur Gründung der ersten Schrebergärten? Wer schuf das weltgrößte Gemälde?

Johann Sebastian Bach (1685 – 1750)

Komponist

Der in Eisenach geborene Komponist siedelte 1723 nach Leipzig über, um als **Thomaskantor** und städtischer Musikdirektor tätig zu werden. Gleichzeitig war er für die stimmliche Ausbildung des Thomanerchores zuständig. Die Arbeit war ebenso vielfältig wie umfangreich: 27 Jahre lang war Bach für die musikalische Ausgestaltung der Gottesdienste und Andachten, für die regelmäßige Aufführung der Sonntagskantaten abwechselnd in der Thomas- und in der Nikolaikirche sowie für Musik zu anderen Anlässen zuständig. Er betreute 55 Thomaner, vier Stadtpfeiffer und die Musiker des Collegium Musicum. In Leipzig enstanden u. a. die Matthäuspassion, die Große Messe in h-Moll, das Weihnachtsoratorium und die Kunst der Fuge. Die Reibereien mit dem Leipziger Rat und das ungeheure Arbeitspensum ermüdeten ihn. 1749 wurde er schwer krank, erblindete nach einer Augenoperation und starb 1750.

August Hermann Francke (1663 – 1727)

Theologe, Pädagoge und Kirchenlieddichter

◄ Abb. S. 55

Francke wurde am 22. März 1663 in Lübeck geboren. Er studierte Theologie sowie orientalische und moderne Sprachen an verschiedenen Universitäten in Deutschland. Nach einer existenziellen Glaubenskrise erlebte er 1687 eine Art Erweckung, die sein weiteres Leben prägte. Francke entwickelte sich zu einer führenden Persönlichkeit des **lutherischen Pietismus**. Diese innerkirchliche Bewegung trat für eine Reform des kirchlichen Lebens auf der Grundlage einer persönlichen Frömmigkeit ein. Wegen der Verbreitung solcher Ideen wurde Francke zunächst aus Leipzig, später aus Erfurt vertrieben. 1692 wurde er als Pfarrer und Universitätsprofessor nach Halle berufen und begründete hier sein pietistisches Sozial- und Bildungswerk, die Franckeschen Stiftungen.

Hans-Dietrich Genscher (geb. 1927)

Ehemaliger Innen- und Außenminister

Als am längsten amtierender Außenminister der westlichen Welt genoss Hans-Dietrich Genscher die Bewunderung seiner Kollegen und den Respekt seiner Wähler. Er wurde als Sohn eines Juristen in Reideburg bei Halle geboren. Nach der ersten juristischen Staatsprüfung begann er in Halle als Referendar zu arbeiten, übersiedelte aber bald in die Bundesrepublik. Ab 1956 arbeitete Genscher hauptberuflich in der Politik. Er war über 30 Jahre Mitglied des Bundestags und als Minister unter drei Kanzlern tätig: von 1969 bis 1974 als Bundesminister des Innern sowie von 1974 bis 1992 fast ununterbrochen als Bundesminister des Auswärtigen und Stellvertreter des Bundeskanzlers der Bundesrepublik Deutschland. Von 1974 bis 1985 war er au-

← *Anziehungspunkt für viele Leipzig-Besucher: das Bach-Denkmal auf dem Thomaskirchhof*

Genscher gemeinsam mit dem früheren sowjetischen Staatschef Gorbatschow und dem ehemaligen amerikanischen Außenminister Kissinger 1993 bei einem Besuch in Halle

ßerdem Bundesvorsitzender der FDP. Dabei **förderte er einen kontinuierlichen Ost-West-Dialog**. Das Ende des Kalten Kriegs und die Verhandlungen zur deutschen Einheit krönten seinen Einsatz. Hans-Dietrich Genscher ist Ehrenbürger seiner Geburtsstadt Halle und seit 2002 Ehrensenator der Martin-Luther-Universität Halle-Wittenberg.

Henriette Goldschmidt (1825 – 1920)

Frauenrechtlerin

Als Wegbereiterin der bürgerlichen Frauenbewegung forderte Henriette Goldschmidt gleiche Bildungschancen und die gleichberechtigte Teilnahme am öffentlichen Leben für Mädchen und Frauen. Geboren 1825 als Tochter eines jüdischen Kaufmanns in Krotoschin bei Posen, heiratete sie 1853 Dr. Abraham Meyer Goldschmidt, der 1858 als Rabbiner der Israelitischen Religionsgemeinde nach Leipzig berufen wurde. Henriette Goldschmidt war **eine der Initiatorinnen der ersten Frauenkonferenz** in Deutschland und gründete mit Gleichgesinnten, u. a. mit Louise Otto-Peters (s. u.), den Allgemeinen Deutschen Frauenverein. Sie gründete außerdem u. a. den Verein für Familien- und Volkserziehung, der wiederum einen Volkskindergarten und ein Seminar für Kindergärtnerinnen eröffnete, und das Lyzeum der Damen, aus dem die erste deutsche Hochschule für Frauen zu Leipzig (1911) entstand. Das spätere Sozialpädagogische Frauenseminar ist heute als Sozialpädagogische Fachschule Henriette Goldschmidt für die Ausbildung von Erzieherinnen zuständig.

Georg Friedrich Händel (1685–1759)

Komponist

Händel galt zu Lebzeiten als **der größte Komponist seiner Zeit**. Er war in Deutschland, Italien und England gleichermaßen »zu Hause« und sprach verschiedene europäische Sprachen. In Halle verbrachte Händel seine Kindheit und Jugend als Sohn des herzoglichen Leibarztes Georg Händel und der Pfarrerstochter Dorothea Taust. Schon früh erhielt er seine musikalische Ausbildung bei dem damals besten Musiker Halles, Friedrich Wilhelm Zachow. Im Februar 1702 begann er in Halle ein Jurastudium und übernahm nur wenige Wochen das Organistenamt am Dom. 1703 ging der 18-jährige aufstrebende Musiker nach Hamburg, dann auf eine vierjährige Italienreise und zog schließlich nach England, wo er rauschende Triumphe feierte. 1759 starb Händel im Alter von 74 Jahren und fand in der Londoner Westminster Abbey als erster Ausländer seine letzte Ruhestätte.

Gottfried Wilhelm Leibniz (1646–1716)

Philosoph und Wissenschaftler

Als **einer der bedeutendsten Universalgelehrten** gilt Gottfried Leibniz wegen seiner großen Leistungen auf verschiedenen wissenschaftlichen Gebieten. Der Sohn eines Ethikprofessors, 1646 in Leipzig geboren, besuchte die Nikolaischule und lernte als Achtjähriger autodidaktisch Lateinisch und Griechisch. Bereits mit 15 Jahren studierte er an der Leipziger Universität Jura und Philosophie. Als er gerade 20-jährig in beiden Fächern promovieren wollte, wurde er wegen seines jugendlichen Alters abgelehnt. Gottfried Leibniz verließ Leipzig für immer und promovierte an der Universität Altdorf bei Nürnberg, arbeitete anschließend in Braunschweig, Paris und Hannover. Er war Gründer und erster Präsident der Berliner Akademie der Wissenschaften, entwickelte die Integral- und Differenzialrechnung, eine Rechenmaschine, das Dualsystem und vieles mehr. 1716 starb er in Hannover. Leipzig ehrte ihn mit einem Denkmal auf dem neuen Universitätscampus.

Martin Luther (1483–1546)

Theologe und Reformator

Martin Luther wurde als Sohn eines Bergmanns in Eisleben bei Halle geboren, später siedelte die Familie nach Mansfeld über. Er begann in Erfurt ein Studium und trat 1505 in das Kloster der Augustinereremiten ein. 1507 empfing er die Priesterweihe und studierte Theologie. Später wurde er in den Konvent von Wittenberg versetzt, wo er bereits aushilfsweise Vorlesungen an der Universität gehalten hatte. 1512 wurde er Doktor der Theologie und übernahm eine Professur für Exegese an der Universität Wittenberg. 1517 schlug er seine **95 Thesen über den Ablass** an der Schlosskirche zu Wittenberg an und gab damit das Startsignal zur Reformation.

In Leipzig predigte Luther in der Zeit von 1515 bis 1518, bevor er im Sommer 1519 in der Leipziger Pleißenburg eine berühmt gewordene

Disputation mit Johann Eck führte und in dieser Zeit beim Buchdrucker Melchior Lotter wohnte. Anlässlich der Einführung der Reformation hielt Luther 1539 in der Kapelle der Pleißenburg und einen Tag danach öffentlich in der Thomaskirche eine Predigt. In Halle predigte der Reformator 1545 und 1546 mehrfach in der Marktkirche. Bei der Überführung seines Leichnams von Eisleben nach Wittenberg wurde er auch in der halleschen Marienkirche aufgebahrt, wo heute seine Totenmaske und die Abdrücke seiner Hände ausgestellt sind.

Kurt Masur (geb. 1927)

Dirigent

1927 als Sohn eines Ingenieurs in Brieg (Schlesien) geboren, erhielt Kurt Masur seine Ausbildung in Breslau und Leipzig, es folgten Stationen in Halle und Erfurt, ehe er Generalmusikdirektor am Mecklenburgischen Staatstheater, Musikalischer Oberleiter an der Komischen Oper Berlin und Chefdirigent der Dresdner Philharmonie wurde. 1970 wurde Kurt Masur zum **17. Gewandhauskapellmeister** berufen und leitete das Orchester bis 1996. 1991 bis 2002 war er außerdem Chefdirigent der New Yorker Philharmoniker. Seit 2000 ist er Chefdirigent des London Philharmonic Orchestra und leitet als Musikdirektor das Orchestre National de France. **»Politiker wider Willen«** wurde Masur während der friedlichen Revolution 1989, als er gemeinsam mit fünf anderen prominenten Leipzigern den Aufruf »Keine Gewalt!« verfasste. Masur ist Gründer der Internationalen Mendelssohn-Stiftung und setzte sich für die Entwicklung des Mendelssohn-Hauses als kulturelles Zentrum ein. Er ist u. a. Ehrenbürger der Stadt Leipzig, Ehrendoktor der Leipziger Universität, Träger des Verdienstkreuzes des Verdienstordens, des Großen Bundesverdienstkreuzes mit Stern und des Westphälischen Friedenspreises, Kulturbotschafter von New York und Ehrengastdirigent auf Lebenszeit des Israel Philharmonic Orchestra.

Masur bei einem Gesprächsforum 1989 im Leipziger Gewandhaus

Felix Mendelssohn Bartholdy (1809 – 1847)

Komponist

Die **Wiederentdeckung Bachs**, die Förderung des Musikschaffens seiner Zeit und nicht zuletzt die musikalische Ausbildung der Jugend machen Felix Mendelssohn Bartholdys Schaffen in Leipzig so bedeutsam. Der 1809 in Hamburg geborene Komponist trat 1835 die Stelle als **Gewandhauskapellmeister** an. Daneben komponierte er u. a. Konzerte für Klavier und Violine, Sinfonien und Oratorien. Zu den ständigen Gästen im Gewandhausorchester gehörte Robert Schumann, von dem in Leipzig viele Werke uraufgeführt wurden. Mendelssohn war es auch, der erstmals Werke von Johann Sebastian Bach im Gewandhaus darbot und die Matthäuspassion in der Thomaskirche wiederaufführen ließ. 1843 stiftete er das Alte Bachdenkmal am Dittrichring (Promenadenring) und initiierte die Gründung des ersten deutschen Konservatorius für Musik. Zuletzt wohnte er mit seiner Familie in der heutigen Goldschmidtstraße 12, wo er 1847 starb (Mendelssohn-Haus).

Louise Otto-Peters (1819 – 1895)

Mitbegründerin der Frauenbewegung

Den Zugang der Frauen und Mädchen zur Bildung, die rechtliche Gleichstellung der Geschlechter und das Wahlrecht für Frauen forderte Louise Otto-Peters, die gesellschaftskritische Publizistin, Dichterin und Schriftstellerin. 1819 in Meißen als Tochter einer wohlhabenden Familie geboren, wurde sie bereits mit 17 Jahren Vollwaise und bestritt ihren Lebensunterhalt mit publizistischen Tätigkeiten. Von 1849 bis 1852 gab sie die »Frauenzeitung« heraus, die wegen des Pressegesetzes, das Frauen die Verlegertätigkeit verbot, eingestellt werden musste. 1860 zog sie mit ihrem Ehemann, dem Schriftsteller August Peters, nach Leipzig. Gemeinsam gaben sie die »Mitteldeutsche Volkszeitung« heraus. Louise Otto-Peters war Mitinitiatorin des Leipziger Frauenbildungsvereins, organisierte die erste deutsche Frauenkonferenz in Leipzig und gründete (mit Henriette Goldschmidt, S. 58) den **Allgemeinen Deutschen Frauenverein**, dessen erste Vorsitzende sie 30 Jahre lang war.

Moritz Schreber (1808 – 1861)

Arzt und »Vater der Kleingartenbewegung«

Für eine naturgemäße Lebensweise der Kinder und für viel Bewegung an der frischen Luft setzte sich der Arzt Dr. Daniel Gottlob Moritz Schreber ein. In Leipzig 1808 als Sohn eines Advokaten geboren, besuchte er die Thomasschule und studierte Medizin an der Leipziger Universität. Danach eröffnete er eine orthopädische Praxis, bevor er 1844 die Leitung der Orthopädischen Heilanstalt Leipzig übernahm. Der **Mitbegründer der Kinderorthopädie** hatte die Idee, Kinderspielplätze für die Großstadtjugend zu errichten, und wurde dabei von seinem Freund, dem Pädagogen Hauschild unterstützt. 1865 konnte der erste Kinderspielplatz, der außer Spielgeräten auch eine Reihe von Beeten aufwies, eingeweiht werden. Sie wurden von dem pensionierten Oberlehrer Gesell angelegt und später zu kleinen Gärten ausgebaut. 1876 entstand der **Schreberverein** der Westvorstadt zu Leipzig (heute Kleingartenanlage Dr. Schreber). In der Aachener Straße kann man das Deutsche Kleingärtnermuseum besichtigen.

Clara und Robert Schumann

Künstlerpaar der Romantik

Clara Wieck (1819–1896) wurde als Tochter des erfolgreichen Klavierpädagogen und -händlers Friedrich Wieck in Leipzig geboren. Bereit als 5-Jährige begann sie mit dem Klavierunterricht bei ihrem Vater, der sie auf eine Virtuosenlaufbahn vorbereitete. Sie spielte vor Paganini und Goethe und ging 1831 zusammen mit ihrem Vater auf eine erste Konzertreise. Der 1810 in Zwickau als Sohn eines Verlagsbuchhändlers geborene Robert Schumann (1810–1856) studierte ab 1826 in Leipzig eher widerwillig Jura, spielte lieber Klavier und nahm Unterricht im Hause Wieck. Er überredete seine Mutter, einem Musikstudium zuzustimmen, und wurde von Friedrich Wieck zum Pianisten ausgebildet. Eine Lähmung der rechten Hand, hervorgerufen durch übermäßiges Üben, beendete vorzeitig seine Virtuosenlaufbahn. Trotzdem blieb das **Klavier Zentrum seines kompositorischen Schaffens**. Zwangsläufig begegneten sich die junge **Pianistin** Clara und der Komponist Robert. Der Vater verbot Clara zwar den Umgang mit Schumann, aber 1836 verlobten sie sich heimlich. Als Robert am 18. Geburtstag Claras offiziell um ihre Hand anhielt, widersetzte sich Friedrich Wieck. Beide wandten sich an ein Appellationsgericht, heirateten 1840 und bezogen vier Jahre später eine Wohnung in der Inselstraße (Schumann-Haus), wo ihre ersten beiden Kinder geboren wurden. Clara komponierte auch selbst, interpretierte aber v. a. die Klaviermusik ihres Mannes, spielte Chopin, Beethoven und Brahms und unternahm eine von Mendelssohn Bartholdy organisierte Tournee durch Russland.

Robert Schumann komponierte außer Klavierwerken über 100 Lieder, Kammermusiken, sinfonische Dichtungen und erlebte seinen Durchbruch mit der 1. Sinfonie op. 38 (Frühlingssinfonie), die Mendelssohn 1841 in Leipzig uraufführte. Als ihm die Stelle als Gewandhausmusikdirektor, um die er sich beworben hatte, versagt blieb, gaben seine Frau und er ihr Abschiedskonzert im Dezember 1844 in Leipzig und zogen in die Residenzstadt Dresden.

Werner Tübke (1929–2004)

Maler

Werner Tübke gehört zu den bekanntesten, aber auch umstrittensten Künstlern der Gegenwart. Als Sohn eines Kaufmanns und als Enkel eines Malers wurde Tübke 1929 in Schönebeck geboren, absolvierte eine Malerlehre, besuchte die Meisterschule für das deutsche Handwerk in Magdeburg, studierte nach dem Abitur an der Leipziger Hochschule für Grafik und Buchkunst und an der Greifswalder Universität. Er arbeitete als wissenschaftlicher Mitarbeiter der Abteilung Bildende Künste im Leipziger Zentralhaus für Laienkunst, ehe er 1954 seine freischaffende Tätigkeit als Maler und Grafiker begann. Fast 30 Jahre war er Lehrer an der Leipziger Hochschule für Grafik und Buchkunst, wurde 1972 Professor und war drei Jahre lang auch ihr Rektor. Zeichnungen waren der Ausgangspunkt all seiner schöpferischen Tätigkeit, sie verdeutlichen seine exzellente Präzision und Vielseitigkeit. Elf Jahre arbeitete er an dem ersten Sinnbildpanorama und weltgrößten Gemälde **»Frühbürgerliche Revolution in Deutschland«** für das Panorama-Museum in Bad Frankenhausen. Ursprünglich ein Auftragsbild , das revolutionären sozialistischen Geist verkörpern sollte, schuf der Künstler ein »apokalyptisches Mysterienspiel«. Zu seinen jüngsten Arbeiten gehört das riesige Gemälde für die Freischütz-Aufführung in Bonn (1993) und ein umfangreiches Altarbild für die Kirche St. Salvatoris in Clausthal-Zellerfeld (1993/97). Tübke war er Mitglied der Königlichen Akademie der Künste Schwedens in Stockholm (seit 1982 als einziger Deutscher) und Ehrenmitglied der Russischen Akademie der Künste seit 1988. Er gilt als einer der bedeutendsten **Wegbereiter der Leipziger Schule**.

Richard Wagner (1813 – 1883)

Komponist

In Leipzig als neuntes Kind eines Polizeiprotokollführers 1813 geboren, verlebte Wagner nach dem baldigen Tod des Vaters und der Wiederheirat seiner Mutter ab 1814 seine Kindheit in Dresden. 1827 kehrte die Familie nach Leipzig zurück (der Stiefvater verstarb 1821), wo Richard von 1827 bis 1830 die (Alte) Nikolaischule besuchte. 1830 wechselte er in die Thomasschule, die er aber ohne Abschluss verließ. Eine Sondergenehmigung ermöglichte ihm 1831 das Musikstudium an der Leipziger Universität, dort nahm er Kompositionsunterricht bei Thomaskantor Weinlig. Seine ersten Kompositionen waren erfolgreich: Weihnachten 1830 wurde die Paukenschlag-Ouvertüre uraufgeführt, 1832 im Gewandhaus die Ouvertüre in d-Moll. Seine Opern »Die Feen« und »Das Liebesverbot« stießen aber auf Ablehnung; auch seine Hoffnung, Gewandhauskapellmeister zu werden, erfüllte sich nicht.

Da er 1848 aufseiten der Revolutionäre stand, wurde er 1849 bis 1862 durch die Leipziger Behörden steckbrieflich gesucht und als »verlorener Sohn« betrachtet. Erst Ende 1862 dirigierte Wagner im fast leeren Leipziger Gewandhaus seine Ouvertüren zu »Tannhäuser« und zu den »Meistersingern«. Eine Gedenktafel am ehemaligen Standort des Geburtshauses am Brühl, eine Wagnerbüste (von Max Klinger) vor der Oper am Schwanenteich (Promenadenring) und der Richard-Wagner-Hain am Sportforum erinnern an den Komponisten.

Der Richard-Wagner-Sockel wurde 2009 vom Klingerhain in die Anlagen an der Großen Fleischergasse verlegt.

Praktische Informationen

WOHIN AM ABEND? WELCHE FESTE UND VERANSTALTUNGEN SOLLTE MAN NICHT VERSÄUMEN? WO KANN MAN BESONDERS GUT ESSEN UND WO SIND KLEINE KINDER WILLKOMMEN? LESEN SIE NACH, AM BESTEN SCHON VOR DER REISE!

Anreise · Reiseplanung

Mit dem Auto Der Raum Leipzig/Halle ist bestens in das Autobahnnetz eingebunden. Die **Mitteldeutsche Schleife** legt sich als doppelter Autobahnring um Halle und Leipzig. Hier kreuzt sich die Nord-Süd-Magistrale A 9 (Berlin – München) mit der West-Ost-Magistrale A 14 (Magdeburg – Dresden). Außerdem münden hier die Harz-Autobahn A 38 (Göttingen – Leipzig) und die neue A 72 von Chemnitz.

Mit dem Bus In Leipzig befindet sich am Hauptbahnhof Ostseite die Haltestelle für regionale Buslinien. Fernreisebusse verkehren von der Goethestraße (gegenüber Ostseite Hbf.) bzw. vom Busparkplatz an der Ostseite Hbf./Brandenburger Straße.

Der Zentrale Busbahnhof (ZOB) in Halle erstreckt sich am Westausgang des Hauptbahnhofs (Ernst-Kamieth-Straße); von hier gehen regionale innerdeutsche und einige internationale Verbindungen.

Mit der Bahn Zum Leipziger Hauptbahnhof bestehen aus allen Himmelsrichtungen schnelle Direktverbindungen mit ICE-, IC-, EC-, CityNightLine- und DB-NachtZug-Anschlüssen sowie im Nahverkehr direkte Reisemöglichkeiten von allen größeren Städten der Umgebung. Im Stundentakt verkehren direkte ICE-Linien von und nach Hamburg, Berlin, Frankfurt/Main, Erfurt, München, Nürnberg und Dresden. Durchgehende IC-Verbindungen gibt es von und nach Magdeburg, Hannover, Bremen und Dortmund. Außerdem existiert ein Shuttle-Verkehr (Flughafen Express) zum Flughafen Leipzig/Halle sowie S-Bahn-Verkehr im regionalen Verkehrsraum des Mitteldeutschen Verkehrsverbundes (MDV). **Zwischen Halle und Leipzig besteht eine S-Bahn-Verbindung**; sie führt über den Flughafen Leipzig/Halle (Verkehrstakt: alle 30 Minuten, Fahrzeit: 35 Minuten).

ADRESSEN ANREISE

► **Flughafen Leipzig-Halle**
Tel. (03 41) 224 11 55
www.leipzig-halle-airport.de
www.leipzig-halle.aero

► **Hauptbahnhof Leipzig**
Willy-Brandt-Platz
Auskunft Deutsche Bahn
Tel. 118 61, 0800 150 70 90
www.bahn.de

► **Hauptbahnhof Halle**
Auskunft
Tel. (08 00) 150 70 90
(automatisiert)
www.bahn.de

► **Mitfahrzentrale**
Goethestr. 7-10
04109 Leipzig
Tel. (03 41) 194 40

► **Mitfahrgelegenheit**
www.mitfahrgelegenheit.de oder
www.ciao.de/mitfahrgelegenheit

Von 1927 bis 2008 hat Halle gemeinsam mit Leipzig den heutigen Internationalen Flughafen Leipzig/Halle betrieben. Trotz des Ausstiegs der Saalestadt aus dem Projekt ist der Name geblieben. Es gibt mehrere innerdeutsche und zahlreiche internationale Flugverbindungen. Alle großen Mietwagenfirmen sind am Flughafen vertreten (Terminal B). Es gibt vier Langzeitparkplätze (P 2, P 4, P 5, P 20) und ein Parkhaus. Für Kurzparker stehen die Plätze P 1, P 3 und P 11 unmittelbar vor dem Check-in und am Terminal B (Ankunft) zur Verfügung.

Mit dem Flugzeug

Am Terminal B konkurrieren Taxibetriebe aus Leipzig und Halle. Der Passagier ist – um sich Ärger zu ersparen – gehalten, in Richtung Halle ein hallesches Taxi zu ordern (s. S. 132).

◄ Transfer-Taxi und Flughafen-Express

Der FlughafenExpress verkehrt im Halb-Stunden-Takt zwischen dem Leipziger Hauptbahnhof und dem Flughafenbahnhof (Fahrzeit ca. 14 Min.); nach Halle dauert die Fahrt etwa 11 Minuten.

Zudem sind weitere Züge zwischen dem Flughafen Leipzig/Halle und den jeweiligen Hauptbahnhöfen eingesetzt, die die Strecke in ca. 12 Minuten zurücklegen.

Ausgehen

... in Leipzig

Ein reges Nachtleben prägt die Messestadt-Atmosphäre. Beliebt sind Stätten der Kleinkunst, die abwechslungsreiche Programme bieten. Um die Publikumsgunst wetteifern mehrere Kabaretts, die dafür sorgen, dass Leipzig den Beinamen **»Kabaretthauptstadt Deutschlands«** trägt. Verschiedene Szenelokale, die sich an ein junges, häufig studentisches Publikum wenden, bereichern die Vielfalt der Ausgehmöglichkeiten für Tag- und Nachtschwärmer.

Abendunterhaltung in Leipzig

Neben dem Drallewatsch (s. S. 68) in der Innenstadt empfiehlt sich auch eine Entdeckungstour durch die Leipziger Gastro-Szene in der Gottschedstraße, der Münzgasse und entlang der Südmeile Karl-Liebknecht-Straße.

TIPPS FÜR LEIPZIG s. Plan S. 68/69

KABARETT, CLUBS & KULTUR

► ① **Kabarett Pfeffermühle**
(Interim im Kosmos-Haus)
Gottschedstr. 1
Tel. (03 41) 960 31 96
www.kabarett-leipziger-pfeffermuehle.de
»Dienstältestes« politisch-satirisches Kabarett in Leipzig

► ② **academixer**
Kupfergasse 2
Tel. (03 41) 21 78 78 78
www.academixer.com
Anspruchsvolle satirische Pro-

Leipzig Essen, Übernachten und Ausgehtipps

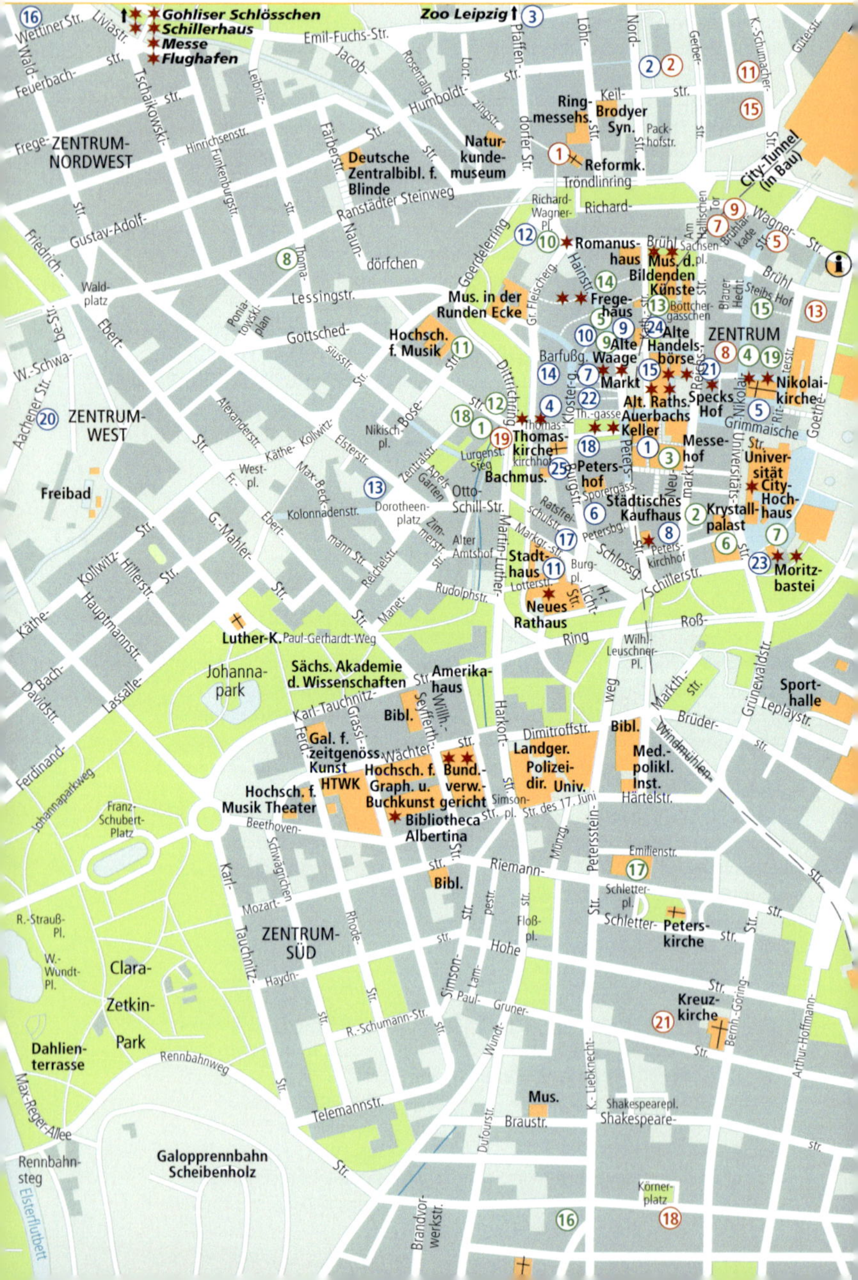

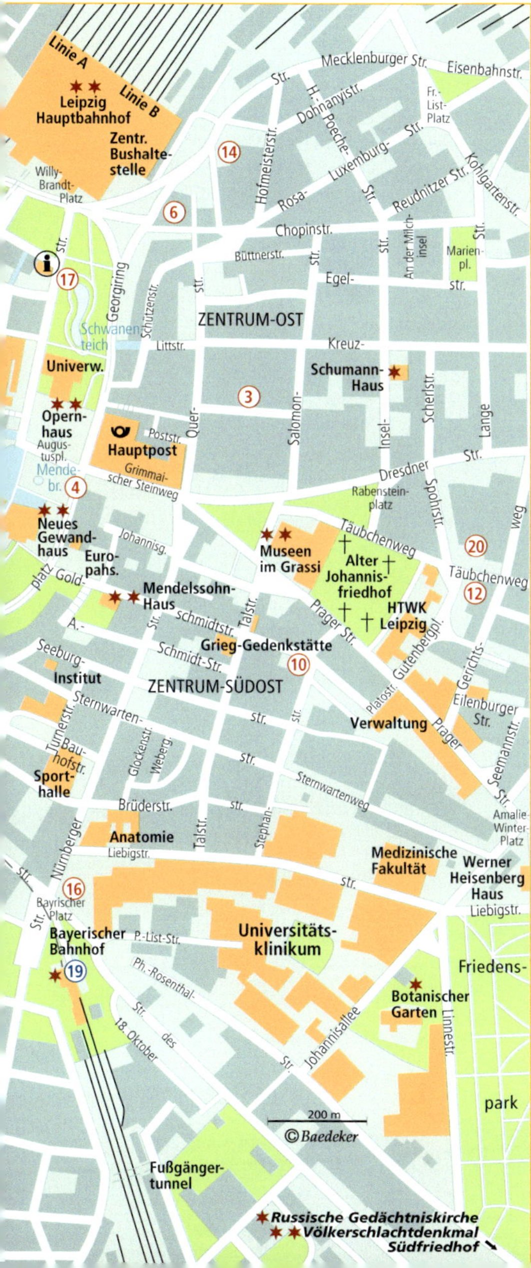

Hotels

1. Hotel Fürstenhof Leipzig
2. The Westin Leipzig
3. pentahotel Leipzig
4. Radisson SAS Hotel Leipzig
5. Seaside Park Hotel
6. Best Western Premier Victor's Residenz Hotel Leipzig
7. Leipzig Marriott Hotel
8. Motel One
9. Hotel Royal International Leipzig
10. Hotel Mercure am Johannisplatz
11. Günnewig Hotel Vier Jahreszeiten Leipzig
12. Tulip Inn Leipzig
13. ibis Hotel Leipzig Zentrum
14. A&O City Hauptbahnhof
15. Holiday Inn Garden Court
16. Hotel am Bayrischen Platz
17. Novotel Leipzig City
18. Hotel Markgraf Leipzig
19. Hotel Kosmos
20. Mark Hotel garni

Cafés/Restaurants

1. Auerbachs Keller
2. Falco
3. La Cachette
4. Tresor
5. Medici
6. Thüringer Hof
7. Zill's Tunnel
8. Kaiser Maximilian
9. Weinstock
10. Barthels Hof
11. Ratskeller zu Leipzig
12. Enchilada
13. Apels Garten
14. Zum Arabischen Coffe Baum
15. Das Alte Rathaus
16. Mückenschlösschen
17. Fra Diavolo
18. Brauhaus am Thomaskirchhof
19. Gasthaus & Gosebrauerei Bayerischer Bahnhof
20. Schrebers
21. Kaffeehaus Riquet
22. Caffè Pascucci
23. Café Barbakane
24. Eiscafé Pinguin
25. Café Kandler

Ausgehen

1. Kabarett Pfeffermühle
2. academixer
3. Kabarett-Theater SanftWut
4. Kabarett Leipziger Funzel
5. Leipziger Centralkabarett
6. Krystallpalast-Varieté
7. Moritzbastei
8. Froschcafé & Theater
9. theater fact
10. Metropolis
11. Schauhaus
12. Twenty One
13. MARKT 1
14. Dark Flower
15. Bounce87
16. naTo
17. Flowerpower
18. milchbar
19. First Whisk(e)y Bar

WUSSTEN SIE SCHON ...?

- ... dass der Drallewatsch die angesagteste Kneipenmeile mitten in der City ist? Die sächsische Bezeichnung bedeutet soviel wie »etwas erleben, ausgehen«. Durchstreift man die historische Altstadt vom Markt durch das Barfußgässchen über Kleine und Große Fleischergasse oder Klostergasse bis zum Burgplatz, erlebt man das einzigartige Flair von rund 40 Adressen vom Traditionsgasthof über die Szenekneipe und Sushi-Bar bis zum internationalen Spezialitätenrestaurant.

gramme und bekannte Gäste sorgen im Keller des ehemaligen Messehauses Dresdner Hof für Heiterkeit.

▸ ③ **Kabarett-Theater SanftWut**
Grimmaische Str. 2
(Mädler-Passage)
Tel. (03 41) 961 23 46
Mit feinem Gespür für Aktuelles und mit musikalischer Verve werden »weltbewegende« Fragen in amüsantem Gewand geboten.

▸ ④ **Kabarett Leipziger Funzel**
Nikolaistr. 6-10
(Strohsackpassage)
Tel. (03 41) 960 32 32
Thorsten Wolf – als vielseitiger Schauspieler in diversen Fernsehsendungen auf dem Bildschirm präsent – ist den Alltagsproblemen im Land mit bissigen Kommentaren und hintergründigem Humor auf der Spur.

▸ ⑤ **Leipzigs Centralkabarett**
Markt 9
Tel. (03 41) 52 90 30 52
Für authentischen sächsischen Humor, gemischt mit einer Prise Bissigkeit, ist Comedian Meigl Hoffmann bekannt.

▸ ⑥ **Krystallpalast-Varieté**
Magazingasse 4
Tel. (03 41) 140 66 20
Wechselnde Showprogramme mit internationaler Besetzung sorgen für Faszination und Begeisterung.

▸ ⑦ **Moritzbastei**
Universitätsstr. 9
Tel. (03 41) 702 59-0
www.moritzbastei.de
Pralles Leben bei Jazz- und anderen Konzerten sowie Studentenfeiern herrscht im größten Studentenclub Europas.

▸ ⑧ **Frosch-Café & Theater**
Thomasiusstr. 2
Tel. (03 41) 983 07 67
www.frosch-cafe.de
Tagsüber familienfreundliches Caféhaus, abends Chansons und Kabarettprogramme

▸ ⑨ **theater fact**
Hainstr. 1 (Barthels Hof)
Tel. (03 41) 961 40 80
Komödiantisches im Keller, Theater »zum Mieten« und Sommertheater im Hof des ältesten Messe-Durchgangshauses

▸ ⑩ **Metropolis**
Große Fleischergasse 4
Tel. (03 41) 462 56 15
www.metropolis-leipzig.de
Tabledance-Bar

▸ ⑪ **Schauhaus**
Bosestr. 1
Tel. (03 41) 960 05 96
www.schauhaus-leipzig.de
Heiße Rhythmen verführen in der angesagten City-Diskothek zur Dance-Performance.

Abtanzen in Deutschlands größter Studentenkneipe, der Moritzbastei

▶ ⑫ **Twenty One**
Gottschedstr. 2
Tel. (03 41) 230 76 95
www.twentyone-leipzig.de
Danceclub, Bar und Lounge. Als Start- oder Zielpunkt auf der beliebten Kneipenmeile Gottschedstraße genau richtig, um in Stimmung zu kommen.

▶ ⑬ **MARKT 1**
Katharinenstr. 13
Tel. (03 41) 960 33 06
www.markt-eins.de
Nightlife mit Anspruch und Niveau für Alt- und Jungverliebte.

▶ ⑭ **Dark Flower**
Hainstr. 12 – 14
Tel. (01 63) 633 00 11
www.darkflower.de
Gothic-Szenelokal im historischen Kellergewölbe mitten im Herzen der Stadt

▶ ⑮ **Bounce87**
Nikolaistr. 12 – 14
www.bounce87.com
Neue Leute kennenlernen, Freunde finden und Hip-hop, House und Rap hören

▶ ⑯ **naTo**
Karl-Liebknecht-Str. 46
Tel. (03 41) 391 55 39
www.nato-leipzig.de
Konzert- und Kinoerlebnisse abseits vom Mainstream mit leckeren Cocktails und leichter Küche

▶ ⑰ **Flowerpower**
Riemannstr. 42

Tel. (03 41) 961 34 41
www.flower-power.de
Eintauchen in hippi(e)ge Atmosphäre einer romantisierten Ära

► ⑱ **milchbar**
Gottschedstr. 1
Tel. (03 41) 268 90 85
www.milchbar-le.de
Coole Drinks – auch mit Milch – und heiße Musik von der Scheibe ergibt Partystimmung pur.

► ⑲ **First Whisk(e)y Bar**
Nikolaistr. 6 – 10
(Strohsackpassage)
Tel. (03 41) 212 63 51
www.whisky-bar.de
Vielfalt aus den Destillerien der Welt und das Know-how gestandener Bar-Profis

KINOS

► **Passage Kinos**
Hainstr. 19a
Tel. (03 41) 217 38 62

► **Kinobar Prager Frühling**
Bernhard-Göring-Str. 152
Tel. (03 41) 306 53 33

► **CineStar Leipzig**
Petersstr. 44
Tel. (03 41) 336 63
www.cinestar.de

► **Filmpalast Leipzig**
Ludwigsburger Str. 13
Tel. (03 41) 426 96 22

► **Filmtheater Schauburg Leipzig**
Antonienstr. 21
Tel. (03 41) 424 46 41

► **Cineding**
Karl-Heine-Str. 83
Tel. (03 41) 477 31 51

► **Regina-Palast**
Dresdner Str. 56
Tel. (03 41) 649 21 11
Mit dem ersten digitalen 3-D-Kino in Leipzig

... in Halle

Großes Angebot

Halle ist seit über 300 Jahren eine Universitätsstadt; hat also eine junge Szene, dazu kommt der wachsende Tourismus. Bars, Diskotheken, Klubs aller Couleur und Szenetreffs gibt es in allen Stadtvierteln. Gehäuft natürlich in der Innenstadt, aber auch rings um die Burg Giebichenstein. Hier residiert die Hochschule für Kunst und Design – entsprechend bunt und abwechslungsreich ist die Szene.

Halle hat sogar **drei Kneipenmeilen** zu bieten: Diverse Pubs und Lokale gibt es in der kaum 100 m langen Sternstraße (Baedeker Tipp S. 285) sowie Cafés, Bars und »Bierschwemmen« in der Kleinen Ulrichstraße und nahe der Burg Giebichenstein (Burgstraße und Seebener Straße).

! *Baedeker* TIPP

Nachtwächter Schmaus

Die Touristinformation bietet, insbesondere an den Wochenenden, Rundgänge mit einem Nachtwächter an, der nicht nur jede Menge Tipps erteilt, sondern zum Klang seiner Gitarre auch Moritaten vorträgt. Wer mag, kann den Abend in einem Lokal in der historischen Altstadt beenden (Tel. 03 45 / 122 99 84).

TIPPS FÜR HALLE (s. Plan S. 74/75)

BARS, KNEIPEN, CLUBS

► ① **Strieses Biertunnel**
Schulstr. 2, Tel. (0345) 512 59 48
Treffpunkt der Theaterleute von der Kulturinsel (►Baedeker Tipp S. 116), voll wird's nach 22.00 Uhr.

► ② **Tanzbar Palette**
Große Nikolaistr. 9–11
Tel. (03 45) 209 08 90
Oft Livekonzerte und – Entertainment, Fanpartys für Leute zwischen zwanzig und vierzig, Club-Lounge »Havanna« zum Abhängen ab 18.00 Uhr.

► ③ **Flower Power**
Moritzburgring 1 (Kulturhaus Urania 70), Tel. (03 45) 688 88 88
Im ehemaligen Kino kann man alles haben: Tanz nach Livemusik, auch Disco, Frühstück, Familienbrunch, Sporthighlights auf der Großleinwand u. v. m.

► ④ **Objekt 5**
Seebener Str. 5,
Tel. (03 45) 47 82 33 69
Multifunktional: Essen, Trinken, aber auch Gastspiele bekannter Popstars, beliebter Tanzboden

► ⑤ **Café Deix**
Seebener Straße 175
Tel. (03 45) 522 71 61
Künstlerlokal mit entsprechendem Flair und guten Saale-Unstrut-Weinen

► ⑥ **En Voque Clublounge**
K&K Passage (Franckestr. 1)
Tel. (01 77) 780 07 87
Edle Location, oft Livemusik und bekannten Interpreten, Model-Castings

► ⑦ **Easy Schorre / Genschman**
Philipp-Müller-Str. 78
Tel. (03 45) 21 22 40
Diskothek, in der Pop- und Rockkonzerte stattfinden sowie weitere Events und Mottopartys (u. a. Gayschorre-Happenings). Im gleichen Gebäude findet sich die Kultkneipe Genschman.

► ⑧ **DAX Bierbörse & Pasha Discothek**
Augustastr. 5 (Charlottencenter)
Tel. (03 45) 203 79 47
Musikrichtung: Party und Classics, auch Charts

► ⑨ **Pe 1**
Großer Sandberg 10
Tel. (01 52) 04 68 82 27
Abtanzen, gelegentlich Gay-Partys

► ⑩ **Turm**
Friedemann-Bach-Platz
Tel (03 45) 2 02 37 37
Seit Jahrzehnten beliebter Studentenklub in einer Bastion der Moritzburg, viel Musik, aber auch Talk zu Tagesthemen

SPIELBANK / KINOS

► ⑪ **Spielbanken Sachsen-Anhalt**
Franckestr. 1 (im Kultur- und Kongresszentrum K&K)

Halle Essen, Übernachten und Ausgehtipps

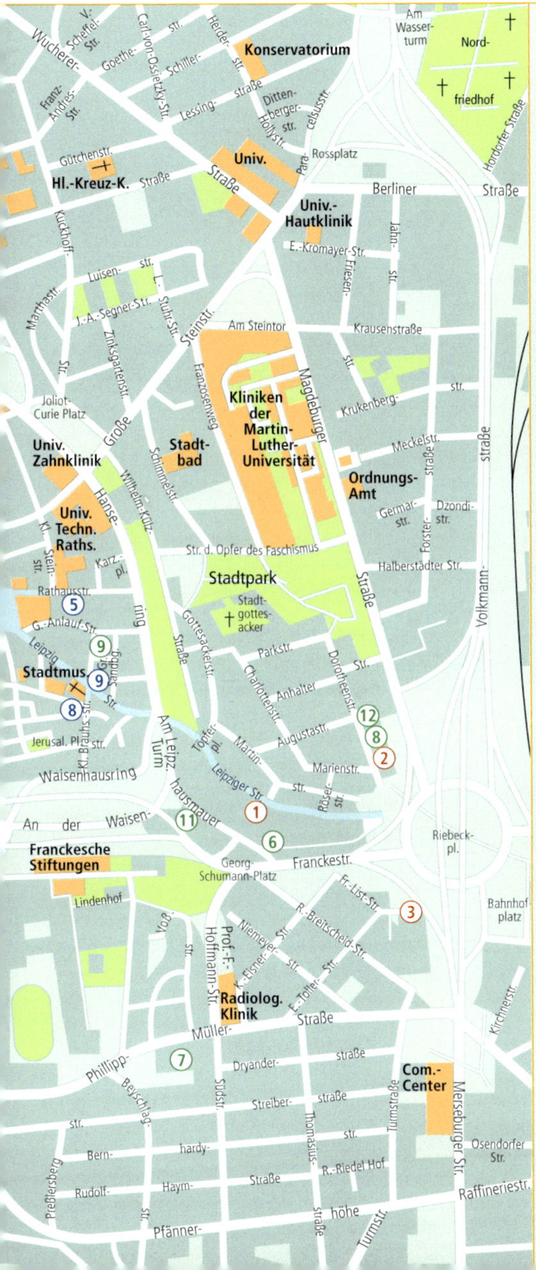

Hotels

1. Kempinksi Hotel Rotes Ross
2. Dorint Hotel Charlottenhof
3. Maritim Hotel Halle
4. Hotel Ankerhof
5. Intercity-Hotel Halle-Neustadt

Cafés/Restaurants

1. Café Hopfgarten
2. nt-Café
3. Café Rossini
4. Drei Kaiser
5. Ratsherrenklause
6. Ökoase
7. Delphi
8. Ristorante Il Cavallino
9. Shanghai
10. House of India
11. Sushi am Opernhaus
12. Las Salinas & Tapas Bar
13. Enchilada
14. Fritzengarten
15. Bootsschenke Marie Hedwig
16. Krug zum Grünen Kranze
17. Bergschenke
18. Villa del Vino

Ausgehen

1. Strieses Biertunnel
2. Tanzbar Palette
3. Flower Power
4. Objekt 5
5. Café Deix
6. En Vogue Clublounge
7. Easy Schorre/Genschman
8. DAX Bierbörse & Pasha Discothek
9. Pe 1
10. Turm
11. Spielbanken Sachsen-Anhalt
12. Cinemaxx Charlottencenter
13. Cinemaxx Halle-Neustadt
14. Lux.Kino am Zoo
15. Zazie Kino Bar

Tel. (03 45) 225 60
Automaten, Black Jack und American Roulette

! **Baedeker TIPP**

⑭ Lux.Kino am Zoo

Für seine besonderen Filmreihen und herausragenden Retrospektiven wurde das »Lux« in den Räumlichkeiten der ehemaligen Zoogaststätte schon mehrfach als bestes Programmkino Deutschlands ausgezeichnet (Seebener Str. 172, Tel. 03 45 / 523 86 31). Dependancen findet man auch in der Kardinal-Albrecht-Str. 6 und im Multimediazentrum (MMZ) an der Schieferbrücke (Mansfelder Straße).

► **⑫, ⑬ Cinemaxx**
Halle hat zwei Großkinos mit jeweils ca. zehn Vorführräumen: das Cinemaxx Charlottencenter (Charlottenstr. 8, Tel. 01805 / 24 63 62 99) und das Cinemaxx Halle-Neustadt (Neustädter Passage 17, im Einkaufszentrum an der Magistrale, Tel. 018 05 / 24 63 62 99).

► **⑮ Zazie Kino Bar**
Kleine Ulrichstr. 22
Tel. (03 45) 779 28 05
Hier werden meist fremdsprachige Filme in Originalfassung gezeigt.

Auskunft

WICHTIGE ADRESSEN

LEIPZIG

► **Leipzig Tourismus und Marketing GmbH**
Richard-Wagner-Str. 1
(gegenüber Hauptbahnhof, Ostseite)
04109 Leipzig
Tel. (03 41) 71 04-260 u. 71 04-265
Zimmervermittlung: 71 04 -255
Individual- und Gruppenreisen: 71 04 -275
Stadtrundfahrten und -rundgänge: 71 04-280
Ticketverkauf: 71 04-285
Fax 71 04-271 u. 71 04-276
www.leipzig.de oder
www.ltm-leipzig.de
Öffnungszeiten: Nov. bis Febr. Mo. – Fr. 10.00 – 18.00, Sa 9.30 – 16.00, So 9.30 – 15.00; März bis Okt. tgl. ab 9.30 Uhr

► **Bürgerinformation im Neuen Rathaus**
Martin-Luther-Ring 4 – 6
(untere Wandelhalle)
Tel. (03 41) 123 22 41
Mo., Mi. 8.00 – 15.00, Di. 8.00 – 18.00, Do. 8.00 – 16.30, Fr. 8.00 – 13.45 Uhr

HALLE (SAALE)

► **Tourist-Information Halle**
Markt 13 (im Marktschlösschen)
06108 Halle (Saale)
Tel. (03 45) 122 99 84
Fax (03 45) 122 99 85
touristinfo@stadtmarketing-halle.de
www.stadtmarketing-halle.de
Öffnungszeiten: Mo. – Fr. 9.00 – 19.00, Sa. 10.00 – 16.00, So. 10.00 – 16.00 Uhr (nur Mai – Okt.)

► **Informationszentrum Fährstraße**
Fährstr. 1–2
06114 Halle (Saale)
Tel. (03 45) 5 23 53 11
Mo.–Fr. 10.00–17.00, Sa.–So. 10.00–16.00 Uhr
Straßenbahn: Giebichenstein (Linien 2, 5, 7, 8 und 10)

INTERNETADRESSEN

► **Informationen zu Leipzig**
www.leipzig.de
www.leipzig-sachsen.de
www.leipzigerneuseenland.de

► **Infos für Kultur- und Geschichtsinteressierte**
www.klassik-in-leipzig.de
www.stolpersteine-leipzig.de
www.notenspur-leipzig.de

► **Zeitungen/Stadtmagazine**
www.lvz-online.de (Leipzig)
www.mz-web.de (Halle)
www.kreuzer-leipzig.de
www.blitz-stadtmagazin.com/leipzig
www.kulturfalter.de (Halle)
www.blitz-stadtmagazin.com/halle
www.zeitpunkt-kulturmagazin.de (beide Städte)

► **Informationen zu Halle**
www.halle.de
www.halleforum.de
www.stadtmarketing-halle.de

► **Veranstaltungshinweise**
www.leipzig-plus.de
www.seek.de (für beide Städte)
www.veranstaltungskalender.halle.de
www.halle-nightlife.de

INTERNETCAFES

► **In Leipzig**
Café Le Bit
L.-Erhardt-Str. 57
www.damenschuhfabrik.de
Tel. (03 41) 998 20 20

Hamster-Ecke.de
Gorkistr. 129
www.hamster-ecke.de
Tel. (03 41) 319 90 22

Internetcafé Trixom
Härtelstr. 21
Tel. (03 41) 35 59 02 96
www.trixom.de

Surfen + Telefonieren
Brühl 64
www.intertelcafe.de
Tel. (03 41) 462 58 79

Netl@den
Reichsstr. 16–18
Tel. (07 00) 19 99 30 00

Teepunkt
www.teepunkt.com
Lütznerstr. 135

Internetcafe LiC
Georg-Schumann-Str. 272
Tel. (03 41) 902 26 00

► **in Halle**
Cockbit
August-Bebel-Str. 5
Tel. (03 45) 678 25 88

Babier
Leipziger Str. 84
Tel. (03 45) 478 86 45

Kalee Tele-Café Internetcafé
Steinweg 38
Tel. (03 45) 678 74 58

Internetcafé Speed
Waisenhausring 16
www.speed-halle.de
Tel. (03 45) 69 49 27 27

Mit Behinderung unterwegs

In Leipzig In öffentlichen Gebäuden, Hotels und Restaurants stehen behindertengerechte Einrichtungen zur Verfügung und werden weiter ausgebaut. Spezielle Führungen für Rollstuhlfahrer und Menschen mit körperlichen und geistigen Behinderungen werden durch qualifizierte und IHK-zertifizierte Gästeführer der Leipzig Erleben GmbH durchgeführt. Zudem kann man im Internet einen detaillierten Stadtführer für Behinderte finden (s.u.).

In Halle Halle ist auf dem Weg zu einer behindertenfreundlichen Stadt. Ein Teil der öffentlichen Gebäude und kulturellen Einrichtungen ist barrierefrei erreichbar. Rollstuhlfahrern wird eine spezielle Stadtführung angeboten. Erfragen Sie im Vorfeld Ihrer Reise die örtlichen Gegebenheiten oder die Verfügbarkeit behindertengerechter Zimmer unter www.halle.de oder www.stadtmarketing-halle.de.

WICHTIGE ADRESSEN

LEIPZIG

▸ **Leipzig Erleben GmbH**
Richard-Wagner-Str. 1
04109 Leipzig
Tel. (03 41) 710 42 80
Fax (03 41) 710 42 31
www.leipzig-erleben.com

▸ **www.le-online.de**
mit einem detaillierten Leipzig-Stadtführer für Behinderte

! *Baedeker* TIPP

Zentralbücherei für Blinde

Die älteste öffentliche Blindenbibliothek in Deutschland (1894) hat ihren Sitz im Leipziger Waldstraßenviertel (Gustav-Adolf-Str. 7, Tel. 03 41 / 711 30). Blinden und Sehschwachen stehen hier von den rund 100 000 jährlich erscheinenden Publikationen ca. 2000 Titel in Blindenschrift, als Hörbuch oder Reliefkarte zur Verfügung. Die 40 000 verfügbaren Medien können hier ausgeliehen (auch per Fernleihe) und z.T. auch gekauft werden.

▸ **Stadtmarketing Halle GmbH**
Marktplatz 13
06108 Halle
Tel. (03 45) 122 99 84
Hier kann man Stadtführer für Rollstuhlfahrer, Stadtführer in Blindenschrift sowie taktile Stadtpläne für Blinde erhalten.

▸ **Behindertenverbände**
Bernhard-Göring-Str. 152
04277 Leipzig
Tel. (03 41) m306 51 20
blv.leipzig@t-online.de

Ernst-Abbé-Str. 24
06122 Halle
Tel. (03 45) 805 99 47
www.abih.de

▸ **BSK-Reiseservice**
Altkrautheimer Str. 20
74238 Krautheim
Tel. (062 94) 42 81-50
www.bsk-ev.de

Essen und Trinken

In Leipzig

Ein vielfältiges und gutes Gastronomieangebot hat in der Messestadt Tradition. Zu den noch erhaltenen oder restaurierten historischen Adressen ist in den letzten zwei Jahrzehnten eine Palette an internationaler Küche hinzu gekommen. Einen Teil der über 1200 gastronomischen Einrichtungen erfahren kann man auf den Kneipenmeilen entlang der Gottschedstraße, der Karl-Liebknecht-Straße, der Münzgasse und im Herzen der Stadt auf dem »Drallewatsch« (S. 70) – das Synonym der Einheimischen für »etwas erleben«. Vom Leipziger Markt auf dem Barfußgässchen, entlang Kleiner und Großer Fleischergasse, Klostergasse bis zum Burgplatz verführen über 40 Restaurants und Bars zu sächsischem bis fernöstlichem Gaumengenuss. Ein sehr gutes Angebot gibt es auch rund um den Augustusplatz (►Baedeker Tipp S. 160).

i Preiskategorien

- Fein & teuer (Kat. I): über 25 Euro
- Erschwinglich (Kat. II): 15 bis 25 Euro
- Günstig (Kat. III): bis 15 Euro

Für ein Hauptgericht

ADRESSEN IN LEIPZIG s. PLAN S. 68/69

DEUTSCH/SÄCHSISCH

► ① **Auerbachs Keller (Kat. II)**
Grimmaische Str. 2 – 4
(Mädler-Passage)
Tel. (03 41) 21 61 00
www.auerbachs-keller-leipzig.de
Weltberühmte historische Gaststätte, in der Johann Wolfgang von Goethe Inspirationen zum »Faust« erhielt und der er in der Szene mit den Studenten ein literarisches Denkmal setzte.

► ⑥ **Thüringer Hof (Kat. II)**
Burgstraße 19
Tel. (03 41) 994 49 99
www.thueringer-hof.de
Tradition seit 1494 – thüringisch-fränkische Spezialitätenküche

► ⑦ **Zill's Tunnel (Kat. III)**
Barfußgässchen 9
Tel. (03 41) 960 20 78
www.zillstunnel.de
Sächsische Gastlichkeit in historischen Räumen auf zwei Etagen

► ⑩ **Barthels Hof (Kat. II)**
Hainstr. 1
Tel. (03 41) 14 13 10
www.barthels-hof.de
Sächsische Genüsse im ältesten erhaltenen Gasthaus mit großem Biergarten

► ⑪ **Ratskeller zu Leipzig (Kat. III)**
Lotterstr. 1 (Neues Rathaus)
Tel. (03 41) 123 45 67
www.ratskeller-leipzig.de
In sieben Gasträumen wird klassisch-regionale und innovative Kost geboten.

► ⑬ **Apels Garten (Kat. III)**
Kolonnadenstr. 2
Tel. (03 41) 960 77 77
www.apels-garten.de
Original sächsische Küche und internationale Gaumenausflüge in historisch dekorierten Räumen und auf dem Arkaden-Freisitz

► ⑭ **Zum Arabischen Coffe Baum (Kat. II)**
Kleine Fleischergasse 4
Tel. (03 41) 961 00 60
www.coffe-baum.de
Ältestes deutsches Kaffeehaus – Café und Restaurant, wo große Geister ihre Stammtische abhielten.

► ⑮ **Das Alte Rathaus (Kat. II)**
Markt 1
Tel. (03 41) 230 60 36
www.dasalterathaus-leipzig.de
Moderne deutsche Küche im Restaurant Lotter, Gustav-Adolf-Gewölbe zum Feiern, Ur-Krostitzer Spezialausschank, Bus-Touren in die Brauerei

INTERNATIONAL

► ② **Falco (Kat. I)**
Gerberstr. 15
Tel. (03 41) 980 27 27
www.falco-leipzig.de
Gourmet-Restaurant in der 27. Etage des Hotels The Westin Leipzig – als Einziges in Ostdeutschland mit zwei Michelin-Sternen gekrönt, herrliche Aussicht auf die City

► ③ **La Cachette (Kat. II)**
Pfaffendorfer Str. 26
Tel. (03 41) 562 98 67
www.restaurant-la-cachette.de
Das Interieur des »Verstecks« mit Jugendstildekoration bietet einen hübschen Rahmen für regionale und internationale Genüsse.

► ⑤ **Medici (Kat. I)**
Nikolaikirchhof 5
Tel. (03 41) 211 38 78
Gepflegte und vielfach gelobte mediterrane Küche

► ⑧ **Kaiser Maximilian (Kat. I)**
Neumarkt 9 – 19
(Städtisches Kaufhaus)
Tel. (03 41) 35 53 33 33
Retro-Look-Interieur. Hier werden nahezu alle italienischen Verführungen an Speisen und Getränken geboten.

► ⑫ **Enchilada (Kat. II)**
Richard-Wagner-Pl. 1
Tel. (03 41) 308 67 86
ww.enchilada.de
Warme Atmosphäre, scharfe Gerichte, leckere Cocktails, viele Aktionen und mexikanischer Sommergarten

► ⑰ **Fra Diavolo (Kat. II)**
Burgplatz 2 (Bauwens-Haus)
Tel. (03 41) 308 68 60
www.fradiavolo-leipzig.de
Einer der sonnigsten Plätze in der City mit italienischem Flair und originalen Gerichten für Eilige und Genießer

CROSSOVER

► ④ **Tresor (Kat. I)**
Thomaskirchhof 20
Tel. (03 41) 22 54 03 23
www.NiemannsTresor.de
Einzigartiges individuelles Ambiente in historischen Bankräumen: Tabak-Lounge, Separee, Restaurant, Kochschule

BIERGÄRTEN

► ⑯ **Mückenschlösschen (Kat. III)**
Waldstr. 86
Tel. (03 41) 983 20 51

www.mueckenschloesschen-leipzig.de
Am »Tor zum Rosental« mitten am Wasser munden drin und draußen im herrlichen Biergarten bayrisch-sächsische Spezialitäten.

► ⑱ **Brauhaus am Thomaskirchhof (Kat. III)**
Thomaskirchhof 3/5
Tel. (03 41) 212 61 10
www.Brauerei-Thomaskirche.de
Hausgebraute Bierspezialitäten auch zum Mitnehmen in der Bügelflasche, italienische Fisch- und Fleischgerichte, Pizza aus dem Steinofen

► ⑲ **Gasthaus & Gosebrauerei Bayerischer Bahnhof (Kat. III)**
Bayrischer Platz 1
Tel. (03 41) 124 57 60
www.bayerischer-bahnhof.de
Im ältesten Kopfbahnhof Deutschlands wird Gose – das Leipziger Bier – gebraut und dazu herzhafte Kost serviert (Abb. S. 13).

► ⑳ **Schrebers (Kat. III)**
Aachener Str. 7 (Nähe Waldplatz)
Tel. (03 41) 961 13 24
»Ausflugslokal mitten in der Stadt« mit urigem Gastraum, großem Biergarten in der Kleingartenanlage, Spielwiese und historischem Spielplatz – deutsche und französische Spezialitäten

WEINLOKAL

► ⑨ **Weinstock (Kat. II)**
Markt 7
Tel. (03 41) 14 06 06 06
www.weinstock-leipzig.de
Der echte Weinstock am Markt ist Namensgeber und Garantie für erlesene Weine zum kulinarischen Genuss.

EMPFOHLENE CAFÉS

► ㉑ **Kaffeehaus Riquet (Titelfoto)**
Schuhmachergässchen 1–3
Tel. (03 41) 961 00 00
www.riquethaus.de
1908/09 als Messehaus der Firma Riquet & Co. erbaut. Blickfänge bilden die beiden Elefantenköpfe am Eingang sowie das achteckige Dachtürmchen mit geschweiften Dächern im chinesischen Stil. Riquet handelte mit Kakao, Schokolade, Pralinen und Waffeln aus eigener Produktion sowie mit importierten asiatischen und orientalischen Waren. Bekannt war der Riquet-Tee. Der Charme des Wiener Cafés im ersten Stock mit seinen Goldkronleuchtern wird

durch echte Kaffeespezialitäten aus der Donaumetropole unterstrichen. Im Erdgeschoss kann man die Aussicht und das »Sehen und Gesehen-Werden« bei leckeren Kuchen- und Tortenspezialitäten auskosten.

► ㉒ **Caffè Pascucci**
Thomasgasse 2–4
Tel. (03 41) 35 53 17 86
Blick zur Thomaskirche und ganz besondere Kaffee-Spezialitäten

► ㉓ **Café Barbakane (Moritzbastei)**
Universitätsstr. 9
Tel. (03 41) 702 59 30
www.moritzbastei.de
Nicht nur bei Studenten beliebt und an heißen Tagen eine »Erfrischungsoase«

► ㉔ **Eiscafé Pinguin**
Katharinenstr. 4
Tel. (03 41) 960 19 79
Seit Generationen bekannt und beliebt

► ㉕ **Café und Konditorei Kandler**
Thomaskirchhof 11
Tel. (03 41) 213 21 81
Leipziger Lerchen und Bach-Taler als köstliche Souvenirs für daheim

In Halle

Wenn auch die Sterneküche in Halle nicht so gefragt ist, hat die Stadt doch ein gutes Angebot an Lokalen mit deutscher und internationaler Küche. Hier gibt es echte Szenemeilen, wo sich neben Studentencafés und Kneipen zahlreiche gehobene Restaurants finden. Etwas Besonderes sind die Biergärten an der Saale, die leckere Gerichte, ein gepflegtes Bier und Weine aus Sachsen-Anhalt anbieten.

ADRESSEN s. PLAN S. 74/75

CAFES

► ① **Café Hopfgarten**
Rannische Str. 13
(Nähe Franckeplatz)
Tel. (03 45) 202 36 72
Ältestes Café der Stadt, leckere Blechkuchen wie vor 100 Jahren

► ② **nt-café**
Große Ulrichstr. 51
Tel. (03 45) 205 02 32
Stimmungsvolles Theatercafé (►Baedeker Tipp S. 116), mit großem Spektrum an Getränken und kleinen Speisen.

► ③ **Café Rossini**
Marktplatz 24
Tel. (03 45) 685 65 21
Italienisches Eiscafé im Erdgeschoss, vom Restaurant (1. Stock) schöner Blick auf den Markt

DEUTSCHE UND HALLESCHE KÜCHE

► ④ **Drei Kaiser (Kat. II.)**
Bergstr. 1, Tel. (03 45) 203 18 68
Gediegenes Ambiente im Stil der wilhelminischen Ära und dementsprechend gehobene, gutbürgerliche Küche

▶ ⑤ **Ratsherrenklause (Kat. II)**
Rathausstr. 14
Tel. (03 45) 208 27 58
Solide altdeutsche Küche in einem historischen Gewölbekeller

▶ ⑥ **Ökoase (Kat. III)**
Kleine Ulrichstr. 2
Tel. (03 45) 290 16 04
Vegetarische Küche; reichhaltiges Angebot an Suppen, Salaten und Snacks; kleiner Öko-Shop, insbesondere Tees

INTERNATIONALE KÜCHE

▶ ⑦ **Delphi (Kat. III)**
Barfüßer Str. 20
Tel. (03 45) 203 30 70
Echt griechisch, ein freundlicher Wirt, der seine vielen Gäste mit Handschlag begrüßt.

▶ ⑧ **Ristorante Il Cavallino (Kat. I)**
Kleine Brauhausstr. 23
Tel. (03 45) 202 57 07
Ein Italiener nicht nur dem Namen nach; mediterrane Küche

▶ ⑨ **Shanghai (Kat.III)**
Leipziger Str. 15 (Ecke Sandberg)
Tel. (03 45) 203 11 19
Fast die ganze Palette der chinesischen Küche, auf den Geschmack von Mitteleuropäern abgestimmt.

▶ ⑩ **House of India (Kat.III)**
Große Ulrichstr. 16
Tel. (03 45) 208 38 88
Vielfältige Speisekarte mit Köstlichkeiten aus allen Regionen des Subkontinents

▶ ⑪ **Sushi am Opernhaus (Kat. III)**
August-Bebel-Str. 3–5
Tel. (03 45) 681 66 27
Sushi, japanisches Bier, aber auch Wein zu moderaten Preisen

▶ ⑫ **Las Salinas & Tapas Bar (Kat. II)**
Kleine Klausstr. 3
Tel. (03 45) 685 67 89
Natürlich Tapas in vielen Variationen, auch saftige Steaks, Salate und Fisch

▶ ⑬ **Enchilada (Kat. II–III)**
Universitätsring 6
Tel. (03 45) 686 77 55
Mexikanische Küche und Cocktails, incl. Disko und Live-Musik, lateinamerikanische und internationale Charts

AN DER SAALE

▶ ⑭ **Fritzengarten (Kat. III)**
Jägerplatz 14
Tel. (03 45) 209 77 38
Einfacher Biergarten (700 Plätze!) mit kleinen Speisen, aber auch ein Restaurant mit reichhaltiger Speisen- und Weinkarte

▶ ⑮ **Bootsschenke Marie Hedwig (Kat. III)**
Riveufer 11, Tel. (03 45) 532 12 13
Auf dem Deck und im »Laderaum« des 100 Jahre alten Saalekahns kann man zum Bier auch schlichte deutsche Küche genießen.

! *Baedeker* TIPP

⑯ **Krug zum grünen Kranze (Kat. II)**
Gegenüber der Burg Giebichenstein, direkt am Ufer der Saale, liegt die Traditionsgaststätte Krug zum grünen Kranze in der halleschen Talstraße. Ein Lokal mit Geschichte: Schon die Gebrüder Grimm und der romantische Freiherr von Eichendorff – er studierte in Halle u. a. bei Schleiermacher und Steffens Rechtswissenschaft und Philosophie – sind hier eingekehrt (Tel. 03 45 / 299 88 99).

Die Köchin Susanne Eger veröffentlichte das Rezept für Leipziger Allerlei Ende des 18. Jahrhunderts in einem Kochbuch.

ALLERLEI AUS LEIPZIG UND HALLE

Hmm, das schmeckt: Leipziger Allerlei, Leipziger Lerchen und Leipziger Räbchen, aber auch Bach-Pfeifen und Mendelssohn-Torte. Und dann sind da noch die feinen Halloren-Kugeln und der würzige Halloren-Kuchen. Die beiden Nachbargroßstädte haben für jeden Gaumen etwas zu bieten.

In Sachsen und Sachsen-Anhalt liebt man es herzhaft und deftig, aber auch süß und exquisit. Zur ersten Kategorie gehört vor allem die allseits beliebte **Fettbemme**. Dies ist eine mit Griebenschmalz bestrichene, mit Pfeffer und Salz bestreute sowie mit Gurkenscheiben und Petersilie belegte Scheibe kerniges Brot, die man gern als Zwischenmahlzeit oder in froher Runde verzehrt. Gern gegessen werden auch eine schmackhafte **Kartoffelsuppe** oder – vor allem in Halle – eine mit Zimt bestreute **Biersuppe mit Rosinen**. Ganz typisch für die Region ist das **Leipziger Allerlei**, ein ursprünglich vegetarisches Gericht, das man besonders im Sommer genießen sollte, wenn möglichst vielerlei Gemüse (u. a. Möhren, Kohlrabi, Blumenkohl, Erbsenschoten und Spargel) als frische Zutaten zur Verfügung stehen. Dieser Gemüseeintopf wird von manchen Köchinnen und Köchen mit Morcheln, Flusskrebsen und Semmelklößchen verfeinert. In Halle schätzt man in Gemüse- oder Fleischbrühe gegarte **Kohlnudeln** und auch die **Beamtenstippe**, eine Masse aus Hackfleisch, Zwiebeln, Gewürzen und klein gewürfelten Gürkchen, zu der man Kartoffelbrei reicht oder in die man einfach Brot tunkt.

Wie aus Fleischgerichten Süßspeisen wurden

Bis zum Jahr 1876, als ein entsprechendes Vogelfangverbot erlassen wurde, waren Feldlerchen und Raben – gefüllt und gebacken – begehrte Delikatessen. Doch pfiffige Leipziger Bäcker erfanden einen, nunmehr süßen Ersatz, die **Leipziger Lerchen**: Mürbteig wurde mit Nüssen und Mandeln bzw. Marzipan und Erdbeerkonfitüre gefüllt. Die überkreuz-

Die Halloren-Kugeln sind in ihrer Form den Uniformknöpfen der Halloren, wie die Mitglieder der bis heute existierenden Bruderschaft der Salzwirker genannt werden, nachempfunden.

ten Teigstreifen auf dem Gebäck erinnerten an die zusammengebundenen Vögel. Ganz ähnlich verhält es sich mit den **Leipziger Räbchen**, in Öl ausgebackene Bierteigfladen, die mit Marzipan gefüllte Dörrpflaumen enthalten.

Süße Köstlichkeiten

Halle und Leipzig sind auch für weitere exquisite Naschereien bekannt, unter anderem den **Halloren-Kuchen**, ein Gewürzkuchen mit Zimt, Kardamon, Muskatblüte und Rosinen. Dann gibt es die berühmten und heute in vielerlei Variationen angebotenen **Halloren-Kugeln** aus der ältesten Schokoladenfabrik Deutschlands. Doch auch in Leipzig lässt man sich nicht lumpen. Einige Konditoreien haben sich auf die Herstellung exquisiter Schoko- und Torten-Spezialitäten verlegt, die da **Bach-Pfeifen, Bachtaler, Wagner-Trüffel** und **Mendelssohn-Torte** heißen.

Gose und Allasch

Leipzig und Halle habe ihre eigenen Bier-Spezialitäten zu bieten. Beide sind obergärige Biere aus Weizen, Gerste und Hopfen. Mit ihrer typischen milchsauren Note unterscheiden sie sich geschmacklich nur in Nuancen, ja sie erinnern ein wenig an das belgische Geuze.

Die **Gose** wurde erstmals im mittelalterlichen Goslar gebraut und entstand seinerzeit noch durch Spontangärung. Vom Harz aus fand dieser Biertyp rasche Verbreitung und vor allem in den Städten Halle, Dessau und Leipzig viel Zuspruch. Gose trinkt man meist pur, aber auch mit Sirup, Kirsch- oder Kümmellikör. Probieren sollte man sie in der **einzigen historischen Gosenschenke »Ohne Bedenken«** im Leipziger Stadtteil Gohlis (Menckestr.5 / Poetenweg 6, Tel. 03 41 / 566 23 60, www.leipzig-gose.de) oder in der Gosenbrauerei Bayrischer Bahnhof (S. 81).

Apropos Kümmellikör: Hier hat Leipzig mit seinem **Allasch** einen Digestif zu bieten, mit dem man ein allzu üppiges Mahl bestens abrunden kann. Von lettischen Kaufleuten um 1830 in der Messestadt eingeführt, verfeinerten ihn Destillateure der Spirituosenfabrik Horn in den 1920er-Jahren zu einer Leipziger Spezialität.

▸ ⑰ **Bergschenke (Kat. III)**
Kröllwitzer Str. 45
Tel. (03 45) 211 88 55
Restaurant mit gutem Angebot. Der großzügige Biergarten über der Saale bietet von seinen Terrassen den besten Blick auf die Burg Giebichenstein. Bowlinganlage und eine Pension (Kat. II) für müde Zecher.

VINOTHEK

▸ ⑱ **Villa del Vino (Kat. II)**
Ankerstr. 15
Tel. (03 45) 807 60
Große Auswahl an Weinen von allen Kontinenten, speziell Weine von Saale und Unstrut. Öfters musikalisch-literarische Veranstaltungen rund um das Kulturgut Wein.

Feiertage · Feste · Events

Feiertage Feiertage in **Sachsen** sind Neujahr (1.1.), Karfreitag, Ostersonntag, Ostermontag, Tag der Arbeit (1.5.), Christi Himmelfahrt, Pfingstsonntag, Pfingstmontag, Tag der Deutschen Einheit (3.10.), Reformationstag (31.10.), Buß- und Bettag sowie erster und zweiter Weihnachtstag (25.7 / 26.12.)
Leicht differieren die Feiertage in **Sachsen-Anhalt**: Der Buß- und Bettag wird hier nicht begangen, dafür aber Heilige Drei Könige (6.1.).

Veranstaltungsprogramme Aktuelle Hinweise zu Veranstaltungsprogrammen, Veranstaltungsorten und den Öffnungszeiten erhält man in den monatlich erscheinenden Stadtmagazinen Frizz, Blitz, Kulturfalter, Zeitpunkt und Aha!. Sie liegen in den Hotels und Informationszentren, auch in vielen Lokalen und Kneipen aus.

AUSWAHL

IN LEIPZIG

▸ **Leipziger Ostermesse Spektakel**
Historisches Markttreiben vor der Kulisse der Altstadt mit Spielleuten, Gauklern und Händlern (April)

▸ **Kleinmesse**
Parallel zu den Leipziger Messen entstandene Veranstaltung mit verschiedenen Fahrgeschäften und Schaustellern auf dem modernisierten Kleinmesseplatz am Cottaweg (April/Mai: Frühjahrskleinmesse, August/Sept.: Herbstkleinmesse, Okt./Nov.: Winterkleinmesse). Attraktion der Veranstaltung ist das jeden Samstagabend stattfindende Höhenfeuerwerk (www.leipziger-kleinmesse.net)

▸ **a cappella**
Beliebtes Festival mit der Weltspitze der Vokalensembles in der Leipziger Innenstadt (Mai)

Wagner-Festtage Leipzig
Dem aus Leipzig gebürtigen Komponisten gewidmete Konzerte und Vorträge (www.wagner-festtage.com; Mai)

Wave-Gotik-Treffen
Größtes Europäisches Szene-Treffen mit Konzerten und Open-Air-Veranstaltungen (www.wave-gotik-treffen.de; Pfingsten)

Gründerzeitspektakel
Veranstaltung im Leipziger Zoo mit kulturellen und kulinarischen Highlights der Gründerzeit. Zoolotsen in historischen Pflegerkostümen begleiten die Besucher auf einem Spaziergang durch den Gründergarten und zu den modernen Tiergehegen (www.zoo-leipzig.de; Pfingsten)

Leipziger Stadtfest
Auf mehreren großen Bühnen in der Innenstadt wird ein tolles Kulturprogramm mit namhaften Künstlern geboten sowie alles, was zu einem zünftigen Volksfest gehört (www.leipzigerstadtfest.de; Juni)

Bachfest Leipzig
International beachteter Höhepunkt des Musikjahrs in Leipzig (www.bach-leipzig.de; Juni)

Montagskonzerte am Bachdenkmal
Freiluftkonzerte unterschiedlicher musikalischer Genre mit internationaler Beteiligung (www.support-culture-group.de; Juli/August)

Balloon Fiesta Leipzig
Größtes europäisches Ballonfahrertreffen (www.wohlfahrt.net; Juli/August)

Hier gibt es den letzten Schliff für das an Pfingsten stattfindende Wave-Gotik-Treffen

Classic Open
Freiluftveranstaltung mit Live-Darbietungen sowie Konzert-Aufzeichnungen »public viewing« (August)

Leipziger Jazztage
Traditionsreiches Festival: Leipziger Jazzformationen gemeinsam mit Gästen aus dem In- und Ausland (www.jazzclub-leipzig.de; August)

Mendelssohn-Festtage
Konzerte mit Kompositionen von Mendelssohn bis zur Gegenwart (www.gewandhaus.de; August)

► **Herbst '89: Aufbruch zur Demokratie**
Gedenkveranstaltungen zum Jahrestag der friedlichen Revolution (www.leipzig.de, 9. Oktober)

► **Lachmesse**
Europäisches Humor- und Satire-Festival Leipzig (www.lachmesse.de; Oktober)

► **Völkerschlacht bei Leipzig 1813**
Diverse Veranstaltungen und Vorführungen zum Jahrestag der Schlacht (►Baedeker Tipp S. 236, 16.-18. Oktober).

► **DOK Leipzig**
Internationales Festival für Dokumentar- und Animationsfilm (www.dok-leipzig.de; Oktober)

► **euro-scene Leipzig**
Festival des zeitgenössischen europäischen Theaters mit jungen und experimentellen Gruppen Europas (www.euro-scene.de; November)

► **Leipziger Weihnachtsmarkt**
mit dem weltgrößten Adventskalender (November/Dezember)

IN HALLE

► **Knoblauchsmittwoch**
Ein uraltes »duftendes Fest« rund um die scharfe Zwiebel, das vor wenigen Jahren wiederbelebt wurde (Mai).

► **Museumsnacht**
Alle Museen öffnen bis Mitternacht und präsentieren auch Schätze aus ihren Magazinen (Mai).

► **Internationale Händel-Festspiele (Abb. S. 9)**
Alljährlich zwischen 60 bis 80 Veranstaltungen (Konzerte, Oper, Konferenzen) an Spielorten in Halle und der näheren Umgebung (►Baedeker Tipp S. 255, Anfang Juni)

► **mdr-Musiksommer**
Der Mitteldeutsche Rundfunk präsentiert in Sachsen-Anhalt, Thüringen und Sachsen an ausgewählten Orten und Schauplätzen – in Kirchen, auf Burgen, aber auch im Freien erlesene Konzerte; überwiegend klassische Musik (Juli bis Ende September).

► **Lindenblütenfest (S. 242/243)**
Konzerte, Veranstaltungen und Ausstellungen in den Franckeschen Stiftungen (►Baedeker Tipp S. 251; Ende Juni, alle zwei Jahre)

► **Laternenfest (Abb. S. 280)**
Größtes Volks- und Heimatfest Mitteldeutschlands: Zu den Attraktionen des Laternenfestes zählen das Fischerstechen, bei dem sich die Halloren unter großem Hallo gegenseitig von schwankenden Booten ins Wasser stoßen, ebenso der mit Lichtern geschmückte Bootskorso bei Einbruch der Dämmerung sowie das Höhenfeuerwerk und das Entenrennen. In allen Veranstaltungsbereichen von Peißnitzinsel, Ziegelwiese über Riveufer bis Amselgrund und Promenadenufer gibt es Musik, Show, Sport und Spiel sowie kulinarische Köstlichkeiten für jede Altersgruppe und jeden Geschmack (Ende August)

► **Nacht der Kirchen**
Über 40 Kirchen der Stadt laden zur Besichtigung und Andacht unter einem jährlich wechselnden Bibelwort ein (Ende August).

Traditioneller Festakt beim Salzfest: das Fahnenschwenken durch die »Salzwirkerbrüderschaft im Thale zu Halle«

- **Salzfest der Halloren**
  Jeweils am letzten September-Wochenende laden die Halloren zum Salzfest in die Innenstadt ein. Einer der Höhepunkte ist das traditionelle Fahnenschwenken auf dem Markt, begleitet von mittelalterlichem Treiben, sowie das Schausieden in der Saline auf der Salinehalbinsel. Zum Fest gehört auch das Fischerstechen auf der Saale, bei dem die halleschen Salzwirker Gelegenheit haben, ihre Spring- und Schwimmkünste und die Geschicklichkeit der Stecher und Kahnfahrer zur Schau zu stellen (Ende September).

- **Weihnachtsmarkt**
  in der Innenstadt (Ende November bis zum 4. Advent)

Messen

Leipzig hat nicht nur eine rund 800-jahrige Messetradition (►Baedeker Special S. 28), sondern mit der Neuen Messe auch eines der modernsten Messeareale Europas. Die Eingangshalle, die fünf Ausstellungshallen und das Kongresszentrum sind von Wasserbecken, Springbrunnen und diversen Grünflächen umgeben. Weithin sichtbar ist das Doppel-M, das für »Messe und mehr« steht.

Seit 2002 verfügt Halle – trotz der Konkurrenz der nahen Messestadt Leipzig – über ein eigenes Messegelände im Ortsteil Bruckdorf. Hier finden jährlich über zehn größere Regionalmessen statt. Die vier Hallen dienen aber auch als Veranstaltungsorte für große Fernsehshows und Trödelmärkte.

MESSETERMINE

Leipziger Messe GmbH
Postfach 10 07 20
04007 Leipzig
Tel. (03 41) 67 80
Fax (03 41) 678 87 62
www.leipziger-messe.de

Halle Messe
06116 Halle
Messestr. 10
Tel. (03 45) 682 90
Fax (03 45) 682 91 10
www.halle-messe.de
info@halle-messe.de

IN LEIPZIG

Januar
Partner Pferd

Publikumsmagnet Buchmesse: Infoveranstaltung und Lesefest

TerraTec und enertec
Motorrad-Messe Leipzig

Februar
mitteldeutsche handwerksmesse
Haus-Garten-Freizeit
Beach & Boat – Wassersportmesse Leipzig
ImmobilienMesse
Floriga, Floristik & Ambiente
CADEAUX Leipzig
Leipziger Buchmesse und Literaturfestival – Leipzig liest

April
Auto Mobil International-AMI
agra – Die Landwirtschaftsausstellung in Mitteldeutschland

Oktober
modell-hobby-spiel
bauen leipzig – Mitteldeutsche Messe für Bauen, Sanieren, Modernisieren
efa – Fachmesse für Gebäude- und Elektrotechnik, Klima und Automation
SHKG – Messe für Sanitär, Heizung, Klima und Gebäudeautomation

November
GÄSTE – Internationale Fachmesse für Gastronomie, Hotellerie und Gemeinschaftsverpflegung
Touristik & Caravaning International Leipzig

IN HALLE

Wichtige Messen
Reisen, Freizeit, Caravan – Größte Tourismusmesse des Landes (Februar)
SaaleMesse – größte Familienmesse in Sachsen-Anhalt (November)

Fundbüros

ADRESSEN

► **Leipzig**
Prager Straße 28
Tel. (03 41) 123 84 00
Fax (03 41) 123 84 02
fundbuero@leipzig.de
Öffnungszeiten für persönliche Vorsprache: Di. 9.00 – 12.00 u. 13.00 – 18.00; telefonische Erreichbarkeit: Mi., Do. 9.00 – 12.00 u. 13.00 – 14.30, Fr. 9.00 – 12.00 Uhr

Fundstelle Hauptbahnhof
Querbahnsteig
Tel. (03 41) 968 32 55

► **Halle (Saale)**
Am Stadion 6
Tel. (03 45) 22 11 12 36
Öffnungszeiten: Mo., Mi. u. Do. 9.00 – 12.00, 13.00 – 16.00, Di. 9.00 – 12.00, 13.00 – 18.00, Fr. 8.00 – 12.00 Uhr

Geld

Die Reisebank am Flughafen Leipzig/Halle hat länger als üblich geöffnet: Mo. – Fr. 7.30 – 13.00 u. 14.00 – 18.00, Sa./So.11.00 – 16.00 Uhr). Ansonsten sind über die Stadtgebiete Leipzig und Halle genügend Geldautomaten verschiedenster Banken verteilt.

Bei Verlust von Bankkarte und/ oder Scheck- bzw. Kreditkarten muss man zur sofortigen Sperrung unverzüglich die eigene Bank oder den rund um die Uhr erreichbaren zentralen Annahmedienst für Verlustmeldungen oder auch die jeweilige Kreditkartenorganisation informieren.

i Tel. 116 116

- Einheitliche Notrufnummer für die Verlustmeldung unterschiedlicher Karten. Unter dieser Nummer kann man verloren gegangene Bank- und Kreditkarten, Handys und Krankenkassenkarten sperren lassen.

Mit Kindern unterwegs

In Leipzig

Die Bevölkerung Leipzigs wächst entgegen dem allgemeinen Trend in den ostdeutschen Kommunen, und auch junge Familien fühlen sich in der kinderfreundlichen Stadt zunehmend wohl. Moderne Kinder-

! Baedeker TIPP

BELANTIS

Der größte Freizeitpark Ostdeutschlands lädt zu vielerlei Abenteuern ein. Hier kann man eintauchen in vergangene Kulturen, eine Wildwasserfahrt durch Europas größte Pyramide erleben, sich bei einer Achterbahnfahrt, auf der Riesenschiffschaukel und bei vielen anderen Attraktionen vergnügen. Südlich von Leipzig gelegen, geht es von der A 38 über die eigene Autobahnabfahrt nach ca. 15 min. Fahrt vom Leipziger Stadtzentrum direkt zum Erlebnispark (geöffnet: April bis Ende Oktober; Tel. 013 78/ 40 30 30, www.belantis.de).

tagesstätten und weitere Betreuungsmöglichkeiten sowie die Spielplätze in den zahlreichen Parks, aber auch ein **Spiel-Labyrinth** in der Innenstadt sorgen für kindgemäße Betätigungsmöglichkeiten. Für Besucher Leipzigs gibt es zahlreiche Angebote, die Jung und Alt gleichermaßen Freude bereiten. Beliebt ist die große Wiese am Rosental nordwestlich vom Stadtzentrum auf der Westseite des Zoos, wo man ausgiebig toben, ballspielen oder Drachen steigen lassen kann. Der ►Auwald, der mit einem umfangreichen Wegesystem vom Norden bis zum Süden Leipzig durchzieht, bietet optimale Möglichkeiten für **Radtouren**. Im südlichen Teil befindet sich der **Wildpark**, mit einem Abenteuer-Waldspielplatz, einer Ponyreitbahn und gastronomischen Einrichtungen. In Plagwitz bestehen Ausleihmöglichkeiten für **Kanus, Tret- und Ruderboote**, um die Weiße Elster oder den Karl-Heine-Kanal zu erkunden.

In Halle Auch Halle ist eine kinderfreundliche Stadt. Jeder der zahlreichen Parks verfügt über einen meist eingefriedeten Platz mit Sport- und Spielmöglichkeiten für Kinder bis zu 12 Jahren. Dazu kommen Skatebordplätze, u. a. im Stadtpark, am Rossplatz und im Zentrum von Halle-Neustadt. Vor dem Landesmuseum für Vorgeschichte befindet sich ein Steinzeitspielplatz, auf dem die Kleinsten spielerisch an das herangeführt werden, was sie in Begleitung ihrer Eltern im Museum sehen können. Eine besondere Sommerattraktion ist der Wasserspielplatz in Heide-Süd (Stadtteil Grünes Dreieck).

ADRESSEN

IN LEIPZIG

► **Ägyptisches Museum**
►Augustusplatz, S. 163
Sonntagsführungen für Kinder im März, Juni, September und Dezember

► **EuroEddy's FamilyFunCenter**
Kastanienweg 1
(Leipzig-Rückmarsdorf)
Tel. (03 41) 940 62 44
Bei schlechtem Wetter lohnt sich ein Besuch im FamilyFunCenter mit vielen Spielen und Attraktionen.

► **Halfpipe**
Wer mit seinem Skateboard oder BMX-Rad akrobatische Fahrten absovieren will, findet direkt im

Stadtzentrum eine Halfpipe am Richard-Wagner-Platz.

► **Kinder- und Jugendmuseum Lipsikus**
Böttchergässchen 3
Tel. (03 41) 96 51 30 bzw. 965 13 16
www.stadtgeschichtliches-museum-leipzig.de
Verschiedene Kinder- und Jugendveranstaltungen finden im Neubau des Stadtgeschichtlichen Museums statt, u. a. Puppenspiele, Theateraufführungen und Spielnachmittage.

► **Museen im Grassi**
►Grassi-Museen
Progamm und »Mitmachmöglichkeiten« für Kinder und Jugendliche im Museum für Angewandte Kunst, im Museum für Völkerkunde und im Museum für Musikinstrumente.
Ebenfalls zu empfehlen ist der Besuch des ►Naturkundemuseums.

► **Parkeisenbahn am Auensee**
Gustav-Esche-Str.
Tel. (03 41) 46 11 51
Eine Attraktion im Sommer ist die Parkeisenbahn am Auensee.

► **Theater der Jungen Welt**
Lindenauer Markt 21
Tel. (03 41) 486 60 16
www.tdjw.de
Speziell auf Kinder und Jugendliche ausgerichtet ist das Repertoire des TDJW im Theaterhaus Leipzig.

► **Zoo Leipzig**
►Zoo Leipzig
Hier kann die Familie gemeinsam auf Safari gehen »Der Natur auf der Spur«.

► **www.familienfreund.de**
Serviceleistungen rund um die Familie, u. a. Kinderbetreuung bei Hotelaufenthalt, vermittelt die Familienfreund KG.

IN HALLE

► **Bergzoo**
Haupteingang Reilstr. 57
Saisoneingang Seebener Straße
Tel. (03 45) 520 34 20
www.zoo-halle.de
Straßenbahn: Trotha (Linien 3) o. Seebener Straße (Linie 8)
S-Bahn: Richtung Halle-Trotha, Haltestelle Zoo
April – Okt.: Mo. – Fr. 9.00 – 17.00, Sa./So. 9.00 – 18.30; Nov. – Febr. tgl. 9.00 – 16.00, März Mo. – Fr. 9.00 – 16.00, Sa./So. 9.00 bis 17.00 Uhr
www.zoo-halle.de
Zum Zoo gehören u.a. ein hochmodernes Raubtierhaus und ein Urwaldhaus, in dem die Affen in unmittelbaren Kontakt mit den Besuchern kommen können. In einem Streichelgehege tummeln sich besonders zahme Haustiere.

► **Franckesche Stiftungen / Krokoseum**
►Franckesche Stiftungen
Besonders interessant für Kinder und Jugendliche ist hier das Naturalienkabinett. Im Souterrain des Hauptgebäudes befindet sich das Kinderkreativzentrum Krokoseum. Es betreut stunden- und auch tageweise nicht nur die Kinder der Museumsbesucher.

► **Kindermuseum**
Böllberger Weg 188
(Künstlerhaus 188)
Tel. (03 45) 977 27 97
Interaktive Ausstellungen und offene Werkstätten

Hinein ins Vergnügen: im Freizeitpark Belantis

► **Kinderstadt**
Alle zwei Jahre im Juni lädt die Kinderstadt für fünf Wochen auf die ►Peißnitzinsel ein. Mädchen und Jungen (ab 6 J.) bauen mit vorgefertigten Modulen ihre Stadt nach und kaufen dort ein mit dem ersten selbst verdienten Geld, den »Hallörchen« (Kontakt: Thalia Theater, Tel. 03 45 / 20 40 50).

► **Planetarium »Sigmund Jähn«**
auf der ►Peißnitzinsel
Tel. (03 45) 806 03 17
In einer der größten Schulsternwarten Deutschlands werden die Himmelskörper, ihre Bahnen und auch die Flüge der Astronauten anschaulich vorgestellt.

► **Puppentheater**
für Kinder ab 3 Jahren bieten das Figurentheater Anna Sophia (Wittenberger Str. 24, Stadtteil Silberhöhe, Tel. 03 45 / 209 01 29) und das Figurentheater Märchenteppich in der Kleinen Ulrichstr. 11 (Tel. 135 23 16)

► **Steinzeitspielplatz**
vor dem ►Landesmuseum für Vorgeschichte
Hier soll den Kleinsten »begreifbar« gemacht werden, was im Museum ausgestellt ist, u. a. mit Pfahlhütten, Ausgrabungsfeld und einer verbuddelten Himmelsscheibe.

► **kleines thalia theater**
Richard-Wagner-Str. 9 – 10
Tel. (03 45) 20 40 30
Kommunales Kinder- und Jugendtheater mit Werkstatttagen und Improvisationen

Literaturempfehlungen

Bildbände

HB Leipzig, Halle, Magdeburg. Ostfildern 2008. Zu den schönsten Reisezielen in Deutschlands Mitte

Leipzig im Wandel: Zur Entwicklung des Stadtbildes von 1990 bis heute. Von Niels Gormsen und Armin Kühne. Edition Leipzig 2007.

Diva in Grau: Bildband, der auf der Serie der Berliner Fotografin Helga Paris »Häuser und Gesichter. Halle 1983 – 1985« beruht. Mitteldeutscher Verlag 2006.

Architektur und Geschichte Leipzigs

Hocquél, Wolfgang: Leipzig-Architektur von der Romanik bis zur Gegenwart, Passage-Verlag 2008

Riedel, Horst: Stadtlexikon Leipzig von A bis Z, Pro Leipzig 2005

Hauschild, Vera: Die großen Leipziger. 26 Annäherungen. Insel Verlag 1996

Müller, Steffen P.: Das Reichsgerichtsgebäude in Leipzig, Sitz des Bundesverwaltungsgerichts. Kunstverlag Josef Fink 2008

Leonhardt, Peter und Thomas Nabert: ARX NOVA SURREXIT – Die Geschichte des Neuen Rathauses in Leipzig. Pro Leipzig 1998

Veröffentlichungen des **Stadtgeschichtlichen Museums**: Das Alte Rathaus zu Leipzig (2004), Völkerschlachtdenkmal (2004)

Belletristik

Das Leben in der DDR, die Wendezeit und die kritische Sicht auf die neue Bundesrepublik sind Themen einiger Autoren. Aus der Feder des Kabarettisten und Chronisten **Bernd-Lutz Lange** sind die Titel »Gebrauchsanweisung für Leipzig« (Piper 2008), »Ratloser Übergang: In meinem neuen Deutschland« (Aufbau TB 2009) und »Mauer, Jeans und Prager Frühling« (Kiepenheuer 2004) besonders empfehlenswert.
Erich Loest, einer der bedeutendsten deutschen Schriftsteller der Nachkriegszeit hat sich seiner eigenen Vergangenheit, der politischen Wende und der sächsischen Geschichte in »Die Stasi war mein Eckermann: Oder, mein Leben mit der Wanze« (Steidl 1995), »Nikolaikirche« (dtv 1998) und »Völkerschlachtdenkmal« (dtv 1997) angenommen.
Leipzig eignet sich auch bestens als Kulisse für **Kriminalliteratur**, auch historischer Art: Hier sind u. a. Andreas Stammkötter (»Am Ende des Klangs«, »Im Namen des Bruders«, »Die Rose des Schachspielers«) und Steffen Haffner (»Lerchen und Löwen«, »Rückkehr der Wölfin«) zu nennen.

Geschichte und Architektur Halles

Pantenius, Michael: Das merkWürdige Halle, Kurzweilige Stadtgeschichten. Mitteldeutscher Verlag 2005

Freitag, Werner: Halle 806 bis 1806 – Salz, Residenz und Universität. Mitteldeutscher Verlag 2006

Grötschel, Peggy u. a.: Die Kirchen der Stadt Halle. Mitteldeutscher Verlag 2006

Tullner, Mathias: Halle 1806 bis 2006 – Industriezentrum, Regierungssitz, Bezirksstadt. Mitteldeutscher Verlag 2007

Museen und Galerien

Museen

in Leipzig

Leipzig besitzt eine vielfältige Museumslandschaft. Eine Besonderheit besteht darin, dass viele vermögende Leipziger Bürger ihre privaten Sammlungen der Stadt bzw. der Allgemeinheit vermachten. Weitere bedeutende Kollektionen gehören der Universität, die in ihrer über 600-jährigen Geschichte eine reichhaltige Palette an Studiensammlungen zusammentrug, aber auch Vermächtnisse bedeutender Wissenschaftler erhielt. Einige Museen sind kostenlos für jugendliche Besucher, bei vielen ist **einmal monatlich am Mittwoch der Eintritt für alle kostenfrei**. In den meisten Museen gibt es gastronomische Einrichtungen und Museumsshops, in denen Literatur, Tonträger und Andenken erhältlich sind.

in Halle

Wie deutschlandweit üblich, haben Halles Museen montags geschlossen. Entgegen dem allgemeinen Trend wurden aber von Dienstag bis Sonntag bislang **keine einheitlichen Öffnungszeiten** durchgesetzt. Ermäßigungen gibt es nicht nur für Kinder, sondern in vielen Fällen auch für Rentner, Wehrdienstleistende und Arbeitslose.

AUSWAHL MUSEEN

IN LEIPZIG

► **Ägyptisches Museum**
►Augustusplatz. S. 163

► **Alte Börse**
►S. 154

► **Antikenmuseum**
Nikolaikirchhof 2
(Alte Nikolaischule)
Di. – Do., Sa./So. 12.00 – 17.00 Uhr
Ursprünglich als Anschauungsmaterial für die Studenten gedacht; Mäzene waren u.a. die Verleger Brockhaus und Baedeker.

Apothekenmuseum
Thomaskirchhof 12
Straßenbahn: Thomaskirche (Linie 9)
Bus: Markt (Linie 89)
Di./Mi. 11.00 – 17.00, Do. 14.00 bis 20.00, Fr. – So. 11.00 – 17.00 Uhr
Kleine Exposition über die Geschichte der Pharmazie Sachsens im Gebäude der ehemaligen Central-Apotheke. Neben Gerätschaften und Dokumenten werden auch historische Persönlichkeiten vorgestellt sowie die vom Leipziger Samuel Hahnemann im Wesentlichen entwickelte Homöopathie. Einen herrlichen Ausblick hat man vom Balkon auf die ►Thomaskirche und das Bach-Denkmal.

Bach-Museum im Bach-Archiv
►S. 166

Botanischer Garten
Linnéstr. 1
www.uni-leipzig.de/bota
Freiland: Mai – Sept. 9.00 – 20.00, Nov. – Febr. 9.00 – 16.00, März/April/Okt. 9.00 – 18.00 Uhr; Gewächshäuser (inkl. Schmetterlinge) April bis Sept.: Di. – Fr. 13.00 – 18.00, Sa./So. 10.00 – 18.00 Uhr (►Wussten Sie schon S. 232)

Bundesverwaltungsgericht
►S. 168

Deutsches Kleingärtnermuseum (Abb. S. 64 / 65)
►S. 172

Edvard Grieg-Gedenk- und Begegnungsstätte
Talstr. 10
www.edvard-grieg.de
Straßenbahn: Bayrischer Platz (Linien 2, 9, 16)
Bus: Bayrischer Platz (Linie 60)
Di. – Fr. 14.00 – 17.00, Sa. 10.00 – 14.00 Uhr

Eisenbahnmuseum Bayerischer Bahnhof zu Leipzig
Schönauer Str. 113
www.dampfbahnmuseum.de
Straßenbahn: Kurt-Kresse-Straße (Linien 1, 2) oder Kötzschauer Straße (Linien 3, 13)
Jeden 3. Sa. im Monat 13.00 – 16.00 Uhr

GaraGe
Karl-Heine-Str. 97
www.g-a-r-a-g-e.com

Botanischer Garten

Straßenbahn: Karl-Heine-Straße/
Gießerstraße (Linie 14)
Mo.–Do. 9.00–17.00, Fr.
9.00–14.00 Uhr, Sa./So. nur
für Gruppen nach Voranmeldung
Technologiecentrum für Jugendliche mit dem »projekt Aqua«, einer interaktiven Ausstellung zum Thema Wasser sowie historische Maschinen.

► **Gedenkstätte für Zwangsarbeiter »Erinnern für die Zukunft«**
Permoserstr. 15
www.margarete-blank-gedenkstaette.de
Straßenbahn: Permoser-/Torgauer Straße (Linien 3, 13)
Bus: Permoser-/Torgauer Straße (Linie 90)
Di.–Fr. 10.00–17.00 Uhr

► **Gohliser Schlösschen**
►S. 176

► **Grassi-Museen**
►S. 178

► **Historischer Straßenbahnhof Leipzig-Möckern**
Georg-Schumann-Str. 244
www.strassenbahnmuseum.de
Straßenbahn: Straßenbhf. Möckern (Linien 10, 11, 80)
Bus: Slevogtstraße (Linie 90)
Jeden 3. So. von Mai bis Sept. 10.00–17.00 Uhr (Führungen und Fahrten mit historischen Straßenbahnen)
Straßenbahnmuseum der Leipziger Verkehrsbetriebe (LVB)

► **Kamera- und Fotomuseum**
Gottschalkstr. 9
04316 Leipzig-Mölkau
Bus: Gottschalkstraße (Linien 73, 172)
Mi., Sa., So. 13.00–17.00 Uhr
www.fotomuseum.eu
Kollektion von ca. 600 historischen fotografischen Geräten und Fotografien, eine historische Dunkelkammer und vieles mehr.

► **Kunsthalle der Sparkasse Leipzig**
►S. 185

► **Mendelssohn-Haus**
►S. 190

► **Mitspielzeugmuseum Mehrweg**
Friedhofsweg 1a
www.mehrweg-ev.de
Straßenbahn: Naunhofer Straße (Linien 2, 15)
Bus: Naunhofer Straße (Linie 70, 74)
Di./Fr. 12.00–18.00, Mi./Do. 14.00–16.00, Sa. 12.00–18.00 Uhr (14-tägig in ungeraden KW)
Das Mitspielzeugmuseum verfügt über eine der größten Sammlungen historischer Spielzeuge aus der ehem. DDR und den Staaten des Ostblocks. Durch das Spielen mit historischem Spielzeug sollen die Kinder die damalige Zeit unmittelbar erfahren.

► **Museum der bildenden Künste**
►S. 192

► **Museum FORUM 1813**
►Völkerschlachtdenkmal, S. 237

► **Museum für Druckkunst**
►S. 194

► **Museum im Goetz-Haus**
Lützner Str. 11
Straßenbahnhof Angerbrücke (Linien 3, 7, 8, 13, 15)
Mo.–Fr. 15.00–24.00, Sa.

11.00–24.00, So. 10.00–18.00 (April bis Okt.), So. 10.00–15.00 Uhr (Nov. bis März)
Museum im Wohnhaus des Arztes und Turnführers Dr. Ferdinand Goetz (1826–1915): Die Ausstellung zeigt die Entwicklung der deutschen Turnbewegung auf, wobei Goetz' Leben und Wirken im Vordergrund steht. Bereits als 21-jähriger hatte er »Turnvater« Friedrich Ludwig Jahn persönlich kennengelernt. Der in Leipzig geborene Arzt engagierte sich für die Einführung eines Impfgesetzes und betreute während einer Choleraepidemie 1866 selbstlos Tausende Erkrankte.

► Museum in der »Runden Ecke«
►S. 195

► Museum zum Arabischen Coffe Baum
►S. 227

► Naturkundemuseum
►S. 197

► Rübesams Da Capo
Karl-Heine-Str. 105
www.ruebesams-dacapo.de
Straßenbahn: Karl-Heine-Straße/ Gießerstraße (Linie 14)
Di.–Sa. 11.00–18.00, So. 10.00–18.00
Oldtimer-Museum & Eventhalle (amerikanische Oldtimer, weltgrößte Propellersammlung, Mode und Accessoires d. 1920er-Jahre)

► Sächsisches Psychiatriemuseum
Mainzer Str. 7
www.psychiatriemuseum.de
Straßenbahn: Marschnerstraße (Linien 1, 2, 14)
Mi.–Sa. 13.00–18.00 Uhr
Das Projekt des Vereins Durchblick e.V. zeigt die Psychiatrie als Teil der Kultur- und Sozialgeschichte Sachsens und setzt mit der Perspektive der Betroffenen einen besonderen Schwerpunkt.

► Schillerhaus
►S. 224

► Schulmuseum
Goerdelerring 20
www.schumann-verein.de
Straßenbahn: Goerdelerring (Linien 1, 3, 4, 7, 9, 12, 13, 14, 15)
www.schulmuseum-leipzig.de
Mo.–Fr. 9.00–16.00 Uhr
Schüler von heute sitzen auf Schulbänken ihrer Ur-Ur-Großeltern-Generation und erleben im Schulmuseum Leipzig anschaulich, wie es damals in der Schule zuging. Nach Absprache gibt es Unterrichtsstunden u. a. zur DDR-Zeit.

► Schumann-Haus
Inselstr. 18
Straßenbahn: Gerichtsweg (Linien 4, 7)
Mi.–Fr. 14.00–17.00, Sa./So. 10.00–17.00 Uhr u. n. V.
Führung: So. 15.00 Uhr
Hier befand sich die erste gemeinsame Wohnung (1840–1844) von Clara und Robert Schumann. Im historischen Schumann-Saal finden regelmäßig Kammerkonzerte statt. In loser Folge werden in der »Inselreihe« Gespräche mit Repräsentanten des Kultur- und Musiklebens geführt. Das Gebäude gehört zu den wenigen erhaltenen und zu den bedeutendsten klassizistischen Wohnhäusern in Leipzig.

▸ **Sparkassenmuseum Leipzig**
Schillerstr. 4
Straßenbahn: Wilhelm-Leuschner-Platz (Linien 2, 8, 9, 10, 11)
www.sparkasse-leipzig.de/museum
Di. 13.00 – 17.00, Mi. 10.00 – 15.00 Uhr u. n. V.
Die Entwicklung des Bankwesens wird anhand der Leipziger Sparkassengeschichte von den Anfängen bis in die Gegenwart als modernem Finanzdienstleister dargestellt. Zu den Exponaten gehören das erste Hauptbuch der Sparkasse Leipzig von 1826 bis 1838, Sparbücher, Büromaschinen und -geräte verschiedener Epochen, weiterhin einer der ersten Panzergeldschränke aus der Mitte des 19. Jh.s, Münzen und Geldscheine sowie Beispiele historischer Sparwerbung.

▸ **Stadtgeschichtliches Museum**
►S. 225

▸ **Torhaus Dölitz**
►S. 231

Beatles Museum in Halle

▸ **Völkerschlachtdenkmal**
►S. 233

▸ **Zeitgeschichtliches Forum Leipzig**
►S. 238

IN HALLE

▸ **Beatles Museum**
►Alter Markt

▸ **Burg Giebichenstein**
►S. 245

▸ **DB-Museum**
Berliner Str. 240
S-Bahn: Steintorbrücke, Straßenbahn: Steintorbrücke (Linie 10)
März bis Nov.: Sa. 9.00 – 14.00; Jan., Febr., Dez.: nur jeden zweiten Sa. geöffnet
Rund 20 historische Eisenbahnfahrzeuge sind im alten Lokschuppen IV des DB-Museums ausgestellt.

▸ **Franckesche Stiftungen**
►S. 249

▸ **Gedenkstätte Roter Ochse**
Am Kirchtor 20b
Straßenbahn: Diakoniewerk (Linie 8) oder Hermannstraße (Linie 7)
Di. – Fr. 10.00 – 16.00, jeden 1. Sa./So. im Monat 13.00 – 17.00 Uhr
Die Haftanstalt diente von 1933 bis 1935 als Gefängnis und Schutzhaftlager, danach als Zuchthaus für überwiegend politische Gefangene des NS-Regimes. Nach wenigen Wochen US-Besatzungszeit nutzte die sowjetische Besatzungsmacht ab Juli 1945 das Gefängnis als Haft- und Internierungsort. Von 1950 bis Dezember 1989 kamen mehr als 9000 Gefangene in den Teil des

»Roten Ochsen«, der vom Ministerium für Staatsicherheit der DDR als Untersuchungshaftanstalt geführt wurde. 1996 wurde in dem ehemaligen Verhör- und Wirtschaftsgebäude eine Gedenkstätte für die Opfer politischer Verfolgung von 1933 bis 1989 eingerichtet.

► **Geiseltalmuseum**
►Neue Residenz, S. 278

► **Händel-Haus**
►S. 255

► **Halloren-Schokoladenmuseum**
►S. 258

► **Historisches Straßenbahndepot**
Seebener Str. 191
www.halle-strassenbahnfreunde.de
Mai bis Okt. 10.00 – 16.00 Uhr
Sammlung historischer Fahrzeuge in der Wagenhalle des ehemaligen Depots nahe der Burg Giebichenstein. Die Triebwagen (ältestes Baujahr 1894) können für Sonderfahrten gemietet werden.
Am Sa. werden Stadtrundfahrten vom Marktplatz aus angeboten (►Baedeker Tipp S. 268).

► **Kindermuseum**
Böllberger Weg 188
Straßenbahn: Böllberg (Linie 1)
Interaktive Ausstellungen und offene Werkstätten

► **Landesmuseum für Vorgeschichte**
►S. 259

► **Meckelsche Sammlung**
►Universitätsplatz

► **Stadtmuseum**
►S. 283

► **Stiftung Moritzburg**
►Moritzburg, S. 270

► **Technisches Halloren- und Salinemuseum**
►Halloren- und Salinemuseum

Galerien

In Leipzig

Das Kunstangebot in Leipzig ist äußerst vielfältig. Besonders durch die Ausbildung an der Hochschule für Grafik und Buchkunst erhält das bildnerische Schaffen stets neue Impulse. So entstanden zahlreiche Galerien, die den jungen Künstlern ein Podium schaffen. Ein europaweit beachteter Anziehungspunkt wurde in den letzten Jahren die **Spinnerei in Plagwitz** (►Stadtrundgänge Nr. 3, S. 141) – ein 125 Jahre altes Industrieareal, in dem sich rund 50 Ateliers und Galerien konzentrieren. Hier wirkt auch der international beachtete Maler **Neo Rauch**.

In Halle

In Halle gibt es etwa 20 Galerien. Sie überraschen immer wieder mit Ausstellungen junger Künstler, insbesondere mit Arbeiten von Absolventen der Hochschule für Kunst und Design Halle Burg Giebichenstein. In jüngster Zeit sind aufgrund von Fördermaßnahmen durch die Kulturstiftung Sachsen-Anhalt mehrere neue Galerien entstanden, die sich auch Grenzbereichen der Kunst stellen und das Gespräch zwischen den Künstlern, dem Kunstpublikum und dem Fachpublikum fördern wollen. Der Hallesche Kunstverein veranstaltet in seinem Domizil, dem Künstlerhaus 188 am Böllberger Weg, oftmals Ausstellungen seiner Mitglieder.

AUSWAHL GALERIEN

LEIPZIG

► **Hochschule für Grafik und Buchkunst Leipzig**
Wächterstr. 11
Tel. (03 41) 213 51 49
www.hgb-leipzig.de
Di. – Fr. 12.00 – 18.00, Sa. 10.00 – 15.00 Uhr

► **Galerie für Zeitgenössische Kunst**
Karl-Tauchnitz-Str. 11
Tel. (03 41) 14 08 10
www.gfzk.de
Di. – Sa. 14.00 – 19.00, So. 12.00 bis 19.00, Führungen So. 15.00 Uhr

► **Galerie Schwind**
Springerstr. 5
Tel. (0341) 253 89 80
www.galerie-schwind.de
Im ehemaligen Wohnhaus von Werner Tübke (►Berühmte Persönlichkeiten), Sitz der Tübke-Stiftung.

► **Haus der Demokratie**
Bernhard-Göring-Str. 152
Tel. (03 41) 306 51 00

► **Haus des Buches**
Gerichtsweg 28/Ecke Prager Straße
Tel. (03 41) 995 41 34

► **Galerie Pikanta**
Heinrich-Budde-Haus (Leipzig-Gohlis)
Lützowstr. 19
Tel. (03 41) 912 26 42
www.pikanta.de
Di., Mi., Do. 16.00 – 19.00, Fr. ab 20.00 Uhr Veranstaltungen

► **Galerie Süd**
Karl-Liebknecht-Str. 84
Tel. (03 41) 391 39 98
galerie.sued@t-online.de
Di. – Fr. 10.00 – 18.00, Sa. 10.00 – 14.00 Uhr

► **Galerie Irrgang**
Thomaskirchhof 11
Tel. (03 41) 926 01 48
www.galerie-irrgang.de
Di. – Fr. 11.00 – 20.00, Sa. 10.00 – 18.00 Uhr

! *Baedeker* TIPP

Galerie Hotel Leipziger Hof

»Hier schlafen Sie mit einem Original« ist der Werbeslogan für das im Viertel am Neustädter Markt gelegene Hotel. Gemeint sind damit Originalgemälde von Leipziger Künstlern (ab ca. 1920 und der Leipziger Schule), die hier die Korridore und Gästezimmer schmücken. Ein Galeriegebäude im Hof entstand als Domizil für Ausstellungen, in denen meist Nachwuchskünstler vorgestellt werden (Galerie Hotel Leipziger Hof, Hedwigstraße 1 – 3, Tel. 03 41 / 697 40, www.leipziger-hof.de). Öffnungszeiten der Galerie: tgl. 10.00 – 20.00 Uhr.

► **Blüthner-Galerie**
im Alten Rathaus (Markt 1)
Tel. (03 41) 960 32 45

► **Galerie am Sachsenplatz**
Katharinenstr. 11/1. Etage
Tel. (03 41) 960 22 76
www.galerieamsachsenplatz.de
Di./Mi./Fr. 13.00–18.00, Do. 13.00–20.00, Sa. 11.00–17.00 Uhr

► **Galerie ARTAe**
Gohliser Str. 3
Tel. (03 41) 35 52 04 66
www.artae.de
Do.–Sa. 15.00–19.00 Uhr

► **galerie display**
Lützner Str. 91
(ehem. Tapetenwerk)
Tel. (01 76) 24 51 80 58
www.display-leipzig.com
Di.–Sa. 13.00–18.00 Uhr

HALLE

► **Kunstverein »Talstraße« e. V.**
Talstraße 23
(nahe der Burg Giebichenstein)
Tel. (03 45) 550 75 10
www.kunstverein-talstrasse.de
Di.–Fr. 14.00–19.00, Sa./So. 14.00–17.00 Uhr
Retrospektiven bedeutender deutscher und internationaler bildender Künstler, Gesprächskreise über Kunst und Politik

i Alte Baumwollspinnerei

- Die historische Fabrikanlage in Leipzig Plagwitz gilt heute als wichtige Location für Künstler, Architekten, Designer und Modemacher. Aber neben Ateliers sind hier auch kleine Handwerksbetriebe, Gastronomie, Theater- und Tanzgruppen, Kunst- und Kulturinitiativen, Läden sowie großflächige Wohnlofts zu finden. Über 100 professionelle Künstler arbeiten auf dem Areal; 14 Galerien sind hier angesiedelt: U. a. in der Spinnereistr. 7 die Galerie EIGEN + ART (Halle 5), die Galerie B2 (Halle 20), die Galerie Fred (London) in der Halle 4 B, die Dogenhaus Galerie (Halle 4) sowie die Galerie Kleindienst (Halle 3 EG). Durch das Gelände werden übrigens auch Führungen angeboten (www.spinnerei.de).

► **Galerie der Hochschule für Kunst und Design**
Burgstr. 27 (im Volkspark)
Tel. (03 45) 523 86 99
www.burg-halle.de/galerie.html
Mo.–Fr. 14.00–19.00, Sa./So. 11.00–16.00 Uhr

► **Kunsthalle Villa Kobe**
Philipp-Müller-Str. 65
Tel. (03 45) 478 92 07
www.kunsthalle-halle.de
Do.–So. 14.00–19.00 Uhr
Thematische Ausstellungen zu allen Kunstgattungen

Notrufe

► **Polizei**
Tel. 110

► **Rettungsdienst**
Tel. 112

- **Feuerwehr- und Rettungsleitstelle**
  Tel. 112
- **Pannennothilfe ADAC**
  Tel. (018 02) 22 22 22
- **Sperrnotruf**
  Tel. 116 116
  bei Verlust von Kreditkarten
- **Krankentransport Leipzig**
  Tel. 192 22
- **Ärztlicher Bereitschaftsdienst**
  Tel. (03 41) 192 92 (Leipzig)
  Tel. (03 45) 68 10 00 (Halle)
- **Apothekennotdienst**
  Tel. (03 41) 01 15 00

Öffnungszeiten

Geschäfte und Post

Die Geschäfte haben in den Innenstädten in der Regel Mo. bis Sa. von 9.00 bis 20.00 geöffnet. Bis 22.00 Uhr offen sind die Läden im Leipziger Promenaden Hauptbahnhof, So. von 13.00 bis 18.00 Uhr. Die Öffnungszeiten der Hauptpost am Augustusplatz in Leipzig sind Mo. – Fr. 8.00 – 20.00, Sa. 9.00 – 16.00 Uhr; die der am halleschen Markt gelegenen Filiale Mo. – Sa. 9.30 – 20.00 Uhr.

Preise · Vergünstigungen

Leipzig Card und Welcome Card

Die Leipzig Card wie auch die Welcome Card in Halle bieten eine Reihe von Vergünstigungen. Dazu gehören die freie Fahrt mit den Bussen und Straßenbahnen, Ermäßigung bei geführten Stadtrundgängen, in Museen, Theatern und verschiedenen Freizeiteinrichtungen. Momentan kostet die **Leipzig Card** für einen Tag 8,90 €, die 3-Tage-Karte 18,50 € und die 3-Tage-Guppenkarte 34,00 € (gültig für zwei Erwachsene und bis zu drei Kinder unter 14 Jahre). Man erhält sie in der Tourist-Information, im LVB-Mobilitätszentrum, in der LVB-Servicestelle Karl-Liebknecht-Str. 8, in vielen Hotels, auf den Campingplätzen Auensee und Kulkwitzer See, in der Jugendherberge Leipzig, bei Reiseveranstaltern sowie über das Internet.
In **Halle** kostet die **Welcome Card**, die neben den oben genannten Ermäßigungen auch Rabatte in einigen Restaurants, bei Schiffstouren und Bootsverleih bietet, derzeit pro Tag 7,50 € oder 15,– € für drei Tage, die 3-Tage-Gruppenkarte (bis zu 5 Pers.) 35,– €. Erhältlich ist sie u.a. bei der Tourist-Information, Markt 13, bei den Servicezentren der HAVAG und an Hotelrezeptionen.

Spartipps

Sparen lässt sich z.B. bei den Übernachtungen. Während der großen Messen ist Leipzig meist teurer. Wer vorab bucht, kann oft günstige Konditionen aushandeln, besonders für Aufenthalte über das Wochenende. Dazu kommen Sonderangebote in der Nebenreisezeit (Februar, November). Hotels und Pensionen im nahen Umland sind erheblich preiswerter, Voraussetzung ist aber, dass man mit dem Auto anreist. Gleiches gilt für Restaurants und Gaststätten an der Peripherie der Stadt. Sie weisen ein gutes Preis-Leistungsverhältnis auf.

Pauschalarrangements

Sowohl Leipzig Tourismus und Marketing wie auch Stadtmarketing Halle bieten verschiedene Pauschalangebote für Individual- und Gruppenreisen. Eingeschlossen sind jeweils Übernachtungen, Stadtführungen und weitere Veranstaltungen. Informationen für Leipzig erhält man unter www.ltm-leipzig.de/reiseangebote (Tel. 03 41 / 710 42 75). Angaben zu Halle gibt die Seite Arrangements unter www.stadtmarketing-halle.de (Tel. 03 45 / 122 99 84).

Reisezeit

Die Region Leipzig/Halle ist zu allen Jahreszeiten ein lohnendes Reiseziel. Beim Termin sollte man sich vom Veranstaltungskalender leiten lassen und berücksichtigen, dass es »Stoßzeiten« gibt, wenn die großen Messen stattfinden. Klimatisch gelten der Früh- und Spätsommer als beste Reisezeit.

Shopping

Einkaufstipps für Leipzig

In der Leipziger **Innenstadt** schlägt das Herz der alten Handelsmetropole. Vom Warenhaus bis zum individuellen Einzelhändler ist im historischen Stadtzentrum alles vertreten, was das Käufer(innen)-herz höher schlagen lässt. Und wird man dennoch nicht fündig, gibt es noch einige Geheimtipps abseits der City. Genießen Sie das Flair einer pulsierenden Innenstadt beim Schaufensterbummel entlang der Einkaufsmagistralen Grimmaische, Peters-, Nikolai- und Hainstraße sowie im Promenaden-Hauptbahnhof. Die traditionsreichen Passagen, die aus den historischen Messedurchgangshäusern hervorgingen, bilden reizvolle Flaniermeilen, wo man in kleinen Lä-

! Baedeker TIPP

Bummeln und shoppen im Trockenen

Wer durch Leipzigs Innenstadt schlendert und einen Einkaufsbummel unternimmt, kann das bei jedem Wetter nahezu unbeschwert tun. Denn Leipzig besitzt eines der umfangreichsten und ältesten Passagensysteme, entstanden Ende des 19. Jh.s aus den historischen Messehäusern mit ihren Durchgangshöfen. Die größte und zugleich bekannteste Einkaufspassage ist die Mädler-Passage, in der sich auch Leipzigs weltberühmtes Restaurant Auerbachs Keller befindet (Abb. S. 159).

den und Boutiquen so manche Entdeckung machen kann. Die Mädlerpassage (►Baedeker Tipp S. 105) und Specks Hof mit dem Hansahaus sowie die kleinen Läden unter den Arkaden und auf der Naschmarktseite des Alten Rathauses sowie die Nikolaistraße halten manche Überraschung bereit.

Rund um das Alte Rathaus findet man Besonderes in kleinen stilvollen Läden: Heinrich Schneider (Fachgeschäft für Schmuck und Uhren, einst. Königl.-sächs. Hofjuwelier), Schmuckwerk, Oliver Pocher (Uhrmachermeister), Verlagsbuchhandlung Bachmann (Laden Nr. 1 für Leipzig-Souvenirs und Bücher), Graphikantiquariat Koenitz, Erzgebirgische Souvenirs, Fachgeschäft Meissener Porzellan, Tee Gschwender, Edler Tropfen (Spirituosen aller Art) und Julius Blüthner (Pianofortefabrik und Fachgeschäft).

In der **Mädlerpassage** sammeln sich Geschäfte für gehobene Ansprüche, u. a. Porsche Design, Ingrid Janik (Schreibkultur & Papeterie), Juwelier Wempe, Swarowski, Scala, apriori und Lacoste.

SHOPPING LEIPZIG

ANTIQUITÄTEN

► **Kunstauktionhaus Leipzig**
Gohliser Str. 19
Tel. (03 41) 59 08 80

► **Leipziger Münzhandlung und Auktion**
Nikolaistr. 25
Tel. (03 41) 211 872 45

BÜCHER/MUSIK

► **Leipziger Antiquariat**
Ritterstr. 16 (nahe der Nikolaikirche)
Tel. (03 41) 211 81 88

► **Antiquariat an der Nikolaikirche**
Ritterstr. 8 – 10
Tel. (03 41) 211 20 13

► **Musikalienhandlung M. Oelsner**
Schillerstr. 5
Tel. (03 41) 960 52 00
Eines der ältesten deutschen Notenfachgeschäfte; Karten für Konzert, Oper, Theater, Events

FLORISTIK

► **saltoflorale**
Katharinenstr. 11 (Fregehaus)
Tel. (03 41) 149 89 23
Meisterfloristik vom Feinsten, dekorative Ausstellungen durch alle Jahreszeiten

INNENAUSSTATTUNG/ ACCESSOIRES

► **Jenaer Glas Shop**
Hainstr. 1 (Barthels Hof)
Tel. (03 41) 212 58 96
Bundesweit das einzige Fachgeschäft für Jenaer Haushaltsglas

► **Das besondere Etwas**
Tschaikowskistr. 11
Tel. (03 41) 962 55 69
Crazy Wool, Mode, Geschenkartikel und viel mehr

► **Indigo**
Ratsfreischulstr. 8
Tel. (03 41) 302 92 33
Exotisches aus Indien, dem Orient und Afrika

► **Porzellan Roth**
Nikolaistr. 39
Tel. (03 41) 960 60 29
Fachgeschäft seit 1871

KAUFHÄUSER/ EINKAUFSZENTREN

► **Promenaden Hauptbahnhaof**
Willy-Brandt-Pl. 7
Tel. (03 41) 14 12 70
Modernes Einkaufsparadies im größten Kopfbahnhof Europas (►Hauptbahnhof)

► **Karstadt**
Neumarkt 30, Tel. (03 41) 126 20
Fantasievoll gestalteter Konsumtempel mit Lichthof, Fontäne und Wassermusik

► **Galeria Kaufhof**
Neumarkt 1, Tel. (03 41) 224 50
Wunderbarer Blick über Leipzigs Dächer von der Dachterrasse

KULINARISCHES

► **Goethes Schokoladenparadies**
Marktstr. 11 – 15
Tel. (03 41) 268 94 49

► **La Barrica**
Ritterstr. 4
Tel. (03 41) 961 43 34
Top-Adresse für Weinliebhaber, Spanienfans und Gourmets

► **Stuff**
Willy-Brandt-Pl. (Hauptbahnhof)
Tel. (03 41) 961 71 97
Wein & mehr

► **Weinkontor**
Grimmaische Straße 2-4
(Specks Hof)
Tel. (03 41) 61 10 90
1000 internationale Weine aller Preisklassen & 500 Whisky-Sorten

La Barrica: Erlesenes aus Spanien

MODE/ACCESSOIRES

► **Städtisches Kaufhaus**
Neumarkt 9 – 19
Viele Outlets bekannter Designer

► **Silke Wagler**
Thomaskirchhof 20
Tel. (03 41) 980 09 50
Couture

► **Rita's Modeshop**
Nikolaistr. 10
Tel. (03 41) 993 90 60
Italienische Romantik

► **rund und schön**
Brühl 33
Tel. (03 41) 980 68 14

► **Antonio Verago**
Friedrich-List-Pl. 1
Tel. (03 41) 994 03 40
Italienische Maßkonfektion

► **Tragbar**
Specks Hof/Hansahaus
Grimmaische Str. 13-15
Tel. (03 41) 215 48 80
Mode/Design

Karli als Ideenmeile

- Die Karl-Liebknecht-Straße ist nicht nur eine Kneipenmeile, sondern bietet auch das besondere Shopping mit jungen individuellen Angeboten:
- Comic Combo Röpke (KL-Str. 2) ist auf Comics, Fantasy und Mangas spezialisiert.
- Die angesagtesten Adressen für Mode und Accessoires sind 9m Schön schwanger (KL-Str. 79), pussyGALORE (KL-Str. 52), herMAN (KL-Str. 52), Graue Maus (KL-Str. 50), Mrs. Hippie »Geh bunt«Basar (KL-Str. 36), Culton M (Peterssteinweg 7) und der Trendschuhladen Cha Cha Shoes (KL-Str. 59).
- Deko, Wohnaccessoires und kleine und große Dinge aus Fernost findet man im Tranquillo (KL-Str. 91).
- Wer Schmuck liebt, geht zum Perlentaucher (KL-Str. 51) und auf der Suche nach Spielwaren wird man in der Spielerei im Volkshaus (KL-Str. 30) fündig.

▸ **Der Hutladen**
Nikolaistr. 6 (Strohsackpassage)
Tel. (03 41) 961 55 27

▸ **Schuhboulevard Leipzig**
Brühl 8
Tel. (03 41) 261 82 48
Leipzigs größtes Schuhmodehaus

▸ **Taschenkaufhaus**
Ritterstr. 9-13
Tel. (03 41) 225 13 20

SCHMUCK

▸ **Goldschmiede Garcia**
Schuhmachergässchen 2
Tel. (03 41) 225 45 03
Kostbarkeiten in mondän-minimalistischer Umgebung

▸ **Perlenspiele**
Brühl 54
Tel. (03 41) 999 91 40

▸ **Goldschmiede Monika Götze**
Hainstr. 1
Tel. (03 41) 960 56 49

▸ **Juwelier Thomas Kortum**
Schuhmachergässchen 2a
Tel. (03 41) 225 41 83

▸ **Charlotte Schmuckatelier**
Marktgalerie / Markt 12
Tel. (03 41) 962 85 74

SOUVENIRS

▸ **Souvenir & Geschenke**
Willy-Brandt-Pl. 5
(Hauptbahnhof)
Tel. (03 41) 253 56 51

▸ **City-Souvenir**
Nikolaistr. 3
Tel. (03 41) 268 97 96

SPIELWAREN

▸ **Herrmann Modellbahnen**
Burgstr. 4
Tel. (03 41) 961 12 49

▸ **Puppenklinik Zsitva**
Pfaffendorfer Str. 10
Tel. (03 41) 960 93 87

Halle

Man kann nicht sagen, dass Halle eine ausgemachte Einkaufsstadt wäre. Aber neben den Kaufhäusern am Markt und den bundesweit etablierten Marken-Kettenläden auf der »Einkaufsmeile« Leipziger

Straße und Große Ulrichstraße haben sich doch einige Geschäfte niedergelassen, die mehr als die übliche Konfektion und Massenware bieten. Diese Adressen befinden sich vor allem in der Kleinen Ulrichstraße, am Alten Markt und in der Unteren Steinstraße.

SHOPPING HALLE

► **Antiquitäten-Galerie**
Schmeerstr. 3
Gutes Angebot, besonders Glas und Porzellan

► **ESKA-Modedesign**
Große Klausstr. 15
Tel. (03 41) 478 88 49
International bekanntes Label durch Fashion Week in New York, Pret-à-porter-Schauen in Paris, München, Düsseldorf ...

► **Niru**
Kleine Ulrichstr. 24
Exklusive Modetrends aus Italien, inkl. Taschen und Gürteln. Latte Machiato und Prosecco auch für Shopping-Begleiter

► **Stilbruch**
Kleine Ulrichstr. 20
Tel. (03 45) 478 13 33
www.stilbruch-halle.de
Ausgeflippte Mode mit flotten Sprüchen und ebensolche Accessoires, Raumdekor u.v.m. Bestellung auch über das Internet möglich.

► **Schmuckwerkstatt Claudia Baugut & Silvia Nagel**
Graseweg 6
Tel. (03 45) 202 61 18
Zwei Künstlerinnen bieten individuell gestaltete Kostbarkeiten aus edlen wie einfachen Materialien.

► **Sporthaus Cierpinski**
Große Ulrichstraße
(Stadtcenter Rolltreppe)
Tel. (03 45) 470 17 80
Großes Sortiment im Laden des zweifachen Marathon-Olympiasiegers Cierpinski, insbesondere für Leichtathleten.

► **Biotopia**
Kleine Ulrichstr. 18 a
Tel. (03 47 81) 292 41
Alles Bio: Delikatessen aller Art, auch Wein, Bier, Säfte ...

► **Weltladen**
Schmeerstr. 10
Tel. (03 45) 290 10 49
Nahrungs- und Genussmittel, Kleidung und Kunsthandwerk aus Entwicklungsländern

► **Kokon**
Große Steinstr. 9
Tel. (03 45) 203 41 06
Wohnart, Mode, Kunsthandwerk, Fernöstliches.

► **Musikhaus Polyhymnia**
Geiststr. 49, Tel. (03 45) 200 33 01
Tonträger, Instrumente von der Blockflöte bis zum Klavier

► **Tobs**
Große Steinstr. 79
Tel. (03 45) 20 36 92 70
Gut sortiert, v. a. Spielzeug für die Kleinsten, viel Holz, kaum Plastik

► **Gourmetage**
Große Ulrichstraße
(Stadtcenter Rolltreppe)

Ausrichtung mediterran: Käse, Wein, Pasta, Öle.

▶ **Flohmärkte**
Einmal pro Monat (zumeist am 2. Wochenende) gibt es in den Messehallen Bruckdorf einen Antik- und Trödelmarkt und – besonders in den Sommermonaten – verschiedene kleinere Flohmärkte in den Stadtteilen und auf der Pferderennbahn

Stadtbesichtigung

In Leipzig Die Sehenswürdigkeiten und manches reizvolle Fleckchen abseits der Touristenpfade können Besucher auf verschiedene Weise erkunden. Zu Fuß unter sachkundiger Führung, mit modernen oder historischen Bussen oder mit dem Gläsernen Leipziger, einer speziellen Straßenbahn für Stadtrundfahrten, kann man in kurzer Zeit einen Überblick gewinnen. Thematische Führungen durch IHK-geprüfte

Eine der »prominenten« Guides: Stadtführung mit Anna Magdalena Bach

ANGEBOTE SIGHTSEEING

LEIPZIG

► **Gläserner Leipziger**
Tel. (03 41) 194 49, www.lvb.de
Sightseeing-Tour per Straßenbahn der Leipziger Verkehrsbetriebe

► **Leipzig erleben**
Richard-Wagner-Str. 1
Tel. (03 41) 710 42 80
www.leipzig-erleben.com

► **Treffpunkt Leipzig**
Tel. (03 41) 149 78 79
www.treffpunkt-leipzig.com
Rundgänge, Rundfahrten, u. a. Mondscheintour

► **Leipzig Details**
Bernhard-Göring-Str. 152
Tel. (03 41) 303 91 12
www.leipzig-details.de

► **Leipziger Oldtimer Fahrten GmbH**
Plautstr. 39
Tel. (03 41) 22 56 57 61, 594 90 90
www.oldiefahrten.de
Stadtrundfahrten im Oldtimer- oder Doppelstockbus, u. a. Flughafen- oder Seentour

► **Historia-Event & Souvenir Leipzig**
Tel. (03 41) 461 78 03
www.historia-souvenir.de
Auf den Spuren der Völkerschlacht

UMGEBUNG

► **Grüner Ring**
Tel. (03 41) 140 77 90
www.gruener-ring-leipzig.de

► **Rundum Leipzig Mai Regiotour**
Kultur- und Kongresscenter Böhlen, Leipziger Str. 40
Tel. (03 41) 860 59 01 oder (01 75) 605 80 19 (Hotline)
www.rundum-leipzig.de
www.mai-regiotour.de
Touren durch das Neuseenland, Phoenix-Tour vom Bergbau zur Seenplatte u.a.

► **Reiseperle**
Tel. (03 41) 338 51 27
www.reiseperle-sachsen.de

LEIPZIG VON OBEN

► **Sachsen Ballooning**
Eisenbahnstr. 111
04315 Leipzig
Tel. (03 41) 521 53 15
Fax (03 41) 699 41 42

► **Ballonteam**
Mittelstr. 15
04451 Borsdorf/Panitzsch
Tel. (07 00) 22 55 66 22
www.ballonteam-leipzig.de

► **Ballonteam Leipzig**
Tel. (03 41) 338 72 24, (01 77) 216 19 12
Fax (0341) 338 72 31
post@hillscher.de

► **Gyrocopter-Taucha Rundflüge**
Wodanstraße 3 A
Flugplatz Leipzig Taucha Halle Dresden
04349 Leipzig
Tel. (01 73) 371 57 65
www.gyrocopter-taucha.de

HALLE

► **Tourist-Information im Marktschlösschen**
Marktplatz 13
Tel. (03 45) 122 99 84

Mo. – Fr. 9.00 – 19.00, Sa. 10.00 bis 16.00, nur Mai – Oktober: So. 10.00 – 16.00 Uhr

► **Lips Flugdienst**
Tel. (03 41) 393 91 70
www.lips-flugdienst.de
Geflogen wird mit Typen wie Piper, Cessna und Partenavia.

► **Air Lloyd**
Tel. (03 46 04) 201 23
Rundflug mit einem Helikopter vom Typ Robinson (Start und Landung auf dem Flugplatz Halle-Oppin); Dauer: ca. 30 min.

► **Windtour – Ballonfahrt Halle**
Jägerplatz 29
Tel. (03 45) 522 20 08
www.windtour.de

Gästeführer werden von der Leipzig Erleben GmbH angeboten, auch mit historischen Persönlichkeiten oder Leipziger Originalen. Zudem gibt es Stadtrundfahrten mit Aus- und Zustiegsmöglichkeiten an sechs Haltepunkten bei Sehenswürdigkeiten, u. a. dem Völkerschlachtdenkmal, den Stadtteilen Plagwitz und Gohlis.
Wer Leipzigs Umgebung erkunden will, ist z. B. mit dem Fahrrad bestens unterwegs. Verschiedene Touren mit Informationspunkten wurden durch den Grünen Ring Leipzig entwickelt.
Wem es nicht ausreicht, von einem hoch gelegenen festen Standort aus die Umgebung zu erkunden, z. B. von der Aussichtsplattform auf dem City-Hochhaus, vom Völkerschlachtdenkmal, vom Aussichtsturm auf dem Scherbelberg im Rosental oder vom Rathausturm aus, der kann auch per Ballon (je nach Wetterlage) mehr entdecken.

In Halle Die wichtigsten Sehenswürdigkeiten Halles liegen in einem Zirkel von bis zu 500 m um den Marktplatz. Sie lassen sich auf eigene Faust problemlos finden, denn überall sind klare Hinweisschilder aufgestellt. Die Tourist-Information bietet Führungen durch die Kernstadt und zu wichtigen Sehenswürdigkeiten in den Vorstädten an. Auch auf den Spuren historischer Persönlichkeiten, die die Geschichte der Stadt geprägt haben, kann man wandeln: etwa Martin Luther und Kardinal Albrecht, Georg Friedrich Händel und Lyonel Feininger, dessen Grafiken und Gemälde der alten Salzstadt Weltruhm eingebracht haben. Sehr beliebt sind auch die Rundfahrt mit der historischen Straßenbahn oder der Aufstieg auf die Hausmannstürme der Marienkirche, von denen man den besten Blick über die Stadt und das Umland hat (►Baedeker Tipps S. 263 und 268).
Aus der Luft kann man Halle sogar im Flugzeug, Helikopter oder Ballon erleben.

Schiffsausflüge und Bootsverleih Halle kann man zwischen April und Anfang Oktober auch vom Wasser aus besichtigen. Dazu werden kleinere Rundfahrten zwischen den Anlegestellen an der Burg Giebichenstein, der Peißnitzinsel und dem

Forstwerder angeboten. Schiffe der Weißen Flotte fahren aber – insbesondere an den Wochenenden – auch saaleauf- und -abwärts bis Merseburg bzw. Bernburg. Ruderboote, Kanus und führerscheinfreie Motorboote werden an der Kröllwitzer Brücke und an der Brücke zwischen der Ziegelwiese und der Peißnitzinsel verliehen (►Baedeker Tipp S. 247).

Theater und Konzerte

In Leipzig

Die **reiche Musik- und Theatertradition** Leipzigs wird nicht nur in den Stätten der Hochkultur wie ►Oper und ►Gewandhaus bewahrt, sondern ebenso durch Laien- und Berufskünstler in den zahlreichen Chören und musikalischen Formationen der Stadt gepflegt. Gäste können Aufführungen von Theaterstücken, modernen und experimentellen musikalischen Veranstaltungen und vielem mehr in Kirchen, alten Fabriken, Sälen und weiteren Orten, deren besonderes Flair zum Kulturerlebnis beiträgt, erleben. Vielfältig ist das Angebot an Kleinkunst, das sich über viele Jahre entwickelt hat. Wir stellen einige Aufführungsstätten vor, über aktuelle Programme informieren u. a. die Tageszeitungen sowie Programmhefte, die bei den Ticketverkaufsstellen, bei Leipzig Information oder in Hotels erhältlich sind. Unter der Rubrik ►Ausgehen erhalten Sie zudem Informationen zu den Leipziger Kabaretts. Ein reges Veranstaltungsprogramm gibt es auch in zahlreichen Leipziger Museen.

ADRESSEN IN LEIPZIG

► **Hochschule für Musik und Theater Felix Mendelssohn Bartholdy**
Grassistr. 8
Tel. (03 41) 214 46 40
www.hmt-leipzig.de

THEATER

► **Centraltheater**
Bosestr. 1
Tel. (03 41) 126 81 68
www.schauspiel-leipzig.de

► **Connewitzer Cammerspiele**
Kochstr. 132
Tel. (03 41) 306 76 06
www.cammerspiele.de

► **DachTheater Leipzig**
im Haus Steinstraße
Steinstr. 18
Tel. (03 41) 391 32 19

► **LOFFT**
Lindenauer Markt 21
Tel. (03 41) 961 76 51
www.lofft.de

► **Schille**
Otto-Schill-Str. 7

Tel. (03 41) 225 48 83
Theaterhaus des Evangelischen Schulzentrums

► **Skala (Centraltheater)**
Gottschedstr. 16
Tel. (03 41) 990 48 42
www.skala-leipzig.de

► **theater fact**
Hainstr. 1
Tel. (03 41) 961 40 80
Kleine Komödie in Barthels Hof

► **Theater-Fabrik-Sachsen**
Franz-Flemming-Str. 16
Tel. (03 41) 442 46 70
www.theater-fabrik-sachsen.de

KONZERTE

► **Arena Leipzig**
Am Sportforum 2–3
Tel. (03 41) 234 10
www.arena-leipzig.com

► **Friedenskirche Gohlis**
Kirchplatz 9
Tel. (03 41) 564 55 09

► **Gewandhaus zu Leipzig**
Augustusplatz 8
Tel. (03 41) 127 02 80
www.gewandhaus.de

► **Haus Auensee**
Gustav-Esche-Str. 4
www.germanticketoffice.com

► **Werk II**
Kochstr. 132
Tel. (03 41) 308 01 40
www.werk-2.de

KLEINKUNST

► **Frosch-Café und Theater**
Thomasiusstr. 2/
Ecke Jahrnallee
www.frosch-cafe.de

► **Geyserhaus**
Gräfestraße 25
Tel. (03 41) 911 54 30
www.geyserhaus.de

► **Kellertheater (im Opernhaus)**
Augutusplatz 12
Tel. (03 41) 126 12 61
www.oper-leipzig.de

► **Krystallpalast Varieté**
Magazingasse 4
Tel. (03 41) 14 06 60
www.krystallpalastvariete.de

► **Schaubühne im Lindenfels**
Karl-Heine-Str. 50
Tel. (03 41) 48 46 20

► **Spiegelpalast in der Kongresshalle Leipzig**
Pfaffendorfer Str. 31
Tel. (03 41) 14 06 60
www.kongresshalle-leipzig.de

► **Spinnwerk Leipzig Baumwollspinnerei**
Spinnereistr. 7
(Halle 18, Aufgang E)
Tel. (03 41) 420 61 19
www.spinnwerk-leipzig.de

► **Tonelli's**
Kulturbundhaus, Elsterstr. 35
Tel. (01 77) 603 19 78
www.tonellis.de

► **Volkspalast**
Prager Str. 200 (Altes Messegelände, Halle 16)
Tel. (03 41) 24 16 12
www.volkspalast.tv

OPER / OPERETTE

► **Musikalische Komödie**
Dreilindenstr. 30
Tel. (03 41) 126 11 15
www.oper-leipzig.de

- **Oper Leipzig**
  Augustusplatz 12
  Tel. (03 41) 126 12 61
  www.oper-leipzig.de

KINDERAUFFÜHRUNGEN

- **Puppentheater Sterntaler**
  Talstr. 30, Tel. (03 41) 961 54 35

- **Theater der Jungen Welt**
  Im Theaterhaus Leipzig
  Lindenauer Markt 21
  Tel. (03 41) 48 66 00, www.tdjw.de

- **THEATRium**
  Kinder- und Jugendtheaterhaus
  GroßstadtKINDER
  Miltitzerallee 52
  Tel. (03 41) 941 36 40

FRANZÖSISCHE KULTUR

- **Institut Français**
  Thomaskirchhof 20
  Tel. (03 41) 589 89 35
  www.kultur-frankreich.de

In Halle

Halle hat eine große und lebendige Theaterszene. Dazu gehören die seit langem etablierten Häuser, unter ihnen das **neue theater** (▶Baedeker Tipp S. 116) mit mehreren Spielstätten und dem Puppentheater auf der Kulturinsel. Im neuen theater kommen überwiegend zeitgenössische Dramen zur Aufführung, gelegentlich sind aber auch Adaptionen klassischer Stücke im Repertoire. Halles großes Puppentheater genießt internationalen Ruf. Es spielt überwiegend für Erwachsene und zwar in einer Mischform aus Puppenspiel und moderner Schaubühne – Schauspieler führen die fast lebensgroßen Puppen und treten mit ihnen und dem Publikum in manchen Dialog. Dazu kommen zwei traditionelle Puppenbühnen für die jüngsten Zuschauer.
Das heutige Opernhaus ist ein Mehrspartenhaus und inszeniert Opern, Musicals und Ballett. Es ist zudem Aufführungsort der Händel-Festspiele. Das **Große Thalia Theater**, hervorgegangen aus einer Jugendbühne, ist auch heute noch der jungen Generation verpflichtet. Zur Aufführung kommen entsprechende Stücke, gelegentlich aber auch zeitgenössische Experimente deutscher und internationaler Autoren. Freie Bühnen gibt es mehrere in der Stadt. Sie spielen an unterschiedlichen Orten, gelegentlich in Gasthöfen und Jugendklubs. Zu ihnen gehören die Schillerbühne, die im ältesten Gasthof der Stadt, dem Mohren im Künstlerviertel Giebichenstein, auftritt, und das Theater Apron mit wechselnden Spielstätten. Beliebt sind die **Kabaretts**. Zu ihnen zählen die Kiebitzensteiner, die zu Zeiten der DDR einen legendären Ruf genossen, ebenso das **Steintor-Varieté**. Auch hier gibt es gelegentlich Kabarett, oftmals Gastspiele, darunter Auftritte von international renommierten Interpreten und Popensembles, dazu kommt echtes Varietétheater.
Mit der **Staatskapelle** verfügt Halle über einen großen, international anerkannten Klangkörper. Seine Hauptspielstätte ist das Opernhaus,

Aufführungen gibt es aber auch in der Georg-Friedrich-Händel-Halle und mehreren kleineren Spielstätten. Aus den Reihen der Staatskapelle bildet sich das **Händel-Festspiel-Orchester**.

ADRESSEN IN HALLE

THEATER

► **neues theater**
Große Ulrichstr. 50 – 51
Tel. (03 45) 205 02 22

! Baedeker TIPP

Kulturinsel

Sieben Gebäude mit dem neuen theater mit Großem Saal, der Werft, dem international preisgekrönten Puppentheater, dem Riff Club, der Theaterkneipe Strieses Biertunnel mit Biergarten sowie dem Café nt – das ist Halles Kulturinsel. Außerdem ist hier die zentrale Konzert- und Theaterkasse Halles untergebracht. Gegründet wurde das neue theater Halle 1980 von dem Schauspieler, Regisseur und späteren Tatort-Kommissar Peter Sodann, der als Schauspieldirektor ans Landestheater kam und kurzerhand beschloss, dem Schauspiel in Halle im einstigen Kino der Deutsch-Sowjetischen Freundschaft eine eigene Spielstätte einzurichten (Abb. S. 146).

► **Großes Thalia Theater**
Kardinal-Albrecht-Str. 6
Tel. (03 45) 20 40 50

► **Figurentheater Märchenteppich**
Kleine Ulrichstr. 11
Tel. (03 45) 135 23 16

► **Figurentheater Anna Sophia**
Wittenberger Str. 24 (Silberhöhe)
Tel. (03 45) 209 01 29

► **Freylinghausen-Saal**
Franckepl. 1, Tel. (03 45) 212 74 50

► **Schillerbühne**
Burgstr. 71
(Gasthof zum Mohr)
Tel. (03 45) 388 04 74

► **Steintor-Varieté**
Am Steintor 10
Tel. (03 45) 209 34 10

► **Kabarett Die Kiebitzensteiner**
Theaterhaus im Malzgarten
Große Brauhausstr. 5 – 6
Tel. (01 73) 565 39 21

OPER/KONZERTE

► **Oper Halle**
Universitätsring 24
Tel. (03 45) 205 02 22

► **Georg-Friedrich-Händel-HALLE**
Salzgrafenplatz 1
Tel. (03 45) 47 22 47

► **Konzerthalle Ulrichskirche**
Christian-Wolff-Str. 2
Tel. (03 45) 221 30 21

► **Staatskapelle Halle und Händel-Festspiel-Orchester**
Joliot-Curie-Platz 27/28
Tel. (03 45) 205 02 22

► **Händel-Haus**
Große Nikolaistr. 5
Tel. (03 45) 50 09 02 21

► **K&K – Kultur- und Kongresszentrum**
Franckestr. 1
Tel. (03 45) 23 34 30

Übernachten

In Leipzig

Als internationale Messe- und Kongressstadt besitzt Leipzig jahrhundertealte Traditionen bei der Beherbergung von Gästen aus dem In- und Ausland. Allerdings waren bis zur Wende viele der historischen Hotels, die ab Beginn des 20. Jh.s erbaut worden waren, arg in die Jahre gekommen. Neben der Sanierung so mancher alter Herberge entstanden neue zeitgemäße Hotels, die mit modernstem Komfort und häufig auch eigenen Tagungsmöglichkeiten ausgestattet sind. Bei großen internationalen Veranstaltungen reichen die Kapazitäten allein oft nicht aus, sodass auch Übernachtungsmöglichkeiten im Umland, u. a. in Halle genutzt werden. In jüngster Zeit entstanden neben sehr noblen auch sehr preiswerte Hotels mitten im Stadtzentrum, sodass nun auch jüngere Reisende mit »low budget« attraktive Unterkünfte vorfinden. Mit Wochenend-Arrangements und saisonalen Angeboten ist auch in einer vornehmen Herberge häufig ein preisgünstiger Leipzig-Aufenthalt mit exklusivem Komfort möglich.

i Preiskategorien

- Luxus: über 150 Euro
- Komfortabel: 70 bis 150 Euro
- Günstig: bis 70 Euro
  (für eine Übernachtung im DZ, in der Regel mit Frühstück; ohne Sonderkonditionen oder Messepreise)

ADRESSEN IN LEIPZIG s. PLAN S. 68/69

LUXUS

▸ ① **Hotel Fürstenhof Leipzig**
Tröndlinring 8
04105 Leipzig
Tel. (03 41) 14 00, Fax 40 37 00
www.luxurycollection.com/fuerstenhof
Gediegener Komfort in den 92 komfortablen Zimmern und Suiten. Exzellente Küche im Restaurant Villers und Vinothek 1770. Mediterranes Aqua-Marin-Spa mit Snackbar am Pool, Hallenbad, Sauna, WLAN und Gartenterrasse. Rollstuhlgerecht.

▸ ② **The Westin Leipzig**
Gerberstr. 15
04105 Leipzig
Tel. (03 41) 98 80, Fax 988 12 29
www.westin.com/leipzig
436 modernste Zimmer auf 27 Etagen. Kulinarisch wird man im Gourmet-Restaurant Falco und im japanischen Restaurant Yamato verwöhnt. Konferenzräume und Ballsaal sind vorhanden, zudem diverse Annehmlichkeiten wie Friseur, Foyerbar, Schwimmbad, Sauna und Solarium.

LUXUS/KOMFORTABEL

▸ ④ **Radisson SAS Hotel Leipzig**
Augustusplatz 5/6
Tel. (03 41) 214 60, Fax 214 68 15
www.leipzig.radissonsas.com

Best Western Leipzig

Vis-à-vis von Oper und Gewandhaus die ideale Herberge (214 Z.) für Kulturtouristen, mit Hotelrestaurant, Fitness- und Tagungsbereich

► ⑨ **Hotel Royal International Leipzig**
Richard-Wagner-Str. 10
Tel. (03 41) 231 00 60
Fax (03 41) 23 10 06 11
www.royal-leipzig.de
In bester verkehrsgünstiger Innenstadtlage (64 Z.) im historischen Gebäude mit Konferenz- u. Meeting-Möglichkeiten. Kleintiere erlaubt, behindertengerechte Einrichtung, WLAN, hoteleigene Leihfahrräder, Hotelrestaurant u. -bar, Café/Bistro für kleine Snacks vorhanden.

KOMFORTABEL

► ③ **pentahotel Leipzig (bis 2008: Renaissance Hotel)**
Großer Brockhaus 3
Tel. (03 41) 129 20, Fax 129 28 00
www.pentahotels.com
Komplett neu gestaltetes Hotel mit 356 hochmodernen Zi. im Brockhaus-Center in unmittelbarer. Citynähe. 17 Konferenz- bzw. Veranstaltungsräume, Sauna, Whirlpool, Fitnesscenter, Gratis-Pay-TV.

► ⑤ **Seaside Park Hotel**
Richard-Wagner-Str. 7
Tel. (03 41) 985 20, Fax 985 27 50
www.parkhotelleipzig.de
Zentrale Lage am Hauptbahnhof,im Art-déco-Stil eingerichtet; Seminar- und Konferenzräume mit separatem Foyer und Galerie. Das Restaurant Steaktrain verwöhnt im Ambiente eines Luxusspeisewagens. Bistro und Piano Bar vorhanden sowie Whirlpool, Friseur und Kinderspielplatz am/im Hotel. Behindertengerecht.

► ⑥ **Best Western Premier Victor's Residenz Hotel Leipzig**
Georgiring 13
Tel. (03 41) 686 60, Fax 686 68 99
www.victors-leipzig.bestwestern.de
In Bahnhofsnähe gelegen (101 Zi. u. Suiten), Restaurant mit internationaler Küche sowie bayrisch-rustikale Stube, Biergarten und Hotelbar. Tagungsräume vorhanden.

► ⑦ **Leipzig Marriott Hotel**
Am Hallischen Tor 1
Tel. (03 41) 965 30
Fax (03 41) 965 39 99
www.marriott.de
Am Nordrand der Innenstadt gelegen (226 Zi., fünf Suiten, sieben Meetingräume). Restaurant, Bar, Innenpool mit Jacuzzi und Wellnesscenter. Behindertengerecht.

► ⑩ **Hotel Mercure am Johannisplatz**
Stephanstr. 6
Tel. (03 41) 977 90
Fax (03 41) 977 91 00
www.mercure.com
Wenige Gehminuten östlich der Innenstadt in ruhiger Lage,

eleganter Neubau (174 Zi.) Restaurant, Hotelbar, WLAN, Dach- u. Gartenterrasse, angenehmer Service.

► ⑪ **Günnewig-Hotel Vier Jahreszeiten Leipzig**
Kurt-Schumacher-Str. 23 – 29
Tel. (03 41) 985 10
Fax (03 41) 98 51 22
www.guennewig.de
Das 2005 renovierte moderne 3-Sterne-Hotel garni (67 Z.) liegt zentrumsnah an der Westseite des Promenaden-Hauptbahnhofes, Service u. a.: WLAN, Safe am Empfang, Zeitungen, Schuhputz- und Kopierservice.

► ⑫ **Tulip Inn Leipzig (bis 2008: Mercure)**
Gutenbergplatz 1 – 5
Tel. (03 41) 129 30
Fax (03 41) 129 34 44
www.tulipinnleipzig.com
In den oberen beiden Etagen der 1996 erbauten Gutenberg-Galerie, wenige Gehminuten östlich von der City, Restaurant u. Hotelbar, umfangreicher Service. Behindertengerecht eingerichtet, Kleintiere erlaubt.

► ⑮ **Holiday Inn Garden Court**
Kurt-Schumacher-Str. 3
Tel. (03 41) 125 10
Fax (03 41) 125 11 00
www.holidayinn.de
Direkt am Promendaden-Hauptbahnhof liegt das 2005 renovierte Hotel mit 115 Zimmern, gestaltet mit Originalkunstwerken. Kleintiere erlaubt, Modem-Anschluss, Restaurant, Bar, Sauna, Solarium, kostenfreie Zeitungen.

► ⑯ **Hotel am Bayrischen Platz**
Paul-List-Str. 5
Tel. (03 41) 14 08 60
Fax (03 41) 140 86 48
Die schönen Zimmer im italienischen Stil befinden sich in einer Villa in unmittelbarer Nähe des ersten Kopfbahnhofs Deutschlands, des Bayerischen Bahnhofs. Räumlichkeiten für Seminare oder Familienfeiern. 1874 hat hier schon Karl Marx mit seiner Tochter Eleanor übernachtet.

► ⑰ **Novotel Leipzig City**
Goethestr. 11
Tel. (03 41) 995 80
Fax (03 41) 995 82 00
www.novotel.com
200 klimatisierte und schalldichte Zimmer sowie 10 Apartments u. 2 Suiten in bester Innenstadtlage gegenüber dem Hauptbahnhof. Hotelrestaurant mit Terrasse im Innenhof, Hotelbar. Tipp: Zwei Kinder bis 15 J. können hier kostenlos (im Zimmer der Eltern) übernachten.

► ⑱ **Hotel Markgraf Leipzig**
Körnerstr. 36
Tel. (03 41) 30 30 30
Fax (03 41) 303 03 99
www.markgraf-leipzig.de
Mit dem Slogan »Badische Gastlichkeit in Sachsen« bietet das moderne 4-Sterne-Hotel südlich der City in der Nähe der beliebten Studentenmeile Karl-Liebknecht-Straße gemütliches Flair sowie helle, großzügig geschnittene Zimmer. Zwei Veranstaltungsräume sind vorhanden.

► ⑳ **Mark Hotel garni**
Gerichtsweg 12
Tel. (03 41) 127 80
Fax (03 41) 127 87 00
www.markhotelgarni.de
Zentrumsnah und ruhig gelegenes

Hotel mit 72 Z. (inkl. 30 Familienapartments). Zwei Kinder/Jugendliche bis 16 J. können kostenfrei im Zimmer der Eltern übernachten.
Gebührenfreie Parkplätze am Haus. Reichhaltiges Frühstücksbuffet, Konferenzraum

GÜNSTIG

▸ ⑧ **Motel One, Nikolaistraße**
Nikolaistr. 23
Tel. (03 41) 337 43 70
Fax (03 41) 33 74 37 10
leipzig@motel-one.com
Unmittelbar am Nikolaikirchhof gelegenes, 2009 eröffnetes Low-Budget-Designhotel (190 Z.) mit familienfreundlichen Angeboten, »One Lounge« als Lobby, Frühstückscafé und Bar. WLAN kostenlos

▸ ⑬ **ibis Hotel Leipzig-Zentrum**
Brühl 69 (zwischen Hauptbahnhof und Augustusplatz)
Tel. (03 41) 218 60
Fax (03 41) 218 62 22
www.ibishotel.com
Das 1995 erbaute Hotel liegt am Innenstadtring, sodass die meisten Sehenswürdigkeiten zu Fuß erkundet werden können. Unter den 126 Zimmern sind 93 für Nichtraucher und 4 mit behindertengerechter Ausstattung.
Bar mit Terrasse durchgängig geöffnet. Öffentliche Tiefgarage gegen Gebühr. Internet im Empfangsbereich

▸ ⑭ **A&O City Hauptbahnhof**
Brandenburger Str. 2
Tel. (030) 809 47 51 10
Fax (030) 809 47 51 90
www.aohostels.com/de/leipzig
Die 2008 im ehemaligen Reichsbahnpostamt eröffnete Kombination von Hostel und Low-Budget-Hotel in unmittelbarer Citylage ist für Jugendgruppen die echte Alternative zur Jugendherberge, aber auch für Individualreisende idealer Ausgangspunkt für Stadtentdeckungen. Einzel-, Doppel- und Familienzimmer sowie Mehrbettzimmer (bis 6 Pers.). Lobby mit Bar, Terrasse und Internetecke. Auch längere Aufenthalte möglich

▸ ⑲ **Hotel Kosmos**
Gottschedstr. 1
Tel. (03 41) 233 44 22
Fax (03 41) 233 44 21
www.hotel-kosmos.de
Übernachtungen in der Leipziger Innenstadt zum günstigen Pensionspreis. 24 Zimmer mit jeweils individueller Thematik (u. a. Popart-, Dschungel-, 70er-Jahre-, Hochzeits-, Märchen-, Barock-, De-Sade- oder Olympiazimmer. Direkt an der Kneipenmeile Gottschedstraße.

In Halle

Vor 1990 konnte man die halleschen Hotels an einer Hand abzählen. Pensionen gab es gar nicht. Heute kann der Gast unter etwa 30 Beherbergungsstätten wählen. Ein Luxushotel und mehrere Komforthotels sind in der Innenstadt ebenso zu finden wie einfache Herbergen an den Stadträndern. Gute und günstige Hotels gibt es auch »auf der grünen Wiese«, d. h. 6 bis 8 km vor der Stadt, insbesondere in

Richtung Berlin. Vorbuchungen sind – außer bei Ereignissen wie den Händel-Festspielen oder großen Messen im nahen Leipzig – nicht notwendig. Die Preise verstehen sich in aller Regel für ein Doppelzimmer mit Frühstück. Sie können aber, wie international üblich, nach Saison schwanken. Wochenendpreise sind oft günstiger. Bei Vorabbuchungen kann geschicktes Verhandeln zu Preisnachlässen führen

ADRESSEN IN HALLE s. PLAN S. 74/75

LUXUS

► ① **Kempinski Hotel Rotes Ross**
Leipziger Str. 76 / Franckestr. 1
Tel. (03 45) 23 34 30
Fax 23 34 36 99
www.kempinski-halle.de
Erstes Haus am Platz in zentraler Lage (Fußgängerzone) mit 73 Zimmern und zahlreichen Suiten. Parkhaus, großer Wellnessbereich, Restaurant, Congress Centre für bis zu 1000 Teilnehmer.

KOMFORTABEL

► ② **Dorint Hotel Charlottenhof**
Dorotheenstr. 12
Tel. (03 45) 292 30, Fax 292 31 00
www.dorint.com
Attraktiver Neubau dicht am Riebeckplatz. 166 gepflegte, ruhige Zimmer. Großer Wellnessbereich, Tiefgarage, Restaurants und Tagungsräume

► ③ **Maritim Hotel Halle**
Riebeckplatz 4
Tel. (03 45) 510 10, Fax 510 17 77
www.maritim.de
Verkehrsgünstig gelegen, direkt am Bahnhof, aber doch ruhig. 300 klimatisierte Zimmer, Wellnessbereich mit Pool, Friseur. Zwei Restaurants.

► ④ **Hotel Ankerhof**
Ankerstr: 2
Tel. (03 45) 232 32 00
Fax (03 45) 23 22 32 19
www.ankerhotel.de
Modernes Freizeit- und Tagungshotel (50 Z.) in einem rekonstruierten Speicher an einem Saalearm

GÜNSTIG

► ⑤ **Intercity Hotel Halle-Neustadt**
Neustädter Passage 5
Tel. (03 45) 693 10, Fax 693 16 26
www.intercityhotel.com
Modernes Haus (122 Z.) im Zentrum der Neubaustadt westlich der Saale, Restaurant, Barbetrieb. Parkplatz, kostenlose Nutzung des öffentlichen Nahverkehrs

ALTERNATIVEN

► **Campingplatz Am Nordbad**
06118 Halle-Trotha
Am Nordbad 12 (Zugang über die Pfarrstraße)
Tel. (03 45) 523 40 85
(0,4 ha, ganzjährig)

► **Jugendherberge**
06108 Halle
August-Bebel-Str. 48 a
Tel. (03 45) 202 47 16
www.jugendherberge.de/jh/halle

► **Zimmervermittlung HomeCompany**
Breite Straße 35, 06108 Halle
Tel. (03 45) 68 23 59 67

Urlaub aktiv

Angebote am und im Wasser

Leipzig ist eine echte Wasserstadt mit vielen Attraktionen. Mit dem Kanu, Ruderboot oder von einer Gondel aus entlang der Weißen Elster und auf dem Karl-Heine-Kanal lässt sich gemütlich der Stadtteil Leipzig-Plagwitz erkunden (►Stadtrundgänge, S. 141). Wer es etwas rasanter mag, der sollte am Kulkwitzer, Cospudener oder Markkleeberger See (► Neuseenland, Karte S. 205) sein Glück suchen. Hier gibt es Möglichkeiten zum Segeln, Windsurfen, Kiten oder Wasserskilaufen, aber auch mit dem Paraglider kann man wunderbar abheben.

Gute Adressen am **Cospudener See** sind der Surfstrand am Ostufer mit dem Surfcenter Leipzig sowie das Kitesyndikat Ost im Hafen Zöbigker für Kiteboarding. Segler haben zwei Anlaufstellen: Am Westufer hat sich der Seglerverein Leipzig Süd-West niedergelassen, am Ostufer im Hafen Zöbigker der Yachtclub Cospuden. In der Nähe findet sich ein bevorzugter Platz für Taucher. Am Nordstrand, dem größten Sandstrand Sachsens mit ausgewiesenem FKK-Bereich, tummeln sich in den Sommermonaten die Badegäste und in der Sauna am See kann man sich so richtig verwöhnen. Mit der Fähre geht es bequem vom Nordstrand zum Südufer; zudem werden Schiffsfahrten auf dem See angeboten.

Abenteuer, Gischt und gute Laune im Kanupark Markkleeberg

An dem bei Seglern und Surfern beliebten **Kulkwitzer See** im Westen Leipzigs gibt es seit einigen Jahren eine Wasserskiseilbahn und Wakeboardanlage. Eine naturnahe Einstiegsstelle für Taucher befindet sich in Göhrenz, eine zweite, inmitten einer sehr schönen Landschaft am Südzipfel des Sees.
Zahlreiche Badestrände findet man rund um den **Markkleeberger See**. Eine Seepromende am Nordufer mit netten Cafés und Restaurants lädt zum Bummeln und zum Relaxen ein. Zudem befindet sich hier ein Segelstützpunkt und man kann mit einem Solarshuttle in See stechen. Der bekannte Kanupark (s. Baedeker-Tipp) liegt am Südostufer. Inline-Skater und Radfahrer lieben den 10 km langen Rundradweg, auf dem man einen Eindruck von der ehemaligen Industrielandschaft erhält. Im südlichen Teil führt er an Rastplätzen, einem Biotop und einem Wildgehege mit Präriebisons vorbei.

> **!** *Baedeker* TIPP
>
> **Spaß und Action**
>
> Der absolute Renner ist der Kanupark am Markkleeberger See. Wo sonst Wildwasserkanuten von Weltklasse trainieren, kann man ein Training in schnittigen Kajaks absolvieren oder gemeinsam mit Freunden beim Power-Rafting die Kraft eines reißenden Gebirgsbaches erleben (Tel. 03 42 97 / 141 29, www.kanupark-markkleeberg.com). Wer lieber erst einmal zusehen will, kann dies bei einem erfrischenden Getränk und einem leckeren Snack von der Terrasse aus tun.

Zu Fuß oder mit dem Rad

Ideal für Spaziergänger sind Leipzigs Auwälder. Die Jogger mögen das Rosental und den Clara-Zetkin-Park. Zudem verfügt Leipzig über ein gutes Radroutennetz; Informationen dazu erhält man unter www.leipzig-info.net.

SPORT IN LEIPZIG (AUSWAHL)

INTERNET

▸ **www.sport-in-leipzig.de**
www.citysports.de
www.sport-leipzig.de
Informationen rund um Sport und Fitness

SPORTSTÄTTEN

▸ **Sportforum**
Jahnallee, Tel. (03 41) 234 11 17
www.sportforum-leipzig.com
Diverse Sport- und Veranstaltungsstätten, u. a. die Arena Leipzig und das Zentralstadion

▸ **Galopprennbahn Scheibenholz**
Rennbahnweg 2
Tel. (03 41) 960 43 27
Leipzigs älteste Sportstätte mit 140-jähriger Tradition

BADEN

▸ **Sachsen-Therme**
Paunsdorf-Center
Schongauer Str. 19
Tel. (03 41) 259 99 20
www.sachsen-therme.de
Wassererlebniswelt mit Wellenbad, Super-Rutschen u. v. m., Saunapark und modernem Fitnessareal

▸ **Schreberbad**
Schreberstr. 15
Tel. (03 41) 23 49 33 80

Familienbad in unmittelbarer Nachbarschaft zur ältesten Schrebergartenanlage

GOLF

- **Golfpark Leipzig-Seehausen**
  Bergweg 10
  Tel. (03 41) 521 74 42
  www.golfclub-seehausen.de
  10-Loch-Anlage, von anspruchsvoll bis schwer

- **Golfclub Markkleeberg**
  Mühlweg/Koburger Str.
  04416 Markkleeberg
  Tel. (03 41) 358 26 86
  www.golfclub-markkleeberg.de
  Kompakter 9-Loch-Golfplatz direkt am Cospudener See

- **Golfclub Leipzig – Schlosspark Machern**
  Plagwitzer Weg 6d
  04827 Machern
  Tel. (03 42 92) 680 32
  www.golfclub-machern.de
  Anspruchsvoller 18-Loch-Platz, eingebettet in die idyllische Muldentallandschaft, inmitten eines Landschaftsschutzgebiets

KLETTERN

- **Kletterturm Mockau**
  Tauchaer Str. 14
  Tel. (03 41) 600 57 76
  Bietet 18 Routen am Kletterturm und mit mehr 30 m höchste künstliche Indoor-Kletterwand

? WUSSTEN SIE SCHON …?

- … dass in Leipzig 1900 der DFB gegründet wurde? Und der erste deutsche Fußballmeister war? Genau – das war der VfB Leipzig, der diesen Triumph nach 1903 noch zweimal (1906, 1913) wiederholen konnte.

- **Kletterhalle NO LIMIT**
  Dessauer Str. 2
  Tel. (0341) 909 67 22
  Riesige Kletterfläche und eine sehr gute Anleitung, auch für unerfahrene Kletterer. Zu dem Areal gehören auch die Beachvolleyballhalle NO LIMIT und ein Kinderspielplatz.

RADFAHREN

- **nextbike**
  Tel. (03 41) 240 94 27, (030) 69 20 50 46 (Kundenhotline)
  ww.nextbike.de
  Diverse Standorte, u. a. Hauptbahnhof, Augustusplatz, Thomaskirchhof

- **Fahrradstation Eckhardt**
  Hauptbahnhof, Ausgang West
  Tel. (03 41) 961 72 74
  Verleih und Reparaturservice

TENNIS/BADMINTON

- **Sport- und Freizeitpark Leipzig-Paunsdorf**
  Schongauerstr. 37
  Tel. (03 41) 25 94 60
  Tennis, Squash, Badminton

- **Matchball Sportcenter**
  Lützner Straße/Saarländer Straße
  Tel. (03 41) 495 57 55
  www.matchball-leipzig.de
  Tennis, Squash, Badminton, Tischtennis

SONSTIGES

- **Eisdom**
  An den Tierkliniken 42
  Tel. (03 41) 149 67 44
  Mit 2200m² großer Indoor-Eisfläche

- **Tango-Fabrik**
  Spinnereistr. 7
  Tel. (03 41) 498 03 30

Angebote in Halle

Vielfältiges Angebot

Am Sport Interessierte kommen auch in Halle zu jeder Jahreszeit auf ihre Kosten. Die über 180 Vereine der Saalemetropole – vom Angelverein bis zum Windsurfing-Club – stellen beinahe täglich etwas auf die Beine, und rund ums Jahr gibt es zahlreiche Sportevents, deren Besuch sich lohnt.

Für **Jogger** ist das grüne Halle ideal: Über 70 km² seiner Fläche sind mit Parkanlagen und Grünstreifen bedeckt. An vielen Stellen, u. a. im zentral gelegenen Stadtpark, auf der Peißnitzinsel und auch am Riveufer ist Joggen problemlos möglich. Ein schönes **Revier für Kanuten und Ruderer** ist die Saale, die auf etwa 30 km Länge durch die Stadt fließt. An der Peißnitzinsel und an der Giebichensteinbrücke können Kanus, Ruderboote, aber auch führerscheinfreie Motorboote ausgeliehen werden. Außer über **Hallenbäder** verfügt die Stadt in ihrer unmittelbaren Umgebung über mehrere **Freibäder**. Ein beliebtes Familien-Freizeitbad ist das Maya Mare; besonders schön ist das Jugendstil-Stadtbad an der Schimmelstraße.

Tipps für Wanderer

Zwischen der Burg Giebichenstein und dem Stadtteil Trotha liegt ein **landschaftlich besonders reizvoller Abschnitt des Saaletals**. Ausgangspunkt für die gut 7 km lange Wegstrecke ist die Seebener Straße. Von dort geht es über die Klausberge mit der Eichendorff-Bank zum Trothaer Wehr. Hier lohnt sich ein Abstecher auf die Saaleinsel Forstwerder mit Naturschutzgebiet. Empfehlenswert ist auch ein Besuch der romanischen Dorfkirche St. Bricius, deren Ursprünge bis auf eine im 8. Jh. errichtete Tauf- und Betkirche im Fischerdorf Trotha zurückreichen. Auf dem Rückweg komt man vorbei an der Jahnhöhle, in der sich der »Turnvater« während seiner halleschen Studentenzeit wegen Streitigkeiten mit studentischen Landsmannschaften mehrfach verborgen haben soll. Durch den Amtsgarten gelangt man zur ►Burg Giebichenstein. Von dort geht es über den Bartholomäusberg mit der Bartholomäuskirche zu Reichardts Garten.

Nördlich des Paulusviertels liegen die **Galgenberge**, ein beliebtes Ausflugsziel der Hallenser im Norden der Saalestadt. Ein gut 2,5 km langer Rundweg führt von der S-Bahn-Haltestelle Zoo durch die kleine und große Galgenbergschlucht und bietet auf der Höhe des Großen Galgenberges schöne Ausblicke auf Halle und das nördliche Umland. Jedes Jahr im Juni ist die **Galgenbergschlucht** romantische Kulisse des Open-Air-Abschlusskonzerts der Händel-Festspiele mit einem imposanten Feuerwerk zu den Klängen von Händels Feuerwerksmusik.

! *Baedeker* TIPP

Saale-Radwanderweg

Über die Peißnitzinsel verläuft der Halle auf einer Länge von 22 km durchquerende Radwanderweg. Vom Weinanbaugebiet Saale-Unstrut kommend führt er durch die Saalestadt nordwärts weiter Richtung Wettin und streift neben grünen Wiesen und Auenwäldern auch die Sehenswürdigkeiten der historischen Innenstadt.

SPORT IN HALLE

SPORTSTÄTTEN

► **Kurt-Wabbel-Stadion**
Kantstr. 2
Tel. (03 45) 444 11 93
Fußballstadion

► **Galopprennbahn Halle**
Passendorfer Wiesen 1
Tel. (03 45) 681 60 00
www.rennclub-halle.de

INTERNET

► **www.halsport.de**
www.halle.saalesport.de
Umfassende Webseiten

KANU/RUDERN

► **Reederei Riedel**
Kröllwitzer Brücke
Tel. (03 41) 283 20 70

! Baedeker TIPP

Reinster Jugendstil

Schwimmen kann man in Halle in einem ganz besonderen historischen Ambiente. Das 1915 eingeweihte Stadtbad verfügt über ein wunderschönes rundes Damenbad, ein rechteckiges Herrenbecken und ein römisch-irisches Dampfbad (Schimmelstr. 1, Tel. 03 45 / 221 49 05).

MARATHON

► **Mitteldeutscher Marathon**
Seit dem Jahr 2000 etablierter Lauf mit internationaler Beteiligung; bis zu 5000 Teilnehmer! Die Strecke führt zumeist von Spergau nach Halle (www.mitteldeutscher.marathon.de).

RADFAHREN

► **Bike Insider**
Mansfelder Str. 43
Tel. (03 45) 209 09 32

► **Fahrrad Liebsch**
Steinweg 36
Tel. (03 45) 202 73 23

SCHWIMMEN

► **Schwimmhalle Saline**
Mansfelder Str. 50
Tel. (04 45) 21 25 79 11
Hallenbad und großes Freibecken

► **Erlebnisbad Maya Mare**
Am Wasserwerk 1
Tel. (03 45) 774 20
Mexikanisch anmutendes Bade- und Saunaparadies mit Wellness- und Fitnessareal

Verkehr

In Leipzig und Halle

Zu Fuß oder mit dem Rad

Die Innenstädte mit ihren Straßen, Gassen und Passagen lassen sich am besten zu Fuß erkunden. Radfahrer (s. S. 124) finden gut ausgebaute Fahrradwege vor, und auch die Parks und Grünanlagen laden zu kleinen Erkundungstouren ein.

Mit dem öffentlichen Nahverkehr

Die **Leipziger Verkehrsbetriebe** (LVB) als größtes Nahverkehrsunternehmen Leipzigs unterhalten ein **dichtes Netz von Straßenbahn- und**

Buslinien. Einzelfahrscheine gelten eine Stunde lang (mit Umsteigeberechtigung), ansonsten sind Tageskarten empfehlenswert. Für Nachtschwärmer sind die Nightliner interessant, die tgl. vom Hauptbahnhof um 1.11, 2.22 und 3.33 Uhr fahren (10 Linien). Weitere Informationen zu den Verkehrsverbindungen sowie über Baustellen und Umleitungen erhält man auf der Homepage des Unternehmens www.lvb.de sowie über die Telefon-Hotline (03 41) 194 49. Aufs Handy kann man sich den Fahrplan per SMS schicken lassen: Tel. (01 72) 100 00 00. Wer sich lieber direkt informieren möchte, findet ein Servicezentrum direkt gegenüber vom Hauptbahnhof am Willy-Brandt-Platz/Nikolai-/Richard-Wagner-Straße.

◄ In Halle

In Halle ist der **Straßenbahn- und Busverkehr** unter dem Dach der HAVAG vereinigt. Einzelfahrscheine gelten eine Stunde lang nach Lösung, 4-Fahrten-Karten sind geringfügig günstiger. Für Besucher, die an den Stadtrand fahren wollen, lohnt sich die Tageskarte.
Informationen zu Fahrplänen und Tarifen erhält man unter Tel. (03 45) 581 56 66, im Internet unter www.havag.com oder bei den HAVAG-Service-Centern im Hauptbahnhof oder am Marktplatz.

◄ Umgebung

Für **Ausflüge in die Umgebung** nutzt man am besten die Tickets des Mitteldeutschen Verkehrsverbunds. Das Tarifgebiet des MDV umfasst in Sachsen, Sachsen-Anhalt und Thüringen die Städte Leipzig und Halle sowie mehrere Landkreise (www.mdv.de). Auf der Webseite www.zvnl.de erhalten Sie die aktuellen Informationen sowie eine Fahrplan- und Tarifauskunft für Fahrten im Regierungsbezirk Leipzig, aber auch im Tarifgebiet des MDV. Wer sich im Verbundgebiet bewegt, benötigt nur noch ein Ticket vom Start bis zum Ziel, egal wie oft man umsteigt.

Mit dem Auto

Wer nicht mit dem eigenen Auto kommt, findet Büros der großen Autovermieter am Flughafen Leipzig/Halle (Terminal B) sowie im Reisezentrum des Hauptbahnhofs Leipzig vor.

◄ Parken in Leipzig

Folgende **Parkhäuser** befinden sich in der Innenstadt: Hauptbahnhof (Westseite im Parkhaus und Ostseite im Bahnhof), Augustusplatz, Marktgalerie, Burgplatz/Petersbogen, Zentralstraße (Dresdner Bank), Martin-Luther-Ring (Otto-Schill-Straße), Löhr's Carré, Zoo-Parkhaus, Sternwartenstraße. Die Parkhausbelegung kann man auch per Handy abfragen: wap.parkinfo.com/?
Zentrumsnahe Parkplätze findet man am Naturkundemuseum, in der Ritterstraße, am Wilhelm-Leuschner-Platz, bei der IHK/Hauptfeuerwache, dem The Westin Leipzig (Nordstraße), dem Richard-Wagner-Platz, der Arena Leipzig und dem Sportforum.
Sollte das Auto abgeschleppt worden sein, wendet man sich an die Telefonnummer des Ordnungsamtes (Tel. 03 41 / 123 88 88).

◄ Parken in Halle

Parkhäuser befinden sich u. a. im Ritterhaus (Große Brauhausstr. 28, Zufahrt über den Waisenhausring), am Hansering (unter dem Fahnendenkmal), an der K&K-Passage (Franckestraße), im Charlottencenter (Dorotheenstr. 3) sowie im Händelhauskarree (Tiefgarage, Zufahrt über die Kleine Ulrichstraße).

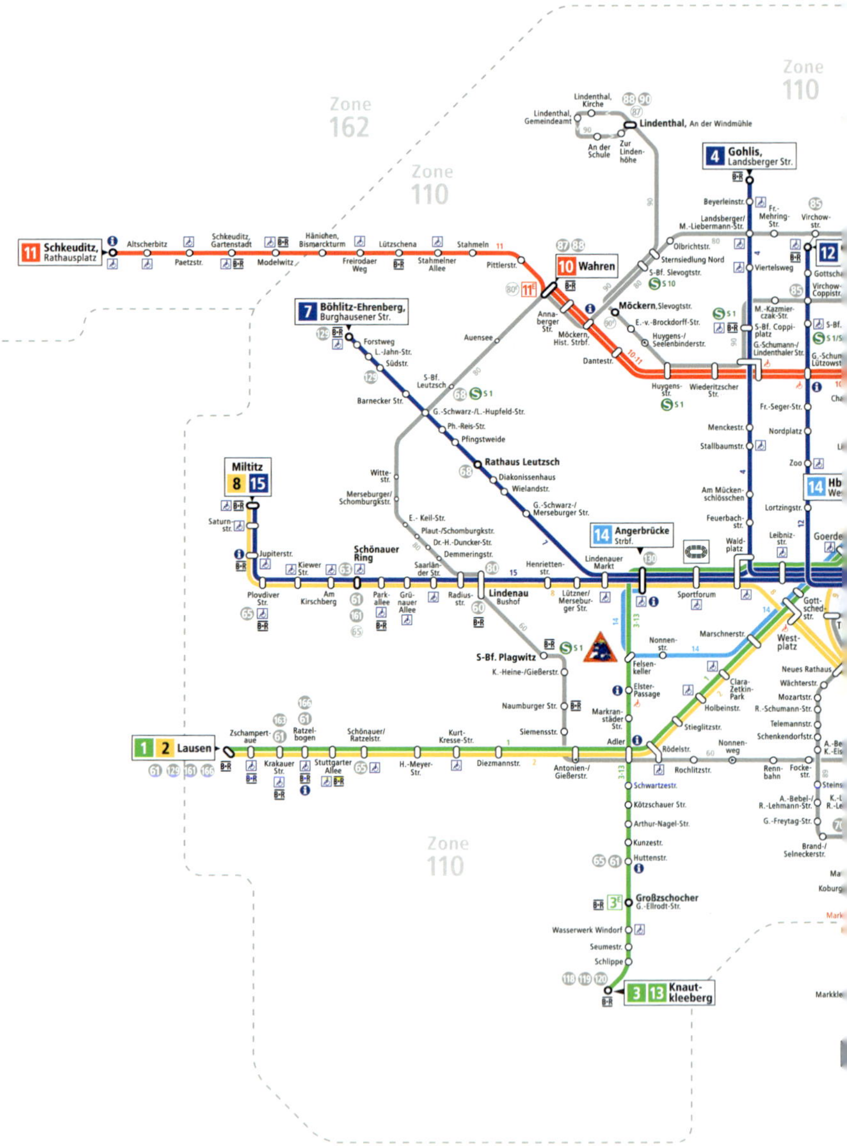
Zone 162
Zone 110
Zone 110
Zone 110
11 Schkeuditz, Rathausplatz
Altscherbitz
Paetzstr.
Schkeuditz, Gartenstadt
Modelwitz
Hänichen, Bismarckturm
Freirodaer Weg
Lützschena
Stahmelner Allee
Stahmeln
Pittlerstr.
10 Wahren
Lindenthal, Kirche
Lindenthal, Gemeindeamt
Lindenthal, An der Windmühle
An der Schule
Zur Lindenhöhe
4 Gohlis, Landsberger Str.
Beyerleinstr.
Landsberger/ M.-Liebermann-Str.
Fr.-Mehring-Str.
Virchowstr.
Olbrichtstr.
Sternsiedlung Nord
S-Bf. Slevogtstr.
Viertelsweg
12
Gottscha
Virchow-/ Coppistr.
Möckern, Slevogtstr.
E.-v.-Brockdorff-Str.
Huygens-/ Seelenbinderstr.
M.-Kazmierczak-Str.
S-Bf. Coppiplatz
G.-Schumann-/ Lindenthaler Str.
Annaberger Str.
Möckern, Hist. Strbf.
Dantestr.
Huygensstr.
Wiederitzscher Str.
7 Böhlitz-Ehrenberg, Burghausener Str.
Forstweg
L.-Jahn-Str.
Südstr.
Auensee
S-Bf. Leutzsch
Barnecker Str.
G.-Schwarz-/L.-Hupfeld-Str.
Ph.-Reis-Str.
Pfingstweide
Rathaus Leutzsch
Diakonissenhaus
Wielandstr.
G.-Schwarz-/ Merseburger Str.
Fr.-Seger-Str.
Menckestr.
Nordplatz
Stallbaumstr.
Zoo
14 Hbf
Am Mückenschlösschen
Lortzingstr.
Feuerbachstr.
Leibnizstr.
Waldplatz
Goerde
Miltitz 8 15
Saturnstr.
Jupiterstr.
Witte-str.
Merseburger/ Schomburgkstr.
E.- Keil-Str.
Plaut-/Schomburgkstr.
Dr.-H.-Duncker-Str.
Demmeringstr.
Saarländer Str.
Henriettenstr.
Angerbrücke Strbf.
Lindenauer Markt
Kiewer Str.
Schönauer Ring
Plovdiver Str.
Am Kirschberg
Parkallee
Grünauer Allee
Radiusstr.
Lindenau Bushof
Lützner/ Merseburger Str.
Sportforum
Gottschedstr.
Westplatz
S-Bf. Plagwitz
K.-Heine-/Gießerstr.
Nonnenstr.
Marschnerstr.
Felsenkeller
Elster-Passage
Clara-Zetkin-Park
Neues Rathaus
Wächterstr.
Mozartstr.
R.-Schumann-Str.
Telemannstr.
Schenkendorfstr.
Naumburger Str.
Markranstädter Str.
Holbeinstr.
Stieglitzstr.
Siemensstr.
Adler
Rödelstr.
Nonnenweg
1 2 Lausen
Zschampertaue
Krakauer Str.
Ratzelbogen
Stuttgarter Allee
Schönauer/ Ratzelstr.
H.-Meyer-Str.
Kurt-Kresse-Str.
Diezmannstr.
Antonien-/ Gießerstr.
Rochlitzstr.
Rennbahn
Fockestr.
Schwartzestr.
Kötzschauer Str.
Arthur-Nagel-Str.
Kunzestr.
Huttenstr.
A.-Bebel-/ R.-Lehmann-Str.
G.-Freytag-Str.
Brand-/ Selneckerstr.
Großzschocher G.-Ellrodt-Str.
Wasserwerk Windorf
Seumestr.
Schlippe
3 13 Knautkleeberg
Markkle

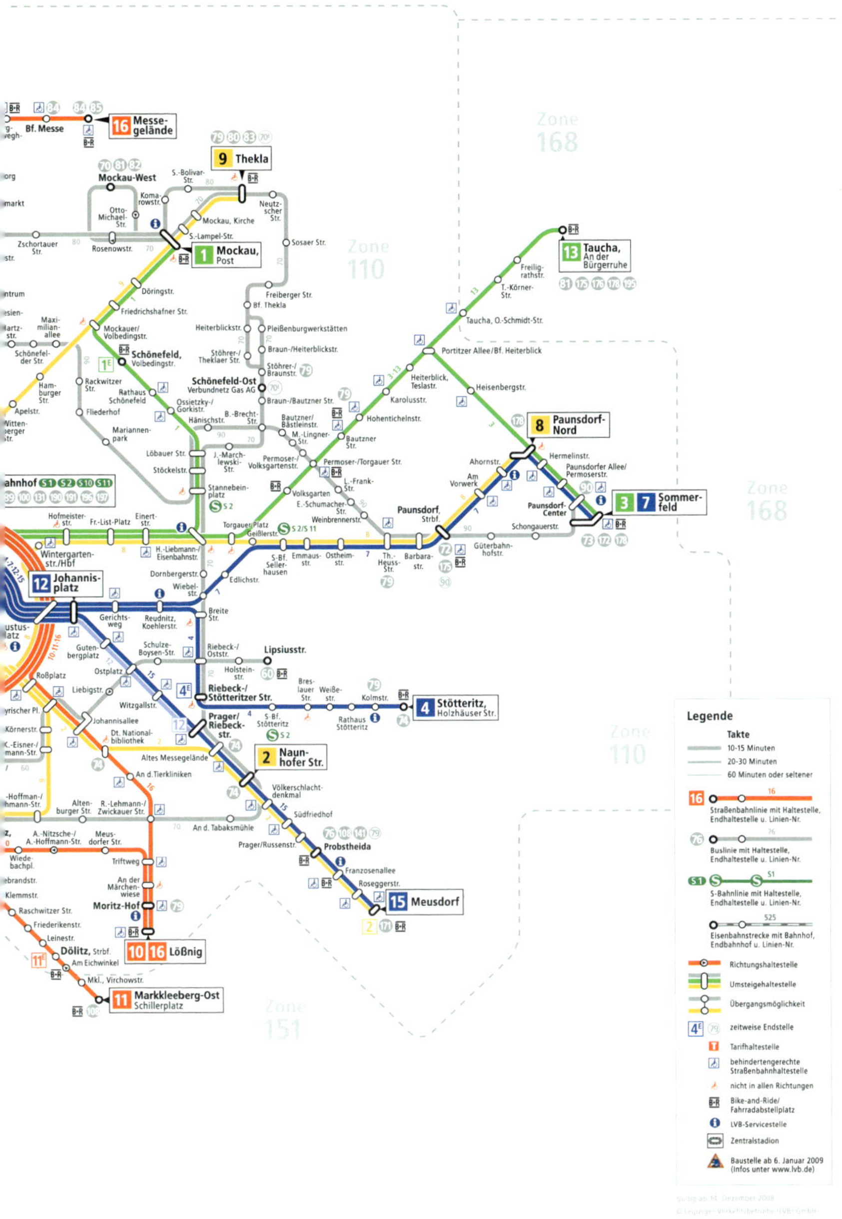

16 Messe-gelände
Bf. Messe
9 Thekla
Mockau-West
S.-Bolivar-Str.
Koma-rowstr.
Otto-Michael-Str.
Neutz-scher Str.
Mockau, Kirche
S.-Lampel-Str.
Zschortauer Str.
Rosenowstr.
1 Mockau, Post
Sosaer Str.
Döringstr.
Friedrichshafner Str.
Freiberger Str.
Bf. Thekla
Maxi-milian-allee
Mockauer/Volbedingstr.
Heiterblickstr.
Pleißenburgwerkstätten
Braun-/Heiterblickstr.
Schönefel-der Str.
Schönefeld, Volbedingstr.
Stöhrer-/Theklaer Str.
Stöhrer-/Braunstr.
Ham-burger Str.
Rackwitzer Str.
Rathaus Schönefeld
Schönefeld-Ost Verbundnetz Gas AG
Braun-/Bautzner Str.
Apelstr.
Fliederhof
Ossietzky-/Gorkistr.
Hänischstr.
B.-Brecht-Str.
Bautzner/Bästleinstr.
M.-Lingner-Str.
Bautzner Str.
Hohentichelnstr.
Mariannen-park
Löbauer Str.
J.-March-lewski-Str.
Permoser-/Volksgartenstr.
Permoser-/Torgauer Str.
Stöckelstr.
Stannebein-platz
Volksgarten
L.-Frank-Str.
E.-Schumacher-Str.
Weinbrennerstr.
Hofmeister-str.
Fr.-List-Platz
Einert-str.
Torgauer Platz
Geißlerstr.
S 2/S 11
Wintergarten-str./Hbf
H.-Liebmann-/Eisenbahnstr.
S-Bf. Seller-hausen
Emmaus-str.
Ostheim-str.
Th.-Heuss-Str.
Barbara-str.
Paunsdorf, Strbf.
Güterbahn-hofstr.
Schongauerstr.
12 Johannis-platz
Dornbergerstr.
Edlichstr.
Wiebel-str.
Breite Str.
Gerichts-weg
Reudnitz, Koehlerstr.
Guten-bergplatz
Schulze-Boysen-Str.
Riebeck-/Oststr.
Lipsiusstr.
Holstein-str.
Ostplatz
Roßplatz
Liebigstr.
Witzgallstr.
Riebeck-/Stötteritzer Str.
Bres-lauer Str.
Weiße-str.
Kolmstr.
4 Stötteritz, Holzhäuser Str.
Johannisallee
Prager/Riebeck-str.
S-Bf. Stötteritz
Rathaus Stötteritz
Dt. National-bibliothek
Altes Messegelände
2 Naun-hofer Str.
An d. Tierkliniken
Völkerschlacht-denkmal
Südfriedhof
Alten-burger Str.
R.-Lehmann-/Zwickauer Str.
An d. Tabaksmühle
A.-Nitzsche-/A.-Hoffmann-Str.
Meus-dorfer Str.
Prager/Russenstr.
Probstheida
Triftweg
Franzosenallee
Roseggerstr.
An der Märchen-wiese
15 Meusdorf
Moritz-Hof
Raschwitzer Str.
Friederikenstr.
Leinestr.
Dölitz, Strbf.
Am Eichwinkel
10 16 Lößnig
Mkl., Virchowstr.
11 Markkleeberg-Ost Schillerplatz
13 Taucha, An der Bürgerruhe
Freilig-rathstr.
T.-Körner-Str.
Taucha, O.-Schmidt-Str.
Portitzer Allee/Bf. Heiterblick
Heiterblick, Teslastr.
Karolusstr.
Heisenbergstr.
8 Paunsdorf-Nord
Hermelinstr.
Ahornstr.
Am Vorwerk
Paunsdorfer Allee/Permoserstr.
Paunsdorf-Center
3 7 Sommer-feld
Zone 168
Zone 110
Zone 168
Zone 110
Zone 151
Legende
Takte
10-15 Minuten
20-30 Minuten
60 Minuten oder seltener
Straßenbahnlinie mit Haltestelle, Endhaltestelle u. Linien-Nr.
Buslinie mit Haltestelle, Endhaltestelle u. Linien-Nr.
S-Bahnlinie mit Haltestelle, Endhaltestelle u. Linien-Nr.
Eisenbahnstrecke mit Bahnhof, Endbahnhof u. Linien-Nr.
Richtungshaltestelle
Umsteigehaltestelle
Übergangsmöglichkeit
zeitweise Endstelle
Tarifhaltestelle
behindertengerechte Straßenbahnhaltestelle
nicht in allen Richtungen
Bike-and-Ride/Fahrradabstellplatz
LVB-Servicestelle
Zentralstadion
Baustelle ab 6. Januar 2009 (Infos unter www.lvb.de)

► Verkehrslinienplan Halle (Saale)

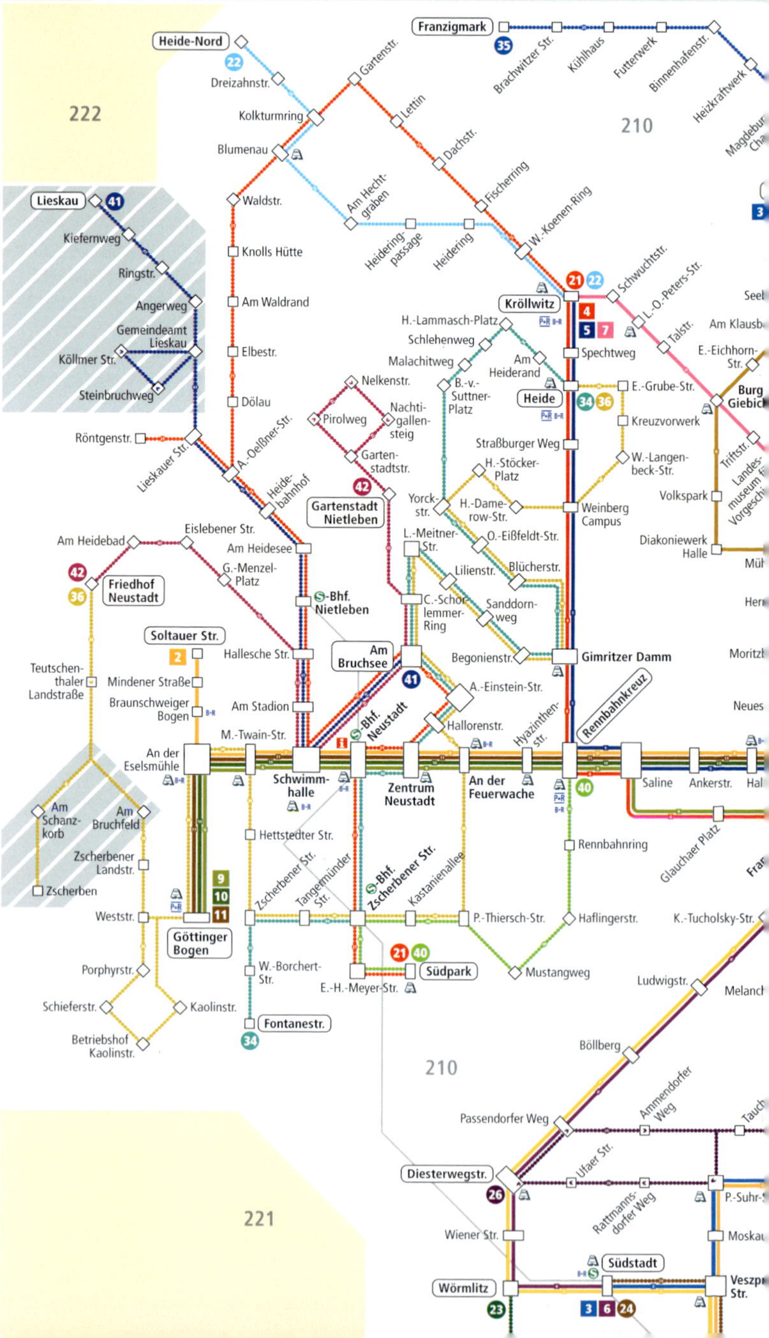

224
224
210
225
S-Bhf. Trotha
Seeben
25
Freiheit
E.-Schuster-Str.
S-Bhf. Wohnstadt Nord
Küttener Weg
G.-Keller-Str.
Jasminweg
Taxusweg
Cranachstr.
Ernst-Weg
Mörikestr.
S Zoo
Frohe Zukunft
1
Mühlrain
Höllweg
Mötzlich
Tornau
25
Kornblumenweg
Gertraudenfriedhof
S-Bhf. Dessauer Brücke
6
W.-Lohmann-Str.
Äußere Hordorfer Str.
Lessingstr.
Am Wasserturm
Friesenstr.
S-Bhf. Steintorbrücke
Am Steintor
E.-André-Str.
Suhler Str.
Apoldaer Str.
H.-v.-Gerlach-Str.
Dautzsch
27
Berliner Brücke
Schwarzenberger Str.
Rapsweg
Lupinenweg
Zwickauer Str.
Reideburg
J.-Curie-Platz
Magdeburger Str.
Betriebshof Freiimfelder Str.
7
32
Schwerzer Str.
Reideburger Str.
Verlängerte Apoldaer Str.
O.-Stomps-Str.
P.-Singer-Str.
Industriegebiet Ost
Äußere Leipziger Str.
Hauptbahnhof
4
9
10
30
43
27
Riebeckplatz
Freiimfelder Str.
Grenzstr.
F.-Schulze-Str.
Büschdorf
A.-Schneider-Str.
Bitterfelder Str.
K.-Kollwitz-Str.
Altenburger Str.
Schönnewitzer Str.
Leipziger Turm
Riebeckplatz/Maritim
R.-E.-Weise-Str.
Raffineriestr.
Thüringer Str.
Kanenaer Weg
Goldregenweg
Dieselstr.
32
F.-Maye-Str.
Auenblick
Kanena
Zum Planetarium
43
R.-Riedel-Hof
Pfännerhöhe
Wolfstr.
O.-Kilian-Str.
Thomasiusstr.
H.-Schütz-Str.
Türkstr.
Lutherstr.
Turmstr.
Liebenauer Str.
Huttenstr.
Einkaufspark Bruckdorf
Halle Messe
Messestr.
26
S-Bhf. Halle Messe
Alwinenstr.
Dürrenberger Str.
Bruckdorf
Südfriedhof
BG Kliniken Bergmannstrost
Pflaumenweg
Damaschkestr.
Ottostr.
Am Grünen Feld
11
12
T.-Neubauer-Str.
S-Bhf. Rosengarten
C.-Irmscher-Str.
G.-Lindner-Str.
Chemiestr.
Eisenbahnstr.
Betriebshof

Mit dem Boot Auch vom Wasser aus kann man einen Teil Leipzigs kennenlernen. Kanus, Ruderboot und sogar Gondeln sieht man auf der Weißen Elster und dem Karl-Heine-Kanal; zudem schippert das Ausflugsboot »MS Weltfrieden« (Tel. 03 41 / 590 16 47) durch den Kanal. Aktuell informiert wird man unter www.wasserinleipzig.de.
Verschiedene Saalefahrten mit und ohne Aufenthalt bietet die Reederei Riedel in Halle an, aber auch Stadtrundfahrten u. a. zur Rabeninsel sind möglich.

ADRESSEN VERKEHR

MIETWAGEN

- **Avis**
  Tel. (03 41) 224 18 03 (Flughafen)
  Tel. (03 41) 961 14 00 (Hbf)

- **Europcar**
  Tel. (03 42 04) 77 00 (Flughafen)
  Tel. (03 41) 14 11 60

- **Hertz**
  (03 4 2 04) 143 17 (Flughafen)
  Tel. (03 41) 212 58 67

- **Sixt Budget**
  Tel. (01 80) 525 25 25
  Tel. (01 80) 525 25 25 (Hbf)

TAXIS LEIPZIG

- **Leipzig Taxi**
  Tel. (03 41) 48 84

- **Das Taxi mit der Mütze**
  Tel. (03 41) 42 33

- **FTL Funktaxi Leipzig**
  Tel. (03 41) 60 05 00

- **Löwentaxi Leipzig**
  Tel. (03 41) 98 22 22

- **City-Taxi Leipzig**
  Tel. (03 41) 22 22 44 44

TAXIS HALLE

- **Taxi-Genossenschaft**
  Tel. (03 45) 52 52 52 u. 21 21 21

- **Taxi Kobsch**
  Tel. (03 45) 560 62 22
  Großraumtaxen, Flughafenservice

- **Taxi-Kleinbus-Zentrale**
  Tel. (03 45) 120 20 20
  Rollstuhl- und Liegendtransporte

BOOTE LEIPZIG

- **Bootsverleih Herold**
  Antonienstr. 2
  Tel. (03 41) 401 10 59

- **Bootsverleih Klingerweg**
  Klingerweg 2
  Tel. (03 41) 401 12 33

- **Leipziger Kanuclub**
  Pistorisstr. 66
  Tel. (03 41) 401 49 61

- **Gondelfahrten**
  Ristorante Da Vito
  Nonnenstr. 11b
  Tel. (03 41) 480 65 45

- **Solarboote**
  am Leipziger Eck
  Schleußiger Weg 2b
  Tel. (018 02) 57 25 72

BOOTE HALLE

- **Reederei Riedel Halle**
  ab Giebichensteinbrücke
  Tel. (03 45) 283 20 70
  www.reederei-riedel-halle.de

Zeitungen und Zeitschriften

In Leipzig

Die Leipziger Volkszeitung (LVZ) informiert ausführlich über das regionale Geschehen; den wöchentlichen Veranstaltungskalender »Leipzig live« kann man auch einzeln und kostenlos u. a. bei der Tourist-Information erhalten. Speziell an Leipzig-Besucher richtet sich die Zeitung »Leipzig im Fokus«, die mit einem erweiterten Innenstadtplan versehen ist. Nützlich ist ebenso der monatlich erscheinende Veranstaltungskalender »Leipzig im ... « im handlichen Westentaschenformat. Ebenfalls monatlich kommen das Leipzig-Magazin »Der Kreuzer« und die Leipzig-Ausgabe von »Prinz« (beide mit einem jährlichen Sonderheft zur Leipziger Gastronomie) heraus. Mit umfangreichen Veranstaltungshinweisen versehen ist der »ZeitPunkt – das Kulturmagazin«, Blitz und Frizz. Die erste Leipziger Internet-Zeitung www.l-iz.de setzt auf aktuellen und hochqualitativen Journalismus.

In Halle

Die Mitteldeutsche Zeitung (MZ) informiert in Halle über Aktuelles. Es gibt mehrere Stadtmagazine: Frizz und Blitz, den Kulturfalter, Aha! und weitere. Sie informieren über Halle, aber auch über das Geschehen und die Veranstaltungen in der gesamten Region Leipzig–Halle.

ST 5
ST 2

Touren

STADTRUNDGÄNGE, AUF DENEN MAN DIE WICHTIGSTEN SEHENSWÜRDIGKEITEN PASSIERT, THEMATISCHE TOUREN ODER AUSFLÜGE IN DIE INTERESSANTE UMGEBUNG VON LEIPZIG UND HALLE – HIER FINDET JEDER ANREGUNGEN FÜR EINEN GELUNGENEN AUFENTHALT.

TOUREN DURCH LEIPZIG UND HALLE

Fünf Spaziergänge – wer gut zu Fuß ist, schafft sie in den Mindestzeiten, aber lassen Sie sich lieber Zeit. Es lohnt sich. Dazu einige Vorschläge für Ausflüge in die schöne Umgebung der beiden Städte.

Leipzig, Johannapark: Treffpunkt im Grünen

Unterwegs in Leipzig und Halle

Beide Städte lassen sich bequem zu Fuß erkunden. Alle wichtigen Sehenswürdigkeiten liegen in einem Umkreis von etwa 2 km um den Marktplatz, nur wenige sind etwas weiter entfernt. Auch sie können schnell erreicht werden, denn es gibt ein gutes Verkehrsnetz. Auch die Umgebung hat einiges zu bieten, u. a. die »Perle an der Mulde« Grimma, Merseburg mit seinem Domschatz, die Lutherstadt Wittenberg – aber sehen Sie selbst ...

Tour 1 Leipzig an einem Tag

Start und Ziel: vom Hauptbahnhof zur Nikolaikirche

Dauer: 4 bis 6 Stunden

Dieser Stadtspaziergang streift die wichtigsten Sehenswürdigkeiten Leipzigs, die im Altstadtkern. d. h. innerhalb des Promenadenrings bzw. an seiner Peripherie, liegen.

Schon am Ausgangspunkt dieser Tour, dem ❶ ✶✶ **Hauptbahnhof** mit seinen schönen Geschäftpassagen, könnte man länger verweilen. Gegenüber der Osthalle an der Richard-Wagner-Straße befindet sich die **Tourist-Information**, wo man sich mit allerlei Leipzig-Material versorgen, Veranstaltungskarten erwerben oder eine Stadtrundfahrt buchen kann. Durch die Ritterpassage geht es bis zum Brühl, der einst als Domäne des Pelzhandels und der Kürschner weltbekannt war. Schlendert man nach rechts, vorbei am ❷ ✶✶ **Museum der bildenden Künste**, entdeckt man das schön verzierte ❸ ✶ **Romanushaus**. Hier geht es linkerhand in die Katharinenstraße, an deren Westseite weitere wunderbare Bürgerhäuser folgen. Am ❹ ✶ **Fregehaus** mit seinem imposanten Erker sollte man einen Blick in den Innenhof werfen, wo eine Floristin fantasievolle jahreszeitliche Kompositionen ausstellt. Im Treppenhaus sind noch einige Delfter Kacheln als Wandschmuck vorhanden. Weiter geht es zum ❺ ✶✶ **Markt** mit dem ✶✶ **Alten Rathaus**, in dem sich das Stadtgeschichtliche Museum befindet. Durchquert man das Renaissancebauwerk, gelangt man auf den ❻ ✶✶ **Naschmarkt** mit der Alten Handelsbörse und dem Goethe-Denkmal. Am Löwenbrunnen vorbei kommt man zur berühmtesten Passage, der ✶ **Mädler-Passage**, wo man in ❼ ✶✶ **Auerbachs Keller** ab 11.30 Uhr einkehren kann. In der Rotunde biegt man rechts in die Königshaus-Passage ein und hat eventuell das Glück, dass gerade das Glockenspiel aus Meissener Porzellan ertönt.

Wieder im Freien angekommen, geht es über die Fußgängermagistrale Petersstraße zur ❽ ✶✶ **Thomaskirche**. Am Fuß des Bach-Denkmals finden im Sommer jeden Montagabend Freiluftkonzerte

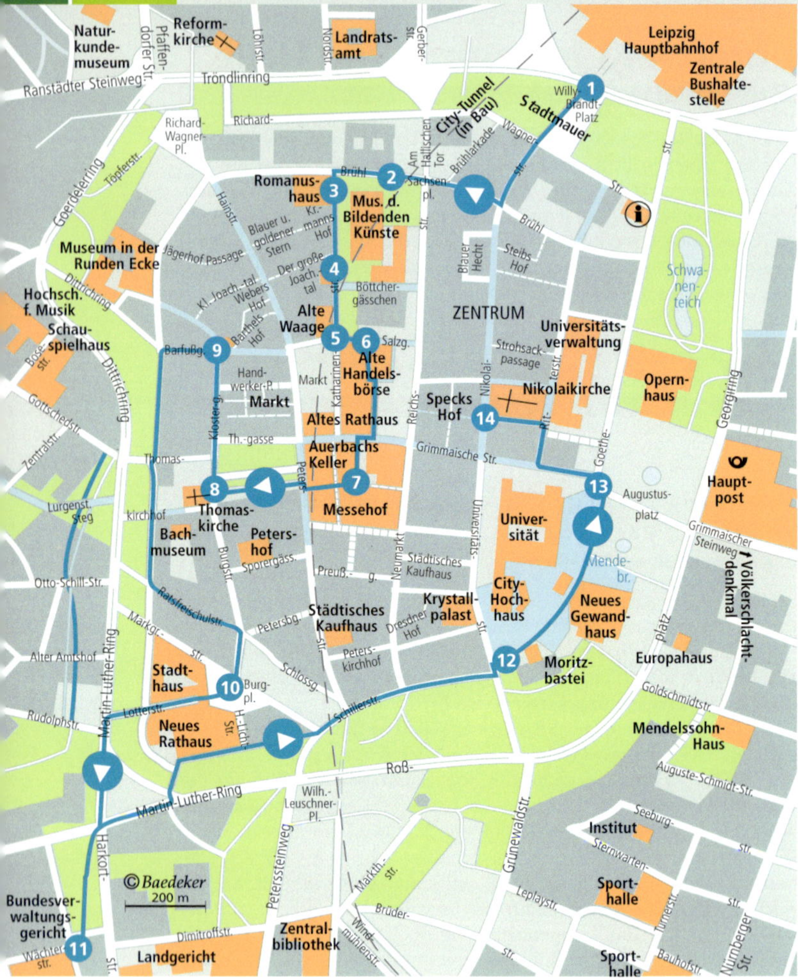

statt. Ein kurzer Abstecher durch die Klostergasse führt zum Barfußgässchen mit dem historischen Restaurant und Caféhaus ⑨ ✶✶ **Zum Arabischen Coffe Baum**. Hier befindet man sich direkt an der »Kneipenmeile« bzw. dem Drallewatsch und hat die Qual der Wahl von klassisch-deutscher Küche bis zu Sushi. Um wieder zurück zur Thomaskirche zu gelangen, wählt man entweder den gleichen Weg retour oder gelangt über den Dittrichring (► Promenadenring) vorbei am Mendelssohn-Denkmal zu dem Gotteshaus. Über die Markgrafenstraße geht es nun zum Burgplatz mit dem ⑩ ✶ **Neuen Rathaus**. Ein kleiner Abstecher zum ⑪ ✶✶ **Bundesverwaltungsgericht** bietet sich an.

Vom Promenadenring geht es weiter vorbei am Schillerhain und der neu errichteten Mensa der Universität zur ⑫ ✶✶ **Moritzbastei**, in deren urigen Kellergewölben der größte Studentenclub Europas residiert. Zwischen dem ✶ **City-Hochhaus** und dem ✶✶ **Neuen Gewandhaus** geht es unter der gläsernen »Orchesterbrücke« hindurch zum ⑬ ✶✶ **Augustusplatz** mit dem markanten ✶ **Mendebrunnen**, der ✶✶ **Oper** und den Universitätscampus. Bei gutem Wetter sollte man den höchsten Aussichtspunkt der Stadt auf dem City-Hochhaus aufsuchen und die Aussicht genießen. Die letzte Station des Stadtspaziergangs über eine Distanz von rund fünf Kilometern ist der Nikolaikirchhof mit der ⑭ ✶✶ **Nikolaikirche** – Symbol und Ausgangsort der friedlichen Revolution von 1989.

! *Baedeker* TIPP

Alternative

Bei schönem Wetter mit klarer Sicht lohnt es sich, vormittags die Tour mit dem Völkerschlachtdenkmal (erreichbar mit der Straßenbahnlinie 15 Richtung Probstheida) zu beginnen. Von dessen Aussichtsplattform bietet sich ein wundervoller Panoramablick. Anschließend geht es mit der Bahn zum Hauptbahnhof.

Tour 2 Leipziger Musikgeschichte

Start und Ziel: von der Thomaskirche zum Promenadenring

Dauer: min. 4 Stunden

Leipzig gehört zu den wenigen Städten, in denen Musikfreunde tatsächlich auf Schritt und Tritt auf den Spuren berühmter Komponisten und Musiker stoßen.

Auftakt dieses Stadtspaziergangs ist der **Thomaskirchhof** mit dem überlebensgroßen **Denkmal von Johann Sebastian Bach**, einem der beliebtesten Fotomotive der Stadt. Musikliebhaber aus aller Welt pilgern in die ② ✶✶ **Thomaskirche**, in der der große Musiker beigesetzt wurde. Sie ist auch die musikalische Heimat des Thomanerchores. Verlässt man die Kirche durch das Mendelssohn-Portal in Richtung Westen, so stößt man in der anschließenden Grünanlage an der Gottschedstraße auf das **Denkmal von Felix Mendelssohn Bartholdy**. Schaut man nach links, so entdeckt man etwa 100 m weiter das erste in Leipzig errichtete, **»alte« Bach-Denkmal**. Nach Überqueren des Dittrichrings an der Fußgängerampel Gottschedstraße geht es nach links weiter, entlang eines Teils des wieder freigelegten Pleißemühlgrabens. Dabei passiert man die Kunsthalle der Sparkasse, wechselt an der Otto-Schill-Straße die Uferseite und kommt nach etwa 400 m zum Neuen Rathaus. Wechselt man an der Karl-Tauchnitz-Straße die Straßenseite, sieht man im Wasser eine Installation mit Mühlrad zur Erinnerung an die früheren Wassermühlen. Das repräsentative Gebäude des Bundesverwaltungsgerichtes lässt man links liegen, biegt

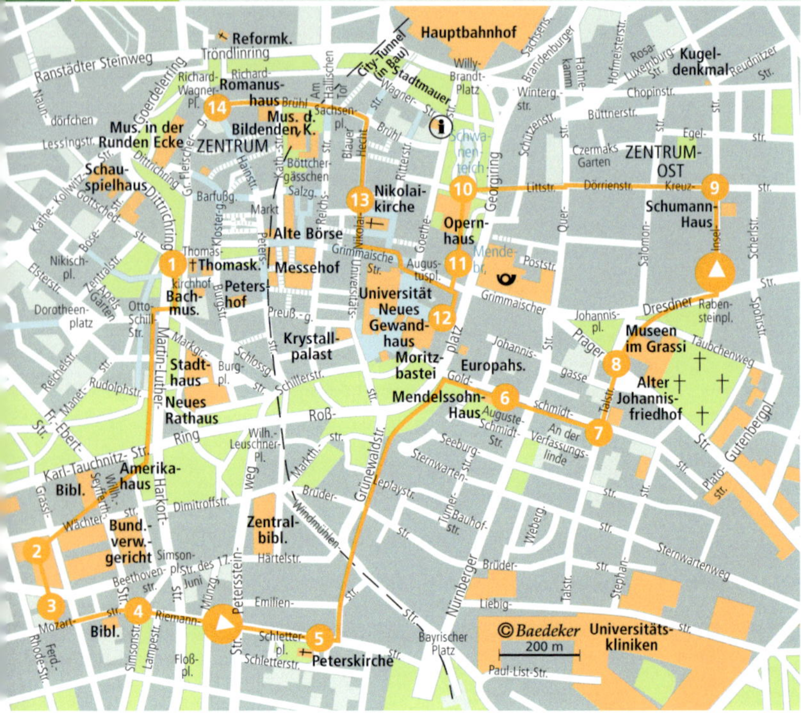

rechts in die Wächterstraße ein und geht an mehreren Villen vorbei, eine davon das USA-Generalkonsulat. Linker Hand folgt die Hochschule für Grafik und Buchkunst, dann die ❷ **Hochschule für Musik und Theater Felix Mendelssohn Bartholdy**.

Im sog. ✶ **Musikviertel Leipzig** sind die Straßen nach berühmten Musikern und Komponisten benannt. Linkerhand um die Hochschule herum sieht man an der Ecke Ferdinand-Rhode-/Mozartstraße die ❸ **Gedenkplakette für Rentaro Taki**, den japanischen Komponisten und Absolventen des Leipziger Konservatoriums. Geht man eine Querstraße zurück und nach rechts entlang der Beethovenstraße weiter, so erblickt man nach der nächsten Kreuzung auf der linken Seite die Universitätsbibliothek sowie rechts das Geisteswissenschaftliche Zentrum der Universität an der Stelle des früheren Gewandhauses. In der dahinterliegenden Grünanlage, die bis zum Pleißemühlgraben reicht, befindet sich eine ❹ **Mendelssohn-Büste**.

Nach dem Floßplatz führt die Riemannstraße ein wenig bergan, bis auf der rechten Seite am Schletterplatz die ❺ **Peterskirche** auftaucht, wo regelmäßig Konzerte, Lesungen und Ausstellungen stattfinden. Weiter geht es entlang der Emilienstraße über die Windmühlenstraße zum Roßplatz. Hier folgt man ein Stück dem Ring, bis man rechts in die Goldschmidtstraße einbiegt. Nun ist man am ❻ ✶ **Mendelssohn-**

Haus, heute Gedenk- und Veranstaltungsstätte. Es folgt die Sozialpädagogische Fachschule Henriette Goldschmidt und rechts in der Talstr. 10, im Gebäude des ehemaligen Musikverlages C. F. Peters die **7 Edvard Grieg Gedenk- und Begegnungsstätte**.

Nun geht es auf der Talstraße in entgegengesetzter Richtung weiter, wo man nach Überqueren der Prager Straße unweit vom Johannisplatz den ✶✶ **Grassi-Museumskomplex** mit dem **8** ✶✶ **Musikinstrumentenmuseum** erreicht. Der Alte Johannisfriedhof hinter dem Museumkomplex lohnt ebenfalls einen Besuch. Wenn man nun stadtauswärts der Dresdner Straße bis zur Inselstraße folgt, kommt man links zum **9** ✶ **Schumann-Haus**.

Weiter geht es an der nächsten Ecke links entlang der Kreuz-, Dörrien- und Littstraße sowie über den Promenadenring an den Schwanenteich. Hier steht das **10 Richard-Wagner-Denkmal** direkt hinter der **11** ✶✶ **Oper**. Gegenüber vom Haupteingang der Oper am Augustusplatz erblickt man das **12** ✶✶ **Neue Gewandhaus**, Wirkungsstätte des weltberühmten Gewandhausorchesters. In Blickrichtung Innenstadt kann man das Hochhaus mit dem Glockenspiel gar nicht übersehen. Darin haben u. a. die Kustodie sowie das Ägyptische Museum der Universität ihren Sitz. Durch das Gebäude führt die Theaterpassage direkt auf den Nikolaikirchhof. Die **13** ✶✶ **Nikolaikirche** ist v. a. durch die Friedensgebete berühmt geworden, die zur friedlichen Revolution im Herbst 1989 führten. Auf der anderen Seite des Kirchhofs befindet sich mit der **Alten Nikolaischule** die ehemals erste Bürgerschule Leipzigs, deren Schulbänke u. a. Richard Wagner drückte. Die Nikolaistraße hinunter zum Brühl und dann links geht es bis zur letzten Station des Musik-Rundgangs. Wenn man das Museum der bildenden Künste und das barocke Romanushaus passiert hat, erblickt man auf der rechten Seite eine geschwungene Aluminiumfassade an einem Bauwerk, das im Volksmund »Blechbüchse« heißt. Hier verweist eine Plakette auf den ehemaligen Standort des **14 Geburtshauses von Richard Wagner**. Der anschließende Richard-Wagner-Platz führt erneut auf den Promenadenring, wo sich einst die Ranstädter Bastei und später das »Alte Theater« als erstes Stadttheater in Deutschland befanden. Das große Gebäude auf der Südseite ist der Große Blumenberg – eng verbunden mit der »Neuberin«, einer Wegbereiterin des modernen Sprechtheaters.

Tour 3 Plagwitz im Wandel

Start und Ziel: von der Haltestelle Cl.-Zetkin-Park bis zur Baumwollspinnerei

Dauer: min. 4 Stunden

Aus einer Industriebrache wird Klein-Venedig: Dieser Spaziergang führt durch das kreative In-Viertel Plagwitz bis Neu-Lindenau. Er eignet sich auch als Fahrradausflug.

! Baedeker TIPP

Per Boot oder Gondel

Wer die Gegend gern vom Wasser aus erkunden möchte, hat die Möglichkeit, eine Fahrt mit dem Motorboot zu buchen oder ein Ruderboot bzw. Kajak zu mieten (Bootshaus Klingerweg, nahe der Haltestelle Clara-Zetkin-Park H1, oder Boot-Shop Herold, nahe der Haltestelle Rödelstraße H2). Wie auf Venedigs Kanälen fühlen kann man sich bei Gondelfahrten, die das Ristorante Da Vito (s.u.) anbietet (1 Std. ca. 60,- Euro).

Die Tour beginnt an der **Straßenbahnhaltestelle Clara-Zetkin-Park** (H1, Linie 1, 2). Zunächst geht es vorbei an der ehemaligen **Villa von Dr. Karl Heine**, dem das Dörfchen Plagwitz die Wandlung zum Industrieviertel verdankte. Der Verfall des Viertels konnte nach der Wende v. a. gestoppt werden, weil Plagwitz 2000 als externer Standort der EXPO Hannover auf sich aufmerksam machen konnte. Die Wandlung vom Industrie- zum Wohn- und Freizeitrevier hat somit begonnen.

Gleich hinter der Karl-Heine-Villa quert eine Stahlgitterbrücke, die Könneritzbrücke, die Weiße Elster. Die Gondeln auf dem Wasser ließ der Wirt des **Ristorante Da Vito** (Nonnenstr. 11b) aus Venedig kommen. Seine Gondoliere, die übrigens eine Prüfung nach deutschem Recht ablegen mussten, staken die Gäste gern entlang der Elster und durch den Karl-Heine-Kanal. Schräg gegenüber in der Nonnenstraße

Die Buntgarnwerke sind eines der größten Baudenkmäler aus der Gründerzeit. In den letzten Jahren wurden hier großzügige Loftwohnungen und Büroräume geschaffen.

38 hat das ❶ ★ **Museum für Druckkunst** seinen Sitz. Hinter dem Backsteingebäude-Ensemble der ehemaligen ❷ ★ **Buntgarnwerke** führt die Nonnenbrücke über den Karl-Heine-Kanal. Von hier aus geht man wieder ein Stück auf der Nonnenstraße zurück durch das gegenüber liegende Gebäudeensemble am Restaurant Prellbock vorbei bis zum Rad- und Wanderweg, in den man nach links einbiegt. An der nächsten Brücke erreicht man das **»Riverboat«**, das in Schiffsform errichtete Studio, von dem aus einige Jahre die beliebte MDR-Talkshow Freitagabends gesendet wurde. Nach ca. 150 m auf der rechten Kanalseite überquert man erst die Erich-Zeigner-Allee und unterquert nach etwa 400 m die König-Johann-Brücke. Hier sieht man an einer Hausfassade eine überdimensionale historische Persilwerbung, die vor einigen Jahren renoviert worden ist. Eine moderne Fußgängerbrücke führt auf die andere Kanalseite. In der Rechtsbiegung fällt ein imposantes Industriegebäude auf, das ❸ **Stelzenhaus**.

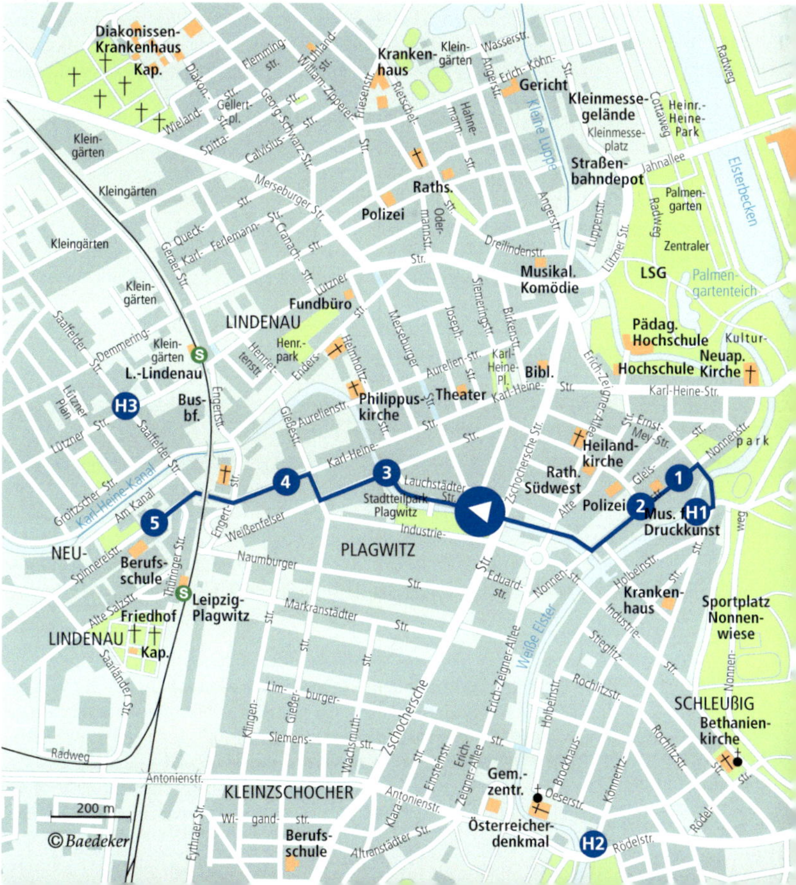

In der einstigen Verzinkerei befindet sich heute ein sehr gutes Restaurant mit Terrasse am Wasser, eine Bootsvermietung sowie Büros und Wohnungen. Eine steile Eisentreppe führt hinauf zu einem Park, der auf den einstigen Industriegleisen angelegt wurde. Dahinter sind die Häuserfassaden der Industriestraße sichtbar, darunter das Backsteingebäude der Leipziger Konsumzentrale. Über die Dachterrasse des Stelzenhauses und durch das ehemalige Fabriktor gelangt man auf die Weißenfelser Straße, in die man nach links einbiegt. Rechterhand befindet sich die **GaraGe, ein Technologiezentrum für Jugendliche**, daneben das neu errichtete **B.I.C. – Business- and Innovation Centre**, das Existenzgründern Räume und Infrastruktur für ihre Startups bietet.

An der Gießerstraße geht es nach rechts am Gebäude des B.I.C. entlang bis zur Karl-Heine-Straße, in die man links einbiegt. Auf dem Dach einer Halle fällt ein Originalflugzeug des russischen Hersteller Iljuschin – eine IL 18, auf. Innen kann man in ❹ **Rübesams Da Capo** (S. 97) u.a. amerikanische Straßenkreuzer bewundern Die Straße führt nun in eine kleine Senke; auf der linken Seite sieht man das Gebäude des S-Bahnhofs Plagwitz. Nachdem man die Eisenbahnstrecke unterquert hat, biegt man links auf die Spinnereistraße ein, an deren Ecke ein Backsteinhaus mit der Leuchtreklame ❺ ✶ **Leipziger Baumwollspinnerei** steht. Etwa 100 m links durchquert man ein altes Betriebstor und findet sich in einer längst vergangenen Welt wieder. Der morbide Charme der historischen Fassaden täuscht, denn hier hat die aktuelle Kunstszene Leipzigs ein Zuhause gefunden (► Galerien, S. 103).

Die Rückfahrt in die Innenstadt kann mit der S-Bahn oder Straßenbahn Linie 14 vom Bahnhof Plagwitz bzw. S-Bahnhof Lindenau oder mit den Straßenbahnlinien 8, 15 an der Saalfelder/Lützner Straße (Busbahnhof Lindenau; H3) erfolgen.

Tour 4 Halle an einem Tag

Start und Ziel: Marktplatz **Dauer:** ca. 8 Stunden

Vorbereiten kann man des Rundgangs im Café-Restaurant auf der Dachterrasse des Kaufhofs, denn von dort bietet sich der schönste Blick auf das Zentrum der Stadt.

Zu Füßen liegt der ❶ ✶✶ **Marktplatz** mit dem Händel-Denkmal, dem Roten Turm und dem Roland. Am westlichen Platzrand steht die ❷ ✶✶ **Marktkirche** und gegenüber den südlichen Portalen die ❸ ✶✶ **Marienbibliothek** mit einer Sammlung kostbarer Wiegendrucke und vielen Raritäten. Am Markt befinden sich Gebäude aus vier Jahrhunderten, darunter das Marktschlösschen, das Neue Rathaus und das Stadthaus. Von der Nordwestecke des Marktes führen zwei

Gassen zum ❹ ✶✶ **Händel-Haus**. Hier kann der Raum besichtigt werden, in dem das Musikgenie geboren wurde. Das Haus präsentiert u. a. eine Sammlung historischer Musikinstrumente. Zur ❺ ✶✶ **Moritzburg** und dem Kunstmuseum des Landes Sachsen-Anhalt sind es über den Domplatz nur wenige hundert Meter. Der Dom und die angrenzende Neue Residenz lohnen einen Extrabesuch. Über den Universitätsring kommt man zum ❻ ✶ **Universitätsplatz**. An ihm liegt die ✶ **Kulturinsel** mit dem neuen theater und dem Puppentheater (►Baedeker-Tipp S. 116).

Weiter auf der Ringstraße führt der Weg zum Renaissancefriedhof ❼ ✶✶ **Stadtgottesacker** mit den Gräbern berühmter Hallenser. Südwärts über den Hansering und vorbei am Leipziger Turm, einem

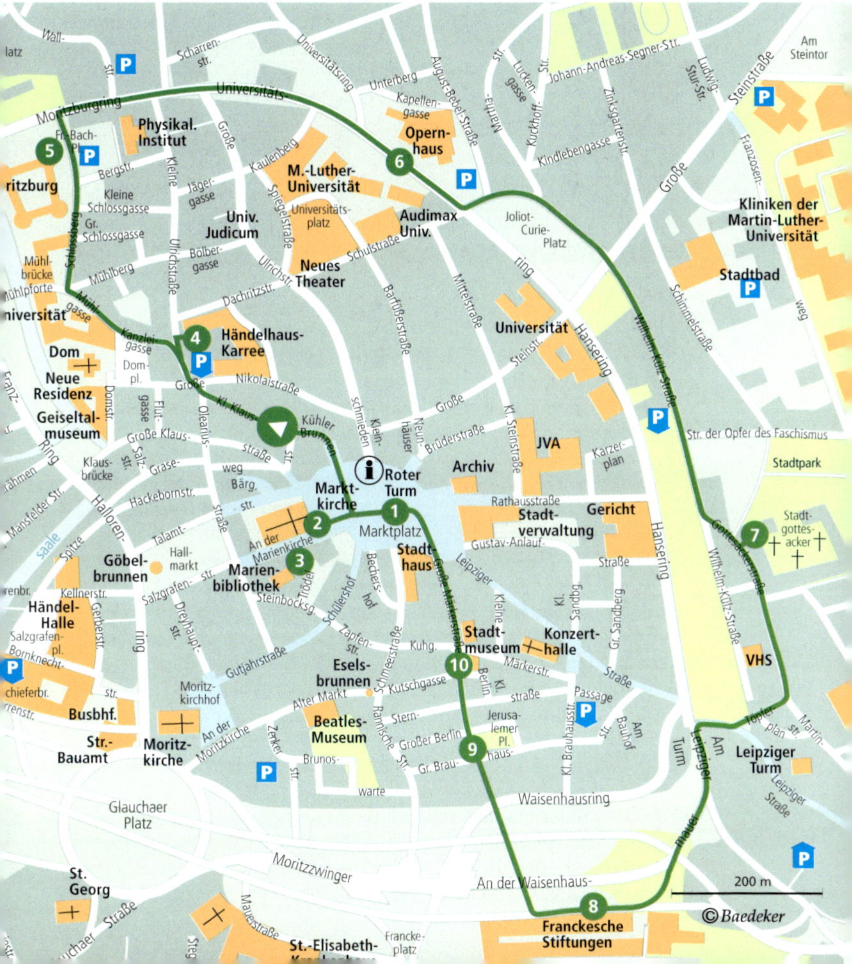

Kulturinsel am Universitätsplatz

anschaulichen Rest der alten Stadtbefestigung, geht es zu den ❽ ✶✶ **Franckesche Stiftungen** mit ihren reichen Sammlungen, Bibliotheken und Archiven. Hier steht das längste Fachwerkhaus Europas. Der Marktplatz ist über den Großen Berlin mit der ❾ **Gedenkstätte für die jüdischen Opfer des Nationalsozialismus** zu erreichen. Der Weg dorthin führt durch die Große Märkerstraße. Hier liegen die Häuser der berühmten Professoren der halleschen Alma mater des 18. und 19. Jh.s und das Christian-Wolff-Haus, heute der Sitz des ❿ ✶ **Stadtmuseums**.

Tour 5 Auf den Spuren der Halloren

Start und Ziel: Marktplatz **Dauer:** 2 bis 3 Stunden

Halle und das Salz – das ist untrennbar verbunden, den die Stadt verdankt ihre Existenz den reichen Solequellen, die bereits in der Eisen- und Bronzezeit der Salzgewinnung dienten.

Zwischen der Marienkirche und der Marienbibliothek führt eine breite Treppe hinab zum ❶ ✶ **Hallmarkt**. Hier und in den umliegenden Straßen standen einst die Kotten der **Salzwirker (Halloren)**, hier wurde das weiße Gold gefördert und gesiedet, hier starteten die Kaufmannswagen mit ihrer kostbaren Fracht in alle Himmelsrichtungen. Heute erinnert der ✶ **Göbelbrunnen**, ein großes Wasserspiel mit kleinen Skulpturen und großen Figurengruppen, an Halles bewegte Stadtgeschichte. Auf der gegenüberliegenden ehemaligen Strohinsel lagerten die Halloren einst den Brennstoff für die Salinen. Zu den modernen Bauten, zählen die Georg-Friedrich-Händel-Halle und das Funkhaus des Mitteldeutschen Rundfunks (mdr). Von hier zur Saline-Halbinsel sind es über ein Brückchen am Ende der Händelhalle und über die Schieferbrücke am Multimedia-Zentrum nur wenige Hundert Meter.

Das ❷ ✶ **Halloren- und Salinemuseum** dokumentiert in den verbliebenen Gebäuden der alten königlich-preußischen Saline anhand zahlreicher Exponate die Geschichte der mehr als tausendjährigen Salzgewinnung in Halle. Mehrmals im Jahr wird hier gesiedet wie in

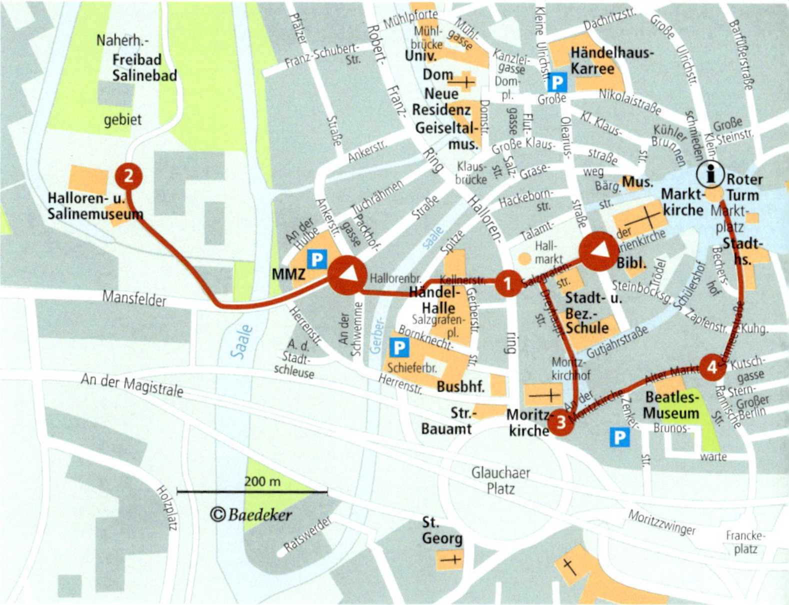

alten Zeiten, dann kann auch der berühmte Silberschatz der Salzwirkerbrüderschaft im Thale zu Halle bewundert werden. Das Gotteshaus der Halloren – der Weg dahin führt wieder über den Hallmarkt – war seit dem 12. Jh. die ❸ ✶ **Moritzkirche**, ein prächtiger spätgotischer Hallenbau. Seine Plastiken und Skulpturen gehören zu den ältesten und schönsten im mitteldeutschen Raum.

Die Straße zum Alten Markt führt am ✶ **Beatles-Museum** vorbei. Den ✶ **Eselsbrunnen** auf dem ❹ ✶ **Alten Markt** krönt das legendäre Wahrzeichen der Stadt: der Müllerbursche mit dem Esel, der auf Rosen geht. Durch die Schmeerstraße kommt man wieder auf den Marktplatz. Kurz vor der Einmündung der Straße liegt links das **Goldene Schlösschen**, ein altes Stadtpalais, in dem Martin Luther mehrfach logiert hat.

Beliebte Ausflugsziele

In der Umgebung von Leipzig und Halle gibt es Ziele für jeden Geschmack: für kulturell und historisch Interessierte wie für Erholungssuchende.

Dahlener Heide und Wermstedt

Die östlich von Leipzig, zwischen Elbe und Mulde gelegene Dahlener Heide ist ein beliebtes, landschaftlich vielfältiges **Ausflugsziel für Wanderer, Walker und Radfahrer**. Nördlich von Dahlen beginnt ein ausge-

Umgebung Leipzig/Halle Orientierung

dehnte Waldgebiet, an dessen Nordrand die »Schildbürgerstadt« Schildau liegt. Hoch über Wermsdorf erhebt sich die das **Jagdschloss Hubertusburg**, das August der Starke zum größten und schönsten Schloss auf Sachsens Boden ausbauen ließ. Über 500 Jahre Fischzuchttradtion wird alljährlich im Herbst beim Beginn des Abfischens am größten Zuchtgewässer, dem **Horstsee**, mit einem zünftigen Fischerfest gefeiert. Dort gibt es auch eine Bootsausleihe. Informationen findet man auf den Webseiten www.zweistromland.org, www.dahlenerheide-wermsdorferwald.de und www.wermsdorf.de).

◄ Anfahrt

mit dem Auto: über die A 14 Richtung Dresden, Abfahrt Mutzschen/Wermsdorf; mit dem Bahn: DB 500 nach Dahlen Richtung Dresden über Riesa von Leipzig-Hbf

Grimma

Beim Jahrhunderthochwasser 2002 erlitt die mittelalterliche Innenstadt von Grimma, rund 30 km südöstlich von Leipzig, erhebliche Schäden, doch inzwischen ist die Stadt wieder die »Perle an der Mulde«. Besonders sehenswert ist das Renaissance-Rathaus am Markt. Das Museum im Göschenhaus ist dem Verleger der Werke Friedrich Schillers, Lessings und Goethes gewidmet, und das Seume-Haus erinnert an den Schriftsteller Johann Gottfried Seume. Zur Zeit der Reformation weilte Martin Luther mehrmals in der Muldestadt und predigte in der Klosterkirche. In dem noch als Ruine vorhandenen **Zisterzienserinnen-Kloster Marienthron in Nimbschen**, rund 3 km südlich von Grimma entfernt, lebte Luthers spätere Frau Katharina von Bora 12 Jahre lang als Nonne. Mit einer Personenfähre von Nimbschen gelangt man nach **Höfgen**, wo man das Museum in der Wassermühle, die historische Schiffmühle, die Denkmalschmiede und den Jutta-Park beisichtigen kann. Im gesamten Kloster- und Mühlental gibt es reizvolle Ausflugsgaststätten. Mit Ausflugsbooten der Muldenschifffahrt kann man auf diesem Teil des Flusses auf Entdeckungsreise gehen.

◄ Anfahrt

mit dem Auto: über die A 14 von Halle/Leipzig Richtung Dresden, Abfahrt Grimma; mit dem Bus: Linie 690 bzw. DB 506 Richtung Döbeln, Meißen von Leipzig-Hbf.

Marktplatz von Grimma

Lützen Die 1269 erstmals erwähnte Stadt Lützen (ca, 20 km südwestlich von Leipzig) spielte eine zentrale Rolle während des Dreißigjährigen Krieges. Im Stadt- und Regionalgeschichtlichen Museum im Lützener Schloss zeigt ein Großdiorama mit 3600 Zinnfiguren die **Schlacht bei Lützen** 1632, in der der Schwedenkönig Gustav II. Adolf sein Leben ließ. Ein noch größeres Diorama stellt die Schlacht bei Großgörschen 1813 während der Napoleonischen Befreiungskriege dar. zum Museum gehört auch eine Ausstellung über den Dichter und Schriftsteller Johann-Gottfried-Seume sowie das historisches Stadtarchiv.

Anfahrt ► über die A 9, L187 Richtung Bad Dürrenberg/Lützen
mit dem Bus: Linie 65 von Leipzig-Grünau nach Markranstädt, von dort mit der Linie 164 nach Lützen

Röcken International bekannt ist das 2 km entfernte Röcken als Geburtsort des Philosophen **Friedrich Nietzsche** (1844 – 1900). Sein Elternhaus ist bis heute das Pfarrhaus der Kirchengemeinde. Das Gotteshaus aus der ersten Hälfte des 12. Jh.s gehört zu den ältesten Kirchenbauten der Region um Lützen. Auf dem Kirchenareal befindet die Nietzsche-Gedenkstätte mit der Dauerausstellung »Friedrich Nietzsche und Röcken«.

Anfahrt ► über die A9, L187 Richtung Bad Dürrenberg/Lützen

Merseburg Merseburg, die Dom- und Hochschulstadt an der Saale (ca. 18 km südlich von Halle), ist eine der ältesten Städte im mitteldeutschen Raum. Oberhalb des Flusses überragt malerisch das vieltürmige Dom- und Schlossensemble die Stadt, eines der Merseburger Baudenkmale auf der Touristikroute »Straße der Romanik«, angrenzend der schöne Schlossgarten. Von besonderer kulturgeschichtlicher Bedeutung ist der **Merseburger Domschatz**, zu dem neben kostbaren Handschriften, wie die prachtvoll ausgemalte Merseburger Bibel (13. Jh.), ein romanischer Tragaltar, ein Elfenbeinkästchen und Altaretabeln gehören.
Anfahrt: über die B 91 Richtung Merseburg/Weißenfels; Die Straßenbahn fährt von Halle (Linie 5) direkt nach Merseburg. Vom Leipziger Hauptbahnhof (Linie 131) und von Leipzig-Grünau (Linie 65) kann man den Bus nach Markranstädt, nehmen, von dort geht es mit der Linie 743 über Bad Dürrenberg weiter nach Merseburg.

! *Baedeker* TIPP

Straße der Romanik

In Form einer Acht verläuft eine der beliebtesten deutschen Tourismusrouten durch Sachsen-Anhalt. Mehr als 70 Bauwerke in der typischen Rundbogenarchitektur der Romanik liegen an der Route, u.a. die Burg Giebichenstein und Halles älteste Kirche St. Nikolaus im Stadtteil Böllberg. Zu den Publikumsmagneten gehören die Dome in Halberstadt, Merseburg, Naumburg sowie die Stiftskirche in Quedlinburg.

Bad Lauchstädt Bad Lauchstädt, ca. 12 km südwestlich von Halle, zählte nach der Entdeckung einer Heilquelle im 18. und 19. Jh. zu den berühmtesten Kurbädern Deutschlands. Goethe übernahm 1791 die Leitung des hiesigen Theaters und ließ nach seinen Vorgaben ein neues Sommertheater errichten, dessen barocke Bühnentechnik noch heute tadellos funktioniert. Die Vorstellungen im **Goethe-Theater** und die Konzertveranstaltungen im Historischen Kursaal ziehen noch heute Besucher in Scharen an. Während der Führungen durch die Kuranlagen erhält der Besucher einen lebhaften Eindruck zur Orts-, Bade- und Theatergeschichte des Ortes.

◄ Anfahrt

mit dem Auto über die A38, Abfahrt Bad Lauchstädt, mit dem Bus Merseburg (Linie 335)

Wettin

Wettin, ca. 25 km nordwestlich von Halle, ist Stammsitz der Wettiner, die als Margrafen, Kurfürsten und später als Könige von Sachsen über Jahrhunderte die deutsche Geschichte maßgeblich beeinflussten. Das Stadtbild prägt die Burg auf dem Felsen. Durch seine Lage an der Saale ist Wettin ein beliebtes Ausflugsziel, das auch von Fahrgastschiffen angelaufen wird. Im Ortsteil Mücheln wurde um 1280 eine **Kapelle des Ordens der Templer** geweiht, die heute für Sommerkonzerte und Gottesdienste genutzt wird.

◄ Anfahrt

über die B6 oder die A14 Richtung Magdeburg; mit Bus (Linie 314) ab Hauptbahnhof Halle (ca. 45 min.)

Petersberg

Etwa 15 km nördlich von Halle erhebt sich weithin sichtbar, mit einer Höhe von 250 m ü.d.M. der Petersberg. Der heute dicht bewaldete Berg ist vulkanischen Ursprungs und Ausgangspunkt der ersten Besiedlung in dieser Region. Ein Museum, Tierpark, Bismarkturm, Ganzjahresrodelbahn, mehrere Gaststätten, erholsame Wanderwege und ein einzigartiges romanisches Kloster, das Augustinerstiftskirche St. Petrus mit der Grabstätte des Fürstengeschlechts der Wettiner, machen den Petersberg zu einem **beliebten Ausflugsziel**. Von März bis Dezember findet einmal monatlich ein Trödelmarkt statt.

◄ Anfahrt

Mit Auto über B6 Richtung Magdeburg, mit Bus ab Hauptbahnhof Halle (Linien 310 und 311, ca. 30 Min.)

Wittenberg

Nördlich (70 km nördlich von Leipzig bzw. 60 km nordöstlich von Halle) liegt die Lutherstadt Wittenberg. Eine 700-jährige Geschichte hat sie aufzuweisen, aber berühmt wurde sie im 16. Jh., als **von hier die Reformation ausging**. Die Kirchentür der Schlosskirche, an die als Martin Luther 1517 seine 95 Thesen schlug, gehört heute zum UNESCO-Weltkulturerbe. Während dieser »Lutherschen« Zeit lebten und arbeiteten in Wittenberg u.a. auch Philipp Melanchthon und Lucas Cranach d.Ä.. Unbedingt besuchen sollte man die Schlosskirche, das Lutherhaus, das Melanchthonhaus, die Cranach-Häuser, die Stadtkirche, das Historische Rathaus – doch Wittenberg hat noch viel mehr zu bieten. Weitere Informationen zu den Sehenswürdigkeiten, besonderen Festen und kulturellen Highlights findet man unter www.wittenberg.de.

◄ Anfahrt

mit dem Pkw: A 9 aus Richtung Nürnberg (Abfahrt Coswig), weiter auf der B 187.

Leipzig von A bis Z

LEIPZIGS MUSIKTRADITION IST LEGENDÄR; MAN MUSS NUR AN BACH, MENDELSSOHN BARTHOLDY, DIE THOMANER UND DAS GEWANDHAUSORCHESTER DENKEN. FÜR IHRE ROLLE BEI DEN MONTAGSDEMONSTRATIONEN 1989 WURDE SIE ALS »HELDENSTADT« GEFEIERT.

★★ Alte Handelsbörse

G 7

Lage: Naschmarkt
Innenstadtplan: I C 4
Bus: Grimmaische Straße (Linie 89)

Die Alte Handelsbörse, die älteste erhaltene Versammlungsstätte der Leipziger Kaufmannschaft, gehört heute zum ►Stadtgeschichtlichen Museum der Stadt.

Erster öffentlich genutzter Barockbau der Stadt

Als es nach dem Ende des Dreißigjährigen Krieges mit Handel und Wirtschaft wieder bergauf ging, entstand der Brauch unter Kaufleuten, dass man sich zum Abschluss von wichtigen Geschäften versammelte. Bis dato hatte man sich im Freien getroffen, doch nun forderten 30 Leipziger Großkaufleute beim Rat der Stadt ein entsprechendes Gebäude. Baubeginn des barocken Kleinods war 1678 und bereits zur Michaelismesse 1679 konnte das neue Gebäude genutzt werden. Die komplette Fertigstellung dauerte jedoch bis 1687, was wohl an den üppigen und umfangreichen Stuckelementen und dem aufwendig betriebenen Ausbau lag. Da die Räumlichkeiten Ende des 19. Jh.s nicht mehr den gewachsenen Anforderungen entsprachen, errichtete die Handelskammer 1883/85 am Tröndlinring Ecke Gerberstraße (►Promenadenring) ein neues Gebäude, das als Effekten- und Produktenbörse diente. Nach dem Umbau des Börsensaals zum Sitzungssaal der Stadtverordneten tagte die Stadtverordnetenversammlung hier von 1887 bis 1905.

Architektur

Der Entwurf des Bauwerks wird dem Dresdner Oberlandbaumeister Georg Starcke zugeschrieben. Auf den vier Ecken des Daches thronen die Statuen von Hermes, Apollo (auf der Portalseite) sowie Venus und Athena (Nordseite zum Salzgäßchen), die der Leipziger Bildhauer Johann Caspar Sandtmann schuf. Im Zweiten Weltkrieg wurde das Gebäude vollständig zerstört; der Wiederaufbau erfolgte von 1955 bis 1962. Anfang der 1990er-Jahre wurde die Bauhülle einer umfangreichen denkmalgerechten Erneuerung unterzogen. Der Vorbau mit dem beidseitigen Treppenaufgang und dem prachtvollen farbigen Stadtwappen aus Stuck wurde erst 1816 geschaffen.

★ Goethe-Standbild Abb. S. 16 ►

Direkt gegenüber vom Portal bildet das Goethe-Standbild inmitten einer eingezäunten Rabatte ein **beliebtes Fotomotiv** auf dem ►Naschmarkt.

Aktuelle Nutzung

In der Alten Börse werden u. a. Kammerkonzerte, Kunstauktionen, literarische Veranstaltungen und Feiern durchgeführt. Hier fand der Festakt zur Verleihung der Ehrendoktorwürde der Leipziger Universität an die Bundeskanzlerin Angela Merkel 2008 statt.

← *Wächterfiguren am Völkerschlachtdenkmal (von der Aussichtsplattform aus gesehen)*

★ Altes Rathaus

G 7

Lage: Markt 1
Innenstadtplan: I C 4

Bus: Grimmaische Straße (Linie 89)

Die Ostseite des Marktes wird vom Alten Rathaus beherrscht, das zu den schönsten Renaissancegebäuden Deutschlands zählt. Hier befindet sich der Hauptsitz des ►Stadtgeschichtlichen Museums.

Außerdem finden in den Räumlichkeiten bedeutende Höhepunkte des gesellschaftlichen Lebens in Leipzig statt – vom Kammerkonzert bis zum offiziellen Festakt. Im Erdgeschoss gibt es – auf der Marktseite von Arkaden überdacht – repräsentative Geschäfte, die v.a. Touristen anlocken, sowie ein Restaurant mit regionaler und deutscher Küche (►Essen und Trinken). Da die Westseite zum Markt hin bei schönem Wetter ab Mittag von der Sonne beleuchtet wird, ist das Alte Rathaus **eines der beliebtesten touristischen Fotomotive**. Wegen seiner Fassadenlänge von 90 m lässt es sich jedoch nicht ohne Schwierigkeiten bzw. nur mit spezieller Fotoausrüstung komplett aufnehmen. Bis zur Fertigstellung des Haltepunkts Markt des City-Tunnels (► Hauptbahnhof) voraussichtlich bis 2012 gibt es Einschränkungen auf dem Platz vor dem Gebäude.

Geschichte

Von 1557 bis 1905 war hier der Sitz der Stadtverwaltung und städtischen Gerichtsbarkeit. Das vom kurfürstlichen Baumeister und Bürgermeister Hieronymus Lotter 1556/57 in nur neun Monaten errichtete Gebäude war **das erste Renaissance-Rathaus Deutschlands**. Die Eile war geboten, um den Zeitraum zwischen zwei Messen (► Baedeker-Special S. 28) für die Bauarbeiten optimal zu nutzen, so dass bereits zur Michaelismesse 1556 Gewölbe an Kaufleute vermietet werden konnten. Bei der Errichtung des Gebäudes entstand **der berühmte Knick** an der zur Marktseite gerichteten Gebäudewand. Hier stieß das alte Ratsgebäude mit dem Tuchmacherhaus zusammen, dessen Wand jedoch etwa einen Meter weiter nach vorn ragte. Um eine einheitliche Fassade zu erhalten, wurden beide Gebäude schräg miteinander verbunden. Da das Gebäude trotz mehrfacher Re-

? WUSSTEN SIE SCHON …?

- dass die besonders in der Innenstadt auffallenden, zumeist blauen Rohrleitungen keine Kunstinstallationen sind, sondern dem praktischen Zweck dienen, Grundwasser aus der unterirdischen Baustelle des City-Tunnels abzupumpen? Sponsoren ließen einige Abschnitte sogar künstlerisch gestalten wie z.B. am Promenadenring vor dem Neuen Rathaus. Von dort, wo die Stationen errichtet werden – z. B. am Markt, am Leuschner- und am Bayrischen Platz sowie am Hauptbahnhof – wird das Wasser auf diese Weise in die nächstgelegenen Flussläufe geleitet. Wie lange diese »Sehenswürdigkeiten« noch den Blick auf eine Vielzahl historischer Fassaden und Plätze versperren, hängt davon ab, wie es mit dem Tunnelbau vorangeht. Bis dahin finden die Leipzig-Besucher dadurch auch einige ausgefallene Fotomotive (Abb. S. 6).

novierungen und Umbauten stark baufällig geworden war und räumlich den Ansprüchen der wachsenden Großstadt nicht mehr genügte, sollte es Ende des 19./Anfang des 20. Jh.s abgerissen und durch einen größeren Neubau ersetzt werden. Mit nur einer Stimme Mehrheit im Rat der Stadt konnte das zum Glück verhindert werden. So wurde es von 1906 bis 1909 zum ►Stadtgeschichtlichen Museum und Ratsarchiv umgestaltet. Bei diesen Umbaumaßnahmen wurden an der Südseite sog. romanische Biforienfenster in Form eines gekoppelten Rundbogenfensters unter dem Putz entdeckt, die Fachleute auf etwa 1230 datieren. Erst 1926 erhielt die Fassade ihren **leuchtend-ockergelben Farbanstrich**.
Beim Bombenangriff auf Leipzig am 4. Dezember 1943 brannten das Dachgeschoss und der Turm vollständig aus. In den Jahren 1946 bis 1950 wurde das Alte Rathaus als erstes öffentliches Gebäude von Leipzig wieder aufgebaut. Eine umfassende Renovierung erfolgte Ende der 1980er-Jahre und ein Umbau 2001/2002. Dabei wurden u.a. ein Aufzug eingebaut und zur Naschmarktseite hin zusätzliche Ladenflächen geschaffen. Im Durchgang zum ► Naschmarkt befindet sich der Museumsshop.

Architektur

Anders als bei italienische Renaissance-Bauwerken wurde in Deutschland im 16. Jh. weniger Wert auf Symmetrien und strenge Proportionen gelegt. Dafür wurde die Vertikale betont, gleichsam als Symbol aufstrebenden bürgerlichen Selbstbewusstseins. Der **Rathausturm** wird an der langgestreckten Frontseite links von zwei und rechts von vier reich verzierten Zwerchgiebelhäuser auf der langgestreckten Frontseite flankiert. Auf der Rückseite des Gebäudes befindet sich anstelle des Turms ein weiterer von insgesamt 13 Zwerchgiebeln, die aus dem steilen Ziegeldach hervorragen. Gekrönt werden sie mit Zierknäufen in **Form überdimensionaler Pinienzapfen** aus Porphyrtuff. Aus dem gleichen rötlichen Material, das noch heute in der sächsischen Kreisstadt Rochlitz gewonnen wird, bestehen auch die Fensterrahmen und Simse am Gebäude. Zierknäufe in drei verschiedenen Varianten sind ebenfalls auf den vorgebauten Arkaden zu finden, die der gesamten Front- und den beiden Giebelseiten vorgebaut sind. Diese wurden bei der umfassenden Sanierung 1906 bis 1909 anstelle der vorher aus Holz bestehenden Laubengänge in Stein erreichtet und auf der Frontseite um die Giebelseiten herum erweitert. Die **szenisch gestalteten Schlusssteine** der einzelnen Bögen zeigen u. a. an der Südseite »Singende Studenten«, »Bauleute« sowie den »Nachtwächter mit (Gevatter) Tod«, an der Nordseite »Händler mit Waage« und »Handelnde Juden«. Hinter dem Eingang zum ►Stadtgeschichtlichen Museum unter dem Rathausturm, der gleichzeitig als Durchgang zum ► Naschmarkt dient, stößt man auf **zwei Brunnen**: »Die Badende« und »Der Schwammjunge« von Carl Seffner, dem Schöpfer des Bach-Denkmals vor der ►Thomaskirche.
Am besten geht man selbst rund um das malerische Gebäude auf Entdeckungstour. Dabei lässt sich auch die historische Inschrift mit

goldenen Messingbuchstaben von 1593 (ergänzt: 1672) entziffern, die um das gesamte Rathaus geführt ist und mit einer Länge von 220 m **zu den längsten Schriftzügen an einer Gebäudefassade** zählt.

Rathausturm

Der asymmetrisch angeordnete, oktogonale Rathausturm ist 41 m hoch. 1599 fügte man den Bläseraustritt an, seit 1744 trägt er eine barocke Turmhaube und 20 Jahre später wurde der Turmbalkon angefügt. Hier treten noch heute zu städtischen Feierlichkeiten wie dem Stadtfest oder dem Weihnachtsmarkt die historischen **Stadtpfeifer** auf – ein Bläserquartett, das ab 1479 in städtischen Diensten stand. Heute wird dieses Amt bei besonderen Anlässen von einem Bläserquartett in historischen Kostümen wahrgenommen.
Einen Blickfang bildet die **Rathausuhr**, deren großer Zeiger einen Meter lang ist. Das große zum Markt gerichtete Ziffernblatt auf himmelblauem Grund ist etwa 18 m^2 groß, die beiden seitlich angebrachten jeweils ca. 12 m^2. Im unteren Teil des Hauptzifferblattes werden die Mondphasen angezeigt, das Stadtwappen darunter wird flankiert von **Löwen als Leipziger Wappentier** sowie dem kursächsischen Wappen. Während der Völkerschlacht von 1813 schlug ein Geschoss rechts oberhalb der II ein. Bei der Neubemalung von 1909 wurde an der gleichen Stelle eine Halbkugel aufgebracht, die an dieses Ereignis erinnern soll.

Im Alten Rathaus befindet sich u. a. das Stadtgeschichtliche Museum Leipzigs.

Festsaal Im ersten und zweiten Obergeschoss hat das ► Stadtgeschichtliche Museum seine ständige Ausstellung. Prachtvoll eingerichtet ist der historische Festsaal, der u. a. für Konzerte, Preisverleihungen und Lesungen genutzt wird. Mit seinen Ausmaßen von 43,5 m Länge und 11,5 m Breite war er lange Zeit der prächtigste und größte Saal in Sachsen. Mit fantasievollen und üppigen Verzierungen wie Masken, Fruchtgebinden, Girlanden und Figuren sind die drei Sandsteinkamine im Raum ausgestattet. Auf der Musikempore am Nordende befindet sich der **»Pfeiferstuhl«**, auf dem vier Stadtpfeifer bei festlichen Gelegenheiten aufspielten. Im Festsaal hängen **59 Stadtrichter-Porträts**, die z. T. in das fest mit der Längswand verbundene Holzgestühl integriert sind. Darüber hängt ebenso wie in der Ratsstube (s. u.) eine Galerie von 30 zumeist in voller Größe dargestellter **sächsischer Kurfürsten** bis zum letzten König, Friedrich August III., der 1918 der Überlieferung nach mit folgenden Worten abdankte: »Macht doch Euern Dreck aleene!« Von der einst kompletten Galerie der regierenden Herrscher des Hauses Wettin ab dem Ende des 15. Jh.s mit vermutlich 52 Bildern sind noch 38 erhalten und im Museumsbesitz.

Ratsstube, Schatzkammer Beeindruckend ist die zu einem Großteil in **Renaissance-Ausstattung** erhaltene Ratsstube mit ihrer hölzernen Kassettendecke. Hervorzuheben sind der Aktenschrank, der Beratungstisch des Leipziger Rats mit einer runden, in Holz gefassten Platte aus Thüringer Schiefer und der Bürgermeisterstuhl. An der Ostwand setzt sich die Galerie sächsischer Kurfürsten- und Königsporträts aus dem Festsaal fort. Bedeutende Bürgermeister wurden auf Kupferstichen verewigt. Original erhalten ist die einstige Schatzkammer, das **Aerarium**, das als Geheimkammer zur Lagerung des Stadtsiegels, wichtiger Dokumente, von Geld sowie des Ratsschatzes diente. In der ständigen Ausstellung kann man weitere geschichtsträchtige Räume besichtigen, darunter eine **Gefängniszelle** im Keller des Gebäudes.

★★ Auerbachs Keller

G 7

Lage: Grimmaische Str. 2 – 4 (Mädler-Passage)

Straßenbahn: Augustusplatz (Linien 4, 7, 8, 10, 11, 12, 15, 16)
Innenstadtplan: I C 3 / 4

»Wer nach Leipzig die Messe zu sehen gereiset und nicht in Auerbachs Hof kommen ist, der darf nicht sagen, dass er in Leipzig gewesen sei«, schrieb der Hofpoet des Kurfürsten von Sachsen im 16. Jahrhundert.

Teuflische Tradition 1525 erwarb der Medizinprofessor Dr. Heinrich Stromer aus Auerbach in der Oberpfalz die Gewölbe südlich vom Rathaus und eröffnete einen Weinausschank. Ab 1530 wurde darüber das Messehaus

Szenen aus dem »Faust« am Eingang zu Auerbachs Keller in der Mädler-Passage. Nur Kellergewölbe sind vom einst berühmtesten Handelshof der Stadt übriggeblieben.

»Auerbachs Hof« errichtet. Beim Bau des Messehauses **Mädler-Passage** 1911 wurde der unterste »Fasskeller« in den Neubau integriert, die anderen Gasträume jedoch neu gestaltet.

Heutzutage ist »Auerbachs Keller« **das berühmteste Gasthaus von Leipzig** und gehört zu den Top 10 der bekanntesten Gaststätten der Welt. Zu verdanken ist das v. a. Johann Wolfgang von Goethe (►Berühmte Persönlichkeiten), der während seiner Studentenzeit hier häufig zu Gast war und dabei die Inspiration für die berühmte »Szene mit den Studenten« (»Faust I«) erhielt. Die Legende erzählt, dass Dr. Faust einmal mit Studenten in Leipzig zur Messe war und vor einem Weinkeller beobachtete, wie sich mehrere Männer vergeblich darum bemühten, ein großes Fass aus dem Keller herauszutragen. Als er sie deswegen verspottete, kam es zum Streit und der schlichtend eingreifende Wirt erklärte, dass das Fass demjenigen gehören solle, der es aus dem Keller tragen würde. Flugs sprang Faust auf das Fass und »ritt« es bis auf die Straße. Danach trank er es in fröhlicher Runde mit den Studenten aus. Diese Geschichte wurde mehrfach kolportiert und – obwohl ihr Wahrheitsgehalt wenig wahrscheinlich ist – hatte der Wirt von Auerbachs Hof (lange nach Stromer) die Idee, diese Szene malen und in seinem Gastraum aufhängen zu lassen. Zufällig war das 1625 – zum 100-jährigen Bestehen des Kellers. Damit war eine Marketingidee entstanden, deren Umsetzung ihm und den folgenden Wirten stets viele Gäste verschaffte.

Goethe nun griff die überlieferte Geschichte auf und schuf dem Gasthaus ein literarisches Denkmal, das auch dem modernen Marketing von Nutzen ist. Seit dem Frühjahr 2009 kann man die »Szene mit den Studenten«, bei der Faust den Wein aus dem Tisch zapfte, auch als ganz gewöhnlicher Gast erleben, wenn man sich für den **»Schlampamp«** anmeldet (Informationen unter der Webseite www.auerbachs-keller-leipzig.de).

✶✶ Augustusplatz

G / H 7

Lage: Innenstadt
Innenstadtplan: I C 4

Straßenbahn: Augustusplatz (Linien 4, 7, 8, 10, 11, 12, 15, 16)

Mit einer Fläche von über 40 000 m² gehört der am ►Promenadenring gelegene Augustusplatz zu den größten innerstädtischen Plätzen in Europa. Einst war hier das Grimmaische Tor der östliche Eingang zur historischen Innenstadt.

Bedeutender Platz mit stolzer Geschichte

Nach dem Abriss der Stadtbefestigung wurde 1785 mit der Gestaltung des »Platz(es) vor dem Grimmaischen Thor« begonnen, der 1839 nach dem ersten König von Sachsen, Friedrich August von Wettin (1750 – 1827), benannt wurde. 1945 erfolgte die Umbenennung in Karl-Marx-Platz und am Tag der Deutschen Wiedervereinigung, dem 3. Oktober 1990, erhielt er wieder seinen ursprünglichen Namen. Nirgends sonst wird der Wandel Leipzigs so deutlich wie an diesem Platz: Seit 1990 hat fast jedes Gebäude sein Gesicht verändert und auch weiterhin gehören Baustellen zum Alltag. Gegenwärtig entsteht ein neuer Universitätscampus, und die ehemalige Hauptpost wird für den Umbau zu einem Boardinghouse vorbereitet.

In die jüngste Geschichte ging der Platz ein, als sich am 9. Oktober 1989 hier über 70 000 Leipziger zu einer friedlichen Demonstration um den Leipziger Ring versammelten, um mit den Worten **»Wir sind das Volk«** ihre Stimme zu überfälligen Reformen in der DDR zu erheben. Mit den Montagsdemonstrationen (► Geschichte) wurden der Untergang der DDR und die politische Wende eingeleitet. Anfang des Jahres 2009 wurde beschlossen, in Leipzig ein Einheitsdenkmal zu errichten, für dessen Standort der Augustusplatz favorisiert wird.

! *Baedeker* TIPP

Einkehren am Augustusplatz

Wer hier eine Pause einlegen möchte oder den Abend ausklingen lassen will, hat die Qual der Wahl: Edle und dekorierte Gastronomie bietet der »Stadtpfeifer« im Neuen Gewandhaus, das höchstgelegene Restaurant Mitteldeutschlands mit Aussichtsplattform auf 119 m Höhe ist der »Panorama-Tower« im City-Hochhaus, im »Augustus« bleibt man bodenständig in Art-déco-Ambiente, das »Operncafé« bietet kulinarische Höhepunkte und im Hotel Radisson SAS lädt die »Spagos« Bar und Lounge ein.

Die architektonische Umgestaltung des Platzes erfolgte 1995 bis 1998, verbunden mit dem Bau einer Tiefgarage. Als wichtige Dominanten stehen hier mit der ► Oper auf der Nordseite und dem ► Neuen Gewandhaus im Süden des Platzes zwei der renommiertesten kulturellen Einrichtungen der Stadt einander direkt gegenüber. Das Neue Gewandhaus ist die Heimstatt des weltberühmten Gewandhausorchesters, dessen Wurzeln bis 1743 zurückreichen.

★ **Mendebrunnen**

Der Mendebrunnen vor dem ► Neuen Gewandhaus ist zweifellos **das schönste Wasserspiel der Stadt**. Inspiriert von italienischen Vorbildern, ist er im Neorenaissancestil gestaltet. Gestiftet wurde er von Marianne Pauline Mende, der Witwe eines reichen Leipziger Kaufmanns, der sich 1857 das Leben genommen hatte. Da der Rat von einem Selbstmörder kein Vermächtnis annehmen wollte, ließ sich seine Frau etwas einfallen. Nach ihrem Tod hinterließ sie der Stadt 50 000 Taler, die zum Bau eines Brunnens verwendet werden sollten, um so den Namen Mende zu verewigen. Nach mehreren Wettbewerben wurde der imposante Brunnen von dem Nürnberger Architekten Adolf Gnauth und dem Münchner Bildhauer Jacob Ungerer erbaut und 1886 eingeweiht. Das Pikante an der Entstehungsgeschichte ist jedoch die **Legende**, die sich dank des »rasenden Reporters« Egon Erwin Kisch hartnäckig hält. Er hörte von dem Fall und recherchierte offensichtlich recht oberflächlich, denn er stieß auf eine Frau Mende, die Besitzerin eines Freudenhauses war. So ließe sich der offensichtliche Reichtum der Dame erklären, meinte Kisch, doch weder die Tatsache noch die Zeit stimmten, denn als diese Frau Mende aktiv war, gab es den Brunnen bereits.

◄ Abb. S. 162

Der Brunnen als Sinnbild für die Bedeutung des Wassers wird durch **Figuren der griechischen Mythologie und durch Meereswesen** wie Delfine verkörpert; auch Triton, Sohn des Poseidon – halb Mensch halb Fisch –, ist zu erkennen. Auf drei Ebenen bis hinauf zum 18 m in die Höhe ragenden Obelisken mit goldenem Stern sind die Gestalten angeordnet. Um das Wasserspiel in Ruhe betrachten zu können, wurden zahlreiche Bänke rings um die Anlage, die von einer Blumenrabatte eingerahmt wird, aufgestellt. Von hier kann man auch das Pendant zum historischen Mendebrunnen vor der Oper erkennen: Auf der Nordseite des Augustusplatzes beeindruckt ein großzügiges Wasserspiel mit einer über 20 m hohen Fontäne.

Hauptpostamt

Das ehemalige Gebäude der Hauptpost (Augustusplatz/Ecke Grimmaischer Steinweg) soll zu einem Hotel und Apartmenthaus umgebaut werden. An dieser Stelle befand sich bis zum Bau des Hauptpostamts das **historische Gasthaus Zum Weißen Schwan**. Nach Plänen des Baumeisters Albert Geutebrück wurde das Postgebäude im klassizistischen Stil errichtet und 1836 seiner Bestimmung übergeben. Nach der Eröffnung des Neuen Theaters (► Oper) auf dem Augustusplatz wurde das schlichte Bauwerk von 1881 bis 1884 im Neorenaissancestil so umgebaut, dass es den damaligen Repräsentationsansprüchen genügte. Hier waren verschiedene Verwaltungen untergebracht, wie die oberste sächsische Postbehörde sowie Steuer- und Zollbehörden. Bei der Zerstörung im Zweiten Weltkrieg wurden auch die sechs allegorischen Figuren auf dem Dach vernichtet, die die Themen Post, Telegrafie, Wissenschaft, Handel, Gewerbe sowie Kunst symbolisierten. Der jetzige Gebäudekomplex wurde 1964 fertiggestellt. Daneben steht das bis Herbst 2008 komplett modernisierte Hotel Radisson SAS (►Übernachten), das bei früheren Leipzig-Besuchern noch als Hotel Deutschland oder »Hotel am Ring« in Erinnerung sein dürfte.

★ **City-Hochhaus**

An der Südwestecke des Augustusplatzes ragt das City-Hochhaus empor. 1968 bis 1972 als Hauptgebäude der Universität erbaut, wirkt es **wie ein aufgeschlagenes Buch** und war mit 142 m Höhe das höchste Gebäude der DDR. Der Volksmund gab ihm die Namen »Weisheitszahn«, »Professorensilo« oder »Uniriese«. Im Jahr 2000 wurde es zu einem Bürohochhaus. Im unteren Teil wurde ein schwarz verglaster Kubus als Probensaal für das MDR-Sinfonieorchester angebaut, der über eine Brücke mit dem Gewandhaus verbunden ist. Im obersten Stockwerk lockt das **Restaurant »Panorama Tower«** mit einer Freiluftterrasse. Aus 130 m Höhe können Besucher den imposantesten **Ausblick über Leipzig und die angrenzende Leipziger Tiefebene** genießen.

City-Hochhaus und Mendebrunnen

Zum 600jährigen Bestehen der **Universität** (►Universität) im Dezember 2009 wurde der Campus der Alma mater Lipsiensis völlig neu errichtet. Er tritt an die Stelle, wo bis zum Abriss 1968 nach den starken Beschädigungen im Zweiten Weltkrieg das Augusteum unmittelbar neben der Universitätskirche stand. Für die frühere Karl-Marx-Universität war die Fläche bis zur Universitätsstraße in den 1970er-Jahren komplett neu bebaut worden. Von diesen Gebäuden wurden das Hörsaal- und das Seminargebäude teilweise erhalten und umgebaut. Der Abschluss zur Grimmaischen Straße hin mit einem Institutsgebäude und Geschäften im Erdgeschoss ist neu entstanden. Mit der hypermodernen architektonischen Lösung des niederländischen Stararchitekten Erick van Egeraat erhält die Westseite des Augustusplatzes einen besonderen Blickfang: das »Neue Augusteum« und das »Paulinum«.

Paulinerkirche

Auch die bis dato älteste Stadtkirche gehörte – wie das Augusteum – zu den wenigen noch erhaltenen Universitätsbauten, die 1968 für das neue Rektoratsgebäude der Karl-Marx-Universität Platz machen mussten. Damit wurde auch eine der wichtigsten Wiegen des geistlichen Lebens der Stadt zerstört. An die Stelle der Paulinerkirche tritt mit dem Neubau des Universitätscampus nun das Paulinum – das sowohl als Kirche als auch als Aula nutzbar ist. Es ist vorgesehen, Epitaphien als Ausstellungsstücke in den Neubau zu integrieren, die aus der Paulinerkirche vor ihrer Sprengung geborgen wurden.

Café Felsche

Unmittelbar neben dem Paulinum stand bis 1943 das »Café Felsche«, das sich ab 1835 als »Café français« zu einem legendären Kaffeehaus entwickelt hatte. 1914, mit Beginn des Ersten Weltkriegs, musste es seinen angestammten Namen ablegen und wurde nach dem ersten Eigentümer, dem Zuckerbäcker Wilhelm Felsche, benannt. Ein Neubau nimmt die Grundrisse des ehemaligen Gebäudes auf und wird u. a. gastronomisch genutzt.

Königsbau

Die vom Augustusplatz bis zum Markt neu gestaltete Fußgängermeile Grimmaische Straße wird vom »Königsbau« mit einem Arkadengang im Erdgeschoss flankiert. Eröffnet wurde das repräsentative Gebäude 1911 als Konfektionskaufhaus »Bamberger & Hertz«, dessen jüdische Eigentümer nach der Reichspogromnacht 1938 zum Verkauf an die Alte Leipziger Versicherung gezwungen wurden.

✶ Kroch-Hochhaus

Auf der Westseite des Augustusplatzes fällt das 1927/28 als **erstes Leipziger Hochhaus** errichtete Kroch-Haus ins Auge. Der elfgeschossige, mit Kalkstein verkleidete Stahlbetonbau wurde für das jüdische Bankhaus Kroch gebaut und **erinnert an den Campanile San Marco** in Venedig. Die Glockenschläger bildeten damals das größte Turmschlagwerk der Welt. Es erklingt jede Viertelstunde. Das von zwei »venezianischen« Löwen flankierte Uhrenzifferblatt im zehnten Stock hat einen Durchmesser von 4,3 m. Das Gebäude gehört jetzt der Universität Leipzig, die hier Ausstellungen vorrangig ihrer Kunstsammlungen realisiert hat. Bis Ende 2009 wurde das Gebäude komplett saniert, darunter auch die einstige Schalterhalle der Bank, die der architektonisch wertvollste Innenraum im Art-déco-Stil in Leipzig ist.

Öffnungszeiten:
Di. – Sa.
13.00 – 17.00
So. 10.00 – 13.00

Ende 2009 eröffnete hier das **Ägyptische Museum** seine ständige Ausstellung. Mit einem ursprünglich für die Antikensammlung der Universität erworbenen altägyptischen Sarkophag begann 1842 die Geschichte des Ägyptischen Museums. Zahlreiche Exponate stammen von Expeditionen und Grabungen des »Ägyptologischen Instituts« aus den Jahren 1903 bis 1931. Dargestellt sind u. a. die vordynastischen Kulturen Ägyptens (4000 – 2982 v. Chr.) mit Beispielen der damals bereits hochentwickelten Töpferei, das Neue Reich (1536 – 1069 v. Chr.) mit seiner Machtentfaltung sowie die christliche Zeit (395 – 640 n. Chr.). Zu den besonderen Schätzen zählen der große Zedernholzsarg des Hedeb-bastet-iru sowie eine fast vollständige Grabausstattung des Priesters Herischef-hotep aus der klassischen Periode des Mittleren Reichs (2020 – 1645 v. Chr.).

Dresdner Bank

Das 1910/11 für die Dresdner Bank als Leipziger Zentrale errichtete Gebäude weist eine Vielzahl interessanter Gestaltungselemente auf, die vom Historismus und vom Jugendstil beeinflusst sind. Bei der denkmalgerechten Sanierung 1995/96 wurden u. a. der Turmaufbau und Dachreiter wieder hergestellt. Beeindruckend ist die Schalterhalle, die von einem Oberlicht überdacht wird und auch für Kammerkonzerte und Veranstaltungen genutzt wird.

Auwald

E/F 3 – 5

Lage: westlich des Zentrums

Straßenbahn: Böhlitz-Ehrenberg, Gundorf (Linie 7) oder Wildpark (Linie 9

Der Leipziger Au(en)wald ist in seiner Art und Größe eine Besonderheit, die keine andere Großstadt aufzuweisen hat. Ihm verdankt Leipzig den Ruf, eine der grünsten Städte Deutschlands zu sein.

Ein Kleinod der Natur

Das in den natürlichen Flussauen von Luppe, Weißer Elster und Pleiße entstandene Waldgebiet erstreckt sich heute noch über eine Länge von rund 20 km von Schkeuditz im Nordwesten über Leipzig bis nach Markkleeberg im Süden und beinahe bis Merseburg im Westen. Im Leipziger Stadtgebiet selbst wurden aus dem wild gewachsenen Forst eindrucksvolle Gartenanlagen und Parks gestaltet. Der bedeutendste ist der **Clara-Zetkin-Park**, der unmittelbar bis an das Stadtzentrum reicht. Landschaftsarchitekten hatten seit dem 17. Jh., als die Stadt damit begann, ihre Befestigungsanlagen abzureißen, außerdem Landschaftsgärten für vermögende Leipziger angelegt. Dafür wurden große Flächen des natürlichen Auwaldes gerodet.

Die vor den Toren der damaligen Stadt gelegenen architektonischen Kleinode konnten sich hinsichtlich Größe und Gestaltung mit Schlossgärten so manches Adeligen jener Zeit messen. Vom ehemals größten – **Apels Garten** (► Essen und Trinken) – zeugt nur noch der Name eines gutbürgerlichen Restaurants, das heute in einem Neubau betrieben wird. Unmittelbar davor wurden zwei Kopien von Sandsteinplastiken des barocken Bildhauers Balthasar Permoser wieder aufgestellt, die einst den Garten zierten.

Nördlich der City liegt das **Rosental**, als eine der beliebtesten grünen Oasen. Hier wollte Kurfürst August der Starke, der seit 1694 Sachsen

Dianatempel im Auwald, einer wunderbaren Park- und Auenlandschaft

regierte, ein Lustschloss errichten lassen. Für die barocke Anlage wurde ein Dutzend Sichtschneisen durch den Wald geschlagen, von denen heute noch sechs erhalten sind. Die Leipziger Bürgerschaft verhinderte den Bau eines Schlosses und ließ den Landschaftspark im englischen Stil durch den späteren Ratsgärtner Rudolph Siebeck umgestalten. Treffpunkt und Flaniermeile im Grünen ist die »Große Wiese« im Rosental, die östlich von der Afrika-Savanne des ► Zoos begrenzt wird. Hier könnte Goethe zu seinem Osterspaziergang im »Faust« inspiriert worden sein.

Freizeitaktivitäten

Leipzigs grüne Lunge bietet vielfältige Möglichkeiten der Freizeitgestaltung: Auf dem **ausgedehnten Wegesystem** kann man joggen, wandern, radfahren oder auch hoch zu Ross die Natur erkunden. Wegen des relativ niedrigen Wasserstands sind die Flussläufe und Kanäle kaum für den Wassersport geeignet, was sich jedoch in der Nähe der Innenstadt bald ändern soll. Durch Renaturierung und Überflutung von großen Bereichen im Frühjahr haben sich zahlreiche Pflanzen- und Tierarten wieder angesiedelt. So werden alljährlich ein Auwaldtier und eine Auwaldpflanze des Jahres in den Blickpunkt des Interesses gestellt, um das Verständnis für diese einzigartige natürliche Umwelt zu wecken und das Interesse für den aktiven Schutz der Umwelt zu entwickeln. **Frühlingsblüher-Teppiche** mit Märzenbechern begeistern Naturfreunde ebenso wie der **Bärlauch**, dessen typischer Geruch meist ab Mitte April bis Mitte Mai beim Durchqueren

> **! Baedeker TIPP**
>
> **Beliebte Ausflugsziele**
>
> sind u. a. die Domholzschänke, Schlobachs Hof, das Gut Schloss Gundorf mit Schlosspark und Reiterhof, der Auensee mit Campingplatz, Bungalows und Restaurant sowie das nördlich an das Sportforum angrenzende Gelände des Schützenhofs mit Restaurant und Schießplätzen des ältesten Schützenvereins Leipzigs.

des Auwalds in die Nasen steigt. Die Leipziger nutzen die Zeit vom Auftauchen der ersten Blätter bis zur beginnenden Blüte, um die würzige Pflanze für die heimische Küche zu »ernten«. Dabei sollte pro Pflanze nicht mehr als ein Blatt gepflückt werden, um das weitere Wachstum zu garantieren. Im citynahen Auwald gibt es eine Reihe von Parks, die beginnend vor etwa 200 Jahren angelegt wurden und deren prägnante Bezeichnungen noch an ehemalige Revierorte erinnern bzw. an die »Stifter« der großzügigen Anlagen. So befindet sich im Scheibenholz seit 1867 eine der ältesten Pferde-Galopp-Rennbahnen Deutschlands und im daran angrenzenden **Johannapark** eine Freilichtbühne sowie das ganzjährig betriebene Ausflugsrestaurant Glashaus. Im südlichen Auwald ist der Wildpark seit vielen Jahrzehnten eine Attraktion, in dem man einheimische Tierarten, aber auch Luchse, Wisente und Elche beobachten kann. Von hier aus ist es nicht mehr weit bis in die Landschaft von ►Neuseenland.

Bach-Museum (auf Zeit)

G 6/7

Lage: Thomaskirchhof 14
Bus: Linie 89
Straßenbahn: Thomaskirche (Linie 9)
Innenstadtplan: I C 3

Der große Musiker und Komponist Johann Sebastian Bach ist in Leipzig beinahe allgegenwärtig: zurzeit auch an drei verschiedenen Bauzäunen in der Innenstadt unter dem Motto »Bach unterwegs«.

Öffnungszeiten:
tgl. 11.00 – 18.00

Das liegt an den Baumaßnahmen im Bach-Museum, das seinen angestammten Platz deshalb verlassen und in das sehr eingeschränkte benachbarte Interimsquartier »Bach-Museum auf Zeit« ausweichen musste. Hier gibt es auch einen Museumsshop und ein Café. Das angestammte Museumsgebäude wies starke Schäden besonders im Dachbereich auf und wird voraussichtlich Ende 2010 auf dann verdoppelter Ausstellungsfläche wieder Zeugnisse, darunter Handschriften und Noten, aber auch Musikinstrumente, aus der Wirkungszeit des genialen Musikers des 18. Jh.s zeigen. Im inzwischen abgerissenen hinteren Anbau hatte das Kabarett Pfeffermühle (► Ausgehen) als ältestes Nachkriegsensemble seines Genres seit 1961 seine ständige Spielstätte. Das Museumsgebäude mit dem markanten Innenhof gehörte einst der Kaufmannsfamilie Bose, mit der Johann Sebastian Bach eng verbunden war.

Das Bach-Archiv wurde 1950 aus Anlass des 200. Todestages des Komponisten gegründet und ist seit 1998 als »Stiftung Bach-Archiv Leipzig« tätig. Es dient als Forschungsinstitut zur Sammlung, Dokumentation und Vermittlung aller mit dem Leben und Wirken Johann Sebastian Bachs verbundenen Beziehungen. Außerdem wirkt es bei der Herausgabe seiner kompositorischen Werke und bei weiteren wissenschaftlichen und populären Veröffentlichungen – wie dem Bach-Jahrbuch der Neuen Bachgesellschaft – mit.

Bach-Archiv

◄ Dittrichring 18 – 20a (interim) www.bach-leipzig.de

★ Bibliotheca Albertina (Universitätsbibliothek)

H 6

Lage: Beethovenstraße 6
Straßenbahn: Neues Rathaus (Linien 2, 8, 9)
Bus: (Linie 89)
Innenstadtplan: I E 2 / 3

Die Universitätsbibliothek Leipzig – die zweitälteste in Deutschland – wurde 1543 gegründet. Herzog Moritz von Sachsen schenkte der Universität infolge der Säkularisierung im Juni 1543 das Paulinerkloster, in dessen Räumen die Büchersammlungen der bis dato bestehenden vier Stadtklöster und weiterer Klöster aus Sachsen sowie Thüringen zusammengefasst wurden.

Damit besaß die Einrichtung einen Grundstock von ca. 5000 Bänden von Druckschriften und ca. 750 Handschriften. Mit dem Wachsen des Bestands der **»Gelehrtenbibliothek«** wurden auch Kataloge herausgegeben. Ab 1833 wurde die dem Sächsischen Ministerium für Kultus und öffentlichen Unterricht unterstellte Bibliothek nach wissenschaftlichen Grundsätzen reorganisiert. Neben der wachsenden Verlagsproduktion führte auch die Übernahme großer Büchersammlungen – wie die wertvolle Goethe-Sammlung des Verlegers Salomon Hirzel – zu einem rasch zunehmenden Bestand, der bald die räumlichen Möglichkeiten sprengte. Mit dem Bau der Bibliotheca Albertina wurden ausreichende Lager bzw. Magazine geschaffen. Das nach vierjähriger Bauzeit im Oktober 1891 übergebene Bibliotheksgebäude im Stil des Historismus ist wohl das Glanzstück des Leipziger Architekten Arwed Rossbach. Verschiedene architektonische Einflüsse fanden Eingang in die repräsentative Gestaltung des Bauwerks, dessen über 100 m lange Fassade an die Bauweise der französischen Schlösser des 17. Jh.s erinnert und bei der Elemente der italienischen Hochrenaissance mit barockem Zierrat mischt. In die Innenraumgestaltung wurden verschiedene bauliche Details Leipziger historischer Gebäude einbezogen, wie z. B. eine Renaissance-Holzkassettendecke aus dem früheren Fürstenhaus in der Grimmaischen Straße. Zum Kriegsende war das Gebäude zu zwei Dritteln zerstört, doch die zuvor ausgelagerten Bestände und Kataloge fast vollständig blieben. Der Wiederaufbau des während der DDR-Zeit nur provisorisch in-

Hort universitären Wissens

◄ www.ub.uni-leipzig.de

stand gesetzten Komplexes begann 1992 und dauerte fast zehn Jahre. In neuer alter Pracht und mit modernster Ausstattung bietet die Einrichtung in ihren Lesesälen 780 Plätze. Hier können allein 200 000 Bände aus der Freihandaufstellung genutzt werden.
Zur Universitätsbibliothek gehören weitere 40 Zweigstellen in unmittelbarer Nähe der wissenschaftlichen Einrichtungen der Hochschule. Im Bestand befinden sich über 5 Mio. Bücher sowie 7700 laufende Zeitschriften. Nutzer der Einrichtung sind in erster Linie Studenten und Wissenschaftler der Universität Leipzig. In der Präsenzbibliothek haben aber ebenso die Bevölkerung und Nutzer aus anderen Bildungseinrichtungen die Möglichkeit, Publikationen einzusehen. Groß ist das internationale Interesse am wertvollen Altbestand und den Sondersammlungen. Einen hohen Stellenwert haben Inkunabeln, mittelalterliche Handschriften, Papyri, die Autografensammlung, eine Ostrakasammlung (Tonscherben und -tafeln) und die Münzsammlung.

★★ Bundesverwaltungsgericht

H 6

Lage: Simsonplatz 1
Bus: Linie 89
Innenstadtplan: I E 3
Straßenbahn: Neues Rathaus (Linien 2, 8, 9)

Knapp war die Abstimmung, doch dem Ergebnis verdankt Leipzig das ehemalige Reichsgerichtsgebäude, das neben dem Reichstagsgebäude in Berlin bedeutendste Staatsbauwerk des Historismus im Deutschen Kaiserreich.

Öffnungszeiten:
Mo. – Fr.
8.00 – 16.00

www.bundesverwaltungsgericht.de

Die neue Reichshauptstadt Berlin hatte den Sitz des Reichsgerichts scheinbar schon sicher, als sich der Bundesrat am 28. Februar 1877 mit 30 gegen 28 Stimmen für Leipzig entschied. Ausschlaggebend dafür war u. a., dass in Leipzig bereits seit 1869 das Reichsoberhandelsgericht tätig war und dass die Stadt dem Reichsjustizamt alternative Bauplätze zur Verfügung stellen konnte. Das Reichsgericht nahm bereits im April 1877 seine Tätigkeit auf; das repräsentative Gebäude wurde jedoch erst 1888 bis 1895 errichtet. Im Jahr 1884 wurde dazu ein nationaler Wettbewerb ausgeschrieben, den Ludwig Hoffmann und der Norweger Peter Dybwad mit ihrem Entwurf »Severus« gewannen.

Reichstagsbrandprozess ►

Internationales Aufsehen erregte 1933 der Reichstagsbrandprozess, dessen Verhandlungen sowohl in Leipzig als auch in Berlin stattfanden. Nach dem Freispruch für den bulgarischen Kommunisten Georgi Dimitroff wurde dem Reichsgericht ab 1934 die Rechtsprechung für Hochverrat entzogen und dem neu geschaffenen, berüchtigten Volksgerichtshof übertragen. Von 1951 bis 1991 war im Gebäude das Georgi-Dimitroff-Museum beheimatet. Ebenfalls seit 1952 befand sich im Erdgeschoss das ►Museum der bildenden Künste, das 2004 seinen Neubau beziehen konnte. Den Nordflügel nutzte das Staatsarchiv Leipzig seit seiner Gründung 1954.

Nach der Wiedervereinigung wurde Leipzig 1992 von der Föderalismuskommission zum Sitz des Bundesverwaltungsgerichts bestimmt. Mit großem finanziellen Aufwand wurde das historische Gebäude saniert und modernisiert. Unabhängig von Gerichtsverfahren können Besucher den historischen Plenarsaal und die Kuppelhalle besichtigen. Führungen können schriftlich bzw. per Mail über den Besucherdienst des Bundesverwaltungsgerichts vereinbart werden.

Architektonische Besonderheiten

Der Gebäudekomplex ist 126 m lang, 76 m breit und um zwei große Innenhöfe angelegt. Durch die lang gestreckte, wenig verzierte Fassade wirkt der Monumentalbau nicht überladen. Natürlich wurden, der Repräsentationsfunktion entsprechend, überdimensionale Wappen und Figuren eingesetzt, um den Status des hier residierenden Gerichtshofs zu unterstreichen. Der Grundriss gliedert sich in den öffentlich zugänglichen Mittelbau, der von einer fast 70 m hohen gläsernen Kuppel mit der fackeltragenden Skulptur der »Wahrheit« gekrönt wird, sowie den Nord- und den Südflügel mit Diensträumen der Juristen. Der Mittelbau, in den Besucher unmittelbar hinter dem

In dem für das Reichsgericht gebauten Gebäude fand u. a. der Reichstagsbrandprozess gegen Georgi Dimitroff statt.

Portal eintreten, besitzt zwei Hauptgeschosse, in denen sich sechs Sitzungssäle sowie der historische Plenarsaal befinden. Bemerkenswert sind die Wand- und Deckenverkleidungen aus Eichenholz mit den eingearbeiteten Wappen der Königreiche Preußen, Bayern, Sachsen und Württemberg sowie die fünf Bleiglasfenster, die 25 Wappen deutscher Städte zeigen. Prachtvollster Raum des Gebäudes ist der im neobarocken Stil gestaltete Festsaal der ehemaligen Präsidentenwohnung. Hier finden offizielle Empfänge und repräsentative Veranstaltungen, darunter im November die Verleihung des Leipziger Medienpreises »Heiße Kartoffel« statt.

★ Deutsche Nationalbibliothek

J 8

Lage: Deutscher Platz 1
Bus: Linie 74
Straßenbahn: Deutsche Nationalbibliothek (Linien 2, 16)

Seit ihrer Gründung 1912 hat die Deutsche Bücherei in Leipzig die Aufgabe, als Gesamtarchiv des deutschsprachigen Schrifttums zu wirken. Alle in Deutschland herausgegebenen und die im Ausland erscheinenden Publikationen in deutscher Sprache werden hier gesammelt, für die Nachwelt archiviert und u. a. für wissenschaftliche Zwecke zugänglich gemacht.

Öffnungszeiten:
Mo. – Fr. 8.00 – 22.00
Sa. 9.00 – 18.00

www.ddb.de

Seit 1941 werden auch die über Deutschland weltweit erscheinenden Druckwerke erfasst, die sog. »Germanica«, und ebenso Übersetzungen deutschsprachiger Werke in andere Sprachen. Die (nahezu) lückenlose bibliografische Erfassung und Sammlung wird durch »Pflichtexemplare« garantiert, die die Verlage an die Bibliothek abzugeben haben. Der Bestand ist in der Regel allgemein zugänglich und kann im Lesesaal nach Vorbestellung eingesehen werden.
Mit der deutschen Teilung war auch für die Deutsche Bücherei eine besondere Situation entstanden. 1947 wurde in Frankfurt a. M. die Deutsche Bibliothek gegründet, die fortan die Funktion der Deutschen Bücherei für die westlichen Besatzungszonen und später die Bundesrepublik Deutschland übernahm. 1970 entstand das Deutsche Musikarchiv Berlin, das heute dem Standort Leipzig zugeordnet ist. Mit der Wiedervereinigung Deutschlands wurden diese Einrichtungen zu der Gesamtinstitution **»Die Deutsche Bibliothek«** vereinigt, die 2006 einen erweiterten gesetzlichen Auftrag und einen neuen Namen erhielt: Deutsche Nationalbibliothek. Ihr Gesamtbestand beläuft sich momentan auf rund 24,1 Mio. Einheiten, davon etwa 14,3 Mio. in Leipzig, etwa 8,3 Mio. in Frankfurt a. M. und ungefähr 1,5 Mio. im Deutschen Musikarchiv.

Besondere Einrichtungen in Leipzig ►

Besondere Einrichtungen in Leipzig sind das Deutsche Buch- und Schriftmuseum (s. u.), die Sammlung Exil-Literatur 1933 – 1945 und die Anne-Frank-Shoah-Bibliothek.

Hauptgebäude der Deutschen Bibliothek in Leipzig

Architektur und Entwicklung

Die von 1912 bis 1914 nach Plänen des Architekten Oskar Pusch errichtete Deutsche Bücherei war eines der letzten öffentlichen Gebäude, die im Königreich Sachsen entstanden und gesamtdeutsche Bedeutung haben. Auffallend sind die großzügige Freitreppe und die Porträts von Otto von Bismarck, Johannes Gutenberg und Johann Wolfgang von Goethe über den kunstvoll gestalteten Portalen. Weitere allegorische Skulpturen stehen für Technik, Kunst, Recht, Philosophie, Theologie und Medizin. Bei der Innengestaltung sind u. a. die Wandmosaiken in der Eingangshalle und das **Wandbild »Brunnen des Lebens«** im Großen Lesesaal erwähnenswert.
Gegenwärtig wird der **4. Erweiterungsbau** für die Deutsche Nationalbibliothek im unmittelbaren Anschluss an das historische Gebäude errichtet, um sowohl für die Archivierung, das Deutsche Buch- und Schriftmuseum und für das Deutsche Musikarchiv Berlin, das dann nach Leipzig umziehen wird, Platz zu schaffen. Die letzte Erweiterung erfolgte Ende der 1970er-Jahre. Dabei wurde der »Bücherturm« errichtet, der über eine Transportbrücke mit dem Hauptgebäude verbunden war.

Deutsches Buch- und Schriftmuseum

Das Deutsche Buch- und Schriftmuseum ging aus dem 1884 in Leipzig gegründeten Deutschen Buchgewerbe-Museum hervor. Es ist **weltweit die älteste Einrichtung dieser Art** und vom Umfang und von der Qualität seiner Bestände her das bedeutendste Museum auf diesem Gebiet. Hier werden Zeugnisse der Buch-, Schrift- und Papierkultur gesammelt und aufbewahrt. Zugänglich gemacht wird ein

? WUSSTEN SIE SCHON ...?

- ... dass Leipzig nicht nur ein bedeutendes Zentrum des Buch- und Verlagswesen ist, sondern dass es hier auch einige Pioniertaten auf diesem Gebiet gab? Beispielsweise die »Die Einkommenden Zeitungen«, die erste Tageszeitung der Welt, die der Drucker Timotheus Ritzsch ab Juli 1650 sechsmal pro Woche in einer Auflage von 200 Exemplaren herausbrachte. Bereits 1507 war das erste Lehrbuch, das Meteorologie-Buch »Wellendarffers Decalogium«, erschienen und 1826 entstanden die ersten Wetterkarten, die der Physikprofessor Heinrich Wilhelm Brandes entwickelt hatte. Auch der erste maßstabsgerechte Stadtplan in Deutschland wurde 1749 in Leipzig hergestellt.

Teil der Sammlungen in Form von Ausstellungen. So bildete von 1996–2008 die Dauerausstellung »Merkur und die Bücher – 500 Jahre Buchplatz Leipzig« einen Besuchermagneten. Mit der Fertigstellung des 4. Erweiterungsbaus werden für die neu konzipierte Ausstellung rd. 4000 m² Fläche zur Verfügung stehen. Zum Museumsbestand von etwa 1 Mio. Objekten gehören historisch gewachsene Studiensammlungen sowie eine der größten Fachbibliotheken der Welt zum Buchwesen. Bis zur Eröffnung der neu konzipierten Dauerausstellung **voraussichtlich Ende 2010** wird die Ausstellungstätigkeit des Museums eingestellt.

Deutsches Kleingärtnermuseum

H 5

Lage: Aachener Straße 7
Bus: Waldplatz (Linie 131)
Straßenbahn: Waldplatz (Linien 3, 4, 7, 8, 13, 15)

Weltweit einzigartig ist das Deutsche Kleingärtnermuseum im Vereinshaus des ersten deutschen Schrebervereins von 1864 in Leipzig.

Öffnungszeiten:
Di.–Do.
10.00–16.00

www.kleingarten-museum.de

Abb. S. 64–65

Zur unter Denkmalschutz stehenden Anlage des Kleingärtnervereins Dr. Schreber e. V. gehören auch ein Museums- und ein Ausstellungsgarten, in denen eine der ältesten Gartenlauben Deutschlands von 1880 sowie weitere sächsische Lauben aus der Zeit von 1890 bis 1930 zu sehen sind. Die Ausstellung »Deutschlands Kleingärtner vom 19. bis zum 21. Jahrhundert« erläutert die Geschichte des organisierten Kleingartenwesens und beschreibt u. a. Armengärten, die Naturheil- und die Schreberbewegung, Berliner Laubenkolonien, Gärten von Unternehmen und verschiedenen Einrichtungen sowie Bürgerinitiativen. Noch heute gibt es in Leipzig über 31 500 Kleingärten.
Vor dem Vereinshaus ehrt eine Gedenkplakette die »Pioniere der Kleingartenbewegung«, den Orthopäden und Pädagogen Moritz Schreber (► Berühmte Persönlichkeiten) und seinen Freund, den Lehrer Ernst Hauschild. Ein historischer Kinderspielplatz mit Spielgeräten, wie sie um 1900 üblich waren, zieht Familien an, ebenso das nahe gelegene Freibad »Schreberbad«. Für die gastronomische Betreuung der Museumsbesucher sorgt das Restaurant »Schrebers« im Erdgeschoss des historischen Vereinshauses.

★ Fregehaus

G 7

Lage: Katharinenstraße 11
Innenstadtplan: I B 3

Straßenbahn: Goerdelerring (Linien 1, 3, 4, 7, 9, 12, 13, 14, 15)

Zu den schönsten erhaltenen barocken Wohn- und Geschäftshäusern Leipzigs zählt das Fregehaus gegenüber vom ► Museum der bildenden Künste.

Herausragendes Gebäude in der Katharinenstraße

Eine Relieftafel im Hof verweist auf 1535 als vermutliches Baujahr. Seit der Umgestaltung im barocken Stil 1706/07 trägt es ebenso wie das ► Romanushaus und das Königshaus (► Markt) die Handschrift des Leipziger Ratsmaurermeisters Johann Gregor Fuchs. Dabei wurden der reich mit Fruchtgirlanden verzierte Erker und die Gaupen auf dem Stahldach angebaut. Die Kreuzgewölbehalle im Eingangsbereich stammt aus dem 16. Jh., im Treppenhaus ist noch ein Teil der Delfter Zierkacheln als Wandverkleidung vorhanden. Der historische Seitenflügel wurde 1992 wieder errichtet, damit konnte eine umfassende Restaurierung beendet werden. Bei den Arbeiten war u. a. ein historisches Münzmusterbuch des Bankhauses Frege in einem Wandversteck gefunden worden.

Der Bankier **Christian Gottlob Frege** besaß das Haus seit 1782. Für den sächsischen Hof hatte das Bankhaus mit den Repräsentanten Napoleons 1806/07 die Höhe der Kriegskontributionen ausgehandelt und zu einem Großteil aus eigenem Vermögen beglichen. Berühmte Gäste gingen bei Familie Frege ein und aus, wie Johann Wolfgang von Goethe, Robert Schumann (beide ► Berühmte Persönlichkeiten) und die Brüder Humboldt.

Neben dem Marktamt der Stadt Leipzig und dem **Archiv Bürgerbewegung** (► Stadtgeschichtliches Museum, S. 227), das sich mit der Geschichte des Widerstandes gegen das SED-Regime beschäftigt, hat im Fregehaus seit 1988 das Europahaus Leipzig e. V. seinen Sitz. Dadurch können Besucher Einblicke in die historischen Innenräume mit ihren prächtigen Holzbalkendecken nehmen. Im Innenhof und im Gewölbekeller befindet sich ein Floristengeschäft mit sehenswerten Ausstellungen. Interessant ist ein in dieser Art seltenes **Spottrelief** aus der Reformationszeit, das offensichtlich Luther unten liegend sowie Papst und Kaiser darstellt.

Friedhöfe

Auf einigen Leipziger Friedhöfen sind bedeutende Persönlichkeiten begraben – auch hier spiegelt sich die Geschichte der Stadt wider. Durch drei Ruhestätten werden auch Führungen angeboten.

✶ Südfriedhof

Friedhofsweg 3
K/L 9
Straßenbahn: Völkerschlacht-denkmal oder Südfriedhof/Westtor (Linie 15) ►

Einer der schönsten und mit 78 ha auch größten Parkfriedhöfe Europas ist Leipzigs Südfriedhof. Entworfen wurde die Anlage im Jugendstil durch Stadtbaurat Hugo Licht und Gartendirektor Otto Wittenberg. Die Wegeführung wurde der **Form eines Lindenblattes** nachempfunden, um einen Bezug auf Leipzigs slawischen Ursprungsnamen Lipzk (»Der Ort, an dem die Linden stehen«) herzustellen. Zum Teil wurden die Flächen mit seltenen Bäumen, Sträuchern und Blumen bepflanzt; bekannt ist der Südfriedhof auch für seine zirka **9000 Rhododendren**, die während ihrer Blütezeit im Mai ihre vielfältigen Farben und Formen entfalten. Von Weitem ist der Glockenturm des neoromanischen Feierhallenkomplexes zu sehen, der Krematorium, Hauptkapelle und östliche Kapelle (vorwiegend für konfessionelle Trauerfeiern) sowie westliche Kapelle (vorwiegend weltliche Trauerfeiern) vereint und auf einem 5 m hohen Plateau steht. Architektonisch interessant ist der Gesamtkomplex, der nach dem Vorbild des Benediktinerklosters Maria Laach entstand.

Grabskulptur auf dem Südfriedhof

Viele berühmte Persönlichkeiten haben auf dem Südfriedhof ihre letzte Ruhestätte gefunden: u. a. die Verlegerfamilien Baedeker (► Baedeker Special S. 46), Hinrichsen, Meyer und Ullstein, die Mundartdichterin Lene Voigt, Kabarettist Jürgen Hart, die Maler Werner Tübke und Wolfgang Mattheuer, Thomaskantoren und Gewandhauskapellmeister, Ärzte und Wissenschaftler. Andere Grabstätten kamen durch Umbettung vom Alten Johannisfriedhof hinzu, wie die des Dichters Christian Fürchtegott Gellert und des Begründers der Lautsprachenmethode für Taubstumme, Samuel Heinicke. Interessant gestaltete und Grabmale von hohem künstlerischem Wert, wie z. B. die von Max Klinger, Carl Seffner und Walter Arnold, lassen den Besuch von Leipzigs schönstem Parkfriedhof zu einer abwechslungsreichen Entdeckungstour werden.

✶ Alter Johannisfriedhof

Prager Straße (Eingang Grassi-Museum)
H 8 (I C/D 6)

Der Alte Johannisfriedhof schließt sich nahtlos an den Komplex der ► Grassi-Museen an. Alte Baumbestände und großzügige Rasenflächen unterstreichen den **wunderbaren Parkcharakter**. Die rund 400 noch vorhandenen Grabmale zeigen dem Besucher dieser ältesten

Begräbnisstätte Leipzigs Stadtgeschichte in besonderer Art und Weise. Hier wandelt man zwischen **Grabmalkunst aus Barock, Klassizismus und Historismus**. Interessante Epitaphien, vielfältige Gestaltungselemente sowie spezielle Symbole lassen den Betrachter über die künstlerische Umsetzung des Themas (Leben und) Tod reflektieren. Die Ruhestätten bekannter Kaufmanns-, Handels- oder Bankiersfamilien wie Frege, Dufour, Apel, Harkort und Grassi sind ebenso zu finden wie das von Anna Katharina Kanne, geb. Schönkopf (Käthchen Schönkopf; Goethes Jugendfreundin während seiner Studienzeit in Leipzig), von Johanna Rosina Wagner und Johanna Rosalie Marbach, geb. Wagner (Mutter und Schwester Richard Wagners), von Johann Conrad Hinrichs (Verleger und Begründer der ersten Buchhandlung in Leipzig), von Karl Christoph Traugott Tauchnitz (Buchdrucker und Verlagsbuchhändler) und von Ernst I. Hauschild (Mitbegründer der Schrebergartenbewegung). Die einzige noch erhaltene Gruftkapelle des Friedhofs ist das Grufthaus der Verlagsbuchhändler-Familie Baumgärtner unmittelbar hinter dem Grassi-Museum.

◄ Straßenbahn: Johannisplatz (Linien 4, 7, 12, 15)

Auf dem Gelände ist außerdem eine Sammlung mit Grabmonumenten des säkularisierten Neuen Johannisfriedhofs, des heutigen Friedensparks, zu sehen. Hier befinden sich z. B. Grabmale der Sammelgrabstätte der Leipziger Universität, die Grabdenkmale von Anton Philipp Reclam sowie der Verlegerfamilie Brockhaus, von berühmten Bürgermeistern wie Wilhelm Otto Koch und Carl Bruno Tröndlin oder von Kämpferinnen der Frauenbewegung wie Auguste Schmidt und Louise Otto-Peters (► Berühmte Persönlichkeiten) und ebenso von Dr. Karl Heine, dem Gründer des Elster-Saale-Kanal-Vereins und Förderer der Industrialisierung von Leipzig-Plagwitz (S. 141).

Der Alte Israelitische Friedhof

Berliner Str. 123
E 8
◄ Straßenbahn: Hamburger Straße (Linie 9)

Ein Kulturdenkmal besonderer Art ist der Alte Israelitische Friedhof in der Berliner Straße. Er ist nicht der älteste jüdische Friedhof in Leipzig, denn bereits 1814 erwarb die jüdische Gemeinde von der Stadt Land und weihte im gleichen Jahr ihre erste, nicht mehr existente Begräbnisstätte im Johannistal.

Da Leipzig eine der größten jüdischen Gemeinden hatte, reichte dieser Friedhof aber bald nicht mehr aus, sodass 1864 der Alte Israelitische Friedhof eröffnet wurde, auf dem heute dicht gedrängt die **Grabsteine mit Inschriften in deutscher und hebräischer Sprache** stehen. Man findet auch neugotische, ägyptisierende und spanisch-maurische Stilelemente und orientalische Ornamentik sowie Neorenaissance-Formen. Die Inschriften an vielen Grabmalen blättern außerdem ein Kapitel schwärzester deutscher Geschichte, denn sie sind ehemaligen jüdischen Mitbürgern gewidmet, die in den Konzentrationslagern Sachsenhausen, Ravensbrück, Theresienstadt, Buchenwald, Dachau oder Riga Opfer der nationalsozialistischen Gewaltherrschaft geworden sind.

Rundgang ►

Leipzigs Wirtschaft und Kultur wurde entscheidend mitgeprägt durch das Wirken bekannter jüdischer Familien, deren letzte Ruhestätten bei einem Rundgang über den Alten Israelitischen Friedhof zu sehen sind: z. B. die rekonstruierte Ruhestätte von Henriette Goldschmidt (Pädagogin, Frauenrechtlerin sowie Gründerin des ersten Volkskindergartens und der ersten Hochschule für Frauen in Leipzig, ►Berühmte Persönlichkeiten) sowie ihres Ehemanns Dr. Abraham Meyer Goldschmidt, der über 30 Jahre lang als Rabbiner in der Stadt wirkte. Weiterhin sind hier die Ruhestätten von Prof. Julius Fürst, dem ersten jüdischen Professor an der Universität Leipzig, von Jacob Plaut – Förderer der Leipziger Messe und großzügiger Stifter, von Dr. Pascal Deuel, dem ersten Leiter des von Chaim Eitingon für die Bürger der Stadt Leipzig gestifteten Eitingon-Krankenhauses und von anderen zu finden.

Da nach jüdischer Sitte die Verstorbenen ewiges Ruherecht haben und dadurch die Grabstätten nicht wieder neu belegt werden können, legte die Israelitische Religionsgemeinde zu Leipzig einen weiteren Friedhof, den Neuen Israelitischen Friedhof, in der Delitzscher Straße an.

★★ Gohliser Schlösschen

F 6

Lage: Menckestraße 23

Straßenbahn: Prellerstraße (Linie 12), Waldstraße (Linie 4)

»Wem's nicht wohl ist, der geht nach Gohlis«, lautete ein Spruch, der dem Leipzig benachbarten Dörfchen bis Ende des 19. Jh.s beinahe Kurortstatus zuschrieb.

Kleinod mit Kunst und kulinarischen Freuden

www.gohliser-schloss.de ►

So hielten es auch die gut betuchten Leipziger, die im Sommer zum Kurzausflug zu Fuß, mit dem Boot auf der Pleiße, hoch zu Ross oder mit der Kutsche in das Dorf kamen. Manche verbrachten hier bei frischer Landluft sogar einige Wochen. Die meisten wohnten in Bauernhöfen, die sich auf ihre städtischen Gäste eingerichtet hatten. Rings um Leipzig waren verschiedene prachtvoll gestaltete Gärten entstanden und das Bauland im Grünen war knapp. Als der Handelsherr und Ratsbaumeister Johann Caspar Richter in den Besitz von drei benachbarten Bauernhöfen am Dorfanger von Gohlis gelangte, ließ er 1755/56 auf dem Gelände ein schlossartiges Anwesen im Rokokostil errichten. Dass es bis heute erhalten ist, obwohl die expandierende Großstadt es längst eingekreist hat, ist mancherlei glücklichen Umständen zu verdanken. Nach vielen Jahrzehnten der Vernachlässigung erstrahlt das Kleinod seit 1991 wieder im alten Glanz und hat sich zu einer ersten Adresse entwickelt.

Dank des Engagements des Freundeskreises Gohliser Schlösschen e. V. finden hier interessante **Konzerte, Lesungen und Ausstellungen**

Der Ratsbaumeister Richter baute sich 1756 diesen feudalen Landsitz.

statt, die einen wichtigen Beitrag zum Kulturleben Leipzigs leisten. Das Haus bzw. seine Räumlichkeiten werden auch zu repräsentativen Anlässen und Feiern vermietet.

Architektonische Entdeckungen

Den Schlossgarten betritt man vom Poetenweg her durch ein schmiedeeisernes Tor, das zu einem der einstmals berühmten Leipziger Gartengrundstücke gehörte. Der frühere Rokokogarten des Schlösschens, der von zwei arkadenförmigen Gebäudeflügeln umrahmt wird, ist um 1800 im englischen Stil umgestaltet worden. Markant für das Schlossgebäude ist der Turm mit Wetterfahne; in einem der Flügelbauten finden Ausstellungen statt. Der historische Steinsaal im Untergeschoss wird jetzt gastronomisch genutzt, der Festsaal im ersten Obergeschoss, auch Oeser-Saal genannt, bietet für Kammerkonzerte und Lesungen einen festlichen Rahmen. Die meisten architektonischen Details und zahlreiche Einrichtungsgegenstände sind aus der Entstehungszeit original erhalten.
Die Lage des Gohliser Schlösschens ist auch heute noch einzigartig, denn in Richtung Süden führt ein breiter Fußweg über ca. 1,5 km durch das Rosental (► Auwald) am ► Zoo Leipzig vorbei und durch die Rosentalgasse direkt in das historische Stadtzentrum. Dieser Weg gehörte zu den geplanten 13 Alleen, die sich durch einen Park mit Lustschloss für den sächsischen Kurfürst August den Starken ziehen sollten. Dank der List der Leipziger Bürgerschaft, die auf die in der Flussauenlandschaft stark verbreiteten Mücken verwiesen, wurde der Bauplan des Landesherrn vereitelt.

Der alte Gohliser Dorfanger ist in seiner Struktur noch auf der Menckestraße erkennbar, die die nördliche Begrenzung des Grundstücks bildet. Bei einem Spaziergang kann man interessante Details entdecken. So lädt etwa 100 m von der Sommerresidenz entfernt die **einzige historisch authentische Gosenschenke »Ohne Bedenken«** (► Baedeker Special S. 84 / 85), die 1986 aus ihrem Dornröschenschlaf wieder erweckt wurde, zur Einkehr in einen der schönsten Biergärten Leipzigs ein. Etwa 250 m nördlich an der Menckestraße liegt das ► Schillerhaus.

★★ Grassi-Museen

H 7/8

Lage: östl. vom Stadtzentrum
Innenstadtplan: I C 5/6

Straßenbahn: Johannisplatz (Linien 4, 7, 12, 15)

Mit der Wiedereröffnung des Grassi-Museums für Angewandte Kunst im Dezember 2007 ist das museale Dreigestirn, zu dem außerdem das Museum für Völkerkunde und das Museum für Musikinstrumente der Leipziger Universität zählen, nach mehrjähriger umfassender Sanierung wieder komplett.Ein repräsentatives Spektrum aus dem reichen Fundus der drei Museen wird jetzt in den Räumen zeitgemäß präsentiert.

Entstehungsgeschichte und Architektur

www.grassimuseum.de ►

Grundstock des heutigen Museums bildet die kulturhistorische Sammlung des Hofrats Dr. Gustav Klemm, mit der die Stadt ihre Völkerkunde- und Kunstgewerbeausstellung 1870 begründete. Auf dem heutigen Wilhelm-Leuschner-Platz wurde aus Stiftungsmitteln des vermögenden Kaufmanns **Franz Dominic Grassi** das »alte« Grassi-Museum (die jetzige Stadtbibliothek) errichtet. Da der Platz bald nicht mehr ausreichte, entstand das heutige Museumsgebäude am Johannisplatz 1925 bis 1929 nach den Plänen von Leipziger Architekten. 2000 begann eine umfassende Sanierung des Komplexes.
1925 wurde hier das alte Johannishospital abgebrochen. Unmittelbar neben dem Museum befindet sich noch der **Alte Johannisfriedhof** (► Friedhöfe) mit historischen Grabstätten, darunter auch die von Grassi. Die Gebäudearchitektur des Areals wurde so abgestimmt, dass der parkähnliche Gottesacker mit seinem alten Baumbestand in die Gesamtkomposition integriert wurde. Ein schlossähnlicher Grundriss empfängt die Museumsbesucher in zwei hintereinanderliegenden Ehrenhöfen, von denen die Gebäudeflügel abzweigen.

Abb. S. 44 ►

Über dem Eingangsportal weithin sichtbar und nachts angestrahlt leuchtet eine vergoldete, fontänenartige Dachbekrönung. Zierelemente im Art-déco-Zackenstil aus Porphyrtuff betonen die Eingangsportale. Damit gehört es zu den **architektonisch reizvollsten Museumsgebäuden Europas**.

Neben einem Beduinenzelt und einem indianischen Tipi kann man im Museum für Völkerkunde auch eine komplett eingerichtete mongolische Jurte in Augenschein nehmen.

✶ Museum für Völkerkunde

Öffnungszeiten: Di. – So. 10.00 – 18.00

Zu den Mäzenen und Förderern der ethnografischen Sammlung gehörten Ende des 19. Jh.s u. a. der Entdecker von Troja, Heinrich Schliemann, der Erstbesteiger des Kilimandscharo, Hans Meyer, sowie weitere namhafte deutsche Forscher und Reisende. Mit etwa 200 000 Objekten gehört sie zu den größten und bedeutendsten Sammlungen dieser Art in ganz Deutschland. Neben Kollektionen, die kulturelle Zeugnisse aus ehemaligen Kolonien zusammentrugen, führten auch Expeditionen der Wissenschaftler des Museums zur systematischen Erweiterung des Bestands.

Sammlungen

Aus den über 45 000 afrikanischen Objekten sind v. a. die **wertvolle Benin-Sammlung**, teilweise sehr alte und wertvolle Stücke aus dem mittleren und südlichen Zentralafrika und bedeutende Kollektionen der San (Buschmänner), erwähnenswert. Die Amerika-Abteilung zeigt hauptsächlich Exponate der südamerikanischen Kulturen, darunter einiger Stämme der Amazonasindianer.
Ostasien ist mit über 20 000 Stücken aus China, Taiwan und Tibet, Japan und Korea vertreten. Mit über 700 Objekten besitzt das Leipziger Museum die drittgrößte Ainu-Sammlung (Ureinwohner von Hokkaido) in Europa sowie bedeutende Japan-Sammlungen, darunter die der Weltausstellungen in Wien und in Paris. Unter den Expo-

naten aus Südostasien kann man interessante Stücke aus dem Ende der Kolonialzeit verschiedener Länder sehen. 1926/27 trug der Anthropologe Egon von Eickstedt Gegenstände aus dem Leben der dortigen Ureinwohner (u.a. aus Sri Lanka, Zentralindien und Nikobar) zusammen, die in der südasiatischen Abteilung gezeigt werden. Die Sammlung aus Westasien ist zwar klein, wartet aber mit wahren Raritäten auf: mit einem Schamanenkostüm der Ewenken sowie Alltags- und Kultgegenständen aus dem Amurgebiet und aus Ost- und Westsibirien. Die Ozeanien-Sammlung vermittelt anhand von 30 000 Objekten ein Bild vom Leben auf den Inseln Melanesiens und zeigt Exponate aus Mikronesien. 900 Einzelobjekte aus dem westlichen Iran sowie usbekische und tadschikische Keramik des 20. Jh.s sind die Schwerpunkte der Orient-Abteilung. Lange spielte Europa nur eine untergeordnete Rolle bei der Ausstellungsgestaltung, doch von Anbeginn hat sich das Museum stets um die Bereicherung der historischen Balkan-Sammlung bemüht.

★★ Museum für Musikinstrumente

Öffnungszeiten:
Di. – So.
10.00 – 18.00

Wer hat schon den Originalklang einer Stradivari oder eines antiken Cembalos gehört? Derartige **authentische Eindrücke** vermitteln Klangbeispiele mithilfe eines neu entwickelten 3-D-Soundsystems.

Besucher können im Museum für Musikinstrumente eine musikhistorische Zeitreise durch die Entwicklung des Instrumentenbaus über 13 Etappen antreten.

Die hochkarätige Sammlung weist unter den rund 5000 Objekten absolute Raritäten auf. Hauptinteresse ist der europäische Instrumentenbau von der Renaissance bis zur Gegenwart, aber auch 300 Musikinstrumente aus Asien, Afrika und Amerika gehören dazu – ebenso historische Tonträger und mechanische Musikinstrumente, z. B. Drehorgeln, Saitenspielwerke und Zungenspielwerke.

Sammlungen

Der Grundstock des 1929 im Grassi eröffneten Museums stammte ursprünglich aus Leipzig. Am Anfang stand die Sammlung des holländischen Kaufmanns und Musikliebhabers Paul de Wit, der bereits 1893 ein Museum am Thomaskirchhof (heute Sitz des Bach-Archivs) eröffnete. Er verkaufte die Instrumente an einen Kölner Fabrikanten, der sie ab 1913 dort im musikhistorischen Museum zeigte. Der sächsische Staat und der Musikverleger Hinrichsen stellten die erforderliche Summe zur Verfügung, um die wertvollen Instrumente für die Leipziger Universität zu erwerben.
Verschiedene private Sammlungen fanden Eingang in den Bestand des Museums, u. a. die des Barons Alessandro Kraus, zu der einer der ältesten Hammerflügel der Welt gehört, und die von Johann Adolph Ibach, der eine bedeutende Pianofortefabrik betrieb. Unter den Tasteninstrumenten verschiedener Hersteller befinden sich auch seltene Stücke wie ein Virginal im Nähkästchen und ein Clavichord von Donat. Zahlreiche Exponate stammen von Wiener Künstlern und Kunstliebhabern; zu der Sammlung gelangten weiter die Spende des Orgelbauers Wilhelm Meissner und eine Reihe von Membranophonen aus dem Nachlass von Thomas Wolf.

★ Museum für angewandte Kunst

Öffnungszeiten:
Di. – So.
10.00 – 18.00

Die ersten 30 Räume im rekonstruierten Gebäude gestatten seit Ende 2007 unter der Thematik **»Antike bis Historismus«** einen Rundgang durch 2500 Jahre Kunst- und Kulturgeschichte. Besondere Höhepunkte der Exposition bilden u. a. eine begehbare Vitrine mit italienischen Majoliken der Renaissance sowie drei historische Raumausstattungen, darunter die Refektoriumsvertäfelung aus dem Kloster Cori nahe Rom. Sonderausstellungen holen weitere Schätze aus dem über 90 000 Stücke umfassenden Fundus ans Licht. Zu den traditionellen Sammelgebieten des Hauses zählen Keramik, Glas, Porzellan, Gold- und Silberarbeiten, Holz- und Steinplastiken, Möbel, Münzen und Plaketten sowie eine umfangreiche Textilkollektion. Hinzu kommt ein umfangreicher Bibliotheksbestand.
Im Jahr 2009 wurde der zweite Ausstellungsbereich, **»Asiatische Kunst«,** eröffnet. Zu seinen Glanzstücken gehört neben einer Vielzahl seit Jahrzehnten nicht mehr gezeigter Einzelobjekte ein kostbarer Koromandel-Lackschirm aus Japan.
Ab 2010 erhalten die Besucher im Ausstellungsteil **»Jugendstil bis Gegenwart«** einen lebendigen Eindruck vom Zeitgeist dieser Periode anhand ausgewählter kunsthandwerklicher Meisterstücke.

Grassi-Messe

1920 wurde die die erste Grassi-Messe ins Leben gerufen, mit deren Hilfe der kommerziellen Massenproduktion die **individuelle Meisterschaft im Kunsthandwerk** entgegengestellt werden sollte. Der Plan ging auf – und die Grassi-Messe wurde zu einem international anerkannten Treffpunkt in diesem Bereich, v. a. auch durch eine hochkarätige Jury, die mit ihren Urteilen die schöpferischen Erzeugnisse »adelte«. Mitte der 1950er-Jahre wurde sie zwar eingestellt, erlebt aber seit 2001 eine international beachtete Renaissance. Besondere Exponate der Grassi-Messe wurden angekauft und in die Sammlung »Archiv der Moderne« aufgenommen (www.grassimesse.de).

✶✶ Hauptbahnhof

G 7

Straßenbahn: Hauptbahnhof/Zentralhaltestelle (Linien 1, 3, 4, 7, 10, 11, 12, 13, 15, 16), Hauptbhf. /Westseite (Linie 9, 14)
Innenstadtplan: I A/B 4/5

Bus: Hauptbahnhof Zentralhaltestelle (Linien 72, 73, 100, 131), Hauptbahnhof/Goethestraße (Linie 89)

Der Hauptbahnhof ist nicht nur unter Bahnreisenden eine Legende, denn er ist der größte Kopfbahnhof Europas und zählt zu den wichtigsten Wahrzeichen Leipzigs.

Turnaround zum modernen Schienenverkehrsknotenpunkt

Nach der Fertigstellung der ersten deutschen Ferneisenbahnstrecke über 120 km von Leipzig nach Dresden, die am 7. April 1839 in Betrieb ging, begann für die Messestadt Leipzig als Warenumschlagsplatz eine neue Ära. Auch im Hinblick auf den wachsenden Personenverkehr, der insbesondere für die Perspektive der Messe, die sich als Mustermesse (► Baedeker Special S. 28) »neu erfinden« musste, bedeutenden Einfluss hatte. In den folgenden vier Jahrzehnten wurden am Standort des heutigen Hauptbahnhofs neben dem Dresdner noch der Magdeburger und der Thüringer Bahnhof gebaut. Außerdem entstanden bis Ende des 19. Jh.s der Berliner und der Eilenburger Bahnhof. Das Territorium des ehemaligen Berliner Bahnhofs wird noch heute von der Bahn genutzt, während das Gelände des Eilenburger Bahnhofs inzwischen zu einem weitläufigen Park umgestaltet wurde. Der südöstlich vom Stadtkern gelegene Bayerische Bahnhof (Inbetriebnahme 1842) gewinnt derzeit mit der Fertigstellung des City-Tunnels (s. u.) wieder an verkehrstechnischer Bedeutung. Er ist der **älteste in seiner ursprünglichen Anlage noch erhaltene Kopfbahnhof in Deutschland**. Im Bahnhofsgebäude mit authentischen Ausstattungsdetails sind die Gose-Brauerei und ein Gasthaus untergekommen (►Essen und Trinken, Abb. S. 13 Mitte).

Bayerischer Bahnhof ►

Preußisch-sächsischer Schienenstrang

Das wachsende Verkehrsaufkommen erforderte einen modernen Bahnhof, der auch dem Rang Leipzigs entsprechend repräsentativ und großzügig sein sollte. Deshalb wurden mit der preußischen Regierung ab 1874 Verhandlungen geführt. Ein Streitpunkt war der Standort des neuen Bahnhofs, der als Durchgangsbahnhof konzipiert war, wovon Preußen jedoch nichts hielt, weil es für seinen Bahnhof in Halle Konkurrenz befürchtete. Schließlich einigte man sich 1902 auf den zentrumsnahen Standort, der jedoch nur einen Kopfbahnhof zuließ. Ende 1909 wurde der Grundstein gelegt. Der Dresdner, der Magdeburger und der Thüringer Bahnhof wurden abgerissen und das aus preußischem Westteil (Bahnsteige 1 bis 13) und sächsischem Ostteil (Bahnsteige 14 bis 26) bestehende Bahnhofsgebäude war am 4. Dezember 1915 fertiggestellt. Damit fanden auch die unterirdischen Arbeiten für einen 710 m langen Tunnel ihren Abschluss, der eines Tages unter der Innenstadt hindurch bis zum Bayerischen Bahnhof verlängert werden sollte. Bis zur Gründung der Deutschen Reichsbahn 1920 blieb der Hauptbahnhof zweigeteilt und hatte sowohl auf der sächsischen als auch auf der preußischen Seite u. a. je einen Bahnhofsvorsteher, einen Wartesaal und sogar eigene Uhren- und Orientierungssysteme. Dennoch ist er gestalterisch eine Einheit und von den Dimensionen einzigartig in Europa, denn er war aus damaliger Sicht für eine Millionenstadt konzipiert. Eine **ingenieurtechnische Meisterleistung** stellt z. B. die den über 240 m langen Querbahnsteig überspannende Stahlblechkonstruktion dar. Die eindrucksvolle Frontseite des Bahnhofs misst 298 m.

Promenaden-Hauptbahnhof

Renaissance eines Bahnhofs

Nach den starken Zerstörungen im Zweiten Weltkrieg begann der Bahnverkehr schrittweise bereits ab 1945 wieder. Von 1955 bis 1968 dauerte jedoch der komplette Wiederaufbau. Ab 1990 erfolgte die denkmalgerechte Sanierung und die Umgestaltung zu einem modernen Reiseknotenpunkt, dessen Kern das über drei Etagen reichende Einkaufs-, Kommunikations- und Dienstleistungszentrum **Promenaden Hauptbahnhof** mit 140 Geschäften und Einrichtungen bildet. Seit der Fertigstellung Ende 1997 wird der Bahnhof täglich von bis zu 100 000 Reisenden und Besuchern frequentiert. Durch Ausstellungen und Veranstaltungen wird die Attraktivität des innerstädtischen Treffpunkts weiter erhöht.

Öffnungszeiten:
Mo. – Sa.
9.30 – 22.00
So. 13.00 – 18.00

City-Tunnel

Inbetriebnahme ist für Ende 2012 vorgesehen

Abb. S. 6 ►

Das ehrgeizigste und teuerste Bauprojekt in Leipzig ist gegenwärtig der City-Tunnel, der unter dem historischen Stadtzentrum hindurch vom ► Hauptbahnhof bis zum Bayerischen Bahnhof über eine Strecke von rd. 4 km verläuft. Dabei wird es sowohl auf den beiden Bahnhöfen als auch am Markt und am Wilhelm-Leuschner-Platz unterirdische Stationen geben. Der Rohbau mit einer speziellen Tunnelbohrmaschine wurde Ende 2008 abgeschlossen. Im Dezember 2012 soll das Projekt beendet und für den Zugverkehr freigegeben werden. Damit verkürzen sich die Fahrzeiten für den Eisenbahnverkehr in Nord-Süd-Richtung beträchtlich.

Im Stadtbild sind auch oberirdisch an vielen Stellen Spuren des Tunnelbaus zu erkennen. Am Brühl/Ecke Reichsstraße kann man im Info-Point die Durchfahrt unter der Leipziger City virtuell auf dem Fahrersitz im Cockpit eines modernen Triebwagens erleben. Bereits 1892 sollte eine als U-Bahn konzipierte »Stadtbahn für den Personenzugverkehr« unter der Innenstadt hindurch gebaut werden. Beim Bau des Hauptbahnhofs war bereits ein entsprechender Tunnel auf der sächsischen Ostseite vorbereitet worden, der Plan eines Durchgangsgleises wurde jedoch wegen des Ersten Weltkriegs fallengelassen und auch später aus Kostengründen nicht umgesetzt.

★ Haus des Buches

H 8

Lage: Gerichtsweg 28
Innenstadtplan: I D 6

Straßenbahn: Prager Straße/Gerichtsweg (Linie 15)

Deutschlands größtes Literaturhaus, das Haus des Buches in Leipzig, befindet sich an der Stelle des 1943 zerstörten Buchhändlerhauses des Börsenvereins der Deutschen Buchhändler, der 1825 in Leipzig gegründet wurde und damit zu den ältesten Verleger- und Buchhändlervereinen der Welt gehört.

Das Haus dient der **Förderung der Buch- und Lesekultur**, bietet ein reges Veranstaltungs- und Ausstellungsprogramm und verfügt über ein eigenes Tagungszentrum, das gastronomisch vom Literaturcafé im Haus betreut wird. Es gehört zum Verbund der Literaturhäuser und organisiert mit dem Medienpartner ARTE regelmäßig Previews und Themenabende. Der Börsenverein des Deutschen Buchhandels unterhält hier sein Leipziger Büro. Außerdem sind mehrere Vereine und Leipziger Verlage ansässig. Das Konzept der **Verbindung von Kunst, Kultur und Kommerz** unter einem Dach ist deutschlandweit einmalig. Das Gebäude im traditionsreichen Grafischen Viertel Leipzigs erhielt bereits mehrere Architekturpreise. Beeindruckend sind die beiden U-förmigen Höfe des Klinkerbaus, die zur Prager Straße durch riesige Glaswände sichtbar sind. Typische bauliche Kunstwerke bilden die **Buchstabensäule** am Haupteingang und die Metallinstallation **Buchstabenfeld**.

Öffnungszeiten:
Mo. – Fr.
8.00 – 16.00

www.haus-des-buches-leipzig.de

Kunsthalle der Sparkasse Leipzig

H 6

Lage: Otto-Schill-Straße 4 a
Innenstadtplan: I C 3
Straßenbahn: Gottschedstraße/Thomaskirche (Linie 9)

Seit 1993 hat die Sparkasse Leipzig systematisch eine der bedeutendsten Kunstsammlungen von Gemälden, grafischen und bildhauerischen Werken sowie Fotografien Leipziger Künstler ab etwa 1946 bis zur Gegenwart aufgebaut.

Unter den über 2500 Kunstwerken ist ein repräsentativer Querschnitt der **Leipziger Schule** zu finden. Anlässlich des 175-jährigen Bestehens 2001 eröffnete Kreditinstitut in seinen historischen Räumen direkt am freigelegten Pleißemühlgraben unweit der Thomaskirche seine Kunsthalle. Regelmäßig finden Expositionen unter dem Motto »blick in die sammlung« sowie Sonderausstellungen und andere Veranstaltungen statt (www.kunsthalle-sparkasse.de).

Öffnungszeiten:
Di. – Fr.
15.00 – 18.00
Sa./So.
11.00 – 16.00

★ Markt

G 7

Lage: Innenstadt
Bus: Linie 89
Innenstadtplan: I C 4
Straßenbahn: Gottschedstraße/Thomaskirche (Linie 9)

Ab dem 12. Jh. hat sich der Markt zum zentralen Platz der Innenstadt und Mittelpunkt des gesellschaftlichen Lebens entwickelt. Die heutige Anlage besteht etwa seit der Stadtgründung.

Im Herzen der Stadt

Ursprünglich lag hier eine Lehmgrube, aus der man Lehm zur Ziegelherstellung gewann. Etwa 150 Jahre lang befand sich das Zentrum der städtischen Selbstverwaltung südlich der ► Nikolaikirche, etwa am heutigen Neumarkt/Grimmaische Straße. Seit dem Bau des ► Alten Rathauses 1557 dominiert das Renaissancegebäude die Ostseite des Platzes. Das aus farbigen Natursteinen gestaltete Stadtwappen gegenüber vom Rathausturm musste wegen der Bauarbeiten für den City-Tunnel (► Hauptbahnhof, City-Tunnel) vorläufig entfernt werden.

Unter dem Pflaster des Markts befand sich bis 2004 die **Untergrundmessehalle**. Nach Fertigstellung des City-Tunnels (voraussichtlich 2012) wird hier die Station Markt über den historischen Eingangsbereich des Untergrundmessehauses erreichbar sein.

Etwas zurückgesetzt liegt auf der östlichen Marktseite ein Wohnkomplex mit gastronomischen Einrichtungen und Geschäften im Erdgeschossbereich, der als Geviert mit Innenhof das im Krieg zerstörte, einst eng bebaute Areal bis zur Reichsstraße einnimmt. An dessen Nordseite zur Böttchergasse wird an der Fassade während des Weihnachtsmarktes **der weltgrößte Adventskalender** aufgebaut.

? WUSSTEN SIE SCHON ...?

- ... dass hier Johann Christian Woyzeck geköpft wurde, nachdem er aus Eifersucht seine Geliebte erstochen hatte? Dieser Fall wurde literarisch von Georg Büchner in seinem Drama »Woyzeck« (1879) verarbeitet, Alban Berg diente er als Grundlage für seine Oper »Wozzeck« (1923). Es war die letzte öffentliche Hinrichtung in Leipzig – am 27. August 1824.

Westseite

König-Albert-Haus ►

Gegenüber vom Alten Rathaus prägen drei dominante Gebäude die Westseite des Marktes. Vor dem König-Albert-Haus zwischen Hainstraße und Barfußgässchen fallen ganzjährig die Schirme der im Erdgeschoss beheimateten Restaurants ins Auge, die den Abschluss der Kneipenmeile **Drallewatsch** (► Baedeker Tipp S. 70) markieren. Ein kleiner Abstecher in den ersten von zwei Innenhöfen lohnt sich, um einen Blick in das Marmortreppenhaus des 1913 errichteten Geschäftshauses zu werfen. Auf der Frontseite des fünfgeschossigen Gebäudes fallen verschiedene Ornamente, Putti und die Wappen sächsischer Städte auf.

✶ ✶ Barthels Hof ►

Zur Hainstraße hin schließt sich Barthels Hof an. Auf der gegenüberliegenden Seite vom Barfußgässchen leuchtet die in Gelbocker gehaltene Fassade der 1845/46 errichteten Kaufhalle mit gleichfalls fünf Hauptgeschossen. Eine Gedenktafel belegt, dass der russische Stadtkommandant Oberst **Victor von Prendel** nach der Völkerschlacht hier von 1813 bis 1814 seinen Sitz hatte. Das Bauwerk im spätklassizistischen Stil bildet eine architektonische Ausnahme in Leipzig und wurde als einer der letzten Repräsentanten der bis Ende des 19. Jh.s typischen **Durch(gangs)häuser** errichtet. Der hofartige, lang gestreckte Durchgang bis zur Klostergasse wurde 1989 als Handwerkerpassage eingerichtet und mit der 2005 eingeweihten **Marktgalerie** ver-

bunden. Sie nimmt den Platz des früheren Verwaltungsgebäudes des Leipziger Messeamts ein, das als Neubau im Jahr 1965 anlässlich »800 Jahre Leipziger Messe« fertiggestellt worden war (► Baedeker Special S. 28).
Der moderne Bau mit großzügiger Einkaufspassage bis zur Klostergasse, einem Kaufhaus, Hörfunkstudios und Apartmentwohnungen im Obergeschoss belegt auch Flächen, die nach der Zerstörung historischer Gebäude im Krieg nicht neu bebaut worden waren.

i Aus der Zeit der Warenmesse

- Sehenswert ist im Innenhof des einzigen aus der Zeit der Warenmesse erhaltenen Gebäudeensembles der Erker des früheren Hauses zur Goldenen Schlange, das in der Zeit vom Übergang der Spätgotik zur Renaissance erbaut wurde. Typisch für den Messe-Durchgangshof war, dass Fuhrwerke ohne zu wenden im Hof entladen und auf der anderen Seite den Hof verlassen konnten. Im Erdgeschoss befanden sich Messegewölbe, Kaufkammern und Pferdeställe. Jetzt sind hier attraktive Ladengeschäfte eingezogen. In den Etagen darüber lagen Kontore und Wohnräume und im Dachgeschoss – über die heute noch sichtbaren Krankbalken als Warenaufzüge erreichbar – befanden sich die Speicher. In Barthels Hof wurden v. a. Tuche in den Lagerräumen »gestapelt«.

Auf der **Südseite** des Marktes zur Grimmaischen Straße hin bietet sich heute über eine Grünfläche hinweg ein **wunderbarer Blick zur ► Thomaskirche**. In Richtung Süden nimmt die Petersstraße als breite Fußgängermagistrale vom Markt her ihren Ausgang und wird an der Ecke zur Grimmaischen Straße vom ehemaligen Messehaus am Markt flankiert. Hier stellten ab 1963 bis zum Umzug auf die ►Neue Messe die Verlage und Buchhändler zur Leipziger Buchmesse ihre Publikationen aus. Vor der Zerstörung im Zweiten Weltkrieg stand hier das Messehaus National – und von 1696 bis 1787 sogar das **erste Kaffeehaus Leipzigs**, also vor dem noch heute erhaltenen ältesten deutschen Kaffeehaus Coffe Baum (► Stadtgeschichtliches Museum. S. 227). Nach kompletter Modernisierung hat jetzt ein Modekaufhaus hier sein Domizil. ◄ Petersstraße

Daran schließt sich das Königshaus an, das in seiner Geschichte mehreren gekrönten Häuptern als Quartier gedient hat: Zar Peter der Große verweilte im Mai 1698 auf seiner Heimreise von Holland für zwei Tage in diesem Haus. Während der Leipziger Messen wohnte der sächsische Kurfürst August der Starke hier. Der preußische König residierte zweimal während des Siebenjährigen Krieges in diesem Gebäude, wo Christian Fürchtegott Gellert ihm gegenüber die Worte ausgesprochen haben soll: »Ich wünsche ruhige Zeiten. Geben Sie uns Frieden, Sire!« Napoleon Bonaparte besuchte hier nach verlorener Schlacht 1813 den mit ihm verbündeten sächsischen König Friedrich August I. ✶ ◄ Königshaus

Das 1610 errichtete Gebäude war 1707 für den damaligen Eigentümer Andreas Dietrich Apel im barocken Stil umgestaltet worden, und zwar durch Johann Gregor Fuchs, der auch das ►Romanushauses und das ►Fregehaus erbaute. Seit 1904 präsentiert sich das Königshaus im Wesentlichen in seiner heutigen Gestalt. Unter dem üp-

Ein Sommerabend auf dem »Drallewatsch« im Barfußgässchen

pig dekorierten dreistöckigen Erker beginnt die Königshauspassage, von der man einen Blick in das erhaltene Treppenhaus mit dem Renaissance-Wendelstein werfen kann.

Nordseite

Die markanten Fassaden der den nördlichen Abschluss bildenden Gebäudegruppe wurden nach historischem Vorbild rekonstruiert.

Alte Waage ►

Die 1555 errichtete Alte Waage mit ihrem beeindruckenden Staffelgiebel an der Ecke zur Katharinenstraße besitzt die interessanteste Geschichte dieses Marktensembles: Das Renaissancebauwerk gehörte zu den wichtigsten Handelsgebäuden der Stadt, denn hier wurden zu Zeiten der Warenmesse die zu verzollenden Güter gewogen. Die anfallenden Gebühren waren eine wichtige Einnahmequelle der Kommune. Daher herrschte stets reges Treiben an diesem Ort. Im Keller befand sich der Ausschank des Rates der Stadt und im ersten Obergeschoss die (Rats-)Herrentrinkstube, Vorläuferin des Ratskellers im ►Neuen Rathaus.

Im 17. Jh. wurde die Waage aus der Innenstadt verlagert. 1661 bis 1712 war das Gebäude Domizil des ersten Leipziger Postamts, 1917 wurde es zum Sitz des neu gegründeten Leipziger Messeamtes bis zur Zerstörung des Hauses 1943. Am 1. März 1924 nahm der ►MDR hier von seinem ersten Senderaum aus den Betrieb auf. Nach dem Wiederaufbau 1963/64 wurde auch der Giebel mit der Sonnenuhr originalgetreu erneuert.

★ MDR (Mitteldeutscher Rundfunk)

H 7

Lage: Kantstraße 71/73
Bus: Richard-Lehmann-/Altenburger Straße (Linie 70)
Straßenbahn: Arthur-Hoffmann-/ Richard-Lehmann-Straße (Linie 9)
Innenstadtplan: I C 4

Der Mitteldeutsche Rundfunk (MDR) ist die viertgrößte öffentlich-rechtliche Sendeanstalt der ARD und zuständig für die Bundesländer Sachsen, Sachsen-Anhalt und Thüringen. Sitz des MDR mit Intendanz und Fernsehzentrum ist Leipzig. In Halle befindet sich der MDR-Hörfunk und in Erfurt wird der Kinderkanal produziert.

◄ Studiotour: Media City Atelier Tel. 35 00 25 00

www.mdr diestudiotour.de

Im ehemaligen Leipziger Schlachthof wurde 2000 die neue Zentrale eröffnet, als gelungene Synthese von historischen Gebäuden in gelber Backsteinoptik und supermodernen Neubauten. Blickfang ist das Hauptgebäude in Form eines gewölbten Bildschirms, in dem sich fünf Studios befinden. Sitz des Intendanten ist die Alte Schlachthofbörse, deren ehemaliger Börsensaal in seiner Gestaltung an die italienische Renaissance angelehnt ist. In unmittelbarer Nachbarschaft der MDR-Sendezentrale wurde das Mediencenter Media City Atelier mit Büros, Werkstätten und Studios errichtet.

Vorgeschichte des MDR

Als zweite Rundfunkanstalt in Deutschland nach der Sendestelle Berlin nahm der Leipziger Sender am 1. März 1924 seinen Betrieb in der Alten Waage (► Markt) auf. Dazu war u. a. mit Unterstützung durch AEG, Siemens und Telefunken – als Herstellern von Rundfunkgeräten und Ausstellern auf der Leipziger Messe – sowie auf Betreiben der Handelskammer und des Messamtes (► Baedeker Special S. 28) die MIRAG (Mitteldeutsche Rundfunk AG, Gesellschaft für Unterhaltung und Belehrung Leipzig) gegründet worden. Zum Sendegebiet gehörten Leipzig, Dresden, Chemnitz, Erfurt, Halle sowie teilweise Magdeburg und Braunschweig. Während des Kriegs endete der Sendebetrieb (1941). 1946 bis 1952 wurde er unter der sowjetischen Besatzungsmacht wieder aufgenommen; danach wurde in Leipzig eine Berliner Außenstelle eingerichtet. 1990 wurde der MDR als öffentlich-rechtliche Dreiländeranstalt in Leipzig gegründet, der 1992 seinen Sendebetrieb aufgenommen hat.

? WUSSTEN SIE SCHON ...?

- ... dass Leipzig eine beliebte Kulisse für Film- und Fernsehproduktionen ist? Nicht nur Serien wie »In aller Freundschaft«, »Elefant, Tiger & Co.«, »SOKO LE« oder Tatort-Produktionen tragen Leipzig-Bilder in die Wohnzimmer der Republik. Die Neuverfilmung des »Fliegenden Klassenzimmers« (frei nach Erich Kästners Buchvorlage) wurde zu einem Großteil in einer ehemaligen Leipziger Schule gedreht, wobei Mitglieder des Thomanerchors mitwirkten. In einer Gohliser Villa stand Marianne Sägebrecht als Köchin Marga Engel vor der Kamera. Und auch Hollywood hat Leipzig im Visier: Für den Film »Flightplan« mit Jodie Foster wurden Szenen auf dem Flughafen Leipzig-Halle aufgenommen.

Chöre und Orchester

In der Leipziger Rundfunkgeschichte spielten auch die eigenen Klangkörper eine wichtige Rolle, von denen hier nur einige genannt werden: Der **Rundfunkchor Leipzig**, der bereits 1924 gegründet wurde und mehrfach seinen Namen wechselte, entwickelte sich in den 1950er-Jahren zu einem Chor der europäischen Spitzenklasse. Dabei entstanden u. a. mit Dirigenten wie Herbert von Karajan, Claudio Abbado und Kurt Masur (► Berühmte Persönlichkeiten) zahlreiche Platten- und CD-Aufnahmen. Heute bildet der **70-köpfige MDR-Chor** das größte professionelle Chorensemble der ARD. Bis 1923 reichen die Wurzeln des **Rundfunksinfonieorchesters** zurück, das damals als Leipziger Sinfonieorchester aus dem einstigen Philharmonischen Orchester hervorgegangen war und bis 1940 auch im Gewandhaus und in der Oper auftrat. Nach dem Krieg erfolgte die Neugründung. Das Spitzenorchester erlangte insbesondere durch seine Interpretationen der Werke von Bach, Händel, Mozart und Beethoven einen besonderen Ruf. Seit 1992 sind das Sinfonieorchester des MDR und die mit Orchestermitgliedern besetzten eigenständigen Kammerensembles bei den beliebten Konzerten des MDR-Musiksommers zu hören.

★★ Mendelssohn-Haus

H 7

Lage: Goldschmidtstraße 12
Innenstadtplan: I D 5

Straßenbahn: Augustusplatz (Linien 4, 7, 8, 10, 11, 12, 15, 16) od. Johannisplatz (Linien 4, 7, 12, 15)

Im August 1835 kam Felix Mendelssohn Bartholdy (►Berühmte Persönlichkeiten) nach Leipzig, um Musikdirektor des Gewandhauses zu werden. Nach einem anderthalb jährigen Abstecher nach Berlin kehrte er mit seiner Familie 1845 in die Stadt zurück.

Für die Entwicklung Leipzigs zu einer Metropole der europäischen Musikkultur war sein Einfluss sehr bedeutsam – als Initiator für die Gründung des ersten deutschen Konservatoriums (heute Hochschule für Musik und Theater) und als **Wiederentdecker der Musik von Johann Sebastian Bach**. Gewandhauskapellmeister Prof. Kurt Masur (► Berühmte Persönlichkeiten) initiierte die Gründung der Internationalen Mendelssohn-Stiftung, deren Vorsitzender er seitdem ist. Ihr Ziel war es, die Wohn- und Sterbestätte des Komponisten zu erhalten und als Museum und Stätte kultureller Begegnungen auszu-

! *Baedeker* TIPP

»Auf den Spuren Mendelssohns ...

... durch Leipzig« kann man jeden Samstag um 11.30 Uhr wandeln. Treffpunkt ist das Mendelssohn-Denkmal an der Thomaskirche; dann geht es zum Mendelssohn-Haus. Empfehlenswert ist auch der Rundgang »Auf den Spuren der europäischen Musikkultur«.

bauen. In dem spätklassizistischen Gebäude werden seit 1997 wichtige Zeugnisse seiner Schaffenszeit bewahrt. In der ehemaligen Wohnung im ersten Stock kann man sowohl das rekonstruierte Wohn- und Arbeitszimmer der Familie Mendelssohn besichtigen als auch im Musiksalon, der mit einer der damaligen Zeit entsprechenden Gestaltung und Einrichtung ausgestattet wurde, sonntagvormittags Kammerkonzerte erleben.
Zudem gibt es im Garten des Grundstücks ein Gebäude, das für verschiedene Anlässe genutzt werden kann. Im Hof wurde eine vom Gewandhausmusiker Felix Ludwig gestaltete Mendelssohn-Büste aufgestellt.

Öffnungszeiten:
tgl. 10.00-18.00

www.mendelssohn-haus.de

★ Moritzbastei

H 7

Lage: Universitätsstraße 9
Innenstadtplan: I C 4

Straßenbahn: Augustusplatz (Linien 4, 7, 8, 10, 11, 12, 15, 16), Wilhelm-Leuschner-Platz (Linien 2, 8, 9, 10, 11)

Für die Leipziger Studenten der 1970er-Jahre gehört die Freilegung eines vergessen geglaubten Bauwerks zu den wichtigsten Erinnerungen an die Studienzeit. Seit 1982 befindet sich in den katakombenähnlichen Gewölben der Moritzbastei der größte Studentenclub Europas.

Letzte Bastion der Stadt

Auf Befehl des Kurfürsten Moritz von Sachsen wurde die Wehranlage nach dem Schmalkaldischen Krieg von 1547 an der Stelle errichtet, wo die Stadtbefestigungen den Angreifern nicht standgehalten hatten. Der Bau- und Bürgermeister Hieronymus Lotter ließ die Moritz- oder Petersbastei (wegen der Nähe zum Peterstor an der heutigen Petersstraße) von 1551 bis 1553 durch Frondienstleistende aus den umliegenden Dörfern aufbauen. Im Siebenjährigen Krieg (1756–1763) erwies sie sich jedoch als wirkungslos und wurde zerstört. In den verbliebenen Gewölben siedelten in der Folge verschiedene Handwerker ihre Werkstätten an. 1804 nahm die auf den Gemäuern errichtete erste Bürgerschule Deutschlands ihre Tätigkeit auf. Während der Völkerschlacht 1813 diente sie als Lazarett. Das Gebäude wurde im Zweiten Weltkrieg zerstört und die bis zu 8 m hohen Festungsanlagen nach dem Krieg mit Trümmerschutt verfüllt, bis sie ab 1974 von etwa 30 000 Studierenden der Leipziger Universität in ehrenamtlichen Arbeitseinsätzen freigelegt wurden.
Inzwischen ist die Moritzbastei zu einem **beliebten Treffpunkt** geworden. Das **Café Barbakane** und die verschiedenen Räume mit ihren rustikalen Gewölben laden zu einem vielseitigen Veranstaltungsprogramm ein. Auf dem Dach der Moritzbastei finden alljährlich im Sommer Open-air-Veranstaltungen wie beispielsweise Sommertheater statt (►Ausgehen, ►Essen und Trinken).

◄ www.moritzbastei.de

Abb. S. 71

★★ Museum der bildenden Künste

G 7

Lage: Katharinenstraße 100
Innenstadtplan: I B 4
Bus: Linie 89, Haltestelle Reichsstraße

Leipziger und auswärtige Mäzene hoben 1837 den Grundstock einer der größten bürgerlichen Sammlungen von Werken der bildenden Kunst aus der Taufe.

Öffnungszeiten:
Di., Do., So.
10.00 – 18.00,
Mi. 12.00 – 20.00

www.mdbk.de

Damals fand die erste Generalversammlung des Leipziger Kunstvereins statt mit dem Ziel, ein Museum aufzubauen, das einem breiten Publikum zeitgenössische Kunst präsentierte. Zu den Initiatoren gehörten namhafte **Leipziger Kunstfreunde**, darunter die Verlagsbuchhändler Wilhelm Ambrosius Barth und Heinrich Brockhaus sowie Maximilian Freiherr Speck von Sternburg. 1848 wurde im Westflügel der Bürgerschule auf der ► Moritzbastei das Städtische Museum eröffnet mit etwa 100 Kunstwerken, darunter 41 Zeichnungen und Aquarelle zeitgenössischer Künstler sowie einige ältere Kupferstiche und Holzschnitte, die der Leipziger Kunstverein der Stadt geschenkt hatte. Die eigentliche Geburtsstunde des Kunstmuseums schlug jedoch am 18. Dezember 1858, als der Museumsneubau auf der Südseite des Augustusplatzes am heutigen Standort des ► Neuen Gewandhauses eingeweiht wurde. Die finanzielle Grundlage dafür bildete das Vermächtnis des Leipziger Kaufmanns **Adolf Heinrich Schletter**, der testamentarisch die Stadt zum Bau eines Museums verpflichtet und ihr zugleich ein Grundstück sowie 89 Gemälde und acht Skulpturen vermacht hatte. Dieses Beispiel machte Schule, sodass weitere Schenkungen und Vermächtnisse zum raschen Wachstum des Museumsbestands auf mehr als 3000 Kunstwerke führten. Über 600 Jahre europäische Kunstgeschichte repräsentierten die Stücke, doch dieser Bestand wurde durch Verkäufe in den 1920er-Jahren, das Vorgehen der Nationalsozialisten gegen »Entartete Kunst« und Kriegsschäden dezimiert, was auch in der Nachkriegszeit nicht wieder ausgeglichen werden konnte.

Von 1883 bis 1886 wurde das Museum um zwei Flügel erweitert. Die finanziellen Mittel dafür stammten aus dem Vermächtnis des Kaufmanns **Franz Dominic Grassi** (► Grassi-Museen). Das Gebäude wurde bei der Bombardierung im Dezember 1943 stark beschädigt und 1963 komplett abgerissen. Die Museumsbestände erhielten ab 1952 für gut 50 Jahre ein Interimsquartier im Gebäude des ehemaligen Reichsgerichts (► Bundesverwaltungsgericht) bis zur Eröffnung des Neubaus.

Ein würdiges Haus für eine ungewöhnliche Sammlung

Als gläserner Kubus präsentiert sich der 2004 eröffnete Neubau der Berliner Architekten Hufnagel, Pütz und Rafelian. Die durch kleine Betonmauern angedeuteten Ecken weisen darauf hin, dass rings um das Museum noch Flächen zur Bebauung vorgesehen sind. Bisher kam aber lediglich der Neubau des ►Stadtgeschichtlichen Museums an der Ecke Reichsstraße/Böttchergäßchen dazu. Im neuen Museumsgebäude können nun viele der bislang im Depot »versteckten« Werke der 150-jährigen Geschichte der Sammlung gezeigt werden. Aber auch jungen Künstlern wird ein Podium geboten, ebenso repräsentative Privatsammlungen. Unter den Schöpfern der Werke sind u. a. Max Beckmann, Hartwig Ebersbach, Otto Greiner, Bernhard Heisig, Sighard Gille, Max Klinger, Käthe Kollwitz, Franz von Lenbach, Wolfgang Mattheuer, Neo Rauch, Evelyn Richter, Max Schwimmer, Volker Stelzmann, Michael Triegel und Werner Tübke.

Gemäldesammlungen

Die Zahl der Kunstwerke aus Schenkungen und Vermächtnissen überwiegen diejenigen aus Zukäufen. Aber auch Sammlungen wie die von Maximilian Freiherr Speck von Sternburg, der Tübke-Stiftung Leipzig und des Neuen Leipziger Kunstvereins bereichern die Ausstelllungen.

◄ 1. Stockwerk

Große internationale Beachtung findet das Werk des Leipziger Künstlers **Max Klinger** (1857 – 1920), das sich zu einem Großteil im Besitz des Museums befindet. Darunter sind nahezu alle grafischen Zyklen und seine bedeutendsten Gemälde wie »Das Urteil des Paris« (1887) und »Die blaue Stunde« (1890), seine Beethoven-Skulptur (1902), Fragmente seines Werks »Die Blüte Griechenlands«, die er zum 500-jährigen Bestehen der Universität schuf, sowie das Monumentalwerk »Christus im Olymp«.

◄ 2. Stockwerk

Den Mittelpunkt der Gemäldesammlung **Alte Meister** bilden Werke holländischer und flämischer Künstler des 17. Jahrhunderts. Die etwa 400 Gemälde reichen von Alltagsmotiven über Porträts, Landschafts- und Architekturbildern bis zu Stillleben. Besondere Kostbar-

Ausstellung von Künstlern der Leipziger Schule

keiten sind unter den ca. 60 altdeutschen und altniederländischen Künstlern des 15./16. Jh.s zu entdecken. Neben besonderen Einzelwerken ragt die einzigartige Kollektion von 18 Bildern **Lucas Cranachs d. Ä. und Lucas Cranach d. J.** heraus. Stark beeinflusst von der Reformation, in deren Bann Lucas Cranach d. Ä. u. a. Titelbilder für Luthers Schriften schuf, entstand 1518 die »Ruhende Quellnymphe am Brunnen« als Ausdruck des Wechsels zu einer neuen Formensprache. Weniger umfangreich als in fürstlichen Sammlungen sind die romanischen Künstler in Leipzig präsent. Unter den etwa 100 Gemälden italienischer, französischer und spanischer Maler dominieren kleinformatige religiöse Bilder, die v. a. zur privaten Andacht bestimmt waren. Aus dem 17./18. Jh. stammen hauptsächlich Porträts.

Öffnungszeiten: Di./Do. 12.00 – 17.00 Mi. 12.00 – 20.00

Auf dem 2. Stockwerk befindet sich auch der Studiensaal der **Grafischen Sammlung**, deren Bestand etwa 55 000 Zeichnungen und grafische Blätter umfasst – darunter die nahezu vollständigen Werke von William Hogarth, Daniel Chodowiecki und Johann Friedrich Bause sowie 360 Zeichnungen von Max Beckmann. Hier befindet sich auch die Kunstwissenschaftliche Präsenzbibliothek.

3. Stockwerk ►

Die Abteilung **Neue Meister bis Gegenwart** zeigt Werke der Romantik sowie Kunst des 19. Jh.s bis heute. Im Zentrum steht eine wohl einzigartige Vielfalt von **500 Werken aus der DDR-Zeit**, die Künstler aus Berlin, Dresden, Halle und Leipzig – u. a. die **Leipziger Schule** – schufen. Eine große Lücke klafft allerdings noch bei der Präsentation von Kunst aus dem Westen der Republik ab 1945. Hingegen konnte durch Ankäufe die jüngere Künstlergeneration hier ein gutes öffentliches Podium finden.

Skulpturensammlung

Die meisten der 800 plastischen Werken sowie der etwa 400 Exponate umfassenden Medaillen- und Plakettensammlung stammen aus der Mitte des 19. Jahrhunderts. Dennoch werden auch einzelne spätmittelalterliche und barocke Werke gezeigt wie die Bronzestatue der »Flora« von Adriaen de Vries oder Arbeiten von Balthasar Permoser. Zudem sind eine Sammlung von mehreren Hundert Tierplastiken sowie Plastiken französischer und belgischer Künstler von der Wende vom 19. zum 20. Jh. zu sehen.

★ Museum für Druckkunst

H/J 5

Lage: Nonnenstraße 38

Straßenbahn: Nonnenstraße (Linie 14), Clara-Zetkin-Park (Linien 1, 2)

Bis zum Zweiten Weltkrieg war Leipzig eines der wichtigsten Zentren der Verlags- und Buchherstellung in Deutschland, dazu gehörten auch Notenstecherei und die Herstellung von fremdsprachigem Satz.

Das ehemalige »Druckereiviertel« östlich der Innenstadt wurde zu einem Großteil zerstört und nach dem Zweiten Weltkrieg verlegten viele Verlage durch die Teilung Deutschlands ihre Standorte in den Westen. Die verbliebenen Betriebe wurden unter schwierigen Bedingungen wieder aufgebaut und setzten, teilweise noch bis 1990, eine Vielzahl »historischer« Druck- und Buchbindereimaschinen in der Produktion ein.

Ein Teil dieser Technik sowie Holz- und Bleilettern, Matrizen und Stahlstempel konnten vor der Verschrottung gerettet und durch den Gründer der Einrichtung, Eckehart Schumacher-Gebler, 1995 in den Räumen einer ehemaligen Akzidenzdruckerei öffentlich zugänglich gemacht werden. Das Leipziger Museum für Druckkunst besitzt **eine der größten und vielfältigsten typografischen Sammlungen in Europa**. Raritäten aus dem Fundus von Schriftgießereien und Druckinstituten sind z. B. Hieroglyphen, Keilschriften und ein 1575 geschnittener Fraktur-Matrizensatz, der zu den ältesten erhaltenen Lettern gehört. Aus den verschiedenen Epochen der technischen Entwicklung stammen auch die Druckmaschinen, die z. T. noch voll funktionsfähig sind.

Das Museum stellt nicht etwa »nur« Exponate aus, sondern erweckt so manche historische Technologie wieder zum Leben – beispielsweise in der Schriftwerkstatt, in der archivierte Schriften originalgetreu in der entsprechenden Bleilegierung gegossen werden. Außerdem werden im Museumsgebäude Sonderausstellungen, u. a. zu buchkünstlerischen Themen, Symposien und weitere Veranstaltungen angeboten.

! *Baedeker* TIPP

Workshops und schöne Geschenke

Besucher können hier im Rahmen von Workshops ihre Geschicklichkeit bei der Beschäftigung mit der »Schwarzen Kunst« unter Beweis stellen. Der Museumsshop bietet Glückwunschkarten, Karten-Mappen, Geschenkpapiere, Bücher, Schreibwaren, Plakate u.v.m. an. Zahlreiche Produkte sind im Museum auf historischen Maschinen hergestellt worden. Auch Künstler nutzen hier die Möglichkeiten, mit einer heute nahezu in Vergessenheit geratenen Arbeitsweise exklusive Drucksachen zu gestalten.

Öffnungszeiten:
Mo. – Fr.
10.00 – 17.00
So. 11.00 – 17.00

www.druckkunst-museum.de

★ Museum in der »Runden Ecke«

G 6

Lage: Dittrichring 22/24
Innenstadtplan: I B 3
Straßenbahn: Goerdelerring (Linien 1, 3, 4, 7, 9, 12, 13, 14, 15)

Im Oktober 1989 wurde Leipzig die »Stadt der friedlichen Revolution« und somit zum Sinnbild des Prozesses der demokratischen Erneuerung. Am Abend des 4. Dezember wurde auch die »Runde Ecke«, seit 1950 Sitz der Bezirksverwaltung des Ministeriums für Staatssicherheit, während einer Montagsdemonstration besetzt.

In der »Runden Ecke«, der einstigen Leipziger Stasi-Zentrale, kann man sich u. a. die original belassenen Arbeitsräume und eine Zelle für politische Häftlinge ansehen.

Zeitzeugnisse und Originalschauplätze der Diktatur

Öffnungszeiten:
Mo. – So.
10.00 – 18.00
www.runde-ecke-leipzig.de

Wegen seines abgerundeten Eingangsbereichs wurde das Gebäude »Runde Ecke« genannt, was auch im Namen des vom Bürgerkomitee Leipzig eingerichteten Museums in den Originalräumen des ehemaligen DDR-Geheimdiensts weitergeführt wird. Gleichzeitig hat hier die Bundesbeauftragte für die Unterlagen der ehemaligen Staatssicherheit ihren Sitz, sodass Betroffene die hier eingelagerten Akten einsehen können. Neben der ständigen Ausstellung unter dem Titel **»STASI – Macht und Banalität«** gibt es weitere Expositionen und ein vielfältiges Veranstaltungsprogramm.

Zudem werden Exkursionen zu weiteren Stätten des DDR-Unterdrückungsapparats wie dem **Bunker in Machern**, der von 1968 – 1972 im Naherholungsgebiet Lübschützer Teiche als Ausweichführungsstelle für den Spannungs- und Mobilmachungsfall eingerichtet worden war, und der ehemaligen **Zentralen Hinrichtungsstätte der DDR** in den Räumen der Strafvollzugseinrichtung in der **Leipziger Südvorstadt** angeboten. Bislang kann man diese historische Gedenkstätte nur zweimal im Jahr, nämlich während der Museumsnacht und zum Tag des offenen Denkmals, besichtigen.

! *Baedeker* TIPP

Wendegeschichte in Reinkultur

Täglich um 15.00 Uhr finden hier Führungen statt, die den Besuchern erläutern, wie die SED ihren Überwachungsstaat aufbaute und die DDR-Bürger systematisch ihrer Grundrechte beraubte. Zudem wird an die Ereignisse im Herbst 1989 und die friedliche Revolution erinnert.

★ Naschmarkt

G 7

Lage: Stadtzentrum
Bus: Grimmaische Straße (Linie 89)
Straßenbahn
Innenstadtplan : I C 4

Mit dem Bau des ►Alten Rathauses 1556 wurden einige benachbarte Gebäude abgerissen und es entstand der Naschmarkt. Der Name weist darauf, dass hier über lange Zeit »Naschwerk« angeboten wurde, wie man Obst und Lebensmittel bezeichnete.

Auch Schausteller und Theatertruppen, darunter **Friederike Karoline Neuber (»die Neuberin«)**, zeigten hier ihre Künste. Auf der Westseite vom Alten Rathaus flankiert, bilden im Norden die ►Alte Handelsbörse und im Osten das ehemalige Messehaus Handelshof den Abschluss des innerstädtischen Platzes. Die Südseite des Naschmarkts wird von der Grimmaischen Straße begrenzt. Direkt gegenüber befindet sich das ►Zeitgeschichtliche Forum, vor dessen Eingang die Plastik **»Die Zeit geht den Jahrhundertschritt«** aufgestellt ist.

★ **Goethe-Standbild**

Direkt gegenüber vom Portal der Alten Handelsbörse zieht das Goethe-Standbild von Carl Seffner inmitten einer eingezäunten Rabatte den Blick auf sich. Die 1903 aufgestellte Plastik zeigt Goethe während seiner Studentenzeit in Leipzig von 1765 bis 1768. Den Sockel schmücken Reliefporträts seiner Leipziger Freundinnen **Käthchen Schönkopf und Friederike Oeser**. Sein Blick geht in Richtung Süden, wo sich in knapp 100 m Entfernung der Eingang zur Mädler-Passage mit dem weltberühmten Restaurant ►Auerbachs Keller befindet.

◄ Abb. S. 16

Löwenbrunnen

An der Südseite zur Grimmaischen Straße hin steht der Löwenbrunnen mit einer Doppelhand-Schwengelpumpe. Die beiden gusseisernen Löwen wurden 1820 nach einer Vorlage von Johann Gottfried Schadow in Lauchhammer gegossen. Die heutige Gestaltung stammt von 1918. Wie eine Inschrift auf der Rückseite verrät, » ...wurde dieser Brunnen in der alten Gestalt des hölzernen Gehäuses vom Rate wieder aufgebaut durch den Architekten Hugo Licht ...«.

Naturkundemuseum

G 6

Lage: Lortzingstraße 3
Innenstadtplan : I A/B 3
Straßenbahn: Goerdelerring (Linien 1, 3, 4, 7, 9, 12, 13, 14, 15)

Seit 1923 befindet sich das Naturkundemuseum, eine Idee des Zoologie-Professors Roßmäßler, in seinem heutigen Domizil nahe dem Promenadenring.

Öffnungszeiten:
Di. – Do.
9.00 – 18.00 (im Winter bis 16.30)
Fr. 9.00 – 13.00
Sa. – So.
10.00 – 16.00

Bereits vor dem Museumsgebäude imponieren ca. 35 Mio. Jahre alte verkieselte Baumstubben aus dem früheren Tagebau Espenhain. Der Fokus der Dauerausstellung liegt auf den Bereichen Archäologie, Geologie und Biologie Nordwestsachsens. Verbunden damit werden Fragen des Natur- und Umweltschutzes. Die Exponate stammen aus Schenkungen, Stiftungen und eigener Sammeltätigkeit, wobei insbesondere die Braunkohlentagebaue zahlreiche Funde preisgaben. Dargestellt werden u. a. die Entstehung der Braunkohle, die Eiszeiten und die Entwicklung der Kulturlandschaft vom Beginn der Altsteinzeit vor ca. 250 000 Jahren, aus der die bedeutsamen **Silexgerätefunde aus dem Süden Leipzigs** gezeigt werden. Zu den besonderen Raritäten gehören **Überreste des Schreckschweins**, das in Europa nur zweimal nachgewiesen wurde. Internationale Beachtung finden die **Dermoplastiken** (naturgetreue Präparationen von Tierkörpern) von Herman H. ter Meer: Darunter finden sich inzwischen ausgestorbene Tiere. Beachtlich sind auch die botanische Sammlung, Flüssigkeitspräparate der ersten deutschen Tiefsee-Expedition von 1898, die zoologische Sammlung der Wirbellosen (rd. 130 000 Stück) sowie nahezu alle Schmetterlinge der Region. Die wertvollen Kollektionen haben den Krieg nahezu unversehrt überstanden.

** Neues Gewandhaus

H 7

Lage: Augustusplatz 8
Innenstadtplan: I C 4

Straßenbahn: Augustusplatz (Linien 4, 7, 8, 10, 11, 12, 15, 16)

Mit dem im Oktober 1981 eröffneten Neuen Gewandhaus fand das älteste bürgerliche Konzertorchester Deutschlands – das Gewandhausorchester – ein modernes Domizil, das höchsten Ansprüchen gerecht wird.

Bürgerliche Musiktradition mit Zukunft

Bis ins Jahr 1479 zurück reicht die musikalische Tradition, als der Leipziger Rat die ersten **Stadtpfeifer** in seinen Dienst stellte. Als historische Wurzel des renommierten Klangkörpers gelten jedoch die 1743 durch Leipziger Kaufleute als kommerzielle Veranstaltungen ins Leben gerufenen **Großen Concerte**, die anfangs an unterschiedlichen Orten aufgeführt und auch Kaufmannskonzerte genannt wurden. Dabei führten die Musiker unter dem Namen »Das Neue Concert« vor allem zeitgenössische Werke auf. Seit das Orchester Ende 1781 in einem Zeughausflügel, der als Handelshaus der Tuchmacher diente (heute steht das Messehaus Städtisches Kaufhaus an dieser Stelle einen eigens errichteten Saal für 500 Personen, der 1842 auf 1000 Plätze erweitert wurde, bezog, führt es den Namen Gewandhausorchester. Seither begleitet der Wahlspruch »Res severa (est) verum gaudium« (»Die ernste Sache ist die wahre Freude«) das Ensemble, wie auf der Orgel im Großen Gewandhaussaal zu lesen ist. 1840 wurde das Ensemble »Erbe« der Stadtpfeifer und damit zum Stadtorchester. Inzwischen hatten die Konzerte so großen Zuspruch gefunden, dass ein neues und größeres Orchestergebäude, das Neue Concerthaus bzw. Neue Gewandhaus, zwischen Beethoven- und Mozartstraße errichtet und 1884 eröffnet wurde. Im Krieg stark beschädigt, wurde es in den 1960er-Jahren abgerissen. An dieser Stelle gegenüber der Universitätsbibliothek wurde in den 1990er-Jahren das Geisteswissenschaftliche Zentrum der Universität Leipzig errichtet. Die Akustik des zweiten Gewandhauses war legendär und in Boston gibt es noch heute mit dem Konzerthaus eine vergrößerte Kopie jenes Bauwerks.

Architektur

Am heutigen Standort des Neuen Gewandhauses hatte bis zu seiner Zerstörung im Krieg das Bildermuseum (► Museum der bildenden Künste) seinen Platz. Der Neubau ist v. a. dem Einsatz von **Kurt Masur** (► Berühmte Persönlichkeiten) zu verdanken, der von 1970 bis 1998 als Gewandhauskapellmeister für das bedeutende internationale Ansehen des Orchesters sorgte. Wie der Vorgängerbau hat der Große **Saal mit seinen 1900 Plätzen eine hervorragende Akustik**. Die hier eingebaute Schuke-Orgel besitzt 6638 Pfeifen und 89 Register und kann besonders bei den Orgelkonzerten und Orgelstunden genossen werden. Der Kleine Saal mit fast 500 Plätzen dient vorrangig kam-

Neues Gewandhaus und Mendebrunnen am Augustusplatz

mermusikalischen Aufführungen und wurde 1997 zum Gedenken an einen der berühmtesten Gewandhauskapellmeister zum Mendelssohn-Saal umgestaltet. Beide Säle besitzen sechseckige Grundrisse, wobei der Große Saal **architektonisch an ein Amphitheater erinnert**. Das Konzertgebäude wurde in vier Jahren erbaut, betreut von einem Architektenteam unter Leitung von Rudolf Skoda. Vom ► Augustusplatz aus durch die großzügige Glasfront zu sehen ist das über 714 m² reichende Wandgemälde von **Sighard Gille, »Gesang vom Leben«**. Im zweiten Obergeschoss gibt es eine Galerie mit großformatigen Werken zeitgenössischer Maler zum Thema Musik und im Erdgeschoss-Foyer des Mendelssohn-Saales hat eine von Jo Jastram geschaffene Bronzestatue des Komponisten Felix Mendelssohn-Bartholdy einen würdigen Standort gefunden.

Programm

Das Gewandhausorchester tritt nicht nur bei den rund 50 jährlichen Sinfoniekonzerten (Großes Konzert) im Großen Saal, bei Kammermusikabenden und Sonderkonzerten in seiner Heimstatt auf, sondern ist zudem Orchester des Opernhauses (seit 1766) und begleitet Auftritte des Thomanerchors in der Thomaskirche. Regelmäßig führen Tourneen das berühmte Orchester in die bekanntesten Konzertsäle der Welt. Besondere Höhepunkte jedes Konzertjahrs in Leipzig bilden die Aufführungen des Weihnachtsoratoriums in der Adventszeit und der Neunten Sinfonie von Ludwig van Beethoven am Silvesterabend, für die Karten nur schriftlich und limitiert im Sommer vorbestellt werden können. Der Gewandhaus-Chor und der Gewandhaus-Kinderchor gestalten in jeder Gewandhaus-Saison anspruchsvolle A-capella-Konzerte und begleiten das Orchester bei chorsinfonischen Werken. Orgelstunden finden an ausgewählten Samstagen statt.

Weitere Informationen

Für Besucher gibt es in der Tiefgarage Augustusplatz (mit direktem Zugang zum Gewandhaus) einen Konzerttarif. Mit einer Konzertkarten kann man außerdem 3 Stunden vor und nach der Aufführung kostenlos die Straßenbahnen, Busse und S-Bahnen des Mitteldeutschen Verkehrsverbunds benutzen.

Im Gewandhaus-Shop werden Musikliteratur und Tonträger angeboten (Mo. – Fr. 10.00 – 18.00, Sa. 10.00 – 14.00 Uhr). Das Nikisch-Café im Hauptfoyer hat Mo. – Fr. 12.00 bis 18.00 Uhr geöffnet. Öffentliche Führungen gibt es an ausgewählten Donnerstagen und Samstagen; individuelle Führungen bietet Leipzig-Touristen-Service Friedel (juergen.friedel@web.de).

! *Baedeker* TIPP

Günstig ins Gewandhaus

Schüler, Auszubildende, Studenten, Wehr- und Zivildienstleistende haben die Möglichkeit, Last-Minute-Karten ab 30 Min. vor Veranstaltungsbeginn für 3 bis 11 Euro zu erhalten. Die Gewandhauskasse hat (außer in den Konzertferien im Sommer) Mo. – Fr. 10.00 – 18.00 (an Konzerttagen bis 20.00) und Sa. 10.00 – 14.00 Uhr (sowie 1 Std. vor Konzertbeginn) geöffnet. Informationen erhält man auch unter www.gewandhaus.de. oder Tel. (03 41) 127 02 80.

★ Neues Rathaus

H 6

Lage: Martin-Luther-Ring 4-6
Innenstadtplan: I D 3

Straßenbahn: Wilhelm-Leuschner-Platz (Linien 2, 8, 9, 10, 11) od. Neues Rathaus (Linie 9)

Da das ►Alte Rathaus als Sitz der Stadtverwaltung nicht mehr den Anforderungen entsprach, ließen die Leipziger Stadtväter von 1899 bis 1905 das Neue Rathaus mit 578 Räumen an der Stelle der Pleißenburg erbauen.

Baugeschichte

Der weithin sichtbare Turm überragt auch heute noch mit seinen 115 m alle deutschen Rathaustürme und mit seiner Größe (mehr als 10 000 m²) kann sich das Leipziger mit den meisten Rathäusern des Landes messen. Doch bevor man das neue Zentrum der städtischen Verwaltung errichten konnte, gab es auch alternative Überlegungen. **Hugo Licht** (1841 – 1923), seit 1879 Leiter des Hochbauamts und Stadtbaurat, wollte das Alte Rathaus erhalten und durch einen benachbarten Neubau erweitern. Erst 1890 entschied sich der Rat unter Oberbürgermeister Otto Georgi für den Bau eines neuen Rathauses. Die Verhandlungen mit der sächsischen Regierung als Eigentümer der Pleißenburg gestalteten sich nicht so einfach. Als die Stadt Leipzig das Terrain schließlich erworben hatte, wurde die Anlage 1897/98 abgerissen, einzig ein Rest des Turmes wurde erhalten, der in den Neubau integriert werden sollte. Es wurde ein Architekturwettbewerb ausgeschrieben und alle eingehenden Entwürfe anonym behandelt und mit einem Kennwort versehen. Einstimmig entschied man sich für »Arx nova surgit« (sinngemäß: eine neue Burg erhebt sich), den Entwurf von Hugo Licht, der zur Verwirklichung des anspruchsvollen Vorhabens von seinen sonstigen Aufgaben freigestellt wurde. Der erhaltene 45 m hohe Turmstumpf der alten Pleißenburg wurde zwar genutzt, musste jedoch verstärkt werden, um der Last des hohen Rathausturms standzuhalten.

Vorgeschichte: Pleißenburg

Sie war im 13. Jh. unter der Herrschaft des Markgrafen Dietrich des Bedrängten am Ufer der Pleiße errichtet worden und blieb als einzige von drei Zwingburgen in Leipzig bis Ende des 19. Jh.s erhalten. Allerdings ließ Kurfürst Moritz von Sachsen nach schweren Zerstörungen im Schmalkaldischen Krieg von 1547 durch den Architekten des ► Alten Rathauses, **Hieronymus Lotter,** eine der Stadt vorgelagerte Wasserburg errichten. Sie galt zu jener Zeit als vorbildliche Befestigungsanlage, die dem Stand modernster Kriegskunst entsprach. Bis in die zweite Hälfte des 18. Jh.s wurde die Pleißenburg v. a. als Garnison und Gefängnis verwendet.

◄ Disputation (Abb. S. 27)

In die Geschichte ging die Disputation auf der Pleißenburg im Juni/ Juli 1519 ein, deren Ausgang wesentlich für die Reformation war. Der Professor für Theologie Johannes Eck vertrat die päpstliche Seite und Andreas Bodenstein von Karlstadt die Position des Augustinermönchs Martin Luther, der jedoch seine Argumentation persönlich vortrug. Es sollte allerdings noch bis 1539 dauern, bis der Landesherr Herzog Heinrich der Fromme die neue Kirche zuließ.

Münzprägung ► Von 1752 bis 1756 konnte der Bankier Christian Gottlob Frege die Münzstätte pachten, die nun auf der Pleißenburg eingerichtet wurde. Sein einstiges Haus in der Katharinenstraße (► Fregehaus) gehört zu den prachtvollsten Gebäuden Leipzigs.

Bildung und Wissenschaft ► Im Turm der Pleißenburg wurde im Jahr 1794 die Sternwarte der Universität eingerichtet, die bis 1864 der Beobachtung der Himmelskörper diente. Ein Jahr nach ihrer Gründung 1764 zog die Zeichnungs-, Mahlerey- und Architectur-Academie (Vorläuferin der Hochschule für Grafik und Buchkunst) in den westlichen Akademieflügel der Festungsanlage.

Architektur – außen

Die gesamte Außenfassade besteht aus hellgrauem Rottenbauer Muschelkalkstein aus der Nähe von Würzburg, dessen Färbung nach abgeschlossener Sanierung jetzt wieder das Gebäude kennzeichnet. Stilistische Elemente verschiedener Architekturepochen sowie mächtige Ziergiebel und in die Außenmauern integrierte Türmchen tragen zur imposanten Erscheinung des Bürgerpalastes bei.

Die am prächtigsten gestaltete Fassade zeigt in Richtung Südwest zum Martin-Luther-Ring, einem Teil des ► Promenadenrings. Der als Oberbürgermeisterflügel bezeichnete Bereich, hinter dem sich die Arbeitsräume des Stadtoberhaupts befinden, ist mit Ornamenten und Figuren verziert, die sinnbildlich für die damalige wirtschaftliche und kulturelle Stellung Leipzigs waren: das Handwerk, die Gerechtigkeit, die Buchkunst, die Wissenschaft und die Musik. Über allem erhebt sich auf einem mächtigen Giebel der **Löwe, das Leipziger Wappentier**.

Oberbürgermeisterflügel ►

Eingangsbereich ► An der Südseite schließt sich im stumpfen Winkel die Längsfront mit dem prachtvoll gestalteten Eingangsbereich an. Über dem Portal des Haupteingangs stellt ein Volutengiebel eine Hommage an das ► Alte Rathaus dar, auf dessen Scheitelpunkt der Kopf der Lipsia mit einer Krone in Form der stilisierten Stadtmauer plastisch herausgearbeitet wurde. Die Eingangstreppe wird von zwei Wächterlöwen mit großen Schildern flankiert. Auf den Sockeln sind Zitate von Friedrich Schiller angebracht, denn im Jahr der Einweihung des Rathauses 1905 wurde seines 100. Todestages gedacht. Sehenswert sind die Türgitter vor den Eingangsportalen mit einer Vielzahl an Ornamenten und humorvollen Verzierungen. So versinnbildlicht wohl eine Schnecke auf einer Türklinke die oft langsam erfolgenden amtlichen Entscheidungen.

Rathausuhr ► Die Rathausuhr mit goldenen Zeigern auf blauem Grund weist nicht nur auf die aktuelle Zeit, sondern mit der um das Zifferblatt gruppierten Inschrift »Mors certa, hora incerta« (»Der Tod ist gewiss, die Stunde ist ungewiss«) auf die Vergänglichkeit menschlichen Seins hin.

Gar nicht so alt, wie man auf den ersten Blick meint: Das Neue Leipziger Rathaus wurde zu Beginn des 20. Jahrhunderts eingeweiht.

Innenausstattung

Der großzügige Empfangsbereich im Erdgeschoss war ursprünglich eine Wartehalle; jetzt finden in der Unteren Wandelhalle, in der sich auch ein Informationsstand befindet, regelmäßig Ausstellungen statt. Eine der Stirnseiten ist mit dem herzoglich sächsischen Wappen von 1502 geschmückt, das vom Grimmaischen Tor, dem ehemaligen östlichen Stadttor, stammt. Über die Haupttreppe, die in Granit ausgeführt und mit edlen Marmorgeländern und üppigen figürlichen Verzierungen versehen ist, gelangt man in die Obere Wandelhalle. Sie wird bei Veranstaltungen wie Empfängen oder beim **Bürgerfest**, das alljährlich am 9. Oktober an die friedliche Revolution erinnert, genutzt. Das wohl prachtvollste Zimmer im Neuen Rathaus ist der Ratsplenarsaal mit seiner reich verzierten Kassettendecke. Der Festsaal dient heute den Stadtverordneten als Sitzungssaal.

◄ Obere Wandelhalle

Ratskeller der Stadt Leipzig

Der Ratskeller (► Essen und Trinken) trat die Nachfolge der Ratsherrentrinkstube an, die sich lange Zeit in der Alten Waage am ► Markt befand. Vor dem von einer Arkade geschützten Eingangsportal zum Restaurant am Burgplatz befindet sich eine der schönsten ironischen Plastiken des Gebäudes: die den Bürger verschlingende Steuerlast. Das Gasthaus wurde bereits 1904 eröffnet, als die Handwerker noch eifrig mit dem Innenausbau des Neuen Rathauses beschäftigt waren. Mit sieben Räumen (insg. 650 Plätze) ist es Leipzigs größtes Restaurant. Hier wird viel Wert auf Tradition gelegt und verschiedene kulinarische Events locken mit einem kurzweiligen Ausflug in die Geschichte. So kann man unter humorvoller **Führung durch den Alt-Bürgermeister Hieronymus Lotter**, Erbauer des Alten Rathauses, den Rathausturm bis zur Aussichtsplattform zu Fuß erklimmen oder in die Kasematten der alten Pleißenburg hinabsteigen (► Stadtführungen). Das **Kaffeekabinett Lene Voigt** erinnert an die Leipziger Mundartdichterin (1891 – 1962). Alljährlich vergibt hier der Lene-Voigt-Verein die »Goldene Gaffeeganne« bei einem sächsischen Rezitations-Wettbewerb.

Rathausbrunnen Auf den Tag genau drei Jahre nach der Rathauseinweihung hieß es am 7. Oktober 1908 »Wasser marsch!« für den aus Spenden Leipziger Bürger finanzierten Rathausbrunnen auf dem Burgplatz. Feine Wasserstrahlen plätschern aus einem Kranz, der Figuren aus deutschen Märchen zeigt. Überragt wird das achteckige Becken aus Muschelkalkstein von einer etwa 5 m hohen Säule, auf der die lebensgroße Bronzefigur eines Jünglings Flöte spielt.

Am Sockel verewigt sind Porträtmedaillons der Oberbürgermeister aus der Bauzeit des Rathauses, Otto Georgi und Bruno Tröndlin (► Promenadenring), sowie des Architekten und Erbauers Hugo Licht.

Goerdeler-Denkmal Am Martin-Luther-Ring zu Füßen des Neuen Rathauses wurde 1999 das **begehbare Denkmal für den ehemaligen Oberbürgermeister** Carl Friedrich Goerdeler (1884 – 1945) eingeweiht. Aus Protest gegen den Abriss des Mendelssohn-Denkmals (► Promenadenring) trat er 1937 zurück. Der engagierte Politiker gehörte zu den Verschwörern des 20. Juli 1944. Nach dem Scheitern des Attentats wurde Goerdeler denunziert, vom Volksgerichtshof zum Tod verurteilt und am 2. Februar 1945 in Berlin-Plötzensee hingerichtet.

Im November 1993 beschloss die Leipziger Stadtverordnetenversammlung, Carl Goerdeler ein würdiges Denkmal in der Nähe seiner einstigen Wirkungsstätte zu errichten. Das Werk des amerikanischen Künstlerpaares Jenny Holzer und Michael Glier stellt einen 5 m tiefen Schacht dar, in den eine **Bronzeglocke** eingelassen wurde, die vier Mal am Tag – um 5.55, 11.55, 17.55 und 23.55 Uhr – jeweils fünf Mal läutet; an ausgewählten Gedenktagen sogar stündlich. Den Schacht kann man über drei kreisförmig angeordnete Stufen betreten, auf denen sich ausgewählte Zitate Goerdelers befinden.

Stadthaus Ebenfalls durch Hugo Licht 1908 bis 1912 erbaut wurde das Stadthaus. Bewusst wurde eine architektonische Einheit zum Rathaus geschaffen. Das siebenstöckige Ensemble besitzt einen ungleichmäßigen, fünfeckigen Grundriss. Mit dem Neuen Rathaus ist es über eine zweistöckige, leicht schräg verlaufende Brücke verbunden. Da die Etagen Niveauunterschiede aufweisen, hat der Volksmund ihr den Beinamen »Beamtenlaufbahn« gegeben. Im Stadthaus befindet sich auch das Standesamt der Stadt Leipzig.

★ Neuseenland

Auf der größten Landschaftsbaustelle Europas erhält die Gegend um Leipzig ein neues Gesicht: Früher von Bergbau und Industrie geprägt, entsteht nun das »Neuseenland«.

Die vom Braunkohlentagebau bereits seit dem 19. Jh. geprägte Landschaft, in der Dutzende Ortschaften wegen des Energieträgers und Rohstoffes für die Karbochemie weggebaggert wurden, wird mit fast 120 Gewässern zur **größten künstlichen Seenlandschaft Europas** werden. Dabei reicht die Dimension von zehn bis 2000 ha. Jeder einzelne der nach und nach in den sog. Tagebaurestlöchern entstehenden Seen erhält einen eigenen Charakter. Dadurch kann sich neben touristischen Attraktionen ein Teil der Natur regenerieren und Biosphärenreservate für seltene Pflanzen- und Tierarten entstehen.

Kulkwitzer See

Der direkt an das Neubaugebiet Leipzig-Grünau grenzende, 150 ha große Kulkwitzer See hat sich zu einer Erholungsoase für Campingfreunde und Wassersportler entwickelt. Es gibt hier nicht nur eine

Abendstimmung am Cospudener See

Neuseenland Südraum

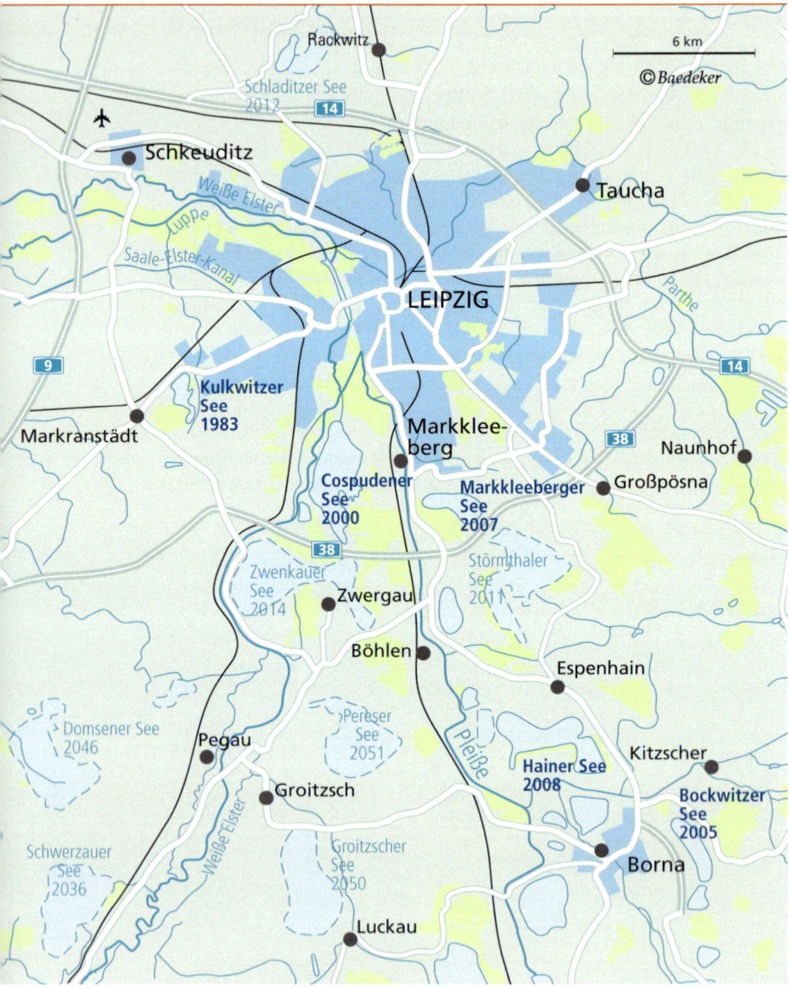

beliebte **Wakeboardanlage** und Möglichkeiten zum Surfen und Segeln, er ist auch Geheimtipp für Taucher, da man hier eine für Binnenseen ungewöhnliche Unterwassersichtweite von über 12 m hat.

Cospudener See Als externer Standort der EXPO 2000 in Hannover hat der Cospudener See eine rasche Entwicklung genommen und ist, an Leipzig und Markkleeberg angrenzend, das ideale Badeausflugsziel für Familien. Beliebt ist er außerdem bei Seglern, Surfern und Kitern, die die für diese Sportarten geeigneten Windverhältnisse schätzen. Plätze für die beliebten Strandsportarten Beach Volleyball und Soccer gibt es ebenso wie eine Marina mit verschiedenen gastronomischen Einrichtungen, eine Tauchschule und eine Sauna direkt am See. Vom Cospudener See ist für Wasserwanderer eine Verbindung durch den ►Auwald bis zum zukünftigen Leipziger Stadthafen geplant.

Markkleeberger See

Die besondere Attraktion am Markkleeberger See, der seit der Saison 2009 nahezu komplett erschlossen ist, bildet der **Kanupark Markkleeberg** – eine der drei modernsten Wildwasseranlagen der Welt, in der sich die deutschen Kanuten u. a. auf die Olympischen Spiele in Peking 2008 vorbereitet hatten (►Baedeker Tipp S. 123). Diese Sportanlage steht auch Hobby-Kanuten und Rafting-Fans zur touristischen Nutzung offen. Ein fast 10 km langer Rundweg um den See lockt Skater, Jogger und Radsportler.

Weitere Projekte

Ein Kanal wird zum zukünftigen **Störmthaler See** geschaffen, der 2011 geflutet sein soll. Hier wird das schwimmende Standesamt Vineta ein besonderes Highlight bilden. Fast 1000 ha wird der **Zwenkauer See** einmal haben und damit zu den größten Revieren der Region gehören. Unter dem Motto »Freizeit und Wohnen am See« ist eine großzügige Hafenanlage mit Hotels und »schwimmenden Häusern« geplant. Neben der Wasserlandschaft mit ihren Erholungsmöglichkeiten haben die Städte **Markkleeberg, Groitzsch, Borna** und **Pegau** historisches und modernes Flair zu bieten. Im Sächsischen Burgen- und Heideland gibt es u. a. die Töpferstadt **Kohren-Salis**, die Burg Gnandstein und eine Vielzahl von Mühlen zu entdecken. An der **»Straße der Braunkohle«** finden Technikinteressierte Zeugen des ehemals wichtigsten Wirtschaftszweigs der Region. Ein Technikpark mit Großgeräten entsteht unweit vom Markkleeberger See.
Der **Belantis-Vergnügungspark** (►Baedeker Tipp S. 92) ist der größte Freizeitpark in den neuen Bundesländern. Der über die Autobahn A 38 erreichbare Park erweitert jährlich sein Angebot an Attraktionen für die ganze Familie.

★ Nikolaikirche

G 7

Lage: Nikolaikirchhof
Innenstadtplan: I C 4

Straßenbahn: Augustusplatz (Linien 4, 7, 8, 10, 11, 12, 15, 16)

Seit dem Herbst 1989, als sie zum Ausgangspunkt der friedlichen Revolution in der DDR und somit für die deutsche Wiedervereinigung wurde, gilt die Nikolaikirche als Symbol gewaltlosen Protests (►Baedeker Special S. 208). Neben der ►Thomaskirche ist sie heute die bekannteste Kirche Leipzigs.

Baugeschichte

Baugeschichte

Die Kirche St. Nikolai ist die **älteste und größte Kirche der Stadt**. In dem 63 m langen und 46 m breiten Sakralbau finden rund 1700 Gläubige Platz.
Eine erste urkundliche Erwähnung im Jahr 1212 als Ecclesia Sancti Nikolai steht in der Gründungsurkunde des Augustiner-Chorherrenstifts St. Thomas; andere Quellen sprechen von 1165 bzw. der ersten Hälfte des 12. Jahrhunderts. Sie ist dem heiligen Nikolaus, dem Schutzpatron der Kaufleute und Reisenden geweiht worden, weil sich in jenem Teil der Stadt zunehmend Fernhandelskaufleute ansiedelten. Bei archäologischen Grabungen entdeckte man, dass sich die Fundamente inmitten von weitaus älteren Gräberfeldern befinden, die vermuten lassen, dass an dieser Stelle bereits ein Vorgängerbau existiert hat.

! *Baedeker* TIPP

Mehr zur Nikolaikirche 1

Weitere Informationen zur Geschichte und Architektur erhält man bei den interessanten Kirchenführungen (Di., Do., Fr. jeweils um 17.00, Sa. 11.00 Uhr). Für die Orgelführung (Fr. 16.30 Uhr) und die Turmbesteigung (Sa. 14.00 Uhr) sollte man sich in der Kirche besser voranmelden (Tel. 03 41 / 268 95 92)

Das im romanischen Stil errichtete Gotteshaus war eine dreischiffige Basilika mit zwei quadratischen Türmen an der Westseite und mit 56 m Länge und 30 m Breite eine der größten Pfarrkirchen in Sachsen. Aus jener Zeit stammen noch die Grundmauern des Westriegels. Die Umbauten und Erweiterungen im spätgotischen Stil, die rund ein Jahrhundert dauerten, begannen Ende des 14. Jahrhunderts. Vor allem am Westturm mit dem Hauptportal ist der romanische Ursprung noch in Details erkennbar.

Türme ►

Im Jahr 1555 ließ der damalige Bürgermeister **Hieronymus Lotter** den achtseitigen Mittelturm mit Türmerwohnung zwischen den im 13. und 14. Jh. erbauten Flankentürmen errichten. Erst 1730 wurden die Türme in der heutigen Gestalt mit barocken Hauben vollendet. Der 76 m hohe Mittelturm überragt den Turm der ► Thomaskirche um 9 Meter. Als Vorbild für die Turmlaterne diente ein Entwurf des Architekten George Bähr für die Dresdener Frauenkirche.
Gekrönt wird das Bauwerk von einer kunstvoll gestalteten, 4,50 m langen Wetterfahne mit einem 20-zackigen Stern als Abschluss. Die Last des Turms hatte im Jahr 1759 das romanische Portal zum Einsturz gebracht, das anschließend durch ein barockes Portal ersetzt wurde.

Kunstvoller Innenraum

Der Innenraum wurde 1784 bis 1797 von Johann Friedrich Carl Dauthe im klassizistischen Stil umgestaltet. Er überformte die gotischen Architekturelemente mit Stuck und wandelte das spätgotische Netzgewölbe des Kirchenschiffs in eine **Kassettendecke** um. Getragen wird die Konstruktion von **Säulen, die von Palmwedeln gekrönt sind**. Die Farbgebung konzentriert sich auf Weiß, Apfelgrün und

Bei der Umgestaltung der Kircheninnenraums wurden aus den Pfeilern der spätgotischen Hallenkirche kannellierte Säulen, deren Palmenkapitelle den Ansatz des gotischen Kreuzgewölbes kaschierten.

Rosé. Stuckrosetten verdecken die spitzen gotischen Bögen, und der Chorraum erhielt ein hölzernes Tonnengewölbe. Der Fußboden wurde mit einem dekorativen Belag aus schwarzen und weißen Steinplatten versehen.
Ein weiterer Umbau erfolgte 1901/02. Dabei wurden die äußeren Betstübchen abgerissen und Treppenhäuser errichtet. Beim Umbau mauerte man einzelne romanische Architekturelemente, die bei den Arbeiten gefunden worden waren, in die Sakristeiwand ein. In den Jahren 1966 bis 1977 wurde der Innenraum der Nikolaikirche restauriert. Anschließend begann die Instandsetzung der Fassade und des 250 Jahre alten Kupferdaches. Seit 1999 befindet sich auf dem südlichen Kirchendach eine etwa 50 m² große Fotovoltaikanlage.

Ausstattung und Kunstwerke

Während der klassizistischen Umgestaltung des Innenraums wurde auch das Inventar weitgehend erneuert und u. a. das Taufbecken und die frei stehende Kanzel nach Entwürfen des Leipziger Stadtbaumeisters Dauthe neu geschaffen.
Der damals schon 70-jährige **Adam Friedrich Oeser** (1717 bis 1799) malte **30 Emporen- und Altargemälde**, die seine Zeitgenossen auch

◀ »Oeser-Bibel«

Zwischen Predigerhaus und Kirche ist eine Säule mit Palmwedeln aus dem Kirchenschiff nachgebildet: Die 16 m hohe Nikolaisäule wurde vom Leipziger Künstler Gerhard Stötzner und dem Bildhauer Markus Gläser geschaffen und steht für den Gedanken des Aufbruchs, der von der Kirche ausging.

OFFEN FÜR ALLE

Bilder von Zehntausenden friedlich demonstrierender Menschen gingen 1989 um die ganze Welt. Die Leipziger Nikolaikirche wurde zu einem historischen Symbol, denn hier begann am 9. Oktober 1989 der friedliche Marsch auf dem Innenstadtring, dessen Teilnehmer mit brennenden Kerzen, selbst gestalteten Plakaten und dem Ruf »Wir sind das Volk« einen gewaltigen Eindruck bei der herrschenden Staatsmacht hinterließen.

Die berühmten Leipziger Montagsdemonstrationen hatten ihren Ursprung in der DDR-Friedensbewegung zu Beginn der 1980er-Jahre. Bereits seit September 1982 lud der damalige Pfarrer **Christian Führer** zu den montags in der Nikolaikirche stattfindenden **Friedensgebeten**, die sich gegen das Wettrüsten in Ost und West richteten, ein. Damit war auch das Motto der Nikolaikirche verbunden: »Offen für alle«, was nicht nur Gläubige einschließt.

Mit der Zeit zogen die Veranstaltungen vermehrt Ausreisewillige und Oppositionelle an. Eine Folge dieser zunehmenden Politisierung waren Verhaftungen und vehementer Druck des Staats auf die Kirchenleitung.

Nach der Manipulation der Kommunalwahlergebnisse vom 7. Mai 1989 protestierten Hunderte Leipziger auf dem Markt. Als Reaktion darauf wurde am folgenden Tag nach dem Friedensgebet erstmals ein Polizeikessel um die Nikolaikirche gebildet. Schnell verbreitete sich im ganzen Land der Ruf der Montagsgebete, die den Unmut über die herrschenden Zustände sichtbar werden ließen.

Am 4. September 1989 fand die erste **Montagsdemonstration** nach dem Friedensgebet in der Nikolaikirche statt. Da sie nicht mehr alle Besucher fassen konnte, wurden die Gebete in den folgenden Wochen auch in anderen Leipziger Kirchen abgehalten. Trotz des brutalen Eingreifens der Polizei und der Stasi wuchs die Teilnehmerzahl an den folgenden Montagen ständig. Am 9. Oktober wurde in Kirchen und im Stadtfunk zur **Gewaltlosigkeit** aufgerufen – ein Appell der »Leipziger Sechs«, unter ihnen der Gewandhauskapellmeister Kurt Masur und der Kabarettist Bernd-Lutz Lange. Über 70 000 Menschen zogen diesmal nach Friedensgebeten in vier Leipziger Kirchen über den gesamten Innenstadtring. Sie forderten politische Reformen und Meinungsfreiheit: »Keine Gewalt«, »Neues Forum zulassen«, »Freiheit, freie Wahlen« oder »Lasst die Gefangenen frei«. Angesichts der Menschenmassen schritten die Sicherheitskräfte nicht ein. Eine Woche später nahmen bereits 120 000 Menschen aus der ganzen DDR an der Montagsdemonstration teil, obwohl Vorbereitungen für einen massiven Einsatz der Sicherheitskräfte getroffen waren. Am 18. Oktober trat Erich Honecker nach 18jähriger Regierungszeit, offiziell aus »gesundheitlichen Gründen«, von seinem Posten zurück.

Orte des Erinnerns

An diesen beispiellosen Geschehnissen, die zeigten, dass es möglich ist, mit friedlichem Einsatz ein ganzes System zu stürzen, erinnern mittlerweile verschiedene **Kunstwerke auf dem Nikolaikirchhof** (S. 213). Seit einigen Jahren wird am 9. Oktober nach einem Friedensgebet dort auch **»Die Nacht der Kerzen«** begangen, bei der die Lichter zu einer großen '89, dem Symbol der Friedlichen Revolution, zusammengestellt werden.

als »Oeser-Bibel« bezeichneten: Engelsdarstellungen in der Eingangshalle, ein Zyklus mit Szenen aus dem Leben Jesu im Altarraum und Gemälde von den christlichen Tugenden Hoffnung und Liebe auf der Empore. Das Altarbild stellt die Auferstehung Christi dar. Oeser war der erste Direktor der 1764 gegründeten Leipziger »Zeichnungs-, Mahlerey- und Architectur-Academie« (heute Hochschule für Grafik und Buchkunst).
Das **Kruzifix** im Chorraum stammt aus der Mitte des 13. Jh.s und gehört damit zu den ältesten erhaltenen Kunstwerken Leipzigs. Die englische Stadt Coventry schenkte der Gemeinde 1996 das **»Coventry-Kreuz«** als Symbol der völkerweiten Versöhnung nach dem Zweiten Weltkrieg. Die sogenannte **Luther-Kanzel** von 1521 sowie ein spätgotischer Flügelaltar aus einer früheren Dorfkirche befinden sich in der Nordsakristei. Diese Kapelle aus dem 14. Jh. wird von einem zentralen Bündelpfeiler mit vier Jochen getragen.
Im **Kapitelsaal** darüber werden zwei Cranach-Gemälde und eine plastische Darstellung des Schmerzensmannes aus dem 15. Jh. aufbewahrt. Bedeutendstes Kunstwerk aus der Barockzeit ist die Schrifttafel des Johann von Logau von 1672 an der Westwand der Südkapelle. Auf vier 1905 von F. Pfeifer geschaffen Reliefs mit Alabasterschnitzereien wird der Leidensweg Christi dargestellt.

Orgel

Erstmals wurde 1479 eine Orgel erwähnt. Die heutige Orgel von Friedrich Ladegast aus Weißenfels, 1856 bis 1859 gebaut, gehörte zu jener Zeit zu den bedeutendsten Instrumenten Europas. Mit 85 Registern und 6314 Pfeifen ist sie **die größte Kirchenorgel Sachsens**. Im Jahr 1902 wurde sie durch die Firma Wilhelm Sauer aus Frankfurt/Oder auf 93 Register erweitert. 1986/88 erfolgte durch den VEB Orgelbau Sauer unter anderem die Elektrifizierung der Traktur. Dank einer großzügigen Spende durch die Porsche AG konnte 2002/03 das Instrument durch die Orgelmanufaktur Hermann Eule aus Bautzen komplett erneuert werden. Das Gehäuse und der größte Teil der Pfeifen der alten Ladegast-Orgel blieben erhalten.

Bedeutende Ereignisse

Johann Sebastian Bach (► Berühmte Persönlichkeiten) absolvierte hier am 23. Februar 1723 sein Probespiel für die Funktion des »Kantors Chori Lipsiensis und Director musices«. Dieses Amt trat er dann am 30. Mai mit der Aufführung der Kantate »Die Elenden sollen essen« an und war während seiner gesamten Amtszeit bis 1750 auch in St. Nikolai kirchenmusikalisch tätig. Eine Büste des Leipziger Künstlers Carl Seffner erinnert an sein Wirken.
Mit ihren Predigten leiteten die Reformatoren **Justus Jonas** und **Martin Luther** (► Berühmte Persönlichkeiten) am 25. Mai 1539 die Reformation in Leipzig ein. Reformator **Johannes Pfeffinger** (1493 bis 1573) studierte nach seiner Flucht aus Passau 1523 bei Luther und Philipp Melanchthon in Wittenberg (► Ausflugsziele, S. 151). Von 1540 bis zu seinem Tod 1573 war er der erste lutherische Superintendent und Stadtpfarrer der Nikolaikirche. An der Leipziger Universi-

tät, an der ab 1544 evangelische Theologie gelehrt wurde, wirkte er ab 1555 als Theologie-Professor.
Im Jahr 1989 bildete die Nikolaikirche den **Ausgangspunkt für die friedliche Revolution**, die zum Ende der DDR führte (► Baedeker-Special S. 208).

★ **Nikolaikirchhof**

Nördlich der Kirche befindet sich der **Nikolaikirchhof** mit dem **Predigerhaus** und der **Alte Nikolaischule**. Letztere existiert seit 1512 und war die erste weltliche Schule der Stadt. Neben den Elementarfächern wurden auch die Künste gelehrt. Zu den prominentesten Schülern gehörten **Gottfried Wilhelm Leibniz** und **Richard Wagner** (► Berühmte Persönlichkeiten). Der Schulbetrieb wurde 1872 eingestellt. Zu Beginn der 1990er-Jahre konnte das Gebäude mit finanzieller Unterstützung der Stadt Frankfurt a.M. durch die Kulturstiftung Leipzig, die jetzt hier ihren Sitz hat, saniert werden.
Heute befinden sich in der Alten Nikolaischule im Erdgeschoss eine Gaststätte, im ersten Obergeschoss die Antikensammlung der Universität und im Kellergeschoss das **Automatikmuseum** der Hochschule für Technik, Wirtschaft und Kultur.

Erinnerung an 1989

In das historische Schlackepflaster des hinteren Teils des Kirchhofs, direkt neben dem Fußweg de Ritterstraße Richtung Brühl, wurde eine **Bronzeplatte mit Schuhabdrücken** eingelassen, die in Richtung Augustusplatz weisen – und so den Aufbruch zu den Montagsdemonstrationen symbolisieren.
Am 9. Oktober 2003 wurden der Stadt Leipzig von der Hamburger Stiftung »Lebendige Stadt« ein **Brunnen** und eine Lichtinstallation geschenkt. Die schlichte, große Brunnenschale aus Lausitzer Granit soll den Nikolaikirchhof als Ort der Kommunikation und der Besinnung würdigen. Sie wurde vom englischen Stararchitekten David Chipperfield entworfen und steht an der gleichen Stelle, an der es bereits 1573 einen Brunnen im Renaissancestil gab.

★ ◄ Lichtinstallation

Die Lichtinstallation des Leipzigers Tilo Schulz besteht aus **150 »gläsernen« Pflastersteinen**, die nachts in den Farben Blau, Grün und Magenta leuchten. Ab 20.00 Uhr schaltet ein Zufallsgenerator die Lichtwürfel, einen nach dem anderen, ein. Allmählich, über einen Zeitraum von drei Stunden, wächst so die scheinbare Ansammlung. In den Morgenstunden verschwindet sie und kehrt am nächsten Abend wieder. Das Kunstwerk versinnbildlicht eine wachsende Menschenmenge mit ihren Lichtern, wie sie sich vor den Montagsdemonstrationen auf dem Platz versammelte – also die Botschaft, die zur Veränderung der gesamten politischen Situation geführt hat.

! *Baedeker* TIPP

Mehr zur Nikolaikirche 2

Sich noch einmal die Nachrichten und die Bilder ins Gedächtnis rufen, die 1989 die politische Wende einleiteten... Da sollte man unbedingt am Stadtrundgang »Auf den Spuren der Friedlichen Revolution« (Sa. 14.00 Uhr, Treffpunkt: Hauptportal) teilnehmen.

★★ Oper

G 7

Lage: Augustusplatz (Nordseite)
Innenstadtplan: I B/C 4

Straßenbahn: Augustusplatz (Linien 4, 7, 8, 10, 11, 12, 15, 16)

Das Opernhaus Leipzig wurde als erster Theaterneubau der ehemaligen DDR von 1956 bis 1960 errichtet. Es reiht sich in die über 300 Jahre lange Tradition von bürgerlichen Opernaufführungen seit Eröffnung der Alten Oper am Brühl ein.

Öffnungszeiten:
Vorverkaufskasse
Mo. – Fr.
10.00 – 20.00
Sa. 10.00 – 18.00

Ursprünglich stand an gleicher Stelle das im Zweiten Weltkrieg zerstörte Neue Theater (erbaut 1864 – 68). Unterhalb der Terrasse des Operncafés (► Baedeker Tipp S. 160) wurde das gerettete und renovierte Tympanon des Vorgängergebäudes anlässlich des 300jährigen Bestehens der Leipziger Oper im Jahr 1993 aufgestellt und mit einer Gedenktafel versehen. Die erhaltenen Teile zeigen Züge der Ceres, des Bacchus und der Ariadne sowie die Allegorie der Lipsia.

Architektur

Die klare Linienführung des dreigeschossigen Opernhauses greift die spätklassizistischen Gestaltungsformen des Neuen Theaters wieder auf. Das überhöhte Bühnenhaus krönt eine Laterne, auf deren Spitze eine goldene Kugel sitzt. An den vier äußeren Ecken des Bühnenhauses wurden goldene Tauben als Friedenssymbole aufgestellt. Die Front zum Augustusplatz beherrscht eine Freitreppe und ein zweigeschossiger Vorbau in Form eines Portikus. Die gesamte Fassade wurde mit hellem Sandstein verkleidet, mit dem die in Gold eloxierten Fenster und Außentüren angenehm harmonieren. An den Querseiten des Gebäudes bilden Reliefs die einzigen Schmuckelemente. Darauf abgebildet sind u. a. Theatervignetten und es wird die Entwicklung von »Hammer, Zirkel und Ährenkranz« als Staatssymbole der früheren DDR nachgezeichnet. Seit einigen Jahren erhält das Gebäude eine komplette Verjüngungskur, wobei seine Authentizität gewahrt wird. Die Fassade ist bereits saniert, der Zuschauerraum wurde großzügiger gestaltet und zur Saison 2007/08 mit Richard Wagners Oper »Rienzi« wieder eröffnet. Außer den Plätzen im Parkett und im Rang gibt es an beiden Bühnenseiten je eine dreisitzige Loge. Treffpunkt im ersten Obergeschoss mit Panoramablick auf den Augustusplatz bildet ein geräumiges Parkettfoyer, das auch bei Empfängen oder anderen festlichen Anlässen zum Flanieren einlädt. So hat sich der alljährliche **Opernball** im Oktober einen festen Platz im gesellschaftlichen Leben der Stadt erobert.

Einrichtungen des Hauses

Im **Kellertheater** als der kleinen Bühne des Hauses gehören Inszenierungen des **Kinder- und Jugendchors** seit Jahren zum festen Repertoire. Dabei begeistern Stücke wie »Der Mann im Mond« oder »Das Paradies der Katzen« nicht nur die jüngsten Zuschauer. Der Chor mit seinen 65 Mitgliedern zwischen 9 und 17 Jahren wirkt

Die Oper – vom Schwanenteich aus gesehen

auch bei Produktionen in der Oper und in der Musikalischen Komödie mit. Der seit 1960 existierende **Opernchor** tritt außer im eigenen Haus auch bei Veranstaltungen anderer Klangkörper auf. Tourneen in europäische Länder, nach Israel und Hongkong sowie die Ehrung mit dem Klassik ECHO Award für eine CD-Musikproduktion unterstreichen den hohen Qualitätsstandard des Ensembles. Neben dem Opernensemble glänzt das **Ballettensemble** durch eigene Ballett-Aufführungen und Choreografien. 1991 bis zu seinem viel zu frühen Tod 2004 leitete der international renommierte Choreograf Uwe Scholz das Corps de Ballet. Den Part des Orchesters übernimmt bei Opern- und Ballett-Aufführungen traditionell das Gewandhausorchester.

Musikalische Komödie (MuKo)

Die Musikalische Komödie ist eine zur Oper gehörende Spielstätte, die Werke der leichten Muse – vor allem Operetten und Musicals – im Repertoire hat. Zum Ensemble gehören Solisten, ein eigenes Orchester, Ballett und Chor. Ursprünglich als Ausflugsgaststätte »Drei Linden« und nach dem Umbau ab 1918 als Varieté genutzt, diente es ab der Zerstörung des Neuen Theaters am Augustusplatz von 1944 bis zur Eröffnung des Opernhauses 1960 als Opernspielstätte. Danach wurde es als Kleines Haus Dreilinden zum Operettentheater. Den heutigen Namen trägt es seit 1968.

Dreilindenstr. 30
Leipzig-Lindenau
◄ Straßenbahnhof Angerbrücke (Linien 3, 7, 8, 13, 15)
Vorverkauf:
Di. – Fr.
16.00 – 19.00

! Baedeker TIPP

Führungen für jedes Interesse

Öffentliche Hausführungen finden in der Oper jeden Sa. um 14.00 Uhr statt (ca. 2 Std.), Treffpunkt ist der Bühneneingang Goethestraße. Familienführungen in Oper und MuKo werden an Familientagen (6 Sonntage im Jahr) angeboten. Jeweils 15 Minuten nach Vorstellungsende hat man die Möglichkeit, an Nachtführungen (ca. 1 ½ Std.) teilzunehmen. Sonderführungen ab 10 Personen können nach individuellen Interessen arrangiert werden (Termine unter Tel. 03 41 / 126 13 49 oder unter zippel@oper-leipzig.de).

Die **Tiefgarage Augustusplatz** hat einen direkten Zugang zur Oper. Die Parktickets sind drei Stunden vor Beginn bis drei Stunden nach Ende des Konzerts gültig. Zudem gelten die Opernkarten drei Stunden vor bis drei Stunden nach der Veranstaltung als **Ticket für Straßenbahnen, Busse und S-Bahnen im MDV** (Mitteldeutscher Verkehrsverbund).

Hinweise für Menschen mit Behinderungen

Das Opernhaus bietet einen barrierefreien Zugang zu sechs Rollstuhlplätzen im Opernsaal (zwei Plätze in der Musikalischen Komödie) sowie Induktionsschleifen für Hörgeräte (Parkett und Rang).

✶ Panometer

K 7

Lage: Richard-Lehmann-Straße 114
Bus: Richard-Lehmann-/Altenburger Straße (Linie 70)
Straßenbahn: Arthur-Hoffmann-/Richard-Lehmann-Straße (Linie 9)

Eine Attraktion der besonderen Art zieht die Besucher des Panometers Leipzig in seinen Bann: das weltgrößte runde 360°-Panorama mit wechselnden Themen und Darstellungen. Dafür wird ein denkmalgeschützter Gasometer der Stadtwerke Leipzig genutzt, der bis 1977 zur Speicherung von Stadtgas diente.

Öffnungszeiten:
Di. – Fr. 9.00 – 19.00
Sa./So.
10.00 – 20.00

www.panometer.de

Als sich 2003 die Erstbesteigung des Mount Everest zum 50. Mal jährte, wurde unter dem Titel »8848 Everest 360°« die erste Ausstellung durch den in Deutschland lebenden persischen **Künstler Prof. Yadegar Asisi** gestaltet. Mit spezieller fotografischer Aufnahme- und Drucktechnik vermittelte er den Besuchern die Illusion, inmitten der Bergwelt des Himalaya zu stehen. Begleitet wurde die Panoramaschau mit audiovisuellen Mitteln, die den Tagesablauf simulierten, und einer Ausstellung u. a. mit Originalexponaten von Himalaya-Expeditionen. Das zweite Panorama war einem Riesenrundgemälde nachempfunden, das 1890/91 im Berliner Nationalpanorama gezeigt worden war. Anhand von Fotografien gelang die Nachgestaltung, Thema: der Einzug Kaiser Konstantins in Rom im Jahr 312. Mit der Ausstellung **»Amazonien«** ab 2009 holte der Künstler die Urwaldatmosphäre des Amazonasgebiets nach Leipzig.

Promenadenring

G/H 6/7

Lage: Zentrum **Innenstadtplan:** I B–D 3–5

Der Promenadenring umschließt die historische Innenstadt Leipzigs entlang der ehemaligen Befestigungsanlagen. Nach dem Siebenjährigen Krieg (1756–1763) hatte sie der sächsische Kurfürst Friedrich August III. der Stadt unter der Bedingung übereignet, dass die Flächen gemeinnützigen Zwecken zugeführt werden sollten.

In zwei Stunden durch 150 Jahre Stadtgeschichte

Der seit etwa 1912 nahezu geschlossene Grünzug, der lediglich von markanten Plätzen unterbrochen wird, gestattet somit einen gemütlichen Spaziergang über rund 7 km rings um die Leipziger City. Parallel dazu verläuft eine mehrspurige Ringstraße, in die ein separater Gleiskörper für die Straßenbahn integriert ist. Das innere Stadtzentrum misst von Ost nach West 600 m sowie von Süd nach Nord 800 m. Von den etwa 225 Gebäuden im Stadtzentrum stehen 130 unter Denkmalschutz. Der Straßenzug rings um den Altstadtkern besteht aus sieben Teilen, die vorrangig nach Persönlichkeiten der Leipziger Stadtgeschichte benannt sind. Geschichte wurde in jüngster Zeit geschrieben, als bei den **Montagsdemonstrationen 1989** Tausende Leipziger in einem friedlichen Protestzug um den Ring zogen.

Roßplatz

Südöstlich des Zentrums liegt der Roßplatz. Der Name existiert seit 1625, als hier zwischen Moritzbastei und Peterstor (an der heutigen Petersstraße) ein bedeutender Pferdemarkt abgehalten und die ersten Pferderennen veranstaltet wurden. In der Grünanlage hinter dem Neuen Gewandhaus und der Moritzbastei erhebt sich der Musenhügel mit dem Denkmal des Leipziger Bürgermeisters Dr. Karl Wilhelm Otto Koch (1810–1876). Unweit davon steht das ebenfalls von Carl Seffner geschaffene Robert-Schumann-Denkmal. Auf der äußeren Ringseite überragt das **Europa-Haus**, das 1828/29 im Rahmen des ersten Generalbebauungsplans der Stadt errichtet wurde, alle benachbarten Gebäude. Es besaß einst das höchste Dachgartencafé Europas, das nun im gegenüberliegenden City-Hochhaus einen weitaus höher liegenden Nachfolger gefunden hat (►Augustusplatz).

◄ Robert-Schumann-Denkmal

Im folgenden äußeren Bereich beginnt die Ringbebauung, ein geschlossenes städtebauliches Ensemble, das von 1953 bis 1955 errichtet wurde und der Krümmung der Ringstraße folgt, von der die sieben- bis neungeschossigen Baukörper durch eine kleine, parkähnliche Anlage getrennt sind. Im Zentrum des baulichen Komplexes befindet sich das ehemalige **Ring-Café**, das über zwei Etagen reicht und zur Zeit seiner Eröffnung 1956 als das größte Tanzcafé Deutschlands galt.

◄ Ringbebauung

Schräg gegenüber können Fußgänger am Rand der Innenstadt den Schillerpark mit dem 1914 eingeweihten **Schiller-Denkmal** durchqueren. Die Marmorstele zeigt den Poeten von der weiblichen Figur »Er-

◄ Schillerpark

habenheit« und der männlichen »Tragik« flankiert. Dieser Teil des Rings wurde 1857 durch den Landschaftsgärtner Peter Joseph Lenné (1789 – 1866) gestaltet, dem u. a. auch der Park von Potsdam-Sanssouci zu verdanken ist.

Fassade des Klinger-Hauses

Durch die Bauarbeiten am City-Tunnel ist ein Teil des Parks erst wieder nach der Fertigstellung des Haltepunkts Wilhelm-Leuschner-Platz passierbar. Die angrenzende **Schillerstraße** wird durch bedeutsame Bauwerke des Historismus bestimmt, die ab etwa 1860 errichtet wurden. Dabei sind Stilelemente der italienischen Renaissance in den klar strukturierten Fassaden der vier- bis fünfgeschossigen Prachtbauten erkennbar, die das Selbstbewusstsein der prosperierenden Bürgerstadt jener Epoche dokumentieren.

An der Ecke Petersstraße hat im ehemaligen Reichsbankgebäude seit 1999 die **Musikschule Johann Sebastian Bach** ihr Domizil. Ihr Ziel ist die Förderung musikalisch begabter junger Menschen. Im angrenzenden, etwas flacher gestalteten Gebäude ist das **Café Richter** mit seiner prachtvollen Innenausstattung ein besonderes Kleinod.

Wirft man einen Blick an der folgenden Straßenecke in die City, sieht man auf der rechten Seite das ehemalige Messehaus **Stentzlers Hof** und gegenüber das durch seine rote Backsteinfassade mit hell abgesetzten vertikalen Ornamentstreifen auffällig wirkende Klinger-Haus. Bis 1880 stand an diesem Platz das Geburtshaus des Malers, Grafikers und Bildhauers Max Klinger (1857 – 1920).

Klinger-Haus ►

Beim Weitergehen auf dem Promenadenring gerät das Gebäude der Deutschen Bank mit seiner abgerundeten Eingangstreppe ins Blickfeld. Auffällig ist der schmal nach vorn verlaufende Grundriss des Gebäudes, das auf einem dreieckigen Ausläufer der ehemaligen Pleißenburg erbaut wurde. Zum Teil erhalten, zum Teil wieder in den Originalzustand versetzt sind die Eingangshalle mit dem Zugang zum Tresorraum, die Kassenhalle und der Sitzungssaal im ersten Obergeschoss.

Wilhelm-Leuschner-Platz

Der Wilhelm-Leuschner-Platz liegt jenseits des Rings und bildet eine Brachfläche, die teilweise als Parkplatz genutzt wird. Vor dem Krieg befand sich hier neben Hotel- und Geschäftsbauten auch die Großmarkthalle, von der noch unterirdische Lagerräume vorhanden sind. In stadtauswärtiger Verlängerung der Petersstraße schließt sich der Peterssteinweg mit der **Stadtbibliothek** an, einem der schönsten Bauten des langjährigen Stadtbaudirektors Hugo Licht (1841 – 1923), dessen Hauptwerk das Neue Rathaus bildet. Es war ursprünglich 1895 aus der Stiftung des Leipziger Kaufmanns Franz Dominic Grassi (1801 – 1880) für das Völkerkunde- und Kunstgewerbemuseum errichtet worden (►Grassi-Museen).

Martin-Luther-Ring

An den Roßplatz schließt sich in westlicher Richtung der Martin-Luther-Ring vor dem Neuen Rathaus an. Martin Luther (► Berühmte Persönlichkeiten) weilte mehrmals in Leipzig. Die wichtigsten Aufenthalte dienten zur Disputation mit Johann Eck 1519 auf der Pleißenburg (► Neues Rathaus) sowie zur Einführung der Reformation 1539 mit seiner Predigt in der ►Thomaskirche.

Dittrichring

Rudolf Dittrich (1855 – 1929) war von 1908 bis 1917 Leipziger Oberbürgermeister. In seiner Amtszeit wurde die Stadt durch zahlreiche Eingemeindungen stark erweitert, was Wohnungsbau und Industrie beförderte. Zunächst stößt man auf das erste in Leipzig errichtete Bach-Denkmal, das auf Betreiben des damaligen Gewandhauskapellmeisters Felix Mendelssohn Bartholdy 1843 errichtet worden war. Vor der Ecke Gottschedstraße erreicht man das Westportal der ►Thomaskirche. Unmittelbar an der Gottschedstraße wurde 2008 eine originalgetreue Kopie des von Werner Stein 1916 geschaffenen Standbilds von Mendelssohn Bartholdy (► Berühmte Persönlichkeiten) eingeweiht. Das einstige Bronzedenkmal war von den Nationalsozialisten am 9. November 1936 entfernt worden. Aus Protest war der damalige Oberbürgermeister Carl Friedrich Goerdeler (► Neues Rathaus, Goerdeler-Denkmal) zurückgetreten. Im anschließenden Park liegt ein wenig versteckt der Märchenbrunnen, dessen Mittelpunkt eine steinerne Grotte mit Jugendstilornamenten und der lebensgroßen Darstellung von Hänsel und Gretel bildet.

◄ Mendelssohn-Denkmal

Auf der linken Straßenseite ist das Centraltheater zu sehen. Das seit 2008 wieder diesen Namen führende vorherige Schauspielhaus geht auf die seit 1848 bestehende Centralhalle zurück, die 1902 zu einem Gebäudekomplex mit Restaurants, verschiedenen Sälen und einem 1600 Zuschauer fassenden Theater umgebaut wurde Beim Publikum ist es wegen seiner oft provokanten Spielweise, die stets voller Lust und Spaß am Experimentieren steckt, sehr beliebt. Aus dem Leipziger Ensemble ist manches schauspielerische Talent auch zu Bekanntheit in Film- und Fernsehproduktionen gelangt. Auf den »kleinen« Bühnen Skala, Weißes Haus und Spinnwerk können sich auch Nachwuchsschauspieler, -autoren und -regisseure mit experimentellen Stücken präsentieren.

◄ Centraltheater

Der Dittrichring endet am ehemaligen Gebäude der Bezirksverwaltung des Ministeriums für Staatssicherheit der DDR (MfS), in dem das Bürgerkomitee Leipzig im ►**Museum in der »Runden Ecke«** eine viel beachtete ständige Ausstellung in den Originalräumen unter dem Titel »STASI – Macht und Banalität« zeigt.

Goerdeler-Ring

Der anschließende Goerdeler-Ring trägt den Namen des Oberbürgermeisters Carl Friedrich Goerdeler (► Neues Rathaus, Goerdeler-Denkmal), der als einer der führenden Köpfen der Verschwörung des 20. Juli 1944 hingerichtet wurde. Auf der linken Straßenseite stehen die 1881 für die Leipziger Berufsfeuerwehr erbaute Hauptfeuerwache und das Gebäude der **Industrie- und Handelskammer**.

Hahnemann-Denkmal ►

Im grünen Gürtel auf der rechten Seite unmittelbar neben einer beliebten Skateboard-Anlage steht das Denkmal Samuel Christian Friedrich Hahnemanns (1755 – 1843), des Begründers der Homöopathie. Während der Völkerschlacht 1813 betreute er die Verwundeten. Seine Widersacher warfen ihm Kunstfehler vor, sodass er auf deren Betreiben hin 1821 ausgewiesen wurde. Erfolgreich wirkte er 1835 bis zu seinem Tod in Paris als »deutscher Wunderdoktor«.

Tröndlin-Ring

Der Rechtsanwalt und Notar Carl Bruno Tröndlin (1835 – 1908) war 1899 zum Oberbürgermeister gewählt worden. In seine Amtszeit fielen u. a. die Überführung des Elektrizitätswerks und der Stadtreinigung in kommunale Hand. Mit einem großen, freien Platz beginnt der nach ihm benannte Abschnitt des Promenadenrings. Hier liegen das ► Naturkundemuseum, ein Verwaltungsgebäude der Stadtwerke Leipzig, das Ring-Messehaus und das Hotel Fürstenhof (► Übernachten). Von Westen mündet der **Ranstädter Steinweg** auf den Ring, auf dessen Höhe einst das Ranstädter Tor den westlichen Zugang zur Stadt bildete.

Evangelisch-refomierte Kirche ►

In östlicher Richtung schließt sich die 1899 geweihte evangelisch-refomierte Kirche an. Ihre Gemeinde wurde von den Hugenotten im Jahr 1700 gegründet, und zu ihren Mitgliedern gehörten im 19. Jh. u. a. Mitglieder der Familie Baedeker (► Baedeker Special S. 46) und Anton Philipp Reclam.

Richard-Wagner-Platz

Auf der Seite zur Innenstadt liegt der Richard-Wagner-Platz mit dem ehemaligen Warenhaus, das den treffenden Spitznamen **»Blechbüchse«** trägt und hinter dem der weltberühmte Brühl beginnt.

An der Gerberstraße befand sich einst das Hallische Tor, das 1820 wegen des zunehmenden Verkehrsstroms abgerissen worden war. Gleich neben dem ► Hauptbahnhof steht das einst exklusivste Leipziger Hotel, das Astoria, das Ende 1996 geschlossen wurde. Vor dem Hotelgebäude führt eine Fußgängerunterführung unter dem Ring hindurch in die City, die vor der historischen und kürzlich sanierten »Goldenen Kugel« wieder zutage tritt.

In der modernen Einkaufspassage **Brühl-Arkaden** daneben betreibt der bekannte Leipziger Maler und Grafiker **Michael Fischer-Art** ein

Abendbeleuchtung des Elstergrabens (Blick vom Ranstädter Steinweg)

offenes Atelier. Eines seiner farbenfroh-expressiven Werke an der Außenfassade der Passage zieht die Blicke aller vom Hauptbahnhof Kommenden auf sich (s. S. 12).

Willy-Brandt-Platz

Folgt man dem Ring auf der Innenstadtseite, so fällt ein noch recht unfertiger Bereich auf, denn genau hier unterquert der City-Tunnel den Promenadenring zum ► Hauptbahnhof. Da die Strecke direkt unter der Innenstadt verläuft, wurden aufwendige vertikale Schächte eingebracht, mit deren Hilfe jede Veränderung im Erdreich registriert und mit entsprechenden Maßnahmen reagiert werden kann.
Gewissermaßen das Empfangstor ist die Nikolaistraße, die in den letzten Jahren zu einem der beliebtesten Fußgängerbereiche geworden ist; die verschiedenartigsten Lokale und interessante Geschäfte laden zum Verweilen und Flanieren ein. Blickfang an der Ecke Richard-Wagner-Straße/Nikolaistraße ist das vor wenigen Jahren komplett umgebaute Seaside Park-Hotel (►Übernachten).
Folgt man der Richard-Wagner-Straße gegenüber vom ►Hauptbahnhof, erreicht man nach knapp 200 m die **Tourist-Information**. Im gegenüberliegenden kleinen Park steht 1819 das dem Bürgermeister Carl Wilhelm Müller (1728 – 1801) gewidmete Denkmal, der sich besonders um die im heutigen Promenadenring befindlichen Parkanlagen verdient gemacht hat.

Öffnungszeiten:
Mo.–Fr. 9.30–18.00 (Nov.–Febr. 10.00–18.00), Sa. 9.30–16.00, So. 9.30–15.00

Georgi-Ring Folgt man weiterhin dem Ring in östlicher Richtung, sieht man vis-à-vis vom Hauptbahnhof das heutige Victor's Residenz Hotel (► Übernachten), das vor seinem Umbau Hotel Continental hieß. Das von 1908 bis 1911 errichtete Gebäude gehörte zu den ersten Stahlbetonskelettgebäuden in Europa.

Wintergarten-Hochhaus mit Doppel-M ► Imposant erhebt sich auf dem angrenzenden Areal seit 1972 das Wohnhochhaus an der Wintergartenstraße, das mit seinen 95 m Höhe und **dem drehbaren und leuchtenden Messelogo** (zwei über einander angeordnete Versalien M für Muster-Messe) mit prägend für die Leipziger Skyline ist. Es ist das dritthöchste Bauwerk der Stadt nach dem City-Hochhaus am Augustusplatz und dem Turm des Neuen Rathauses.

Abb. S. 215 ► Der **Schwanenteich** unmittelbar hinter der Oper war ein Teil des ehemaligen Stadtgrabens. Das Areal wurde 1785 im Stil eines englischen Gartens gestaltet. Hier befindet sich das 1983 aus Anlass seines 100. Todestages eingeweihte **Richard-Wagner-Denkmal**. An der Goethestraße (Busparkplatz) sticht das Eisenbahndenkmal ins Auge. Der Obelisk wurde 1876 zur Erinnerung an die Eröffnung der ersten deutschen Ferneisenbahnlinie von Leipzig nach Dresden, die von 1836 bis 1839 gebaut wurde, errichtet (►Hauptbahnhof). Unweit davon in Richtung Augustusplatz erinnert ein Ehrenmal an die während der NS-Zeit ermordeten Sinti und Roma. Die Plastik »Geschlagener« wurde vom Dresdner Bildhauer Wieland Förster geschaffen. Am Fuß des ehemaligen Schneckenberges, auf dem die Oper errichtet wurde, entdeckt man außerdem die Steinplastiken »Flötist« und »Gitarrist«.

Nun schließt sich der Kreis: Nach dem ► Augustusplatz geht der Georgi-Ring in den Roßplatz über.

★ Romanushaus

G 7

Lage: Katharinenstraße 23/Ecke Brühl
Innenstadtplan: I B 3
Straßenbahn: Goerdelerring (Linien 1, 3, 4, 7, 9, 12, 13, 14, 15)

Das schönste Barockwohnhaus Leipzigs – das 1701 bis 1704 erbaute Romanushaus – ist mit einer interessanten Geschichte verbunden. Nach dem Dreißigjährigen Krieg wurde der Kurfürst von Sachsen August I. (»der Starke«) König von Polen und litt noch stärker als sonst unter Geldnot. Da kam Dr. jur. Franz Conrad Romanus (1671 – 1746) ins Spiel.

Prachtvoll wie ein Schloss Der aus einer alteingesessenen Leipziger Juristenfamilie Stammende, als ehrgeiziger und diensteifriger Höfling geschätzt und begünstigt, kam gerade recht. Um mehr Geld von seiner »lieben getreuen Stadt Leipzig« zu erhalten, ernannte der König kurzerhand den gerade 30-jährigen Romanus zum Bürgermeister, obwohl es bereits ein ver-

Abb. S. 10/11 ►

brieftes Recht der Städte zur freien Ratswahl gab. Da die Leipziger Kaufmannschaft als »knauserig« galt und Romanus für seine Geschicklichkeit und Rücksichtslosigkeit bekannt war, schien er geeignet, die königlichen Wünsche durchzusetzen. Dabei mochte er schon lange an ein prächtiges eigenes Haus gedacht haben, hatte er doch vor seinem Amtsantritt ein Haus geerbt, drei benachbarte hinzugekauft und abreißen lassen. Kaum an der Macht, ließ er von Ratsmaurermeister Johann Gregor Fuchs (1650–1715) ein Haus entwerfen und erbauen, wie es die Stadt vorher noch nicht gesehen hatte.

Das heutige Romanushaus stand damit am Anfang eines Baubooms nach dem Dreißigjährigen Krieg, als die Bedeutung Leipzigs als Ost-West-Handelsplatz (► Baedeker Special S. 28) wieder enorm wuchs und eine Vielzahl barocker Wohnpaläste entstanden. Die Häuser der wohlhabenden Bürger – zumeist Kaufleute – dienten in der Regel nicht nur Wohnzwecken, sondern enthielten auch Lagerräume und Gewölbe, in denen die auswärtigen Waren gestapelt wurden, und Gästezimmer für die durchreisenden Kaufleute. Außerdem konnte man auf diese Weise repräsentieren und seinen Erfolg zur Schau stellen. Schätzungen zufolge wurde in jener Zeit etwa ein Drittel aller Geschäftshäuser im barocken Stil neu auf- bzw. umgebaut. Zur prachtvollsten aller von Barockgebäuden gesäumten Straßen entwickelte sich die **Katharinenstraße** – damals von den Einheimischen »Cather«-Straße genannt, woran bis Mitte der 1990er-Jahre das legendäre Café Cather im Haus Nr. 15 erinnerte. Ursprünglich wollte Romanus das prunkvolle viergeschossige Bauwerk, das sich mit fürstlichen Maßstäben messen ließ, auch zeitweilig dem Landesherrn als Wohnquartier bei seinen Aufenthalten in Leipzig anbieten. Sein Bau folgte zeitlich direkt der ► Alten Handelsbörse (1680) und war eindeutig eines der stattlichsten. Aber im Unterschied zu den als Wohn- und Geschäftshaus genutzten war es ausschließlich für private Zwecke gedacht. Doch er konnte nur wenige Wochen den Hausherrn spielen, denn zur Finanzierung des für damalige Zeiten ungeheuren Betrags von 150 000 Talern hatte er Staatsschuldscheine gefälscht. Als das herauskam, wurde er verhaftet und ohne Verurteilung bis an sein Lebensende für 41 Jahre auf die Festung Königstein

i Die Spuren Dr. Schneiders

- Die jüngere Geschichte hat gezeigt, dass es zu jeder Zeit Menschen wie Dr. Romanus gibt, die sich maßlos übernehmen, obwohl sie das scheinbar Gute tun wollen. Mitte der 1990er-Jahre machte Dr. Jürgen Schneider mit seinen Immobiliengeschäften und Sanierungsvorhaben deutschlandweit Schlagzeilen. Er erhielt von den Banken »ungedeckte« Milliarden-Kredite für die Sanierung denkmalgeschützter Gebäude – allein über 60 Gebäudekomplexe in Leipzig und pikanterweise darunter auch das Romanushaus. Die Geister scheiden sich seither an seiner Persönlichkeit, denn die meisten Immobilien haben neue Eigentümer und neuen Glanz gefunden, andererseits haben viele Handwerksbetriebe durch ihn existenzbedrohende Einbußen erlitten. Mehr zu diesem Fall erfährt man beim Rundgang »Auf den Spuren Dr. Jürgen Schneiders« (Tel. 03 41 / 710 42 80).

verbannt. Zugute halten muss man ihm, dass in seiner Amtszeit für die Stadt auch einiges erreicht wurde, indem u. a. die Straßenbeleuchtung, Kanalisation und Straßenreinigung sowie ein Sänftenverkehr eingeführt wurden.

★ Schillerhaus

F 6

Lage: Menckestraße 42

Straßenbahn: Waldstraße (Linie 4), Gohliser Straße/Poetenweg (Linie 12)

Friedrich Schiller (►Berühmte Persönlichkeiten) weilte 1785 in Leipzig. Im heutigen Schillerhaus in Gohlis vermietete ihm der Bauer Schneider eine Stube, in der später eine Ausstellung mit persönlichen Alltagsgegenständen, literarischen Dokumenten, Theaterplakaten u. v. m. zusammengetragen wurde.

Öffnungszeiten:
April – Okt.
Di. – So.
10.00 – 18.00
Nov. – März
Mi. – So.
10.00 – 16.00

Im Erdgeschoss des Hauses vermittelt ein Modell einen Eindruck vom **Dorf Gohlis während Schillers Aufenthalt**. Vermutlich wurde das Anwesen als Fränkischer Dreiseitenhof erbau und ist wahrscheinlich sogar das älteste erhaltene Gebäude in Leipzig. Zu jener Zeit hatte Gohlis etwa 45 Häuser, 450 Einwohner und wurde von den Leipzigern als Ausflugsziel und Sommerresidenz geschätzt, wie auch der Bau des ►Gohliser Schlösschens verdeutlicht. Nach der bedrücken-

In diesem Häuschen in Gohlis wohnte Schiller 1785 einen Sommer lang.

den Zeit in Mannheim lebte der Dichter hier wieder auf und brachte seinen frischen Lebensmut im **»Lied an die Freu(n)de«** zum Ausdruck, wie eine Gedenktafel am Gebäude verrät. Damit entstand ein Text, der in unzählige Sprachen übersetzt wurde und als »Ode an die Freude« im Schlusschor der neunten Sinfonie von Beethoven Millionen Menschen in aller Welt bekannt ist. Alljährlich am 31. Dezember wird Beethovens »Neunte« vor einem begeisterten Publikum im ►Neuen Gewandhaus durch das Gewandhausorchester aufgeführt.

Dass dieses bauliche Kleinod der deutschen Literaturgeschichte erhalten blieb, ist dem 1842 gegründeten Schillerverein zu verdanken, dessen erster Vorsitzender Robert Blum war. Der Verein erwarb das Gebäude und richtete hier die **erste literarische Gedenkstätte Deutschlands** ein. Das Schillerhaus wurde zuletzt 1997/98 einer gründlichen Sanierung unterzogen, sodass es heute einen authentischen Eindruck von der Zeit des Aufenthaltes Schillers vermittelt.

★ Stadtgeschichtliches Museum

B 4

Lage: Altes Rathaus, Markt 1
Innenstadtplan: I C 4
Bus: Grimmaische Straße (Linie 89)

Das Stadtgeschichtliche Museum ist eines der bedeutendsten kulturhistorischen Museen in Deutschland. Zu der Hauptsammlung gehören auch der Neubau im Böttchergäßchen, die ►Alte Handelsbörse, das Archiv Bürgerbewegung, das Museum Zum Arabischen Coffe Baum, das ► Schillerhaus, das Sportmuseum sowie das ►Völkerschlachtdenkmal mit dem Forum 1813.

Am 11. Dezember 1911 wurde die erste Dauerausstellung zur Stadtgeschichte im speziell für das Museum umgebauten ►Alten Rathaus eröffnet. Das malerische Renaissancegebäude bietet den passenden Rahmen für die Ausstellung. Im Eingangsbereich, erreichbar über die Turmtreppe, befindet sich das **Stadtmodell von 1823** (► Baedeker Tipp S. 52). Es zeigt die mittelalterliche Stadtstruktur, die noch heute im Stadtzentrum erkennbar ist. Auf dem fast 25 m² großen dreidimensionalen Modell stehen 1422 Häuser.

Öffnungszeiten:
Di. – So.
10.00 – 18.00
www.stadtgeschichtliches-museum-leipzig.de

Hiermit beginnt auch die ständige Ausstellung **»Leipzig original«**, deren erster Teil im ersten Obergeschoss die Zeit vom Mittelalter bis zur Völkerschlacht 1813 behandelt. Dabei strahlen insbesondere der Festsaal und die Ratsstube mit dem Bürgermeisterzimmer mit ihrem Mobiliar, dem Zierrat und den Galerien der Fürsten und Stadtrichter historische Authentizität aus. Speziellen Themen sind einzelne Räume gewidmet, z. B. »Krieg und Frieden« oder »Leipziger Messe«. Teile des Ratssilbers, die in der ehemaligen Schatzkammer (Aerarium) gezeigt werden, und eine Gefängniszelle im Kellergewölbe mit Folterinstrumenten vermitteln weitere Aspekte der fast 1000-jährigen Ge-

! Baedeker TIPP

Unterwegs mit Bach und Schiller

Beim Besuch in Leipzig kann es schon vorkommen, dass man Johann Sebastian Bach oder seiner Ehefrau Anna Magdalena persönlich begegnet. Mit schauspielerischem Geschick und handfestem Wissen über das Leben historischer Persönlichkeiten und ihre Zeit schlüpfen Leipziger Gästeführer in die Haut geschichtsträchtiger Prominenter. So kann man den jungen Poeten im Schillerhaus antreffen, die Völkerschlacht aus der Sicht von Napoleon Bonaparte betrachten. Weitere Informationen unter Tel. 03 41 / 710 42 30 oder www.leipzig-erleben.com.

schichte Leipzigs. Zum Ratsschatz gehörten v. a. wertvolle silberne Trinkgefäße, hervorsticht dabei der teilweise vergoldete **Luther-Becher**, den der Reformator 1536 vom schwedischen König Gustav Wasa erhielt, wie eine Inschrift im Deckelinneren belegt. Große Teile des Ratsschatzes und weitere wertvolle Stücke wie die prachtvoll bestickte Ratstischdecke von 1551 und eine Eidbibel mit kunstvollem Einband befinden sich im ►Grassi Museum für Angewandte Kunst.

Im zweiten Teil der ständigen Ausstellung, die im Obergeschoss eingerichtet wird, soll der Bogen vom 19. Jh. bis in die Gegenwart gespannt werden. Sie steht unter der Thematik »Moderne Zeiten – Von der Industrialisierung bis zur Wiedervereinigung«. Dabei wird auf Leipzig als Zentrum des Handels, der Kultur und der Wissenschaften eingegangen und die Zeit der Industrialisierung und die Entwicklung einer modernen Großstadt, die zu den führenden Metropolen des Verlagswesens und des Handels gehörte, aufgezeigt.

Führungen ► Freier Eintritt und kostenlose Führung mit dem Direktor an jedem ersten Mittwoch im Monat um 17.00 Uhr; Besichtigung von Schatzkammer, Gefängniszellen und Turmbesteigung an jedem zweiten und vierten Donnerstag im Monat um 16.00 Uhr.

Neubau G 7

Lage: Böttchergäßchen 3
Innenstadtplan: I B 4
Bus: Reichsstraße (Linie 89)

Im 2004 eröffneten Neubau besitzt das Stadtgeschichtliche Museum erstmals ein Depot für seine Bestände unter einem Dach. Außerdem werden hier regelmäßig Veranstaltungen durchgeführt und Sonderausstellungen gestaltet. Hier befindet sich auch das **Kinder- und Jugendmuseum Lipsikus**.

Seit 1998 wird der Museumsbestand computergestützt katalogisiert, um die Sammlung möglichst komplett für die Forschung zugänglich zu machen. Zur Systematisierung wurden zehn Bereiche definiert: Alltagskultur und Volkskunde, Kunst und Kunsthandwerk, Stadt- und Landesgeschichte, Musik- und Theatergeschichte, Numismatik, Militaria, Fotothek, Vor- und Frühgeschichte sowie Archäologie, Sportgeschichte und die Bibliothek.

Besondere Exponate ► Einige herausragende Beispiele aus dem Fundus sind eine Haarlocke von Richard Wagner, ein Dirigentenpult, an dem sowohl Felix Mendelssohn Bartholdy als auch Wolfgang Amadeus Mozart dirigierten, weiterhin eine Autographensammlung mit etwa 20 000 Briefen und Dokumenten (u. a. von Johann Wolfgang Goethe, Friedrich Schiller oder Napoleon). Allein die Sammlung an 1075 Gemälden und 19 000 Grafiken übertrifft die Schätze so manches kunsthistorischen Museums. In der Fotothek sind unter ca. 100 000 Objekten Daguerrotypien und viele unersetzliche Glasnegative der Leipziger Stadtbildfotografie zu finden.

Archiv Bürgerbewegung Leipzig G 7

Lage: Katharinenstraße 11 (Fregehaus) **Bus:** Reichsstraße (Linie 89)
Innenstadtplan: I B 4

Jüngster Bestandteil des Stadtgeschichtlichen Museums ist das Archiv Bürgerbewegung e. V., das Dokumente und Zeitzeugnisse der jüngsten politischen Regionalgeschichte sammelt, aufbereitet, publiziert sowie für die wissenschaftliche Aufarbeitung zur Verfügung stellt. Anhand historischer Ereignisse wird die Geschichte des Widerstandes gegen das SED-Regime der früheren DDR in allen ihren Facetten aufgezeigt. Umfangreiche Dokumentationen von Bürgerrechtlern zeigen die Entwicklungen und Erfolge u.a. kirchlicher Initiativen, Umweltschutzgruppen und der Friedensbewegung, aber auch die Repressalien, denen sie ausgesetzt waren.

Öffnungszeiten:
Di. – Fr.
10.00 – 16.00
www.archiv-buergerbewegung.de

★ Museum zum Arabischen Coffe Baum G 6

Lage: Kleine Fleischergasse 4 **Straßenbahn:** Gottschedstraße/Thomaskirche (Linie 9)
Innenstadtplan: I B 3

Eine Besonderheit ist das Haus Zum Arabischen Coffe Baum, das erstmals 1556 in den Ratsbüchern erwähnt wurde. Es besitzt seit 1711 einen Kaffeeausschank und ist somit **das älteste in Deutschland erhaltene Kaffeehaus**. Über dem Eingangsportal zeigt eine **barocke Plastik** einen Orientalen, der einem Putto eine Schale Kaffee darbietet – gleichsam Symbol für die mit diesem Getränk verbundene aus dem Orient stammende Lebenskultur. Mehr über die Geschichte von 300 Jahren Kaffeekultur in Sachsen erfährt man im Museum im dritten Obergeschoss. Unter den etwa 500 Exponaten ist z. B. eine Tasse, aus der Napoleon Bonaparte 1813 sein »Scheelchen Heeßen« – wie man in Sachsen zu einer Tasse Kaffee zu sagen pflegt – getrunken haben soll. Aber auch verschiedene Geräte zum Rösten und Zubereiten des köstlichen Getränks sowie echtes Meissener Kaffeeporzellan wecken Appetit, den man in den Räumen des darunterliegenden Cafés genüsslich stillen kann. Dort erwartet die Gäste eine besondere Überraschung, da neben einem **Wiener Café** und einem **Café français** auch ein **Arabisches Café** zum besonderen Geschmackserlebnis einlädt. Im Lauf der Jahre besuchten viele berühmte Künstler die Gast-

◄ Restaurant: www.coffe-baum.de

◄ Abb. S. 1

◄ Berühmte Besucher

Im Arabischen Café

räume des Restaurants im Erdgeschoss und ersten Stock, wie der Kreis junger Musiker und Schriftsteller um Robert Schumann, Johann Wolfgang von Goethe, Edvard Grieg, Johann Sebastian Bach, Richard Wagner und Franz Liszt. Aber auch Politiker waren hier zu Gast: u.a. Robert Blum, Karl Liebknecht, August Bebel sowie Helmut Kohl und Lothar de Maizière, die hier miteinander über den Weg zur deutschen Einheit sprachen.
Unvergessen und bei jeder Stadtführung als »wahre Begebenheit« vorgetragen, ist die Geschichte, wie das Haus nach dem Umbau zum Kaffeehaus durch die Witwe des Hofchocoladiers Johannes Lehmann 1720 die Spezialität ganz legal anbieten konnte. Wobei sie die Frage aufwirft, ob die junge Frau dem Kurfürsten August dem Starken, dessen Hang zum »schwachen Geschlecht« legendär ist, tatsächlich nur köstlichen Kaffee zubereitet haben sollte.

Sportmuseum G 5

Lage: Am Sportforum 10
Bus: Waldplatz (Linie 131)
Straßenbahn: Waldplatz (Linien 3, 4, 7, 8, 13, 15)

www.sportmuseum-leipzig.de ▶

Das Sportmuseum in Leipzig war das erste und einzige seiner Art nach 1945, das sich systematisch mit der Geschichte von Körperkultur und Sport beschäftigte. Von 1977 bis Anfang der 1990er-Jahre hatte es seine Ausstellungsräume im Kopfbau des ehemaligen Zentralstadions (S. 123). Zur Zeit gibt es keine Dauerausstellung. Der Bestand umfasst allein rund 80 000 Stücke, u.a. seltene Sportgeräte, olympische Medaillen, Wettkampfkleidung, Urkunden und eine umfassende Fachbibliothek.

★ Thomaskirche

G 6/7

Lage: Thomaskirchhof
Innenstadtplan: I C 3

Straßenbahn: Gottschedstraße/ Thomaskirche (Linie 9)

Die Thomaskirche ist eines der bekanntesten Wahrzeichen Leipzigs und als evangelische Stadtpfarrkirche mit dem Wirken Johann Sebastian Bachs als Thomaskantor und Stadtmusikdirektor sowie mit dem Thomanerchor aufs Engste verbunden.

Wirkungsstätte Bachs und der Thomaner

Bereits seit Anfang des 13. Jh.s befand sich hier das vom Augustiner-Chorherrenstift erbaute Gotteshaus. Die Hallenkirche Ende des 15. Jh.s im spätgotischen Stil umgestaltet. Auffallend ist das Kirchendach: Während das Kirchenschiff 17,50 m hoch ist, hat das mit 62° Neigung **ungewöhnlich steile Schieferdach** eine Höhe von 26 Metern. Das beeindruckende Zeugnis mittelalterlicher Zimmermannsbaukunst ist mit einer Fläche von über 2500 m² eines der größten Kirchendächer in Sachsen.

◄ Turmführung April – Mitte Dez. Sa. 13.00, 14.00 u. 16.30 (nach Motette u. Kantate) So. 14.00 u. 15.00

Bei einer **Turmbesteigung** erhält man nicht nur Einblicke in den Dachstuhl, der bis zur Firsthöhe sieben Ebenen umfasst, sondern kann auch die nicht mehr genutzte Türmerwohnung und den Glockenstuhl besichtigen. Die größte der vier Glocken ist die 1477 gegossene Gloriosa mit einem Gewicht von 5200 kg und einem Durchmesser von 2,04 m. Von der umlaufenden Plattform auf rund 50 m Höhe hat man **einen großartigen Blick über die Innenstadt**.

◄ Mendelssohn-Portal

Ende des 19. Jh.s wurde das zum ► Promenadenring weisende und vordem schmucklose Westportal im neugotischen Stil prachtvoll gestaltet. Seit Februar 2009 trägt es den Namen Mendelssohn-Portal.

Innenraum

Im Innern weist der Kirchenbau eine Reihe von Besonderheiten auf; dazu gehören historische Grabmale, wie die bronzene Grabplatte der 1484 verstorbenen Herzogin Elisabeth von Sachsen, der Sarkophag des 1307 ermordeten Markgrafen Dietrich von Wettin (genannt: Diezmann) und das **Grab von Johann Sebastian Bach**. Seine Gebeine wurden nach der Zerstörung der Johanniskirche hierher umgebettet.

◄ Hochaltar

Eindrucksvoll ist auch der gotische Hochaltar, der aus der 1968 gesprengten Universitätskirche St. Pauli am ► Augustusplatz stammt und 1984 hier aufgestellt wurde. Er wird voraussichtlich wieder einen Platz im neu erbauten Paulinum erhalten. Das Ende des 15. Jh.s entstandene Kunstwerk zeigt Reliefdarstellungen des Jesus-Maria-Zyklus und Darstellungen der Leiden Christi.

◄ Bleiglasfenster

Die gewaltigen Bleiglasfenster an der Südseite über der Empore stellen **wichtige Gestalten aus dem Kirchenleben und der Geschichte der Stadt** dar: den Kämpfer für die Reformation und schwedischen König Gustav Adolf, der in der Schlacht bei Lützen 1632 fiel; Martin Luther, der hier anlässlich der Einführung der Reformation an Pfingsten 1539 predigte; Johann Sebastian Bach, der 27 Jahre als

Kantor und Komponist wirkte, sowie Felix Mendelssohn Bartholdy, der die Werke Bachs wiederentdeckte und -aufführte.

Orgeln ► Um die Werke Bachs originalgetreu aufführen zu können, besitzt die Kirche neben ihrer »romantischen« Orgel mit 88 Registern von Wilhelm Sauer aus den Jahren 1885 bis 1889 eine erst 2000 von der Firma Gerald Woehl aus Marburg erbaute Orgel, die mit ihren 61 Registern das Klangbild der Bachzeit nachbildet. Das Instrument wurde in ein Gehäuse integriert, das sich an der barocken Scheibe-Orgel aus der ehemaligen Paulinerkirche orientiert.

Weitere Informationen

Die Thomaskirche ist täglich von 9.00 bis 18.00 Uhr geöffnet. Besichtigungen und Führungen sind außerhalb der Gottesdienste und Motetten möglich. Gottesdienste finden an Sonn- und Feiertagen um 9.30 Uhr statt. Empfehlenswert sind die Motetten und Orgelvespern, die freitags und samstags außer in den Sommerferien stattfinden (► Baedeker Tipp S. 231).

Klangvolle Knabenstimmen

Der **Thomanerchor** feiert 2012 sein 800-jähriges Bestehen und gehört damit zu den ältesten Knabenchören der Welt. Das seinerzeit vom

Die Thomaner erhalten ihre stimmlich-musikalische und schulische Ausbildung in der Thomasschule, die seit 1992 Gymnasium ist.

Augustiner-Chorherrenstift ins Leben gerufene Ensemble trat bis zur Säkularisierung vorrangig bei den Messen an den Samstagen auf. Danach wurde der Chor von der Stadt übernommen und war weiterhin bei Gottesdiensten, aber auch bei öffentlichen und privaten Anlässen gefragt.
Enger Kontakt besteht zum Gewandhausorchester, seit der erste Gewandhauskapellmeister in die Position des Thomaskantors wechselte. Das Orchester gestaltet Auftritte und Programme gemeinsam mit dem Chor, u.a. in der Thomaskirche.

! *Baedeker* TIPP

Motetten und Orgelvespern

Den Thomanerchor kann man am Fr. um 18.00 (in der liturgischen Form der Vesper, ca. 1 Std.) und am Sa. um 15.00 Uhr (mit einer Kantate von J. S. Bach, ca. 1 1/4 Std.) erleben. In den Schulferien oder bei Konzertreisen singt ein Gastchor die Motette oder es ist stattdessen Orgelvesper. Im Juli / August finden die Konzerte »Orgel & mehr« am Sa. um 15.00 Uhr statt. Weitere Informationen. z.B. den Veranstaltungskalender, erhält man unter www.thomaskirche.org bzw. unter www.thomanerchor.de.

Seit der ersten Auslandsreise 1920 hat der Thomanerchor bei zahlreichen Tourneen in vielen Ländern der Welt seine musikalische Qualität unter Beweis gestellt und zur Bekanntheit der Bach-Stadt Leipzig wesentlich beigetragen. Im Frühjahr 2009 führte eine Reise die Sängerknaben erstmals nach Singapur.

Torhaus Dölitz

M 8

Lage: Helenenstraße 24 **Straßenbahn:** Leinestraße (Linie 11)

Das Torhaus Dölitz ist das letzte authentische Gebäude im Stadtgebiet von Leipzig aus der Zeit der Völkerschlacht von 1813.

Öffnungszeiten:
Mi., Fr., Sa.
10.00 – 16.00

www.torhaus-doelitz.de
ww.zinnfiguren
freunde-leipzig.de

Bereits im Jahr 900 stand an dieser Stelle eine sorbische Wasserburg. Nach der Zerstörung des Ritterguts im Dreißigjährigen Krieg wurde hier ein Renaissance-Schloss erbaut, das auch Goethe mehrmals besucht haben soll. Erbittert umkämpft wurde das Schloss während der Völkerschlacht. Im Jahr 1943 wurde es dann bei Bombardierungen stark beschädigt und 1947 schließlich abgerissen. Einzig das Torhaus ist erhalten geblieben. Direkt an der Mühlpleiße gelegen, ist es über eine hölzerne Brücke erreichbar.
Seit 1959 befindet sich hier das **Zinnfigurenmuseum**. Die Tradition der Leipziger Mal- und Dioramenschule reicht bis zum Anfang des 20. Jh.s zurück. Die Zinnfigurenfreunde Leipzig e. V. betreuen nicht nur die Ausstellung, sondern pflegen diese Tradition und bieten auch Workshops an. Zu den Höhepunkten der Ausstellung gehören u. a. eine Stadtansicht von Leipzig um 1632 sowie Messeszenen und vor allem das **Großdiorama zur Völkerschlacht bei Leipzig** mit über 12 000 Zinnfiguren.

Universität Leipzig

G 7

Lage: Augustusplatz
Innenstadtplan: I C 4

Straßenbahn: Augustusplatz (Linien 4, 7, 8, 10, 11, 12, 15, 16)

Mit dem 600. Gründungsjubiläum 2009 beginnt für die Universität Leipzig –, die zweitälteste Deutschlands mit durchgängigem Studienbetrieb, nach der Ruprecht-Karls-Universität in Heidelberg – eine neue Ära.

Herausforderungen des 21. Jh.s im Visier

www.uni-leipzig.de ►

Mit dem Bau des neuen Campus am ►Augustusplatz entsteht nicht nur ein repräsentativer Neubau, auch die Studienbedingungen verbessern sich wesentlich und entsprechen optimal den Anforderungen an moderne Lehre und Forschung.
Mit einem Investitionsvolumen von rund 190 Mio. Euro stellt der Campus, zu dem neben Rektorats-, Hörsaal- und Seminargebäude sowie dem Paulinum auch eine Mensa gehört, die derzeit **größte deutsche Universitätsbaustelle** dar. Hohe Investitionen fließen weiter in einen der Kernbereiche der Universität, den Bereich Medizin, der im südöstlich vom Stadtzentrum gelegenen Komplex an der Liebigstraße beheimatet ist. Hier entstand aus den bisher dezentralisierten Klinikbereichen ein geschlossenes Areal, in dem die einzelnen medizinischen Fachbereiche optimale Bedingungen für eine interdisziplinäre Zusammenarbeit in Forschung, Lehre und die medizinische Betreuung der Patienten haben.
In den letzten Jahren bezogen bereits verschiedene Fakultäten moderne Räumlichkeiten, unter anderem die Juristische Fakultät im Petersbogen und das Geisteswissenschaftliche Zentrum in der Beethovenstraße gegenüber der Universitätsbibliothek. Außerdem wurden die Labore und Einrichtungen der naturwissenschaftlichen Fakultäten mit modernster Technik ausgestattet. An der größten Hochschule Leipzigs haben sich mehr als 26 000 Studenten eingeschrieben.

? WUSSTEN SIE SCHON …?

- … dass der Botanische Garten (Abb. S. 97) der Universität Leipzig 1542 als Arzneipflanzengarten (Hortus medicus) der Medizinischen Fakultät angelegt wurde und damit der älteste deutsche und einer der ältesten botanischen Gärten der Welt ist?

Schätze der Universität

In den mehr als sechs Jahrhunderten ihres Bestehens trug die Universität eine Vielzahl von Kunstwerken und eine große Menge an Anschauungsmaterial zusammen. Besichtigt werden können das Ägyptisches Museum (► Augustusplatz, S. 163), das Musikinstrumentenmuseum (►Grassi-Museen), das Antikenmuseum sowie der Botanische Garten (beide ►Museen, S. 96f.), zudem die Geologisch-paläontologische und die Mineralogisch-petrographische Sammlung sowie die Sammlung Ur- und Frühgeschichte.

★ Völkerschlachtdenkmal

K 9

Lage: Prager Straße

Straßenbahn: Völkerschlachtdenkmal (Linie 15)

Eine der bekanntesten Sehenswürdigkeiten der Stadt ist gleichzeitig auch ein europäisches Monument von Rang. Von der Aussichtsplattform des größten deutschen Denkmals bietet sich eine wundervolle Aussicht auf Leipzig und das Umland.

Mahnmal für den Frieden

Zum aus der Leipziger Tieflandsbucht weithin sichtbar aufragenden Bauwerk gehört das **Museum FORUM 1813** am Fuß des Denkmals. Der Zahn der Zeit hat dem Mahnmal stark zugesetzt, Umwelteinflüsse ließen es schwarz werden, Regen- und Schmelzwasser drangen ein und führten zu erheblichen Schäden. Deshalb und mit Blick auf den 200. Jahrestag der Völkerschlacht bei Leipzig bzw. den 100. Jahrestag der Einweihung des Denkmals am 18. Oktober 2013 wird es seit einigen Jahren saniert.

◄ www.stadtgeschichtliches-museum-leipzig.de

Entstehungsgeschichte

Was lange währt ...

Bereits Ernst Moritz Arndt, Teilnehmer der Kämpfe im Oktober 1813, hatte die Vision eines Nationaldenkmals, das sowohl die Gefallenen ehren als auch das historische Ereignis als Mahnung an die künftigen Generationen wachhalten sollte: Von den 500 000 Teilnehmern der größten Massenschlacht des 19. Jh.s vom 14. bis 19. Oktober 1813 ließen rund 120 000 hr Leben. Der Baumeister Karl-Friedrich Schinkel (1781 – 1841) präsentierte seinen Entwurf für einen »Nationaldom aller Deutschen«, der jedoch aus Geldmangel nicht realisiert werden konnte.

Nachdem der damalige Leipziger Bürgermeister Otto Koch bereits 1863 den Grundstein für ein Nationaldenkmal gelegt hatte, sollte noch viel Zeit bis zu seiner Verwirklichung vergehen. Im April 1894 wurde der Deutsche Patriotenbund zur Errichtung des Völkerschlachtdenkmals bei Leipzig unter maßgeblicher Beteiligung des Leipziger Architekten Clemens Thieme gegründet. Die Baukosten in Höhe von 6 Mio. Goldmark wurden durch Spenden und Lotterien aufgebracht, die Stadt Leipzig stellte bis zur Fertigstellung jähr-

i Zusätzliche Informationen

- Wer mehr über die Geschichte und das imposante Bauwerk erfahren möchte, kann am Sa. um 10.00 Uhr im Museum FORUM 1813 und um 11.00 Uhr direkt am Völkerschlachtdenkmal an einer öffentlicher Führung teilnehmen. Sehr empfehlenswert sind aber auch die Audioguides in deutscher, englischer und französischer Sprache. Gruppenführungen werden nach vorheriger Anmeldung angeboten (Tel. 03 41 / 878 04 71 oder unter voelkerschlachtdenkmal.leipzig@t-online.de). Wer sich für den Chor und den Förderverein des Völkerschlachtdenkmals interessiert, kann sich die Webseiten www.denkmalchor-leipzig.de und www.fvvsd.de anschauen.

VÖLKERSCHLACHTDENKMAL

★★ Die gesamte Anlage beschränkt sich keinesfalls nur auf das 91 m hohe »kolossale« Monument: Dazu gehören ebenso die von Erdwällen begrenzten Eingangsbauten mit dem »See der Tränen« und die gewaltigen Treppenanlagen. In einer ehemaligen Bauhütte befindet sich das FORUM 1813 mit der historischen Ausstellung zur Völkerschlacht.

April – Okt. tgl. 10.00 – 18.00, Nov. – März tgl. 10.00 – 16.00 Uhr

① Fundament

Das Denkmal ruht auf 65 Betonpfeilern, um die ein Erdwall aufgeschüttet wurde.

② Ruhmeshalle

Hauptraum des Denkmals ist die Ruhmeshalle mit einem Rundgang, von dem sich ein Blick in die Krypta bietet. Die vier sitzenden, fast 10 m großen Kolossalfiguren sollen Tapferkeit, Glaubensstärke, Volkskraft und Opferbereitschaft symbolisieren. Dazwischen befinden sich vier gewaltige Rundbogenfenster. Gekrönt wird der Raum von der fast 30 m hohen Kuppel. An ihrer Innenwand stellen in elf Reihen übereinander angeordnete Reiterfriese – insgesamt 324 fast lebensgroße Einzelfiguren –, die siegreiche Heimkehr der Kämpfer dar.

③ Krypta

Acht Pfeiler in Form von Schicksalsmasken, die von jeweils zwei Totenwache haltenden Kriegern flankiert werden, verleihen dem runden Raum einen feierlichen Charakter. Hier werden Blumengebinde und Kränze niedergelegt. Der Chor des Völkerschlachtdenkmals, ein gemischter Laienchor, der v. a. das Liedgut aus der Zeit der Befreiungskriege (1808 – 1815) pflegt, nutzt den Raum wegen seiner hervorragenden Akustik für Konzerte.

④ Aussichtsplattform

Wer die 364 Stufen bis zur Aussichtsplattform erklommen hat, wird bei gutem Wetter mit einer fantastischen Aussicht belohnt. Da die letzten Stufen durch die Figuren der Freiheitswächter führen, wird es zum Schluss ziemlich eng. Die Plattform ist das ganze Jahr über zugänglich.

⑤ FORUM 1813

Hier wird das historische Geschehen mit seinen opferreichen Kämpfen sehr anschaulich dargestellt.

Das 162 x 79 m große Wasserbecken steht für die Tränen, die für die gefallenen Soldaten vergossen wurden.

Äußerlich imposant ist die 12 m hohe **Skulptur des heiligen Michael im Harnisch**, bewaffnet mit einem Flammenschwert, geschützt vom Schild der Kreuzritter mit der eingemeißelten Inschrift »Gott mit uns!« Auf einer Breite von fast 60 m wird sein Standbild von einem Schlachtenrelief flankiert, das die Besucher an der Eingangsseite des Denkmals empfängt. An den Außentreppen befinden sich zwei riesige Barbarossaköpfe.
Der Haupteingang des Denkmals besteht aus vier Steinmonumenten, die die **Urgewalten Wasser, Erde, Luft und Feuer** darstellen. Auf der Denkmalskrone ragen die **12 Wächterfiguren** auf (S. 152/153).

? WUSSTEN SIE SCHON ...?

- ... dass es neben dem berühmten Völkerschlachtdenkmal über 100 Denkmäler und Gedenkstätten gibt, die die Erinnerung an die in der Schlacht Gefallenen wachhalten? Dazu gehören z. B. die Russische Gedächtniskirche (S. 8), das Torhaus Dölitz und der Napoleonstein (S. 24) an der Stelle seines Befehlsstands in der ehemaligen Quandtschen Tabaksmühle in Stötteritz; Truppenstandorte werden markiert von Kugeldenkmälern und Apelsteinen (s. S. 31). Weitere Orte der Erinnerung sind das Brückensprengungsdenkmal am Ranstädter Steinweg/Ecke Thomasiusstraße und der Gedenkstein für das ehemalige Lazarett im Pfaffendorfer Hof am Zoo (Pfaffendorfer Strraße/Ecke Kickerlingsberg).

Ruhmeshalle und Krypta

Nun betritt man die kreisrunde Ruhmeshalle, die sich 7 m hoch über der Krypta wölbt. Gedämpftes Licht dringt durch die vier Rundbogenfenster, auf deren Steinrippen die gramgebeugten Hinterbliebenen der Gefallenen dargestellt sind. An jeder der vier Seiten der Ruhmeshalle sitzt eine kolossale menschliche Figur, die für Wesenszüge der siegreichen Völker stehen soll. Die 5,5 m hohen Schicksalsmasken, an denen jeweils zwei Krieger Ehrenwache halten, ziehen alle Blicke auf sich. Regelmäßig tritt hier der Chor des Völkerschlachtdenkmals auf und auch Orgelkonzerte werden veranstaltet, denn die Akustik des Denkmals, das die Obertöne reflektiert und verstärkt, ist einzigartig. Der Nachhall kann bis zu 10 Sekunden betragen. Auch im Rahmen des jährlich in Leipzig stattfindenden Wave-Gotik-Treffens (►Feste) finden Konzerte in der Krypta statt.

FORUM 1813

Museum zur Völkerschlacht

Die Ausstellung in der ehemaligen Bauhütte widmet sich der Geschichte der Völkerschlacht und beleuchtet Ereignisse aus den Jahren 1789 bis 1814. Das Leben der Menschen, v. a. der an der Schlacht Beteiligten, steht dabei im Vordergrund. So finden sich hier Fragen nach der Resonanz der Französischen Revolution in Sachsen ebenso wie nach den Auswirkungen der Allianz mit Napoleon auf den Alltag in Leipzig. Neben einer Reihe verschiedener Waffen und Uniformen der Befreiungskriege werden auch der Mantel eines kalmückischen Kriegers, der zu den russischen Truppen gehörte, und die Rekonstruktion einer Brandrakete mit ihrem leiterartigen Abschussgestell, die englische Einheiten als Versuchswaffe eingesetzt haben, gezeigt. Besonders beeindruckend ist ein Diorama des Schlachtfelds.

★ Zeitgeschichtliches Forum

G 7

Lage: Grimmaische Str. 6
Bus: Grimmaische Straße (Linie 89)
Straßenbahn: Augustusplatz (Linien 4, 7, 8, 10, 11, 12, 15, 16)
Innenstadtplan: I C 4

Hinter einer hochmodernen Glasfassade an der Grimmaischen Straße wird seit 1999 an die Opposition und den Widerstand in der ehemaligen DDR erinnert.

Öffnungszeiten: Di. – Fr. 9.00 – 18.00, Sa./So. 10.00 – 18.00

Das Forum widmet seine Dauerausstellung der deutschen Geschichte nach 1945, wobei die DDR-Diktatur vor dem Hintergrund der deutschen Teilung unter verschiedenen Gesichtspunkten aufgearbeitet und dargestellt wird. Mit Sonderausstellungen werden verschiedene historische Aspekte beleuchtet. Für Vorträge, Filme und andere Veranstaltungen steht ein moderner Mehrzwecksaal zur Verfügung. So werden z. B. gemeinsam mit dem Deutschlandradio Berlin öffentliche Podiumsgespräche zu Fragen der deutsch-deutschen Beziehun-

Zu den Exponaten im Zeitgeschichtlichen Forum gehören u. a. ein Trabi und Stücke der Berliner Mauer.

gen während des »Kalten Krieges« organisiert und live ausgestrahlt. Bis heute haben bereits weit über 2 Mio. Besucher die Ausstellungs- und Veranstaltungsangebote des Zeitgeschichtlichen Forums genutzt. Vor dem Haus symbolisiert die **eindrucksvolle Bronzeplastik »Jahrhundertschritt«** des 2004 verstorbenen Leipziger Künstlers Wolfgang Mattheuer die Zerrissenheit des 20. Jahrhunderts. Sie soll den Widerstreit zwischen den Diktaturen Faschismus und Kommunismus verkörpern – die rechte Hand ist zum Führergruß erhoben, die linke zu einer wütenden Faust geballt.

★ Zoo Leipzig

F 6

Lage: Pfaffendorfer Str. 29 **Straßenbahn:** Zoo (Linie 12)

Tiere aus aller Welt hautnah erleben kann man in einem der interessantesten zoologischen Gärten Europas. Hier wandert man quasi einmal rund um den Globus und erfasst dabei gut 160 Mio. Jahre Erdgeschichte.

Die Erfolgsgeschichte des Leipziger Zoos begann im Sommer 1878 mit der Tierschau der seinerzeit beliebten Ausflugsgaststätte »Zum Pfaffendorfer Hofe«. Schon früh hat sich der Zoo einen besonderen Ruf mit seiner erfolgreichen Löwenzucht erworben. Bis heute kamen 2300 Raubkatzen zur Welt. Aber auch mehr als 360 Amurtiger, deren Internationales Zuchtbuch in Leipzig geführt wird, wurden hier geboren, ferner 70 Lippenbären. Im Zoo werden über drei Dutzend vom Aussterben bedrohte Tierarten gehalten. Damit beteiligt sich die Einrichtung an weltweiten Artenschutzprogrammen. Außerdem sind u. a. Uhus und Steinkäuze, Przewalskipferde und Säbelantilopen dank erfolgreicher Auswilderungen durch den Zoo wieder in ihren ursprünglichen Lebensräumen zu finden.

Öffnungszeiten:
Januar bis März 9.00 – 17.00
April 9.00 – 18.00 (Wochenende bis 19.00)
Mai bis Sept. 9.00 – 19.00
Okt. 9.00 – 18.00
Nov./Dez. 9.00 – 17.00

»Zoo der Zukunft«

Seit Mitte der 1990er-Jahre wird das Konzept »Zoo der Zukunft« umgesetzt, das bis 2014 abgeschlossen sein soll. Neue Anlagen ermöglichen eine artgerechte Tierhaltung in möglichst lebensnaher Umgebung.

Gründergarten

Ältester Teil des Zoos ist der Gründergarten, der sich gleich hinter dem Haupteingang erstreckt. Das 1901 angelegte Areal wurde 2002 als **Entdeckerhaus Arche** wiedereröffnet. Hier kann man sich u. a. über die verschiedenen Zucht-, Artenschutz- und Auswilderungsprojekte informieren. Im alten Affenhaus wird ein **Insektarium** mit einer **Schmetterlingshalle** eingerichtet. Im ehemaligen Zoodirektorenhaus ist das Safaribüro untergebracht, das auch Kindergeburtstage veranstaltet. Eine große Vielfalt an Meeresbewohnern kann man im schön hergerichteten Aquarium sehen.

Pongoland

Die mit 30 000 m² **weltgrößte Menschenaffenanlage in einem Zoologischen Garten**, in der Schimpansen, Gorillas, Orang-Utans und Bonobos gehalten werden, ist in Zusammenarbeit mit dem Max-Planck-Institut für Evolutionäre Anthropologie entstanden. In einer Tropenhalle und naturnah gestalteten Außenanlagen lässt sich das Zusammenleben der verschiedenen Affenarten in kleinen Sozialverbänden studieren. Über Stege und Abenteuerwege können die Besucher ihren entfernten Verwandten recht nahe kommen.

Auch ein Urwalddorf mit Gastronomie und ein Forschercamp sind vorhanden.

Themenbereich Afrika

Löwen, Giraffen, Zebras, Antilopen, Hyänen, Paviane und Strauße bevölkern diesen in Neugestaltung befindlichen Bereich, der sich schon heute als Wildreservat präsentiert. Etliche Großkatzen lassen sich in der **Löwensavanne Makasi Simba** aus nächster Nähe (u. a. von einer Besucher-Erdhöhle aus) beobachten. Und in der um einen künstlichen Termitenhügel gebauten **Erdmännchenanlage** wuseln ständig Dutzende dieser possierlichen Schleichkatzen.

Gazellen, Antilopen, Zebras und Giraffen, Tüpfelhyänen und Marabus sieht man in der **Kiwara-Savanne**, zu der auch eine Lodge ge-

Für die Amurtiger wurde die Tiger-Taiga errichtet, wo die Besucher optimale Möglichkeiten zur Beobachtung dieser seltenen Großkatzenart haben.

hört. Etwas ganz Besonderes ist der im Leipziger ►Auwald angelegte **Okapi-Wald**, in dem einige dieser außerordentlich scheuen Kurzhals-Giraffen leben.

Themenbereich Asien

Eine Hauptattraktion dieses Parkbereichs ist die Elefantenanlage mit dem **Tempel Ganesha Mandir** mit Badebecken, Schlamm- und Sandsuhlen. In der **Lippenbärenschlucht** können sich diese Tiere auf Kletterbäumen und -felsen sowie in Wasserbecken austoben. Übrigens: Sie leben hier in Gesellschaft mit Rhesus-Äffchen. Von einem Beobachtungsdeck und durch dicke Glasscheiben kann man die Amurtiger in der **Tiger-Taiga** zusehen. Gern besucht wird auch die begehbare **Freiflugvoliere**.

Themenbereich Südamerika

Dieser Teil des Parks befindet sich noch im Aufbau. Er soll ab 2014 zugänglich sein. Gäste werden aber schon in der **Hacienda Las Casas** willkommen geheißen, die im denkmalgeschützten Schweizerhaus von 1844 eingerichtet ist.

Riesentropenhalle Gondwanaland

Eines der anspruchsvollsten Projekte, die man sich im Leipziger Zoo vorgenommen hat, ist der Themenbereich Gondwanaland, der 2010 eröffnet werden soll. Hier wird die Urzeit nachempfunden, als Eurasien, Afrika und Südamerika noch eine Landmasse waren. Abenteuerpfade führen durch den in einer riesigen Halle angelegten **Tropenwald**, in dem vielerlei Vögel umherfliegen und Affen auf den Bäumen herumklettern. Dazu werden mit multimedialer und interaktiver Technik einzelne Kapitel der Evolution präsentiert.

Alles Gleichzeitig.
Und zwar sofort!

Halle von A bis Z

DIE GEBURTSSTADT HÄNDELS IST EBENSO DIE STADT DES SALZES, DER FRANCKESCHEN STIFTUNGEN UND DER MARTIN-LUTHER-UNIVERSITÄT – UND AUCH DIE MORITZBURG, DEN STADTGOTTESACKER UND DIE HIMMELSSCHEIBE VON NEBRA SOLLTE MAN NICHT VERSÄUMEN!

★★ Alter Markt

F 19

Lage: Innenstadt
Innenstadtplan: II D 3

Straßenbahn: Marktplatz (Linien 1, 2, 3, 5, 6, 7, 8, 10 und 11) oder Franckeplatz (Linien 1, 2, 3, 4, 6, 8, 9)

Der dreieckige Alte Markt mit trichterförmig einmündender Schmeer- und Rannischer Straße ist neben dem Domplatz die älteste in ihrer mittelalterlichen Struktur noch erkennbare Platzanlage der Altstadt.

Geschichte

An der Kreuzung der Handelsstraßen von Lübeck über Magdeburg nach Süddeutschland sowie in westlicher Richtung über Eisleben ins Rheinland entstand bereits im 11. Jh. eine Fernhändlersiedlung. Seine Bedeutung als Handelszentrum büßte der Alte Markt mit der Anlage des großen Marktplatzes im frühen 12. Jh. ein. Die stattlichen Bürgerhäuser an der Südseite stammen im Kern aus dem Hochmittelalter. Die durch Brand und Abbruch zerstörte Nordseite des Marktes wurde Mitte der 1980er-Jahre neu bebaut. Hier stand einst das erste Rathaus Halles. Unter Wahrung der historischen Bauflucht und in historisierender Formensprache entstand eine Häuserzeile, die als ein Beispiel gelungener Stadtsanierung aus der DDR-Zeit gilt. Das mehrfach umgestaltete Gebäude gegenüber dem Beatles-Museum beherbergte einst einen der ältesten und größten Gasthöfe, den Gasthof **Zum Goldenen Pflug** von 1605 (Alter Markt 26/27). Die Figur an der Hausecke stellt einen Kaufmann dar und wurde vom Ladenbesitzer Hermann Luther gestiftet. Daneben erinnert eine eingemauerte vergoldete Kanonenkugel an die Beschießung Halles durch napoleonische Truppen am 28. April 1813.

★ **Beatles Museum**

Abb. S. 100 ►

Öffnungszeiten: Mo. – So. 10.00 – 20.00

www.beatles museum.net

Im Jahr 1964 als private Sammlung eines Beatles-Fans in Köln begonnen, ist das Beatles-Museum im April 2000 in die Saalestadt umgezogen. Das eindrucksvolle Barockhaus (Alter Markt 12) wurde 1705 als Wohnhaus des reichen Pfänners Karl-Heinrich Reichhelm errichtet und beherbergt heute das bis vor kurzem einzige Beatles-Museum in Deutschland. Auf über 350 m² werden die Erfolgsstory der legendären Pilzköpfe bis 1970 und die Nach-Beatles-Zeit ausführlich dokumentiert: Raritäten, Kuriositäten und viele Originale zeigen den musikalischen Werdegang von John Lennon, Paul McCartney, George Harrison und Ringo Starr.

★ **Eselsbrunnen**

Seit dem späten 15. Jh. gibt es auf dem Alten Markt einen Brunnen. Der heutige Eselsbrunnen in Jugendstilform wurde 1906 von dem Bildhauer Heinrich Keiling geschaffen und 1913 aufgestellt. Er ist ein **beliebtes Wahrzeichen und Fotomotiv der Altstadt.**

← *Lindenblütenfest in den Franckeschen Stiftungen*

Die südlich gelegene **Rannische Straße** ist von wertvollen, wenn auch größtenteils noch unsanierten Häusern gesäumt. Entlang der Rannischen Straße befanden sich zahlreiche Ausspannhöfe für Fernhändler und Salzkäufer, die heute noch an den für Gasthöfe typischen großen Tordurchfahrten erkennbar sind. Wertvollstes Gebäude ist ein auf das Jahr 1591 datiertes Spätrenaissancehaus, der ehemalige Gasthof Zur Goldenen Rose (Rannische Str. 19).

? WUSSTEN SIE SCHON ...?

- ... warum der hallesche Esel auf Rosen geht? Die Skulptur des Eselsbrunnens erinnert an die Sage, nach der die Hallenser einst zum Empfang des Kaisers Otto I. die Wege mit Rosen bestreuten. Hochwasser zwang den Kaiser jedoch, einen anderen Weg zu nehmen und so schritt ein Müllerbursche mit seinem Esel auf den mit Rosen bestreuten Wegen in die Stadt. »Der Esel, der auf Rosen geht« wurde zum Wahrzeichen der Hallenser, er findet sich auch an der Marktkirche sowie in der Leipziger Straße (Abb. S. 11).

Schmeerstraße

Die nordsüdliche Verbindung zwischen Haupt- und Altem Markt ist eine der ältesten Straßen Halles, die bereits im 12. Jh. erwähnte und nach den ehemals hier ansässigen Metzgern benannte Schmeerstraße. Überwiegend von gründerzeitlichen Wohnhäusern gesäumt, sticht ein spätgotisches Bürgerhaus hervor: Das **Goldene Schlösschen** (Schmeerstr. 2) ist eine ehemalige Herberge, in der 1545 auch Martin Luther (►Berühmte Persönlichkeiten) übernachtete.

★★ Burg Giebichenstein

D 18

Lage: Seebener Str. 1
Innenstadtplan: II C 2

Straßenbahn: Giebichenstein (Linien 2, 5, 7, 8 und 10)

Die Burg Giebichenstein findet in einer Schenkungsurkunde des Königs Otto I. aus dem Jahr 961 erstmals Erwähnung. Von dieser später so bezeichneten »Alten Burg« ist nichts erhalten geblieben, ließen doch ihre Herren, die Magdeburger Erzbischöfe, im 12. Jh. auf dem Porphyrfelsen einen repräsentativen Neubau errichten.

Öffnungszeiten:
Di. – Sa.
9.00 – 18.00
So. 9.00 – 18.30
(Mai – Sept.)

Seit 1382 war sie deren Hauptresidenz, bis 1503 die neu errichtete Moritzburg zur erzbischöflichen Residenz wurde. Im Dreißigjährigen Krieg besetzten die Schweden die Burg. Während der Besetzung fielen die Oberburg und Teile der Unterburg einem verheerenden Feuer zum Opfer. Während die im 15. Jh. erbaute Unterburg in wesentlichen Teilen erhalten blieb, ist die Oberburg Giebichenstein seit dem Dreißigjährigen Krieg Ruine. Nach umfassender Restaurierung in den 1990er-Jahren ist es wieder möglich, Torturm und Gewölbekeller zu besichtigen. Auch anhand freigelegter Fundamente aus dem 12. und 13. Jh. zeigt sich die einstige Bebauung der Burganlage. Von der Oberburg eröffnet sich ein schöner Blick auf die spätmittelalterliche Unterburg (1450 – 1524), in der sich seit 1921 Werkstätten der

! *Baedeker* TIPP

Zauber des halleschen Saaletals

Genießen Sie den Sonnenuntergang auf der weitläufigen Terrasse der Bergschenke. Die Abendsonne taucht die gegenüberliegende Burg Giebichenstein in ein weiches Licht – die Ruine und der Blick ins malerische Saaletal gehören seit dem frühen 19. Jh. zu den berühmtesten Szenarien der deutschen Romantik.

Burg Giebichenstein Hochschule für Kunst und Design befinden. Seit 1921 ist die Stadt Halle Eigentümerin der Burg.

Nach der Sage von **Ludwig dem Springer** soll der Thüringer Landgraf im 11. Jh. im Gefängnis der Burg Giebichenstein eingekerkert gewesen sein und sich mit einem sagenhaften Sprung in die Saale befreit haben.

Amtsgarten und Reichardts Garten

Die erste belegte Gartengestaltung des heutigen **Amtsgartens** am Fuß der Burg Giebichenstein reicht bis in das 17. Jh. zurück. Der ursprüngliche Obst- und Ziergarten der Erzbischöfe von Magdeburg erfuhr 1907 – 09 die auch heute noch sichtbare grundlegende Gestaltung einschließlich des Aussichtspunktes auf dem Römerberg.

Der im Norden der Stadt nahe dem Zoo befindliche **Reichardts Garten** wurde in den Jahren 1794 bis 1814 durch den Komponisten und Kapellmeister **Johann Friedrich Reichardt** als englischer Landschaftspark gestaltet. Sein Wohnhaus avancierte bald zur **»Herberge der Romantik«**, da sich viele berühmte Künstler und Literaten um die Wen-

Am Saaleufer erhebt sich seit mehr als 1000 Jahren die Burg Giebichenstein.

de vom 18. zum 19. Jh. hier trafen. Beide Gärten zählen zu den 40 bedeutenden Gartendenkmalen in Sachsen-Anhalt.

! Baedeker TIPP

Schiffsfahrten auf der Unteren Saale

Ausflugsfahrten nach Kloschwitz und Wettin, nach Röpzig, Brachwitz, Rothenburg oder Georgsburg mit und ohne Aufenthalt an Land bietet die Reederei Riedel von April bis September ab der Giebichensteinbrücke an. Auch Stadtrundfahrten, u. a. zur Rabeninsel, stehen auf dem Programm (Tel. 03 45 / 283 20 70).

Die **Giebichensteinbrücke** oder Kröllwitzer Brücke ist eine von drei Saalequerungen im Stadtgebiet. Rechts und links des Hauptbogens stehen zwei monumentale **Tierskulpturen** in der Funktion von Eisbrechern. Am Giebichensteiner Ufer handelt es sich um ein Pferd, auf dem Kröllwitzer Ufer um eine Kuh. Sie symbolisieren die Verbindung des ländlichen Kröllwitz mit dem städtischen Giebichenstein. Beide stammen von **Gerhard Marcks**, der von 1925 bis 1933 Professor an der Hochschule für Kunst und Design war.

★ Dom

F 19

Lage: Kleine Klausstraße 6
Innenstadtplan: II C 2

Straßenbahn: Ankerstraße und Hallmarkt (Linien 2, 5, 9, 10, 11)

Im Stadtbild von Halle fällt der Dom durch seinen weithin sichtbaren Kranz von Rundbogengiebeln auf. Die ehemalige Dominikanerklosterkirche St. Pauli zum Heiligen Kreuz bildet gemeinsam mit der Neuen Residenz und der Moritzburg das Museumsufer am Mühlgraben, einem Seitenarm der Saale.

Öffnungszeiten:
Juni – Okt.
14.00 – 16.00
u. n. V.

Die Dominikaner ließen sich 1271 in Halle nieder und erbauten in den Jahren 1280 bis 1320 eine der frühesten Hallenkirchen Mitteldeutschlands in karger Schlichtheit. Das acht Joche lange Kirchenschiff wird durch glatte, kapitelllose Achteckpfeiler und riesige Spitzbogenfenster gegliedert. Wie in den Kirchen des Predigerordens allgemein, legten die Dominikaner Wert auf eine gute Akustik des Raums. Diese zeichnet den Dom bis heute aus. Mit 68 m Länge und 18 m Höhe ist er das größte Gotteshaus der Altstadt.

Als **Kardinal Albrecht** von Brandenburg 1519 das Neue Stift gründete, erhob er die Kloster- zur Kollegiatstiftskirche und damit zum ranghöchsten Gotteshaus des Erzbistums nach der Magdeburger Kathedrale – daher rührt der eigentlich unzutreffende Name »Dom«. Nach Abschluss der Umbaumaßnahmen 1526 war aus der schlichten Bettelordenskirche einer der prächtigsten Sakralbauten im Land geworden. Die bereits erwähnten »welschen Giebel«, wie sie im oberitalienischen und venezianischen Sakral- und Profanbau vorkommen, treten hier zum ersten Mal nördlich der Alpen auf.

Nach der Neugestaltung des Außenbaus wirkte die Kirche wie ein riesiges Schatzkästchen. Kardinal Albrecht ließ das legendäre **»Hallesche Heiltum«**, seinen Reliquienschatz mit mehr als 21 000 Einzelstücken, aus der Magdalenenkapelle der Moritzburg in den Dom übertragen. Die berühmtesten Maler der Zeit waren an seiner Ausgestaltung beteiligt. Zu Albrechts Zeiten verfügte der Dom über eine reiche Ausstattung, die dieser bei seinem Wegzug aus Halle 1540/41 jedoch mit nach Mainz und Aschaffenburg nahm. Zur Ausstattung gehörten einst Altarbilder von Lukas Cranach, Albrecht Dürer und Matthias Grünewald. Der einzige in Halle verbliebene Cranach-Altar ist heute in der ► Marktkirche zu sehen. Der heute noch sichtbare Zyklus der **Pfeilerstatuen von Peter Schro** aus den Jahren 1522 – 1525 gilt als bedeutendes Werk deutscher Bildhauerei des 16. Jahrhunderts. Sehenswert sind weiterhin die Renaissanceportale zum Chor und zur Sakristei, die Kanzel von 1526 sowie zwei Weihetafeln im Stil früher Renaissance von 1523.

Nach der Zeit Kardinal Albrechts blieb der Dom ungenutzt, bis er gegen Ende des 16. Jh.s zur Hofkirche der Administratoren wurde, der weltlichen, evangelischen Regenten des Herzogtums Magdeburg. Vor allem August von Weißenfels (1614 – 1680) hinterließ seine Spuren in der Gestaltung der Domkirche. Auf ihn gehen der barocke Altar (1662) und die Emporen der Kirche zurück. Mit dem Tod Augusts kam die Kirche wie das gesamte Herzogtum Magdeburg an die Kurfürsten von Bandenburg. Kurfürst Friedrich Wilhelm von Brandenburg überließ sie nach dem Edikt von Potsdam 1685 der deutsch-reformierten Gemeinde und der Hugenottengemeinde. Seit 1688 hält die **evangelisch-reformierte Domgemeinde** hier ihre Gottesdienste. In den Jahren 1702/03 war der junge **Georg Friedrich Händel** ihr Organist.

Domplatz Der Domplatz ist neben dem Alten Markt die einzige aus dem Mittelalter überlieferte Platzanlage der Altstadt. An seiner Westseite erhebt sich der Chor des Doms zu Halle, flankiert vom Chor der Allerheiligen-Kapelle der sich südlich anschließenden ► Neuen Residenz und dem klassizistischen ehemaligen Klinikgebäude. Süd- und Westfront des Platzes zeigen die historische Bebauung des 16. bis 18. Jahrhunderts. Bemerkenswert sind die »Neue Kanzlei« (Domplatz 1) aus dem 15. und 16. Jh., die von 1654 bis 1700 die fürstlich-magdeburgische Kanzlei beherbergte, und das Domküsterhaus von 1801 (Domplatz 3). An der Nordostecke steht ein großer Fachwerkspeicher (Domplatz 9) aus der Zeit um 1800, der heute eine Galerie beherbergt. Die Nord- und Südwestseite werden von Plattenbauten (1986 – 1990) begrenzt, die die Raumkanten der Altstadtbebauung wahren.

Ackerbürgerhof ► In unmittelbarer Nähe zum Domplatz befindet sich mit dem Ackerbürgerhof (Große Klausstraße 15) **eines der ältesten und interessantesten Bürgerhäuser Halles**. Das Anwesen entstand ab dem 12. Jh. als Vierflügelanlage mit Innenhof und romanischem Wohnturm.

Ein ungewöhnlicher Bau: der Dom zu Halle

★★ Francksche Stiftungen

G 19

Lage: Franckeplatz 1
Innenstadtplan: II E 3/4

Straßenbahn: Franckeplatz (Linien 1, 2, 3, 4, 6, 7, 8, 9)

Die Franckeschen Stiftungen zu Halle, gegründet 1695, sind eine lebendige Kultur- und Wissenschaftseinrichtung und ein moderner Bildungskosmos von europäischem Rang.

Die historische Schulstadt des Pfarrers und Pietisten August Hermann Francke (1663 – 1727) blieb als **lebendiges Zeugnis des Reformwerkes des Halleschen Pietismus** erhalten. Mit ihren über 40 Partnereinrichtungen sind die Stiftungen heute ein eng mit seiner Geschichte verbundenes, aber zugleich modernes, einzigartiges Zentrum kultureller, wissenschaftlicher, pädagogischer, sozialer und christlicher Einrichtungen, u. a. die Kulturstiftung des Bundes hat hier ihren Sitz. Über 4000 Menschen lernen, lehren, arbeiten und leben heute wieder in den Franckeschen Stiftungen, die auf der Vorschlagsliste für das UNESCO-Weltkulturerbe stehen.

Geschichte

Anfänge

Der junge Pfarrer **August Hermann Francke** (►Berühmte Persönlichkeiten) begann in Glaucha, einer kleinen Amtsstadt vor Halle, die von äußerster wirtschaftlicher Not und sozialem Elend geprägt war, pietistische Reformideen in die Praxis umzusetzen. Tätige Nächstenliebe, v.a. eine Jugendfürsorge mit bestmöglicher Erziehung und Ausbildung, standen für ihn im Vordergrund; er wollte auf diese Weise eine »Weltverwandlung durch Menschenverwandlung« erreichen. Als er eines Tages in der Spendenbüchse seines Pfarrhauses 4 Taler und 16 Groschen fand, soll er ausgerufen haben: »Das ist ein ehrlich Kapital, davon muss man etwas Rechtes stiften: Ich will eine Armen-Schule damit anfangen.« Der Unterricht für Waisen- und Armenkinder in den engen Räumen seines Pfarrhauses war so erfolgreich, dass bald ein eigenes Gebäude notwendig wurde. Den Grundstein für seine späteren Anstalten legte Francke 1698 mit dem **Bau des Waisenhauses**. Hier wurden Schlafräume für Waisen sowie Schulräume für die Armen- und Bürgerschulen eingerichtet. Auch die Anfänge der Bibliothek und der Kunst- und Naturalienkammer sowie ein Buchladen, eine Druckerei und eine Apotheke befanden sich hier. So wurde das Haus zur Keimzelle für zahlreiche Einrichtungen, die im Laufe der nächsten Jahre eigene Gebäude erhielten, als sich die Anstalten in atemberaubendem Tempo ausdehnten.

Schul- und Wohngebäude

In den nächsten Jahren entstanden weitläufige, überwiegend als Fachwerk konstruierte Schul- und Wohngebäude, deren Ausmaße bereits zu Franckes Zeiten für Aufsehen sorgten. In den unterschiedlichen Schulformen der Anstalten waren alle gesellschaftlichen Schichten vertreten. Schüler aus wohlsituierten Adels- und Bürgerfamilien besuchten das Königliche Pädagogium. Das überschüssige Schulgeld aus dieser Anstalt diente zur Subvention des Waisenhauses und der Armenschulen. Ein mehrgliedriges Schulsystem ermöglichte es auch begabten Zöglingen aus sozial schwachem Milieu, bis zum Universitätsstudium zu gelangen. Die Anstalten wurden bewusst zu einer **selbstständigen Lebenswelt** aufgebaut. Ein eigenes Krankenhaus, Großküchen, Back- und Brauhäuser sowie der Feldgarten dienten der Selbstversorgung. So entstand innerhalb von 30 Jahren eine ganze Stadt, die Francke als eine »Stadt Gottes« bezeichnete. Studenten der 1694 gegründeten Universität, zu deren Gründungsprofessoren Francke gehörte, wurden in den Schulen Franckes als Lehr- und Aufsichtskräfte eingesetzt und erhielten dafür an sog. Freitischen freie Kost und teils auch kostenlose Unterkunft.

Weitere Unternehmungen

Francke erwies sich zum Wohl seiner Anstalten auch als geschickter Unternehmer. Eine Apotheke mit Medikamenten-Expedition, Buchdruckerei und Buchhandel brachten als gewinnorientierte Betriebe weiteres Kapital für sein Reformwerk. Zu den Stiftungen gehörten Landwirtschaftsbetriebe auf dem Anstaltsgelände und in der weiteren Umgebung. Zeitweilig existierten eine Strumpfmanufaktur, eine kleine Globuswerkstatt und Maulbeerplantagen für die Seidenraupenzucht. Gemeinsam mit dem Freiherrn **Carl Hildebrand von Canstein** errichtete Francke 1710 eine Bibelanstalt mit Druckerei zur Verbreitung preiswerter Bibeln. Es war die **erste Bibelanstalt der Welt**. Durch die Einführung des stehenden Satzes sanken die Herstellungs-

kosten. So konnte die pietistische, ursprünglich lutherische Forderung verwirklicht werden, jedermann eine Bibel an die Hand zu geben. Bis in das 20. Jh. hinein stellte die **Cansteinsche Bibelanstalt** über 10 Mio. Bibeln her und verteilte sie weltweit.
Schon früh knüpfte Francke Beziehungen in alle Welt. Durch die Verbreitung von Druckschriften im In- und Ausland machte er auf sein Werk aufmerksam und gewann breite Unterstützung. Schüler aus vielen europäischen Ländern kamen zur Ausbildung nach Halle. Der Hallesche Pietismus betreute auch die erste protestantische Mission im Jahr 1706, die **Dänisch-Hallesche Mission** nach Südostindien. Missionare, Ärzte und Lehrer wurden von Halle außer nach Indien auch nach Osteuropa und Nordamerika gesandt. Ihre Spuren sind dort heute noch zu finden. Reiche Zeugnisse dieser Tätigkeit befinden sich in den historischen Sammlungen der Stiftungen.

Nach Franckes Tod

Als Francke 1727 starb, lernten, lebten und arbeiteten etwa 3000 Menschen in den Anstalten, davon etwa 2500 Kinder und Jugendliche. Mit seinem starken Gottvertrauen als alleinigem Grundkapital war es Francke gelungen, ein **einzigartiges sozialpädagogisches Werk** in Gang zu setzen. Auf vielen Gebieten, im kirchlichen, schulischen und wissenschaftlichen, selbst im technischen und bibliothekarischen Bereich, konnten seine Initiativen neue Maßstäbe setzen. Die pietistischen Unternehmungen Franckes haben den Namen von Halle weltweit berühmt gemacht. Die Nachfolger Franckes führten das Werk durch Höhen und Tiefen in seinem Geiste fort. Besonders Franckes Urenkel **August Hermann Niemeyer** (1754 – 1828), ein Freund von Goethe und Schiller, wurde von seinen Zeitgenossen wegen seiner Verdienste um den Erhalt der Stiftungen als ihr »zweiter Gründer« geehrt. Nach einer Zeit finanzieller und geistiger Stagnation verstand er es, den Stiftungen moderne, aufklärerische Impulse zu verleihen und sie zu neuem Ruhm zu führen.
Seit der zweiten Hälfte des 19. Jh.s entwickelten sich die Franckeschen Stiftungen zunehmend zu einer **Schulstadt**. Die Angleichung an das preußische Schulsystem führte zur Gründung neuer Bildungsanstalten. In einer zweiten wichtigen Bauphase entstanden moderne Schulbauten auf dem Gelände: die Realschule (1857), das Lyzeum (1896), die Latina (1906) und die Oberrealschule (1914). Diese Schulen waren stets für ihr **hohes Bildungsniveau** bekannt. Viele ehemalige Schüler im Osten und Westen Deutschlands behalten noch heute ihr Leben und Lernen in den Stiftungsschulen in dankbarer Erinnerung. Durch eine gewisse Anpassung einerseits, durch die gelungene Verhinderung einer Umwandlung in eine sog. Napola

! *Baedeker* TIPP

Lindenblütenfest

Ende Juni alle zwei Jahre veranstalten die Franckeschen Stiftungen ihr historisches Lindenblütenfest. Dabei sind in der Schulstadt Franckes Schausteller, Künstler und Musiker zu erleben. Die Besucher könnten bei etwa 80 Aktionen mitmachen und dabei eine Zeitreise in das alte Glaucha erleben (Abb. S. 242/243).

FRANCKESCHE STIFTUNGEN

★★ **Das zentrale Gebäudeensemble der Stiftungen umschließt wie ein großes U den Lindenhof und wird durch die Hochstraße von der Innenstadt getrennt. Auf dem Areal befinden sich neben Archiv, Bibliotheken, musealen Einrichtungen und universitären wie außeruniversitären Forschungseinrichtungen u. a. auch Kindergärten, ein Kinderkreativzentrum, Schulen, ein Haus der Generationen, eine Jugendwerkstatt, ein Bibelzentrum und mehrere Gewerbebetriebe.**

Di. – So. 10.00 – 17.00 (Historisches Waisenhaus mit Kunst- und Naturalienkammer, Kulissenbibliothek und Altan)

① Historisches Waisenhaus
Das von einem Tympanon mit goldener Sonne, preußischem Adler und blauem Band gekrönte Hauptgebäude der Franckeschen Stiftungen wurde von 1698 bis 1701 errichtet. Erbaut mithilfe von Spenden, beherbergte es bis zur Konstruktion der Erweiterungsbauten rund um den Lindenhof sämtliche Einrichtungen der Stiftungen: u. a. Schlaf- und Unterrichtssäle, die Buchhandlung, die Apotheke und die Druckerei. Vom Altan bekommt man einen guten Überblick über das Areal und die Altstadt Halles.

② Kunst- und Naturalienkammer
In der über 3000 Objekte umfassenden Sammlung wurde zwischen Naturalien und Artefakten unterschieden. Die Naturalien wurden in Steine, Pflanzen und Animalien getrennt, die Artefakte in bildende Kunst, Schreibkunst, Münzen, Alltagskultur und Kleidung. Ziel war es, ein museales Abbild der Welt zu schaffen: einen Mikrokosmos, der den Makrokosmos als wunderbare Schöpfung Gottes fassbar machte (Abb. Folderklappe).

③ Franckes Wohnhaus
Im Erdgeschoss befindet sich das Informationszentrum. Das Francke-Kabinett in der ehemaligen Wohnetage der Familie lässt in einer ungewöhnliche Ausstellung die Stifterpersönlichkeit und seine vielfältigen Talente entdecken, ob als Theologe und Pädagoge, Global Player und Visionär, Wirtschaftsexperte oder Bauherr.

④ Historische Bibliothek
Schwerpunkt der Sammlung ist die Theologie, v. a. der Pietismus und die Frühaufklärung. Weitere Hauptsammelgebiete sind Pädagogik, Geschichte, Jurisprudenz, Geografie, Medizin und Naturwissenschaften.

⑤ Langes Haus
Das sechsgeschossige Gebäude im oberen Teil des Lindenhofs ist mit einer Länge von 113 m und einer Höhe von 25 m das größte Fachwerkgebäude Europas.

⑥ Orthodoxe Hauskirche
Die Wände des Tonnengewölbes von Sachsen-Anhalts einziger orthodoxer Kirche wurden den Traditionen orthodoxer Kunst entsprechend gestaltet. Ikonen von Figuren des Alten wie Neuen Testaments sowie Szenen aus der biblischen Geschichte sind dargestellt.

⑦ Stadtsingechor
Der Stadtsingechor Halle als ältester weltlicher Knabenchor Deutschlands ist ebenfalls in den Stiftungen im oberen Teil des Lindenhofs untergebracht. Die Wurzeln des Stadtsingechors gehen ins frühe 12. Jh. und auf die Gründung des Klosters Neuwerk zurück, das als Erstes in Halle das Schulrecht übertragen bekam.

Franckes Wahlspruch »Die auf den Herrn harren, kriegen neue Kraft, dass sie auffahren mit Flügeln wie Adler« im Tympanon des Historischen Waisenhauses kündet noch heute von der Kraft seines Glaubens (Detail S. 243).

rausgeber des Geistreichen Gesangbuches, eines der berühmtesten protestantischen Liederbücher des 18. Jahrhunderts. Ein Zentrum kindgerechter kultureller Bildung in den Stiftungen ist das **Kinderkreativzentrum Krokoseum** im Sockelgeschoss des Waisenhauses.

★★ Kunst- und Naturalienkammer

Die von Francke Ende des 17. Jh.s in seinem Waisenhaus begonnene Kunst- und Naturaliensammlung gilt als einzigartig in Deutschland. Zu Unterrichtszwecken angelegt, steht sie in der Tradition der Kunst- und Wunderkammern und ist als **einziges original erhaltenes Barockkabinett** ein Beispiel dieser Urform des europäischen Museums. Sie ist weitestgehend geschlossen erhalten geblieben und in ihren originalen Räumlichkeiten im Historischen Waisenhaus nach dem musealen Konzept des 18. Jh.s wieder aufgestellt worden.

★★ Kulissenbibliothek

Der **älteste Bibliothekszweckbau Deutschlands** (1726 – 1728) nimmt den größten Teil der Sammlungen auf. Etwa 110 000 Drucke vom 15. bis zum Beginn des 20. Jh.s bilden den Bestand.

★ Händel-Haus

F 19

Lage: Große Nikolaistr. 5
Innenstadtplan: II C 3

Straßenbahn: Marktplatz (Linien 1, 2, 3, 5, 6, 7, 8, 10 und 11) oder Neues Theater (Linien 3, 7, 8)

In dem gelben Eckhaus in der Nähe des Markts wurde am 23. Februar 1685 der berühmteste Sohn der Stadt, der Barockkomponist Georg Friedrich Händel, geboren.

Das barocke Wohnhaus mit einem Kellergewölbe aus dem 12. Jh. war von 1666 bis 1783 in Familienbesitz. 1937 erwarb es die Stadt und eröffnete hier im Jahr 1948 das Musikmuseum der Stadt Halle, das 1984 um das angrenzende Renaissancegebäude erweitert wurde. Durch den Tordurchgang erreicht man einen **idyllischen Innenhof**, der auch für Konzerte und als Café genutzt wird.

Im Obergeschoss des Hofflügels aus dem 16. Jh. ist eine gut erhaltene Bohlenstube mit Kassettendecke Teil des Museums. Das Händel-Haus verfügt über einen **Kammermusiksaal** und eine v. a. für Vokal- und Orgelkonzerte ideale moderne Glashalle.

! *Baedeker* TIPP

Händel-Festspiele

Im Juni steht Halle zehn Tage ganz im Zeichen der Festspiele. Ob Oper oder Oratorium in der Oper Halle, Konzerte in der Galgenbergschlucht oder als ganz besonderes Erlebnis eine Aufführung im historischen Goethe-Theater Bad Lauchstädt – die Qualität und Vielfalt an dargebotener Musik und Interpreten begeistern ein wachsendes Publikum. Seit einigen Jahren kommen auch Musikfans, die es etwas moderner mögen, bei »Bridges to Classics«, »Jazz bei Händel« oder »Händels open« auf ihre Kosten.

Museum
Öffnungszeiten:
15. April bis 31. Okt. Di. – So. 10.00 – 18.00
1. Nov. bis 31. März Di. – So. 10.00 – 17.00

Den Besucher erwartet auf 600 m^2 in zwei Etagen eine moderne Ausstellung unter dem Titel **»Händel – der Europäer«**, die 2009 im Händel-Jahr aus Anlass seines 250. Todestages eröffnet wurde. Der abwechslungsreiche Rundgang bezieht multimediale Elemente ein. So ermöglicht eine Medienstation mit den erhaltenen Porträts Händels eine ikonografische Annäherung an den Komponisten. In einem Miniaturtheater können Händels Opern »erlebt« und in der Schatzkammer wertvolle Handschriften und Drucke betrachtet werden. Angeboten werden ein audiovisueller Rundgang und eine individuell zu bedienende Werkgalerie mit einer großen Auswahl von Händels Werken.

Die in den 1930er-Jahren begonnene **Musikinstrumentensammlung** des Händel-Hauses umfasst heute über 700 Objekte und gehört zu den bedeutendsten Sammlungen in Deutschland. Schon beim Kauf der ersten Musikinstrumente beabsichtigte man, diese nicht nur zur Illustration einer Gedenkausstellung für Händel zu nutzen, sondern auch Instrumente aus anderen Stilepochen zu erwerben. U. a. ist als größtes Musikinstrument eine auch von oben einsehbare, spielbare Orgel aus dem Jahr 1770 ausgestellt.

★ Hallmarkt

F 19

Lage: Innenstadt
Innenstadtplan: II D 3
Straßenbahn: Linien 2,5,10,11

Geht man vom Marktplatz in Richtung Westen, stößt man unmittelbar hinter der Marienkirche auf den Hallmarkt. Hier schlug einst das wirtschaftliche Herz von Halle.

Bereits der Stadtname weist auf die große Bedeutung des Salzes für die Siedlung hin: Er leitet sich vom mittelhochdeutschen hal für Salzquelle ab. Damals schöpften sogenannte Bornknechte aus den Brunnen im »Thal« salzhaltiges Wasser, die Sole, und trugen es in hölzernen Bottichen zu verschiedenen Siedehäusern, den sog. Siedkoten. Dort siedete man die Sole in eisernen Pfannen, bis das Salz auskristallisierte. Anschließend konnte es in Körbe gefüllt, getrocknet und auf die Wagen der Kaufleute geladen werden. Neben der Thalsaline, die sich im Bereich des heutigen Hallmarktes befand, entstand im 18. Jh. die Königliche Saline außerhalb der Stadt. 1868 wurde die Alte Saline auf der »Halle« stillgelegt; in den Gebäuden ist jetzt das ►Halloren- und Salinemuseum untergebracht. Heute präsentiert sich der Hallmarkt als **Ort der Kultur und Kommunikation**. Als Open-Air-Gelände wird er u. a. im Rahmen des im September veranstalteten Salzfestes genutzt. Anlässlich des alljährlichen »Händels Open« zum Auftakt der berühmten halleschen Händel-Festspiele bietet der Hallmarkt internationalen Künstlern eine Bühne.

Der Göbelbrunnen, ein beliebter Treffpunkt im Herzen der Stadt, lädt zum Betrachten und Verweilen ein.

★ **Göbelbrunnen**

Das Werk des halleschen Bildhauers Prof. Bernd Göbel erzählt Stadtgeschichte: Figuren aus Bronze stellen Sagen und Geschichten aus dem mittelalterlichen Halle vor. Eine Figurengruppe am Beckenrand ist den Halloren gewidmet. Sie zeigt neben der schweren Arbeit der Halloren in vielen Symbolen ihre alten Bräuche, wie Pfingstbier, Fahnenschwenken, Bechersonnen und die Präsentation des Silberschatzes. Auf dem nächsten Rundbogen künden die Figuren vom kühnen Sprung des Landgrafen Ludwig II. von Thüringen vom Giebichenstein in die Saale. Die Darstellung des lebenslustigen Kardinals und Erzbischofs mit seiner Mätresse sorgte bereits vor der Aufstellung 1999 für deutschlandweite Diskussionen.

★ Halloren- und Salinemuseum

F 18

Lage: Mansfelder Straße 52
Innenstadtplan: II C 2

Straßenbahn: Saline (Linien 2, 5, 9, 10 und 11)

Das Technische Halloren- und Salinemuseum befindet sich unweit des ▸Hallmarktes auf der Salinehalbinsel. In den Jahren 1719 bis 1721 wurde hier die Königlich-Preußische Saline errichtet.

Schausieden für Museumsbesucher: Echtes Halloren-Siedesalz kann man übrigens im Salinemuseum oder in der Tourist-Information Halle auf dem Marktplatz kaufen.

Zur Saline gehörten über 100 Siedehütten. Das Solewasser wurde zu Salz verkocht, indem es in großen Eisenpfannen erhitzt wurde und das Wasser verdampfte. Von den Gebäuden sind heute nur noch ein einstöckiges Giebelhaus mit einem kleinen Turm und ein Siedehaus mit hohem Schlot erhalten. Darin wird die Geschichte der in Halle über 1000 Jahre lang betriebenen Salzgewinnung bis zu ihrer endgültigen Einstellung 1964 dokumentiert. Das Museum zeigt **Arbeit, Technik und Brauchtum der Halloren** (►Wussten Sie schon? S. 38)
An wenigen Tagen im Jahr ist **Schausieden**, bei dem das Museum die Salzgewinnung wie im 19. Jh. mit zwei Siedepfannen und weiterer Technik demonstriert. Mit einer Jahresproduktion von etwa 70 t ist es Deutschlands kleinster Salzproduzent und das einzige Salz produzierende Museum Europas. Beim Schausieden zeigen die Halloren auch ihren Silberschatz. Auf der Salinehalbinsel, die 1967 in ein Naherholungsgebiet umgestaltet wurde, entstand in unmittelbarer Nachbarschaft des Museums eine Rehabilitationsklinik mit Solbad.

Öffnungszeiten:
Di. – So.
10.00 – 17.00

★ Halloren-Schokoladenmuseum

F 22

Lage: Delitzscher Str. 70 **Straßenbahn:** Fiete-Schulze-Str. (Linie 9)

Abb. S. 14 u. 85 ►

An den kleinen braunen Kugeln aus Schokolade kommt der Besucher in Halle nicht vorbei: Die Original-Halloren-Kugeln sind mittlerweile weit über die Stadtgrenzen hinaus bekannt und beliebt.

Gefertigt werden sie in einer der ältesten Schokoladenfabriken Deutschlands. Höhepunkte der Ausstellung sind die Schauproduktion und das **weltweit einmalige, im Biedermeierstil eingerichtete Schokoladenzimmer**. Tische, Stühle, Tafelgeschirr, selbst die Wandverkleidungen wurden aus einer ganzen Tonne edler Schokolade und feinstem Marzipan gestaltet.

Öffnungszeiten:
Mo. – Fr.
9.00 – 18.30
Sa. 9.00 – 16.00
So. 11.00 – 17.00

Hansering (Altstadtring)

F 19

Lage: Hansering
Innenstadtplan: II C/D 4

Straßenbahn: Joliot-Curie-Platz (Linien 1, 2, 5, 6, 10) oder Marktplatz (Linien 1, 2, 3, 5, 6, 7, 8, 10 und 11)

Der Hansering zwischen historischem Kern und Stadtpark ist Teil des Altstadtrings, der im Zuge der gründerzeitlichen Stadtbebauung anstelle der mittelalterlichen Stadtmauer angelegt wurde.

Vom Hansering setzt sich der Altstadtring in nordwestlicher Richtung vom Joliot-Curie-Platz über den Universitätsring, den Moritzburgring, den Robert-Franz-Ring, den Hallorenring und den Waisenhausring fort. Der Name Hansering verweist auf Halles Beitritt zur Hanse im Jahr 1280.
Vorbei am Leipziger Turm gelangt man zum Waisenhausring (gegenüber den ►Franckeschen Stiftungen), an dem sich das einzige größere Teilstück der mittelalterlichen Stadtbefestigung (um 1260). Ein Blickfang der historistischen Ringbebauung am östlichen Rand der Altstadt ist das 1903 – 1905 erbaute **Landgericht**. Mit seiner farbenfrohen Fassade und der gewölbten Kuppelhalle mit doppelter Wendeltreppe ist es vielen Fernsehzuschauern aus dem halleschen »Polizeiruf 110« bekannt. In der neben dem Landgericht auf den Hansering mündenden Rathausstraße eröffnet sich eine **beeindruckende Sicht auf die Marktsilhouette**.

★ Landesmuseum f. Vorgeschichte

E 19

Lage: Richard-Wagner-Str. 9

Straßenbahn: LM für Vorgeschichte (Linie 7) und Reileck (Linien 3,6,12)

Das Landesmuseum in Halle ist der älteste Museumsbau für Vorgeschichte in Deutschland und eine der wichtigsten archäologischen Sammlungen in Mitteleuropa. Zum umfangreichen Bestand von mehr als 11 Mio. Funden gehören zahlreiche Stücke ersten Ranges, wie beispielsweise die berühmte Himmelsscheibe von Nebra.

◄ weiter auf S. 262

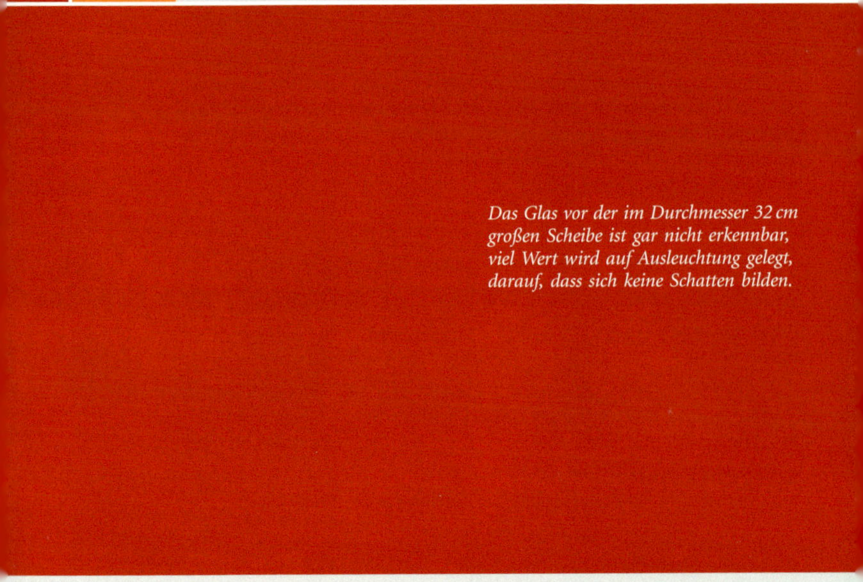

Das Glas vor der im Durchmesser 32 cm großen Scheibe ist gar nicht erkennbar, viel Wert wird auf Ausleuchtung gelegt, darauf, dass sich keine Schatten bilden.

FAHRT ÜBER DEN HIMMELSOZEAN

Bis in das Allerheiligste im Landesmuseum für Vorgeschichte ist es ein lehrreicher Weg: Auf ihm erfährt der Besucher die Geschichte der Himmelsscheibe von Nebra, der weltweit ältesten konkreten Darstellung des Kosmos.

Im Sommer 1999 hatten Raubgräber die 3600 Jahre alte Scheibe auf dem Mittelberg bei Nebra aus der Erde gewühlt und versucht, sie zu verkaufen. Das unsachgemäß gereinigte und dabei beschädigte Objekt geriet in die Hände verschiedener Hehler und Händler, erst 2002 konnte der Fund sichergestellt werden. Seit Mai 2008 gehört das restaurierte Original zur Schatzkammer des Museums.

Sensationsfund

Ein Homer-Text über die Gestirne leitet in den Raum über, der still und dunkel ist, beleuchtet von einem Himmel mit 70 000 Sternen, die unter Anleitung eines Astronomen von Hand durch eine schwarze Folie gestochen wurden und von oben illuminiert werden. Weiter geht es um eine schwarze Stele – und dann ist er da und nichts lenkt von ihm ab: vom Jahrhundertfund für die Archäologie, für die Astronomie- und Religionsgeschichte. Auf der patinagrünen Bronze vermischen sich **Elemente des Tag- und Nachthimmels vor einem abstrakten Sternennetz**. Die Sternenhäufung an einer Stelle symbolisiert die Plejaden. Ein **Schiff als zentrales mythisches Symbol** bewegt sich zwischen den Horizonten.

Die Forschung hat **fünf Herstellungsphasen** der Himmelsscheibe ausgemacht: Zunächst die Ausstattung als Nachthimmel, später die Anbringung von zwei goldenen Randbögen, dann

kam der gerillte Goldbogen am unteren Rand dazu, der als Schiff am Horizont gedeutet wird. In der nächsten Phase wurde die Scheibe am Rand durchlöchert, in der letzten, vor der Niederlegung des Bronzeschatzes, der linke Goldbogen entfernt. Die verschiedenen Handwerkergenerationen haben das Objekt wohl immer wieder den sich ändernden Weltbildern angepasst. Das Alter der einzigartigen Scheibe wurde über die im Fundort entdeckten anderen Objekte ermittelt. Schwerter, Beile und Meißel, die ebenfalls in einer Vitrine im Himmelsscheiben-Raum gezeigt werden, sind typisch für das Ende der Frühbronzezeit um 1600 v. Christus.

Den Wissenschaftlern werden die Funde von Nebra noch lange Zeit Stoff für die Forschung geben – und den Museumsbesuchern Anlass zum Staunen: über ferne Welten, faszinierende Visionen und das Wissen unserer Vorfahren.

Tourismusroute Himmelswege

Das Landesmuseum für Vorgeschichte in Halle ist Ausgangs- bzw. Endpunkt der »Himmelswege«, einer **touristischen Route**, die über vier Stationen durch den Süden Sachsen-Anhalts führt. Dazu zählt die etwa 50 km entfernte **Arche Nebra**, ein spektakuläres Erlebniscenter nahe dem Mittelberg, dem Fundort der Himmelsscheibe, mit einer Planetariumsshow und einer Ausstellung über die Welt des einzigartigen Fundes. Das ebenfalls im Burgenlandkreis gelegene, 7000 Jahre alte **Sonnenobservatorium von Goseck** gehört ebenso zur Tourismusroute wie das Steinkammergrab der **Dolmengöttin von Langeneichstädt** (westlich von Merseburg). Dargestellt auf einem Menhir, zeugt sie von den Jenseitsvorstellungen steinzeitlicher Menschen. Auf dem freien Feld ist eine Kopie zu sehen, das Original befindet sich in Halles Museum.

! *Baedeker* TIPP

Zum Schad

Ideal für eine Stärkung zwischendurch oder zum Ausklang des Tages ist die am Reileck gelegene »Erste hallische Gasthaus-Brauerei Zum Schad«. Bereits 1885 gegründet, verfügt sie heute über 350 Plätze, ein umfangreiches Brauereimuseum sowie eine beeindruckende Gästeliste: Am 8. September 2000 speisten und tranken hier Hans-Dietrich Genscher und Michail Gorbatschow.

Die außergewöhnlich interessanten archäologischen Funde Sachsen-Anhalts werden in zeitlicher Folge – vom Beginn der Steinzeit bis zur Frühbronzezeit – ausgestellt. Aufwendige Inszenierungen lassen ein realistisches Bild stein- und bronzezeitlichen Lebens entstehen, mit wilden Höhlenlöwen und imposanten Mammuts, nachdenklichen Neandertalern, Schamanen, Totenkammern, Fürstengräbern und natürlich die älteste konkrete Himmelsdarstellung der Menschheit, die Himmelsscheibe von Nebra (►Baedeker Special S. 260)

Nach einer Generalsanierung des historischen Museumsgebäudes ist die Dauerausstellung seit 23. Mai 2008 in völlig neu gestalteten Teilbereichen (Alt-, Mittel-, Jungsteinzeit, Bronzezeit) wieder für die Besucher zugänglich. Neben der Dauerausstellung zeigt das Landesmuseum wechselnde Sonderausstellungen (Öffnungszeiten: Di. 9.00 – 19.30, Mi – Fr. 9.00 – 17.00, Sa./ So. 10.00 – 18.00).

★★ Marktkirche (Marienkirche)

F 19

Lage: Marktplatz/An der Marienkirche 2
Innenstadtplan: II D 3
Straßenbahn: Marktplatz (Linien 1, 2, 3, 5, 6, 7 , 8, 10 und 11)

Als unverwechselbares Wahrzeichen prägen die beiden Turmpaare der Marktkirche Unserer lieben Frauen die Silhouette von Halle. Der damalige Landesherr der Stadt, Kardinal Albrecht von Brandenburg, Magdeburger Erzbischof und Kurfürst von Mainz, benötigte für seine Residenzstadt Halle eine repräsentative Kirche an zentraler Stelle, die seinen Vorstellungen entsprach. Dazu ließ er zwei mittelalterliche Kirchen zu einer neuen, großen vereinen.

Öffnungszeiten:
Mo. – Sa.
10.00 – 17.00,
So. 15.00 – 17.00
Kirchenführung
jeden Sa. 15.00
Abb. S. 36

Die westlich gelegene **Gertrudenkirche** stammte aus dem 11. Jh. und war die Kirche der Salzwirker im Tal zu Halle, der Gegend um den heutigen Hallmarkt. Die östlich gelegene **Marienkirche** aus dem 12. Jh. war die Pfarrkirche der Kaufleute und Handwerker der Bergstadt, der höher gelegenen Straßen um den Marktplatz.

1529 bis 1530 brach man die alten Kirchenschiffe ab. Erhalten blieben nur die Blauen Türme von St. Gertruden aus der Zeit um 1400 mit Spitzhelmen, die zwischen 1507 und 1513 aufgesetzt wurden, und an der Ostseite die Hausmannstürme von St. Marien mit spätromanischen Untergeschossen und Renaissanceaufsätzen von 1551 bis

1554, die durch eine Brücke für den Türmer (Hausmann) miteinander verbunden wurden. Er musste durch Läuten der Glocken in den Hausmannstürmen die Stadt vor Feuer und Gefahr warnen. Seine Türmerstube kann bei Führungen auf die Türme besichtigt werden. Auf der Brücke geben heute, v. a. zur Weihnachtszeit, kleine Bläserkapellen Konzerte für die Marktbesucher und Touristen. Beide Turmpaare sind heute im Besitz der Stadt und nicht der Kirche, was eine Besonderheit für Halle darstellt.

! *Baedeker* TIPP

Hoch hinaus

Ein eindrucksvoller Ausblick über den halleschen Marktplatz und die Saalestadt bietet sich in 43 m Höhe von der Brücke zwischen den beiden Hausmannstürmen der Marktkirche. Der Aufstieg mit 222 Stufen wird durch einen kundigen Gästeführer mit Geschichten und Episoden aus Halles über 1200-jähriger Geschichte bereichert. Bei schönem Wetter sieht man sogar den Brocken im Harz. Führungen werden mehrmals wöchentlich von der Tourist-Information angeboten (Abb. S. 15).

Innenraum der Kirche

Die zwischen die Turmpaare eingebaute dreischiffige, chorlose, gotische Kirche ist etwa 88 m lang und 24 m breit und **der letzte große Hallenbau der obersächsischen Spätgotik**. Er gehört zu den herausragenden Architekturleistungen jener Epoche in Mitteldeutschland. Der Entwurf für den weiten Hallenraum mit auffallend breitem Mittelschiff stammt von Ratsbaumeister Caspar Crafft. Zwischen den drei zehn Joche langen und gleich hohen Schiffen öffnen sich schmale, mit geometrischem Maßwerk gefüllte Fenster. Zehn Paar schlanke Achteckpfeiler tragen ein flaches, tonnenartiges Netz- und Sternengewölbe, deren unterlegte Rippen aus den Pfeilern erwachsen, und zum Teil anfänglich frei durch die Luft geführt werden. Ein Meisterstück spätgotischer Steinmetzkunst ist der von Craffts Nachfolger, Nickel Hoffmann, geschaffene Abhängling in der Raummitte. Jeweils zwei Portale gleicher Form an den Längsseiten führen in das Innere der Kirche. Sie sind spitzbogig und reich mit Stabwerk geschmückt. Zwischen den Strebepfeilern, die den Außenbau in enger Folge gliedern, öffnen sich logenartig zum Innenraum separat betretbare kleine Betstuben aus der zweiten Hälfte des 17. Jahrhunderts.

Die erst nach der Einführung der Reformation in Halle (1541) eingebauten, das Raumbild stark prägenden Emporen von 1550 bis 1554 sind bemerkenswert mit Blick auf die Geschichte des **frühen protestantischen Kirchenbaus**. Sie zeigen bereits deutlich renaissancetypische Elemente. In den westlichen Ecken führen große, steinerne Wendeltreppen mit frei tragenden Holzspindeln zu den Emporen. Ein weiteres Emporengeschoss wurde 1698 hinzugefügt. Die Transformation zur protestantischen Predigtkirche wird auch sichtbar im Schriftfries aus Bibelzitaten an den Emporen, Gedenkinschriften für **Martin Luther** (► Berühmte Persönlichkeiten) und den halleschen Reformator **Justus Jonas** (1493 – 1555). In solchem Umfang und zudem völlig bildlos war die architektonische Funktionalisierung von Schrift in Kirchenräumen bis dahin nicht vorgekommen.

Restaurierung der Marktkirche

Die Marktkirche ist in ihrer äußeren und inneren Gestalt weitgehend im Ursprung erhalten geblieben. Schäden eines Bombentreffers 1945 konnten bis 1948 behoben werden. Eine seit Jahrzehnten notwendige Generalsanierung erfolgte nach 1967, als durch eine geplatzte Fernwärmeleitung der Kirchenheizung der gesamte Innenraum und die Ausstattung schwer beschädigt wurden. Die Sanierungsarbeiten in den Jahren 1968 bis 1983 waren eine der großen denkmalpflegerischen Instandsetzungen und Restaurierungen der DDR. Das Erscheinungsbild des 16. Jh.s konnte weitgehend wiederhergestellt werden.

Berühmte Geistliche und Schätze der Marktkirche

Justus Jonas hielt in der Karwoche 1541 die erste evangelische Predigt in der Marktkirche und führte damit offiziell die Reformation in Halle ein. Nur noch der **Flügelaltar aus der Werkstatt Lucas Cranachs d. Ä.**, auf dem sich der Kardinal selbst mit abbilden ließ, weist auf den katholischen Auftraggeber hin. Der wertvolle Wandelaltar ist der Gottesmutter Maria gewidmet und zeigt auf drei unterschiedlichen Wandlungen Bilder von Heiligen, von Maria und auf dem Mittelbild vom Stifter, Kardinal Albrecht. Auf dem Fußbild (Predella) sind die 14 Nothelfer abgebildet.

* Totenmaske Luthers ►

In der nordwestlichen Turmkammer der Kirche wird einer der wertvollsten Schätze aus der Reformationszeit – die **Original-Totenmaske Martin Luthers** und der Wachsabguss der Totenhände zusammen mit der Original-Kanzel aus der Lutherzeit – ausgestellt. Diese wurden angefertigt, als Luthers Leichnam 1546 bei der Überführung von Eisleben nach Wittenberg in der Marienkirche aufgebahrt wurde. Durch Justus Jonas, den ersten evangelischen Pfarrer an der Marktkirche, gelangte Luthers Totenmaske in den Besitz der Marktkirchengemeinde. Im Inneren der Kirche finden sich weiterhin **Luthers Familienwappen** und ein Justus-Jonas-Medaillon an dem Schnitzwerk der Emporen. Zur Erinnerung an seine leidenschaftlichen Predigten in dieser Kirche wurde 1883 zum 400. Geburtstag des Reformators an der dem Markt zugewandten Außenwand ein Relief mit dem **Porträt Luthers** angebracht.

Zu den weiteren Schätzen der Marktkirche gehören eine aus einer der Vorgängerkirchen stammende **Bronzetaufe**, die 1430 von Ludolf und Heinrich von Braunschweig gegossen und an der Georg Friedrich Händel 1685 getauft wurde. Eine **prachtvolle Kanzel aus Sandstein** entstand 1541 in der Werkstatt von Nickel Hoffmann. Sie ist in spätgotischen Formen gearbeitet, zeigt aber schon typische Details der Renaissance. Der hölzerne Schalldeckel von 1596 ist eine beachtliche Leistung des Bildschnitzers Heinrich Heidenreitter und des Malers Heinrich Lichtenfelser. Er stellt einen in der Grundform achteckigen Stern dar, der kleinere darüber wird von acht Säulen getragen. Ganz oben ist die Verklärung Christi zu sehen.

Nur zum Teil erhalten ist das aus Eichenholz gearbeitete und **mit Renaissance-Schnitzereien verzierte Gestühl**. Es kam zwischen 1561 und 1595 aus der Werkstatt des Antonius Pauwaert in Ypern. Hinter dem Altar im Osten befindet sich das **Brautgestühl von 1595** mit

Luther predigte dreimal in der Marktkirche: Seine Totenmaske und der Abdruck seiner Hände werden in der Turmkammer aufbewahrt.

kräftig geschnitztem Beschlagwerk und Kartuschen. Weitere Stücke, wie Türklopfer aus Bronze und ein Löwenkopf aus der Zeit um 1300, gehören zum Kirchenarchiv. Einen Kontrast zu den genannten Ausstattungsstücken bildet das links vor dem Altarraum an einem der Achteckpfeiler stehende **Kruzifix aus schwarzem Eisen**. Es wurde 1976 von dem Halberstädter Künstler Johann-Peter Hinz unter Verwendung eines Kreuzes aus dem 19. Jh. geschaffen. Es zeigt den leidenden Christus, der sich trotz der Qualen vom Kreuz losgerissen hat und die rechte Hand zur Versöhnung ausstreckt, so dass sich mit ihm selbst das Kreuz herunter biegt.

Kleine und große Orgel

Die kleinere der beiden Orgeln auf der Ostempore über dem Altar ist **eine der ältesten Orgeln Mitteldeutschlands** und wurde 1664 von Georg Reichel erbaut. An ihr erlernte der junge Georg Friedrich Händel das Orgelspiel bei Friedrich Wilhelm Zachow. Am 24. Februar 1685 war Händel in der Marktkirche getauft, später übernahm er eine Organistenstelle im halleschen Dom. Die Orgel verfügt nur über ein Manual mit sechs Registern und ist auf Cornetton gestimmt, wodurch die auf ihr gespielten Werke ungefähr eine kleine Terz höher klingen, als sie das Notenbild vorschreibt. Man entschloss sich, sie nicht temperiert, wie die heutigen Instrumente, sondern mitteltönig zu stimmen, wie es zur Zeit des Baus der Orgel üblich war. Dadurch erklingen die Werke der alten Meister farbiger und plastischer als in der heute üblichen temperierten Stimmung.

Von der großen spätbarocken Orgel von 1716, die **von Johann Sebastian Bach eingeweiht** wurde, ist nur der Prospekt von 1713 – 16 erhalten. Sie wurde von Christoph Contius aus Halberstadt erbaut. Die Orgel wurde 1984 erneuert und besteht nun aus 4170 klingenden Pfeifen, deren größte 5 m und deren kleinste nur 6 mm misst. Die 56 Register sind über drei Manuale und ein Pedal anspielbar.

✶ **Marienbibliothek**

Öffnungszeiten: Mo. u. Do. 14.00 – 17.00

Die zur Marktkirche gehörende Marienbibliothek wurde 1552 gegründet und gilt damit als **älteste evangelische Kirchenbibliothek in Deutschland**. Zum Bestand gehören ca. 30 000 Bände vorwiegend aus dem 15. und 18. Jahrhundert, darunter 600 Inkunabeln sowie Erstdrucke von Lutherbibeln mit eigenhändigen Notizen von Martin Luther (Abb. S. 39).

✶✶ Marktplatz

F 19

Lage: Marktplatz
Innenstadtplan: II C/D 3

Straßenbahn: Marktplatz (Linien 1, 2, 3, 5, 6, 7, 8, 10 und 11)

Der »Neue Markt« entstand ab etwa 1120 ca. 300 m nördlich des Alten Marktes, der bis dahin Zentrum des Salzhandels gewesen war. Gleichzeitig wurde eine neue Stadtbefestigung angelegt, wodurch sich die Größe des damals rund 4000 Einwohner zählenden Ortes auf die Fläche der heutigen Altstadt ausdehnte.

Zentrum der historischen Altstadt

Architektonisch bestimmt wird er von Gebäuden aus sieben Jahrhunderten, v. a. durch die Bauten des 16. und des 20. Jahrhunderts. Prägend für den halleschen Marktplatz sind die viertürmige Marienkirche und der Rote Turm, die gemeinsam als die **»Fünf Türme«** das weithin sichtbare Wahrzeichen der Stadt bilden. Diese **berühmteste Ansicht der Stadt** wurde in zahlreichen Gemälden u. a. von Lyonel Feininger, Caspar David Friedrich, Ernst Ludwig Kirchner und Christian Rohlfs verewigt.
Mit 14 sternförmig in den Marktplatz mündenden **Straßen und Gassen** bildet er das urbane Zentrum einer beeindruckend dichten historischen Altstadt. In kaum einer anderen Stadt liegen Einkaufsmöglichkeiten, Entspannung und Kulturerlebnis so eng beieinander, wie in Halle – der »Stadt der kurzen Wege«. Mit einer Vielfalt kleiner, individueller Geschäfte, gemütlicher Cafés und einer bemerkenswert lebendigen **Galerieszene** locken die historische Schmeerstraße, die Leipziger Straße sowie die Kleine und Große Ulrichstraße, an deren Auftakt das **Stadtcenter Rolltreppe** (Große Ulrichstr. 57 – 63) an die einst erste Rolltreppe in der DDR erinnert. Heute ist die Rolltreppe Teil des Sportgeschäfts des halleschen Marathonläufers und Doppelolympiasiegers Waldemar Cierpinski. 9 der 13 halleschen Straßenbahnlinien führen über den Marktplatz und machen ihn damit zum

Fünf Türme: Marktplatz mit Marienkirche und Rotem Turm

wichtigsten **Straßenbahnknotenpunkt** der Stadt. Bis heute wird auf dem Markt Handel getrieben, sei es auf dem täglichen **Wochen- und Frischemarkt** oder bei Sondermärkten wie dem Blumen-, Töpfer- oder dem Weihnachtsmarkt. Eine wunderschöne Kulisse bietet der Marktplatz für Klassik- und Popkonzerte.

✶ **Roter Turm**

Der frei stehende Glockenturm, erbaut zwischen 1418 und 1506 nach italienischem Vorbild, ist mit 84 m das höchste Gebäude der Stadt. Die spätere Bezeichnung Roter Turm geht vermutlich darauf zurück, dass am Fuß des Turms das Blutgericht abgehalten wurde. Symbol dafür war und ist die **Rolandfigur**, bei der es sich um die barocke Nachbildung einer hölzernen, gotischen Statue aus dem 13. Jh. handelt. Das aus 76 Bronzeglocken bestehende **Carillon** im Turm ist eines der größten Glockenspiele Europas. Von f0, der größten Glocke mit dem Beinamen »Dame Händel«, als Stundenschlag bis a6 reicht der chromatische Tonumfang. Das Glockenspiel ist täglich zwischen 8.00 und 22.00 Uhr zu hören. Die Viertel-, Halb- und Ganzstundenschläge entsprechen denen von Big Ben in London. Jede Viertelstunde erklingen zusätzlich hallesche Motive, zur vollen Stunde jahreszeitlich ausgewählte Volkslieder. Zu besonderen Anlässen werden Carillonkonzerte veranstaltet.

✶ **Händel-Denkmal**

Im Mittelpunkt des weitläufigen Marktes steht das Händel-Denkmal von 1859, ein **beliebter Treffpunkt der Hallenser**. Aus Anlass des 100. Todestags des in Halle geborenen Barockkomponisten errichteten deutsche und englische Musikfreunde das von Hermann Heidel geschaffene, überlebensgroße Bronzestandbild. Der in heroischer Pose dargestellte Händel blickt nach Nordwesten, in Richtung seines Geburtshauses, des heutigen Händel-Hauses, sowie seiner späteren Heimat England (►Wussten Sie schon, S. 53).

Gold-Sole und Geoskop

Das als Gold-Sole bezeichnete Wasserspiel auf der Westseite des Marktes wurde anlässlich der 1200-Jahrfeier der Stadt im Jahr 2006 errichtet und erinnert an die Solequellen und das aus ihnen gewonnene Salz, das den Grundstein für Halles Wohlstand im Mittelalter bildete. Eine geologische Besonderheit, die **Hallesche Marktplatzverwerfung**, lässt die Solequellen im Stadtgebiet zutage treten und kann durch das Geoskop, ein eigens dafür entwickeltes optisches Gerät in der Nähe der Gold-Sole, betrachtet werden.

Umliegende Gebäude

Öffnungszeiten: Mo. – Fr. 9.00 – 19.00, Sa. 10.00 – 16.00, nur Mai – Okt. So. 10.00 – 16.00

Die den Platz begrenzenden Bauten reichen vom Spätmittelalter bis zur jüngsten Gegenwart. Schönstes Gebäude im Nordwesten ist das **Marktschlösschen**, ein dreiflügeliger Renaissancebau mit engem Hof und steilem Treppenturm. Errichtet wurde das dank seiner historischen roten Farbe gut erkennbare Gebäude als kleine Stadtburg einer Patrizierfamilie um 1600. Das Marktschlösschen ist Sitz der **Tourist-Information** mit benachbartem Info-Punkt und Shop der Universität sowie **Halloren-Café**.

Die älteste Bebauung findet sich an der Nordwestseite des Marktes mit Gebäuden aus dem 15. und 16. Jahrhundert. Nur zwei Stunden erfordert der Erwerb des Halleschen Bierdiploms im **Halleschen Brauhaus** in den Räumen des ehemaligen Wohn- und Handelshauses Zum Kühlen Brunnen (1522 – 1532). Nach einem Rundgang durch die hauseigene Brauerei, einem Vortrag über die Geschichte des Bieres und der Verkostung der hauseigenen Biersorten Hallsch, Schönitz Pilsener und Albrecht Dunkel wird eine kurze Prüfung abgelegt.

In östlicher Richtung wird der Markt begrenzt durch den **Ratshof** (1928/29), ein ursprünglich hinter dem historischen Rathaus errichtetes Verwaltungsgebäude. In dem Gebäude mit einem der wenigen in Deutschland noch funktionierenden Paternoster haben heute die Oberbürgermeisterin, das Bürgerbüro und Teile der Stadtverwaltung ihren Sitz. Unmittelbar vor dem Ratshof befand sich bis 1948 das spätgotische **Alte Rathaus** aus dem 14. Jh., das aufgrund schwerer Kriegsschäden abgerissen wurde. Das in den Boden eingelassenes Triptychon »Ratsloggia« der halleschen Künstlerin Maya Graber erinnert seit 2006 an den historischen Standort. Der Betrachter ist eingeladen, sich auf das bronzene Bild zu stellen und somit Stadtgeschichte zu »betreten«. An der Südseite steht das 1891 – 1894 im Neurenaissancestil erbaute **Stadthaus**. In dem zu Repräsentationszwecken erbauten Gebäude mit großem Sitzungs- bzw. Festsaal und kleineren Sälen tagt der Stadtrat und finden die gesellschaftlichen Höhepunkte der Stadt Halle sowie Hochzeiten statt.

! *Baedeker* TIPP

Fahrt mit der Bimmel

Vom Haltepunkt vor dem Stadthaus auf dem Markt geht es Sa. um 11.00 und um 13.30 Uhr (Mai bis Okt.) mit einer 100 Jahre alten Straßenbahn und einem kundigen Führer bis zur Burg Giebichenstein, ins Künstlerviertel rund um die älteste Saaleburg und ins historische Straßenbahndepot.

Die monumentalen Kaufhäuser an drei Seiten des Platzes spiegeln 100 Jahre Warenhausarchitektur wider, von der Gründerzeit über die Moderne bis zur jüngsten Gegenwart.

Kaufhäuser

★★ Moritzburg

F 19

Lage: Friedemann-Bach-Platz 5
Innenstadtplan: II B/C 2

Straßenbahn: Moritzburgring (Linien 3, 7, 8)

Die Moritzburg in Halle zählt zu den eindrucksvollsten spätmittelalterlichen Burganlagen Mitteldeutschlands. Sie wurde in den Jahren 1484 – 1503 als Residenz der Magdeburger Erzbischöfe errichtet und nach dem Schutzpatron des Erzbistums, dem Heiligen Mauritius, benannt.

Geschichte

Erzbischof Ernst von Magdeburg verlegte 1503 seine Residenz von der Burg Giebichenstein in die neu erbaute Moritzburg an den Nordwestrand der mittelalterlichen Stadt. Als mächtige, von einem tiefen, sumpfigen Graben umgebene Zwingburg erhob sich die Moritzburg mit ihren Türmen einst weithin sichtbar über dem Mühlgraben, einem Seitenarm der Saale. Ihre vierflügelige, leicht trapezförmige Anlage hat eine Ausdehnung von 72 m x 85 m. Nach außen mit vier gewaltigen Rundtürmen als wehrhafter Festungsbau errichtet, vermitteln die großen Fenster und Portale der einzelnen Flügel im Inneren den Eindruck eines repräsentativen **Residenzschlosses**. Unter **Kardinal Albrecht** von Brandenburg (1490 – 1545) erhielt die Moritzburg eine überaus repräsentative Ausstattung mit reichen Holztäfelungen, prachtvollen Kachelöfen, prunkvollen Teppichen, Wandmalereien und kostbaren Gemälden der großen Künstler der Zeit, darunter Cranach, Grünewald und Dürer. 1531, keine drei Jahrzehnte nach Vollendung der Moritzburg, begann Kardinal Albrecht südlich des Doms einen neuen Bau mit einem vorgelagerten Lustgarten als zweite Residenz. Mit dieser **neuen Residenz** schlossen sich Moritzburg und Dom zu einem einzigartigen Renaissance-Ensemble zusammen, das sich eindrucksvoll als Saalefront der Stadt darbot.

Auf Kardinal Albrecht, der 1541 unter dem Druck der Reformation Halle verließ und seinen gesamten kostbaren Besitz mitnahm, folgten weitere Erzbischöfe sowie protestantische Administratoren als Nutzer der Moritzburg, bis sie im Dreißigjährigen Krieg unbewohnbar wurde. Zu den Belagerern zählten Albrecht von Wallenstein und der kaiserliche Feldherr Tilly sowie die Schweden. Die zerstörten Gebäudeteile Süd- und Westflügel wurden nicht wieder aufgebaut, sodass die Moritzburg viel von ihren ursprünglichen architektonischen Formen verloren hat. 1680 fiel die Moritzburg durch die Bestimmungen des Westfälischen Friedens an den Großen Kurfürsten von Brandenburg und wurde als **Garnison** genutzt. Im Jahr 1829 schuf Karl Friedrich

Schinkel einen Entwurf zum Ausbau der Burgruine als Universitätsgebäude, der aus Kostengründen nicht ausgeführt wurde. Stattdessen entstand das Löwengebäude als Hauptgebäude der Universität.

★★ Stiftung Moritzburg (Kunstmuseum des Landes Sachsen-Anhalt)

Öffnungszeiten:
Di. 11.00 – 20.30,
Mi. – So.
10.00 – 18.00

Seit 1904 ist in der Moritzburg das hallesche **Kunstmuseum** untergebracht, zunächst nur mit seinen kunsthandwerklichen Beständen, ab 1920 auch mit der Sammlung moderner Gemälde und Plastiken. Das Museum war 1885 als Städtisches Museum für Kunst und Kunstgewerbe gegründet worden. Ihm gelang der Aufbau einer modernen Kunstsammlung, die die Moritzburg in den 1920er-Jahren in die erste Liga der deutschen Museumswelt aufrücken ließ. Die nationalsozialistische Kulturpolitik zerstörte die Sammlung fast vollständig, die in den darauffolgenden Jahrzehnten nur mühsam wieder zusammengetragen werden konnte. Der Name des Kunstmuseums lautete ab 1952 Staatliche Galerie Moritzburg Halle und seit der Überführung in eine öffentlich-rechtliche Stiftung 2003 Stiftung Moritzburg.
In den Jahren 2005 bis 2008 wurde die dringend notwendige Erweiterung der Ausstellungsflächen durch einen raffinierten Entwurf des spanischen Architekturbüros **Fuensanta Nieto und Enrique Sobejano** realisiert. Die historischen Renaissanceflügel im Westen und Norden der Burg wurden architektonisch wieder vereint und mit einer modernen Dachkonstruktion überspannt. Das plastisch geformte, mit Aluminium verkleidete Dach hebt und senkt sich wie eine gefaltete Plattform und greift die bestehende Unregelmäßigkeit der historischen Dachlandschaft auf. In den als weiße Boxen von der Dachkonstruktion abgehängten Ausstellungsräumen entstand ein spannungsreiches Wechselspiel kleiner und großer Räume.

Die einzelnen Gebäude und ihre heutige Nutzung

Ursprünglich besaß die Burg zwei Zugänge: ein Hauptportal an der Nordseite und ein Nebenportal als Stadtzugang im Ostflügel, das heute den einzigen Zugang zur Burg bietet. Eine Brücke über den Burggraben führt zum sechseckigen Torturm, in dem 1929 – 1931 **Lyonel Feininger** sein Atelier hatte. Das 1777 zwischen Torturm und Kapelle errichtete Lazarettgebäude im Stil des Barock ist das bauliche Zeugnis der Nutzung als preußische Garnison des Alt-Anhaltischen Regiments und heute Sitz der Museumsverwaltung.

Maria-Magdalenen-Kapelle ►

Die 1509 geweihte Maria-Magdalenen-Kapelle fungierte als Schlosskirche und als Aufbewahrungsort des weltberühmten Reliquienschatzes, des **Halleschen Heiltums**, bis zu dessen Überführung in den Dom durch Kardinal Albrecht. 1894 erhielt sie ein rekonstruiertes Netzgewölbe und wird seitdem von der Selbstständigen Evangelisch-Lutherischen Gemeinde und der Universität genutzt.

Nord- und Westflügel ►

Im Nord- und Westflügel befanden sich die erzbischöflichen Repräsentationsräume und Wohngemächer. 1637 durch eine Feuersbrunst zerstört, blieben beide über Jahrhunderte ungenutzt. Erst Ende des 19. Jh.s wurde der Nordflügel für das Institut für Leibesübungen der halleschen Universität mit einer Turn-, Gymnastik- und Judohalle sowie Fechtsälen ausgebaut. Im Gewölbe des Westflügels befand sich von 1965 bis 1991 das **Fernsehtheater Moritzburg**, in dem das DDR-Fernsehen volkstümliche Unterhaltung präsentierte. Heute findet sich in den **Gotischen Gewölben** der Burg die **Sammlung mittelalterlicher Schnitzplastik**. In dem 2008 realisierten zeitgenössischen Ausbau des Westflügels wird auf ca. 1500 m² die Dauerausstellung zur **Kunst des 20. Jh. und der Gegenwart**, darunter Werke des Expressionismus (Brücke, Blauer Reiter), Konstruktivismus (El Lissitzky) und der Neuen Sachlichkeit gezeigt. Die ständige Ausstellung umfasst außerdem die Dauerleihgabe der **Sammlung Hermann Gerlinger** mit **Werken der »Brücke«-Maler** sowie im Turmkabinett die miniaturhaften Werke des halleschen Malers Albert Ebert und Schmuck aus Halle. Gemälde, Skizzen und Fotografien aus dem **Halle-Zyklus von Lyonel Feininger** (► Baedeker Special S. 272) werden auf der Galerie präsentiert, die zugleich als »Fenster zur Stadt« einen einzigartigen Blick über das alte Halle mit seinen fünf Türmen und dem Dom eröffnet. Die Kunst von 1945 bis zur Gegenwart einschließlich der Kunst aus der DDR ist in einem großen, weiten Raum im Obergeschoss zu sehen. Der Nordflügel ist auf zwei Ebenen Sonderausstellungen vorbehalten. In der nordwestlichen Ecke des Innenhofs ist der gestalterisch an die Architektur des Dachs anknüpfende **Museumseingang** mit Museumsshop und Museumscafé platziert.

◄ weiter auf S. 272

Die Moritzburg ist die jüngste der Saaleburgen.

FEININGERS BLICK AUF HALLE

Für den Deutsch-Amerikaner Lyonel Feininger (1871 – 1956) war Halle die Stadt, die ihn am meisten bezauberte. Das schrieb er im Mai 1929 seiner Frau Julia nach Dessau, wo er bis 1933 am Bauhaus wirkte. Der Spross einer Musikerfamilie zog 1887 von New York nach Deutschland, um in Leipzig Musik zu studieren. Doch die Leidenschaft für die bildende Kunst war größer, und so wurde er erst Karikaturist, später Maler und Bauhaus-Meister.

In jenem Mai 1929 kam er nach Halle, um einen Auftrag des Magistrats zu erfüllen: eine Stadtansicht als repräsentatives Geschenk für das Oberpräsidium der Provinz Sachsen in Magdeburg. Der Museumsdirektor Schardt gewann den Künstler und Freund auch mit der Aussicht, ganz oben im **Torturm der Moritzburg** ein außergewöhnliches Atelier beziehen zu können. Von hier aus eröffnete sich Feininger das Panorama der Stadt mit ihren vielen Türmen.

Auf seinen Streifzügen für die Motivsuche – Fotoapparat und Zeichenstift hatte er immer dabei – begegneten ihm Mittelalter und Moderne auf engstem Raum. Das plötzliche Erscheinen monumentaler Bauwerke aus verwinkelten Gassen überraschte den Künstler, und er entschloss sich, **eine ganze Reihe Bilder von Halle** zu malen. Drei Bauwerke hatten es Feininger besonders angetan: die Marktkirche (auch Marienkirche genannt) mit ihren zwei gewaltigen Turmpaaren, der Rote Turm, der allein in der Mitte des Marktes steht, und der ungewöhnliche, turmlose Dom mit dem Kranz aus Rundgiebeln.

Immer wieder kehrte Feininger in die Stadt an der Saale zurück, zwischen dem Maler und der Architektur bildete sich »eine eigenartige Schicksalsverbundenheit«. Hier seine Darstellung der »Marktkirche mit dem Pfeil«

Zu verschiedenen Tageszeiten hielt er seine Eindrücke fest, um sie beim jährlichen Sommeraufenthalt an der Ostsee bildlich umzusetzen. Alle 29 Kohlezeichnungen entstanden in jenem Jahr und zwei der elf Gemälde: »Marienkirche I« und »Am Trödel«. Bis 1931 malte er neun weitere Bilder. Die Stadt Halle beschloss nun, die gesamte Serie für das Museum in der Moritzburg anzukaufen. Heute sind hier noch zwei der Werke im Original zu sehen: **»Marienkirche mit dem Pfeil«** (1930) und **»Der Dom in Halle«** (1931). Die anderen werden in Museen zwischen Hamburg und München gezeigt, befinden sich zum Teil in Privatbesitz oder gelten, wie »Die Bölbergasse«, als Kriegsverlust.

Auf den Spuren Feiningers

Dem Förderkreis der Stiftung Moritzburg ist ein **einzigartiger Stadtrundgang** zu verdanken: An elf Standorten in Halles Zentrum ermöglichen Stelen, die Bauwerke, Plätze und Gassen mit den Kunstwerken zu vergleichen, die Motive mit den Augen des Malers zu sehen. Der Rundgang beginnt in der Nähe des Händel-Denkmals mit der »Marktkirche zur Abendstunde« (Blickpunkt 1). Nr. 2 steht gleich daneben, die »Marienkirche mit dem Pfeil« – zwei völlig verschiedene Bilder von ein und demselben Objekt. Immer sind da strenge, geometrische Formen in der Aufwärtsbewegung, Schatten, Lichteffekte, transparent übereinandergelegte Farben. Doch einmal errichten all die typischen Feininger-Elemente dem Objekt ein wahres Denkmal, ein andermal geben sie dem Betrachter Rätsel auf. Die Stele am Rundgang-Ende bei Blickpunkt 11, an der Kreuzung Kleine Ulrichstraße/Bölbergasse, zeigt das verschollene Gemälde »Bölbergasse«. Stadtführungen auf den Spuren des Künstlers werden zudem vom Stadtmarketing Halle angeboten.

Südflügel ► In den südlichen Flügel wurde 1902–04 eine Replik des 1558 im Renaissancestil erbauten Talamts eingefügt und 1904 als **Kunstgewerbemuseum** eröffnet. Das Talamt als Sitz des Salzgrafen und Talvogts und Festhaus der Pfännerschaft stand bis zu seinem Abriss 1881 am Hallmarkt unterhalb der Marktkirche. Die beim Abriss geborgene wertvolle Ausstattung ist heute in den originalen historischen Repräsentationsräumen mit prachtvollen Interieurs zu sehen, dem **Gerichtszimmer** (1594) sowie dem **Festzimmer der Halloren** (1616), einem sehr beliebten Ort für Hochzeiten. Von 1911 bis 1913 wurden der **Wehrgang** im Süden und der **Kuppelsaal** als Erweiterung des Museums errichtet. Heute wird hier Kunst des deutschen Impressionismus und der Wegbereiter der Moderne präsentiert.

Burghof ► Im Burghof sind die Portale der im Zweiten Weltkrieg zerstörten Ratswaage von 1575 und das spätgotische Nordportal der Moritzkirche zu sehen. Besonders erwähnenswert ist der in den Arkaden aufgestellte Bronzeguss der Plastik **»Der Jahrhundertschritt«** (1984) des Leipziger Bildhauers **Wolfgang Mattheuer** (1927–2004).

Der Nordostturm wurde 1972 für den Studentenclub **»Turm«** ausgebaut und bietet seither auf drei Etagen sowie im Biergarten des Burggrabens anspruchsvolle Musikunterhaltung.

Wichtigste Sammlungen

Die Stiftung Moritzburg ist das Kunstmuseum des Landes Sachsen-Anhalt. Sie besitzt Sammlungen von Malerei, Plastik, Grafik, Fotografie, Keramik, Schmuck und Design sowie Münzen und Medaillen. Zu den wichtigsten Sammlungsbeständen gehören Kunstwerke der Klassischen Moderne und des 19. Jh.s, darunter ca. 2800 Gemälde mit den Schwerpunkten Expressionismus, sozialkritische Kunst sowie Kunst der DDR. Außerdem besitzt das Museum reiche Bestände historischen Kunsthandwerks und mittelalterlicher Schnitzplastiken. Es erweitert seine Sammlungen konsequent bis in die Gegenwart.

Seit 2001 hat die **»Brücke«-Sammlung von Hermann Gerlinger**, die zu den bedeutendsten deutschen Privatsammlungen gehört, in der Moritzburg ihr Domizil gefunden. Vom **Halle-Zyklus Feiningers** kann man die beiden Gemälde »Marienkirche mit dem Pfeil« (1930) und »Der Dom zu Halle« (1931) sowie einige Zeichnungen bewundern. Der Bildernachlass des Universalkünstlers, Theaterregisseurs und Autors **Einar Schleef**, den 2004 die Erben der Stiftung Moritzburg als Dauerleihgabe anvertrauten, enthält mit 156 Gemälden und mehr als 6000 Zeichnungen ein fast geschlossenes Lebenswerk. Der oft als der »hallesche Naive« bezeichnete **Albert Ebert** (1906–1976), von dem die Stiftung Moritzburg eine umfangreiche Sammlung an Gemälden und das gesamte druckgrafische Werk bewahrt, entwickelte ein eigenwilliges und fantasievolles Werk.

Zu nennen sind auch die Kunst des 19. Jh.s und des deutschen Impressionismus (u. a. mit einem Caspar David Friedrich zugeschriebenen Transparentbild), das Graphische Kabinett sowie die Sammlungen zu Plastik, Kunsthandwerk, Schmuckkunst, Fotografie und das Landesmünzkabinett Sachsen-Anhalt.

✶ Moritzkirche

F 19

Lage: An der Moritzkirche 6 – 8
Innenstadtplan: II D 3
Straßenbahn: Glauchaer Platz (Linie 4, 9) oder Hallmarkt (Linien 2, 5, 10 ,11)

Die Moritzkirche wurde 1388 als Stiftskirche der Augustiner-Chorherren für das Moritzkloster und als Pfarrkirche der halleschen Pfännerschaft (Salzwirker) begonnen. Sie ist dem Schutzpatron des Erzbistums Magdeburg geweiht.

Öffnungszeiten:
Di. – Fr.
11.00 – 12.00 u.
15.00 – 17.00
Sa., So.
13.00 – 17.00

Die Pläne der Moritzkirche entwarf der Baumeister und Steinmetz **Konrad von Einbeck**. Sein in Stein gehauenes Porträt ist – neben einer Sammlung von eindrucksvollen Heiligendarstellungen – an einer Säule der Moritzkirche zu sehen. 123 Jahre lang, bis 1511 haben namhafte Künstler wie **Nickel Hoffmann** und **Peter Mordal** (Morl) an der Vollendung des Gotteshauses gearbeitet. Das Langhaus der Kirche ist von zwei Bauabschnitten geprägt. Die 1388 begonnene ältere Ostseite zeichnet sich durch einen bemerkenswert plastisch-dekorativen Baustil aus. Es entstanden Blendarkaden, Blattornamente, Türmchen mit Kreuzblumenkronen und Wasserspeier in Gestalt kleiner Engel. Die im 15. Jh. begonnene Westhälfte ist wesentlich schlichter, was auf die geringere Finanzkraft der Bauherren zurückzuführen ist. 1519 wurde das Stift aufgelöst und die Kirche bis zur Reformation von den Dominikanern als Klosterkirche genutzt. Zuvor diente der Hallesche Dom als Ordenskirche, wurde jedoch ab 1520 von Kardinal Albrecht von Brandenburg selbst genutzt. Ab 1541 war St. Moritz protestantisch. 1970 wurde die Kirche an die katholische Gemeinde von Halle-Neustadt verpachtet.

Die Moritzkirche gilt als Auftakt der spätgotischen Hallenbaukunst im sächsischen Raum.

Ein hallesches Sprichwort über die Kirchen der Stadt sagt: »St. Marien das schönste Geläute, St. Ulrich das schönste Geschmeide, St. Moritz das schönste Gebäude.« Große Bedeutung kommt der Moritzorgel zu. Sie ist als **Denkmalorgel** ein bedeutendes Beispiel deutscher spätromantischer Orgelbaukunst. Erbaut wurde sie 1925 von der Firma Wilhelm Sauer aus Frankfurt (Oder). Die Orgel verfügt über 63 Register (darunter 4 Transmissionen), verteilt auf drei Manuale und Pedal. Zum 80. Jahrestag der Orgelweihe wurde ein Orgel-Förderverein gegründet, der sich für die Fortsetzung einer denkmalgerechten und originalgetreuen Wiederherstellung der Sauer-Orgel, die in den 1970er-Jahren dem Verfall preisgegeben wurde, einsetzt. Regelmäßig werden Benefizkonzerte veranstaltet und dabei Spenden für eine weitere Restaurierung der Orgel gesammelt.

Am Moritzkirchhof Das lang gestreckte Gebäude mit geschmückten Ziergiebeln an der Nordseite der Moritzkirche wurde 1529/30 gebaut. Hier befand sich einst das Hospital St. Johannis.

★ Neue Residenz (mit Geiseltalmuseum)

F 19

Lage: Domstr. 5
Innenstadtplan: II C 2

Straßenbahn: Ankerstraße und Hallmarkt (Linien 2, 5, 9, 10, 11)

Neue Residenz ist seit 1644 die Bezeichnung für den 1531 erbauten, vierflügeligen Gebäudekomplex neben dem halleschen Dom, der im Süden an das heute nicht mehr vorhandene Klaustor grenzte. An der Westseite fließt der Mühlgraben, ein Arm der Saale.

Baugeschichte Das von Kardinal Albrecht von Brandenburg errichtete imposante Bauwerk ist Ergebnis des frühen Imports italienischer Renaissance-Ideen in den mittel- und norddeutschen Raum. Architekt der Gesamtanlage war der Generalbaumeister der Erzbistümer Magdeburg und Mainz, Andreas Günther, ab Mai 1537 Bastian Binder. In diesem Jahr wurde der Nordflügel mit der Kapelle errichtet, 1538 soll der Bau vollendet gewesen sein. Das Baumaterial kam unter anderem aus dem abgebrochenen Neuwerkstift und der alten Ulrichskirche. Noch heute sind die alten, handbehauenen Steine gut zu erkennen. Die Neue Residenz ist neben der Moritzburg **eines der bedeutendsten Bauwerke der Frührenaissance in Deutschland**. An die Residenz des 16. bis 18. Jh.s und den großen Bauherren Kardinal Albrecht erinnern nur noch wenige Details wie sein Wappen über der Fußgängerpforte zur Residenz.

Erste katholische hallesche Universität 1531 und Residenz der Erzbischöfe Ob die Neue Residenz Geburts- und Kinderstube der 1694 gegründeten halleschen Universität »Fridericiana« ist, darüber sind sich die Forscher uneinig. Es wird die These vertreten, das Gebäude sei für eine neue Universität in Halle erbaut worden. Der wissenschaftsbegeisterte Kardinal Albrecht von Brandenburg fasste bereits in den 20er-Jahren des 16. Jh.s den Plan, das von ihm 1520 gegründete »Neue Stift« zu Halle, ein reformiertes Kollegiatstift zur besonderen Pflege der Wissenschaften und des Kultus, zur modernsten deutschen Universität nach dem Vorbild von Bologna auszubauen. Eine Urkunde vom 27. Mai 1531 belegt, dass Albrecht das päpstliche Privileg zur Universitätsgründung erhielt, verbunden mit der Zusage, den Gewinn aus den Gütern des reichen Klosters Neuwerk für die

Die über einem unregelmäßigen Viereck errichtete Neue Residenz steht neben dem halleschen Dom; an ihrer Westseite fließt der Mühlgraben, ein Arm der Saale.

Finanzierung der Universität verwenden zu können. Noch im selben Jahr berief der Kardinal bedeutende Theologen als Stiftsherren und Gründungsprofessoren der Universität nach Halle. Zeitgleich mit den Baumaßnahmen an der Universität begann im Frühjahr 1531 der Universitätsbetrieb, der jedoch bald wieder eingestellt wurde. Vermutlich trugen die Reformation, stetig sinkende Studentenzahlen und allgemeine Geldnöte dazu bei, dass diese katholische, erste hallesche Universität nicht lange existierte. So bestimmte Kardinal Albrecht den Neubau kurzerhand zu seiner neuen Residenz. In der Folgezeit ab 1545 residierten hier die Erzbischöfe des Magdeburger Erzbistums, später auch weltliche Administratoren. Eine letzte große Blütezeit erlebte die Neue Residenz von 1644 bis 1680 durch den musik- und kunstliebenden Herzog August von Sachsen-Weißenfels. Unter anderem wurde die Residenz in dieser Ära zur traditionellen Spielstätte des ersten deutschen Opernhauses im Frühbarock und Halle damit zur führenden Opernstadt.

Die **Nutzung der Residenz durch die Universität** ist spätestens ab 1735 eindeutig dokumentarisch belegt. So war der prachtvolle Profanbau seit Beginn des 18. Jh.s Heimstatt wesentlicher universitärer Bereiche und hat die Geschichte der halleschen Universität bis 2003 entscheidend geprägt. Sämtliche Fakultäten – Jurisprudenz, Theologie, Philosophie und Medizin – waren in der Residenz ansässig. Die Neue Residenz war zudem Keimzelle und erste Unterkunft wertvollster und umfassendster universitärer Sammlungen europäischen Ranges sowie richtungweisender wissenschaftlicher Einrichtungen. 1808 wurde im Obergeschoss des Ostflügels unter der Leitung von Carl Friedrich Senff die erste preußische Entbindungsanstalt inkl. einer Hebammenschule eingerichtet. Von 1809 bis 1935 nahm die universitätsnahe »Naturforschende Gesellschaft« Quartier. Die berühmte **Meckelsche Sammlung** (S. 288) wurde 1841 in die Residenz verbracht. 1884 öffnete im Erdgeschoss des Ostflügels das Museum für Geschichte und Altertumskunde der Provinz Sachsen seine Pforten. 1991 erfolgte die Gründung des Fachbereichs Geowissenschaften der Martin-Luther-Universität Halle-Wittenberg mit Sitz im gesamten Nord- und Westflügel. Die wechselvolle universitäre Residenzgeschichte endete 2003 mit dem Auszug des größten Teils dieses Fachbereichs. Einzig das Museum verblieb in den geschichtsträchtigen Mauern der Neuen Residenz.

✶ **Geiseltalmuseum**

Öffnungszeiten:
Mo. – Do.
9.00 – 12.00 u.
13.00 – 17.00
Fr. 9.00 – 12.00,
13.00 – 15.00

Das Geiseltalmuseum ist in der ehemaligen Kapelle im Nordflügel der Neuen Residenz untergebracht. Es wurde am 23. November 1934 durch Johannes Weigelt (1890 – 1948), den damaligen Direktor des Geologisch-Paläontologischen Instituts der Martin-Luther-Universität Halle-Wittenberg, gegründet. Die Sammlung enthält eine bedeutende Anzahl **außergewöhlich gut erhaltener Fossilien aus dem Braunkohlenabbaugebiet** des südlich von Halle gelegenen Geiseltals. Die Geiseltalbraunkohle entstand vor 50 bis 45 Millionen Jahren. In dem 60 km² großen Lagerstättenareal kennt man etwa 59 Wirbeltierfundstellen. Besonders bekannt ist das Geiseltal durch die zahlreichen Funde der Flora und Fauna aus dem Mitteleozän. Dazu zählen sehr gut erhaltene Pflanzenreste, die zum Teil sogar noch Chlorophyll enthalten, sowie das **Urpferd Propalaeotherium**, Krokodile und Käfer. Heute umfasst die Sammlung ungefähr 30 000 Exemplare und ist ein Teil der Sammlungen des Instituts für Geologische Wissenschaften.

✶ Opernhaus

F 19

Lage: Universitätsring 24
Innenstadtplan: II C 3

Straßenbahn: Joliot-Curie-Platz/Stadtbad (Linien 1, 2, 5, 6, 10) oder Neues Theater/Moritzburgring (Linien 3, 7, 8)

Bereits vor 350 Jahren gab es in Halle die Hofoper, 1654 gegründet von Herzog August von Sachsen, eines der frühesten deutschen Operntheater.

Um 1700 setzten August Hermann Francke (►Berühmte Persönlichkeiten) und die neu gegründete Universität beim preußischen König für Halle ein generelles Theaterverbot durch, das bis zum Sieg Napoleons über Preußen bestehen blieb. Das 1886 errichtete Stadttheater wurde im Zweiten Weltkrieg bei einem Bombenangriff vollständig zerstört und 1951 als Landestheater Halle wiedererrichtet. In den 1990er-Jahren erhielt es sein früheres Aussehen zurück. Der große Saal fasst 676 Zuschauer. Die Oper Halle, übrigens **das einzige Opernhaus in Sachsen-Anhalt**, bietet mit Oper, Operette, Musical und Ballett die ganze Breite und Vielfalt des Musiktheaters. Die internationale Ausstrahlung der Oper Halle beruht auf ihrem Engagement für das Opernschaffen von Georg Friedrich Händel (►Berühmte Persönlichkeiten), der 1685 in Halle geboren wurde. Von den insgesamt 42 Händel-Opern wurden bereits 40 in Halle und nicht weniger als 66 Händel-Inszenierungen aufgeführt.

◄ Kartenverkauf: Große Ulrichstr. 51 Mo. – Sa. 10.00 – 20.00

Seit 1993 werden sie von einem eigenen Spezialensemble, dem **Händelfestspielorchester** des Opernhauses, auf historischen Instrumenten begleitet. Das Opernhausorchester fusionierte 2006 mit dem Philharmonischen Staatsorchester der Stadt Halle zur Staatskapelle Halle.

Zweiter wichtiger Spielort für die Oper Halle ist das **Goethe-Theater Bad Lauchstädt**, 1802 nach Goethes Entwürfen errichtet und mit einer nach wie vor funktionierenden barocken Bühnenmaschinerie versehen (Ausflugsziele S. 150).

* Peißnitzinsel

E / F 18

Lage: westlich der Innenstadt

Straßenbahn: Gimritzer Damm (Linien, 4, 5, 95)

Die Peißnitzinsel, eine etwa 2 km lange und 200 – 400 m breite Insel zwischen der schiffbaren Saale im Osten und der Wilden Saale im Westen ist mit ihren ausgedehnten Grünflächen ein landschaftliches Kleinod und beliebtes Ausflugsziel im Herzen von Halle.

Ufernahe Auenwälder, kleine Gehölze, Wiesen und ein Netz von Wanderwegen geben ihr heute ihr Gepräge. Im Süden der Insel liegt der geschützte, 3,5 ha große **Gimritzer Park** mit wertvollem, zum Teil exotischem Baumbestand. Bereits im 19. Jh. entstand als baulicher Mittelpunkt der Insel das **Peißnitzhaus**, ein Ball- und Gesellschaftshaus, das später von der Hitlerjugend, den sowjetischen Streitkräften und der Pionierorganisation der DDR genutzt wurde. Aus den 1960er- und 1970er-Jahren stammen eine mittlerweile umgebaute Freilichtbühne, das **Raumflug-Planetarium Sigmund Jähn** und die **Parkeisenbahn Peißnitzexpress**. Die Schmalspurbahn mit einer Spurweite von 600 mm verkehrt auf einem 2 km langen Rundkurs und benötigt für diese Strecke ca. 12 Minuten. Das Freizeitangebot wird ergänzt durch einen im Stadtgebiet einzigartigen **Kletterspielplatz**, einen originellen **Steinspielplatz** sowie einen **Verkehrsgarten**.

Ideales Ausflugsziel für Familien

Am letzten Augustwochenende feiert Halle das Laternenfest mit Bootskorso, Höhenfeuerwerk und Entenrennen.

Brücken Auf die Insel gelangt man über fünf Brücken: Schafbrücke, Gimritzer Gutsbrücke, Neue Brücke, Schwanenbrücke und Peißnitzbrücke. Die Peißnitzbrücke wurde 1898/99 in Form einer Pseudohängebrücke erbaut und überspannt die hier 70 m breite Saale. Überquert man sie, gelangt man zur Ziegelwiese. Dort steht einer der höchsten Springbrunnen Europas mit einer bis zu 60 m hohen Fontäne. Leider steigt sie nur noch selten hoch, z.B. zum Laternenfest.

Halle-Saale-Schleife Westlich der Peißnitzinsel sind noch Reste der Halle-Saale-Schleife erkennbar, einer ehemaligen Rennstrecke, die von 1950 bis 1967 für Motorrad- und Formelrennen genutzt wurde. Zwischen Halle-Saale-Schleife und Gimritzer Damm befindet sich seit 1967 die Eissporthalle, Heimstätte des Eishockeyteams Saale-Bulls.

Riebeckplatz · Leipziger Straße

F 19/20

Lage: Zentrum **Innenstadtplan:** II D 3-5

Touristen, die mit dem Zug nach Halle kommen, beginnen ihren Stadtbummel am Hauptbahnhof und überqueren den Riebeckplatz zu Fuß, per Taxi oder mit der Straßenbahn.

Der nach dem Pionier der Braunkohlenschwelerei Carl Adolph Riebeck (1821 – 1883) benannte Verkehrsknotenpunkt war bereits im Mittelalter ein wichtiger Kreuzungspunkt der Handelswege und außerdem Richtplatz in der Galgtorvorstadt. In der Unterführung zwischen Bahnhof und Leipziger Str. 42 präsentieren ca. 120 Glasflächen oberhalb der Läden Persönlichkeiten der halleschen Stadtgeschichte.

◄ »Hallesche Persönlichkeiten schauen auf uns«

Leipziger Straße

Als Verbindung zwischen Hauptbahnhof und Marktplatz ist die Leipziger Straße eine der repräsentativsten Geschäftsstraßen der City. Bereits im Mittelalter entstand sie als östliche Ausfallstraße in Richtung Leipzig. Ihren Boulevardcharakter erhielt sie in der Gründerzeit, aus der auch die meisten Geschäftshäuser im Stil meist des Neubarock, seltener des Jugendstils oder Klassizismus stammen. In der östlichen Hälfte, dem oberen Boulevard, liegt das 1911/12 erbaute **Hotel Rotes Ross** (► Übernachten). Von einst ca. 40 Wach- und Wehrtürmen ist heute nur noch der höchste Turm, nämlich der gotische, um 1300 erbaute und im 16. Jh. mit einer Renaissancehaube versehene **Leipziger Turm** an der Kreuzung von Waisenhaus- bzw. Hansering und Leipziger Straße erhalten. Er ist der Rest des ehemaligen Galgtors, eines von ursprünglich sechs Stadttoren.
Die im unteren Boulevard gelegene **Ulrichskirche** ist neben dem Leipziger Turm das einzige Zeugnis mittelalterlicher Bebauung entlang der Leipziger Straße. Die ursprünglich als Bettelordenskirche Mitte des 14. Jh.s errichtete zweischiffige Hallenkirche wurde zu DDR-Zeiten umgewidmet und dient heute als Konzerthalle bei Orgel-, Chor- und Jazzdarbietungen.

★ Stadtgottesacker (mit Stadtpark)

F 19/20

Lage: Gottesackerstr.7
Innenstadtplan: II C/D 4/5

Straßenbahn: Magdeburger Straße (Linien 2, 5, 12)

Der hallesche Stadtgottesacker ist nicht der einzige Renaissancefriedhof Europas, der nach den Vorbildern der italienischen Campi Santi angelegt worden ist, aber er ist der bedeutendste. Das verdankt er vor allem seiner architektonischen Geschlossenheit und den einmaligen Verzierungen der umlaufenden Arkaden.

Ab 1557 wurde er unter Leitung des Stadtbaumeisters Nickel Hoffmann auf dem Martinsberg, der sich damals noch vor der Stadt befand, errichtet. Die schon seit 1350 für Massenbestattungen in Pestzeiten dienende Fläche wurde an drei Seiten durch eine fünf bis sechs Meter hohe Mauer gesichert. Besonders aus Richtung Süden und Westen wirkt der Stadtgottesacker dadurch wie ein stark befestigtes Kastell. In über dreißigjähriger Bauzeit legte Hoffmann 94 Schwibbögen an, die nach innen geöffnete Arkaden bilden. Viele der Grabbö-

Öffnungszeiten:
Jan., Febr., Nov. 8.00 – 17.00
März, Okt. 8.00 – 18.00
April, Sept. 8.00 – 19.00
Mai, Juni, Juli, Aug. 8.00 – 20.00
Dez. 8.00 – 16.30

gen wurden von dem Meister selbst gestaltet. Einen (Bogen 17/18) versah er mit seinem Monogramm und Steinmetzzeichen – einem stürzenden Kreuz auf einem langen Haken, den ein gegabelter Spieß kreuzt. Die Grüfte in den Arkaden werden mit kunstvoll geschmiedeten Eisen- oder Holzgittern abgeschlossen. Jeder Grabbogen und jeder der sie voneinander abgrenzenden Pfeiler und Pilaster unter dem gemeinsamen hohen Satteldach ist reich geschmückt mit Blatt- und Rankenornamenten. Und keiner gleicht dem anderen.

Ruhestätte bedeutender Persönlichkeiten

Die Grüfte sind nummeriert und waren Eigentum der Stadt. Sie konnten aber von den Bürgern der Stadt Halle gemietet oder auch gekauft werden. Auf dem zunächst freien Feld im Innenraum der Anlage wurde erst ab 1822 bestattet. Nachdem später weitere Friedhöfe für die Einwohner Halles eingerichtet worden waren, entwickelte sich der Stadtgottesacker zum bevorzugten Begräbnisort der städtischen Oberschicht. Bedeutende Persönlichkeiten fanden in den vergangenen Jahrhunderten dort ihre letzte Ruhe, unter ihnen **August Hermann Francke**, der Begründer der berühmten Schulanstalten (Bogen 80/81), der Universalgelehrte **Christian Thomasius** (Bogen 10), der **Vater des Komponisten Georg Friedrich Händel** (Bogen 60) und **Felicitas von Selmnitz**, erste bekennende Lutheranerin in Halle (Bogen 12). Insgesamt gibt es auf dem Friedhof ungefähr 2000 Grabstellen.

Zerstörung und Restaurierung des Stadtgottesackers

Während des Zweiten Weltkriegs wurde der Friedhof durch Bombenangriffe zerstört und in den 1950er-Jahren nur teilweise wieder aufgebaut. Untätigkeit zu DDR-Zeiten ließ ihn weiter verfallen, bis unmittelbar nach der Wende privat engagierte Hallenser und die **Stiftung Stadtgottesacker** erste Sicherungsarbeiten unternahmen. Durch eine sehr hohe Zuwendung aus privater Hand konnten umfangreichere Restaurierungs- und Instandsetzungsarbeiten durchgeführt werden. Die Spenderin **Marianne Witte**, geb. Ziegler, wurde 1923 in Marburg an der Lahn als Tochter des Professors **Karl Ziegler** (1936 bis 1945 Ordinarius für Chemie an der Martin-Luther-Universität, 1938 Mitglied der Leopoldina, 1963 Nobelpreisträger für Chemie) geboren und lebte seit 1936 in Halle, wo sie die Ina-Seidel-Schule für Mädchen am Universitätsring 21 besuchte, dort 1941 das Abitur ablegte und später Medizin studierte. Aus Mitteln ihres 1973 verstorbenen Vaters richtete Marianne nach ihrem ersten Besuch 1989 in der Stadt ihrer Jugendjahre eine Stiftung ein, um am Aufbau Ost, speziell dem des Stadtgottesackers, mitzuwirken. Die auf diese Weise vorangetriebenen Sanierungsarbeiten konnten 2003 feierlich abgeschlossen werden.

Trotz einiger Verluste blieben auf dem denkmalgeschützten Friedhof **hervorragende Beispiele hallescher Kunstschmiedearbeiten** erhalten und in diversen Grablegen eindrucksvolle Epitaphe aus mehreren Jahrhunderten. Seit Anfang 2001 sind wieder Urnenbeisetzungen in ausgewählten Grüften und auf den Grabfeldern möglich. Heute liegt

Nickel Hoffmann nahm 1557 italienische Campi Santi zum Vorbild und baute einen Torturm und Arkadenbögen um die Anlage des Stadtgottesackers.

der Gottesacker inmitten der Großstadt und ist ein Ort der Ruhe und Besinnlichkeit. In unmittelbarer Nachbarschaft der Friedhofsanlage lädt der über 4 ha große **Stadtpark** zu einem ausgedehnten Spaziergang im Grünen ein.

★ Stadtmuseum (Christian-Wolff-Haus)

F 19

Lage: Große Märkerstraße 10
Innenstadtplan: II D 3

Straßenbahn: Marktplatz (Linien 1, 3, 6, 8, 9, 10, 11)

Das Christian-Wolff-Haus in der Großen Märkerstraße wurde 1558 als Wohnhaus erbaut. Als Baumeister gilt Nickel Hoffmann, der auch am Bau der ▸Marktkirche und beim ▸Stadtgottesacker mitgewirkt hat.

Einer der berühmtesten Bewohner war von 1741 bis zu seinem Tod 1754 der Philosophe, Mathematiker und Professor der halleschen Universität, **Christian Wolff**. In diesem Haus arbeitete und lehrte er auch, da der Universität damals geeignete Vorlesungsräume fehlten. Wolff war ein führender Vertreter der Aufklärung in der ersten Hälfte des 18. Jh.s in Deutschland und gilt als Mitbegründer des modernen Völkerrechts, das sich zunehmend von der Theologie entfernte. In dem **heutigen Stadtmuseum** erinnert das repräsentative Audienz-

Öffnungszeiten:
Di. – So.
10.00 – 17.00

zimmer Wolffs mit den restaurierten historischen Bildtapeten, ein Ensemble bürgerlicher Wohnkultur, an den Denker. Nach dem Tod Wolffs gehörte das Haus den Buchdruckerfamilien Gebauer und Schwetschke. Die einst prachtvolle Ausstattung des Wohnhauses dokumentiert der Auditoriumssaal mit der Porträtsammlung aus dem Nachlass der Drucker- und Verlegerfamilien. 1954 wurde das Wohnhaus mit dem Renaissancegiebel und den Zwerchhäusern zum damaligen Heimatmuseum umgebaut. Heute informiert das Christian-Wolff-Haus in seinen Dauerausstellungen über das Leben in der Universitätsstadt Halle im 18. Jh., über die Geschichte der halleschen Studentenverbindungen und über das Leben und Wirken von Christian Wolff.

Historische Bedeutung und berühmte Bewohner der Großen Märkerstraße

Neben dem Christian-Wolff-Haus reihen sich zahlreiche Privathäuser anderer bedeutender hallescher Gelehrter des 18. und 19. Jh.s in der Großen Märkerstraße, auch **Professorenstraße** genannt, aneinander. Tafeln an den Häusern erinnern unter anderen an den ab 1817 in Halle tätigen Arzt Wilhelm Hermann Niemeyer (1788 – 1840), den späteren Direktor des Entbindungsinstituts der Universität und Eigentümer des Hauses Märkerstraße 5. Hier befand sich sowohl seine Praxis als auch seine Wohnung. Nach Niemeyers Tod wurde das Haus an Gelehrte der Universität, u. a. an Hermann Knoblauch (1820 – 1895) und Richard von Volkmann (1830 – 1889) vermietet. Hinsichtlich der erhaltenen historischen Bausubstanz ist die Große

Das Stadtmuseum widmet sich hauptsächlich der Stadt- und Universitätsgeschichte des 18. Jh.s sowie dem Leben des Philosophen und Mathematikers Christian Wolff.

Märkerstraße der bedeutendste spätmittelalterlich-frühneuzeitliche Straßenzug in der historischen Altstadt. Sie ist als Verbindung zwischen Marktplatz und Kleinem Berlin um 1200 entstanden. 1315 wurde sie als Merkerstraße nach dem im Mittelalter bedeutenden halleschen Geschlecht der Merkline benannt, nach dem Brand 1693 bis zum Großen Berlin verlängert und ist besetzt mit anspruchsvollen Patrizierhäusern des 16. bis 19. Jh.s, die die ältesten Häuser mit mittelalterlicher Kernsubstanz von Halle darstellen. Zu DDR-Zeiten verfiel die alte Bausubstanz, die Häuser mit ihren Renaissanceportalen verkamen zu Ruinen. Heute sind und werden immer noch viele Häuser saniert. Diese Wiederaufbauleistung in kürzester Zeit würdigte die Deutsche Stiftung Denkmalschutz 1993, als sie die Stadt Halle unter 115 Mitbewerbern beim Bundeswettbewerb »Erhaltung historischen Straßenraums« mit einer Goldmedaille auszeichnete.

! *Baedeker* TIPP

Kneipenmeile Sternstraße

Der nach dem ehemaligen Gasthof Zum goldenen Stern benannte Straßenzug zwischen Kleinem Berlin und Kleiner Brauhausstraße ist eine der schönsten gründerzeitlichen Ecken Halles. In den Sommermonaten trifft man sich hier gerne am Abend an den Tischen und Bänken vor den Kneipen und Restaurants.

Schleiermacherhaus

Das Haus in der Großen Märkerstr. 21/22, in dem der Theologe und Religionsphilosoph Daniel Friedrich Schleiermacher (1768 – 1834), damals Professor an der halleschen Universität, von 1804 bis 1807 gewohnt hat, ist das **größte erhaltene historische Wohngebäude** an der »Professorenstraße«. Der Hofflügel, eines der ältesten Wohngebäude des mittelalterlichen Halle, lässt sich bis in die Zeit um 1200 zurückdatieren, während der straßenseitige Bau mit Wendelstein im Hof in den Jahren 1561/62 errichtet wurde. Ein weiterer berühmter Bewohner des Stadtpalasts war der Franzose Jean Michael Milie, genannt la Fleur, der hier von 1680 bis 1693 eine **Ritterakademie** einrichtete, die als Vorläufer der 1694 gegründeten Universität gilt. Aufgabe jener Akademie war die Vermittlung höfischer Bildung und Sprachkenntnisse sowie die Unterweisung in den ritterlichen Künsten wie Reiten und Fechten für Söhne des Adels, höherer Beamten und des vermögenden Bürgerstands, um sie für spätere Dienste als Beamte, Offiziere oder Diplomaten zu befähigen. Im Zusammenhang mit der Gründung der Universität wurde die Ritterakademie als selbstständige Einrichtung aufgelöst und ging in der neuen Hochschule auf. Die beiden Gebäudeteile wurden auch in der Folgezeit von Universitätsprofessoren bewohnt, woraus die Bezeichnung **Professorenhaus** resultiert. Die umfangreiche Sanierung dieses mächtigen Renaissancebaus begann 1992. Das Schleiermacherhaus ist heute **Sitz des Landesamts für Denkmalpflege Sachsen-Anhalt**.

Auf der gegenüberliegenden Straßenseite stehen zwei bedeutende, leider bisher nicht sanierte Renaissancehäuser (Bürgerhaus Große Märkerstr. 9 sowie das Sitznischenportal von Nr. 7).

✶ Steintor-Varieté

E 20

Lage: Am Steintor 10
Innenstadtplan: II B 4

Straßenbahn: Steintor (Linien: 1, 2, 5, 6, 10, 12)

An der Nordseite des Steintorplatzes liegt das traditionsreiche Steintor-Varieté (1889), eines der ältesten Varietétheater in Deutschland.

! *Baedeker* TIPP

»Herr Fuchs und ... «

Über die Stadtgrenzen hinaus bekannt ist die jährlich vom Theater produzierte Weihnachtsrevue »Herr Fuchs und ... «, die von mehreren Hundert Kindern eines halleschen Tanzzentrums gestaltet und von über 30 000 Zuschauern jedes Jahr besucht wird.

Bis zum heutigen Tag sorgen artistische Darbietungen, Humor, Bankette, Stehkonzerte, Box- und Tanzveranstaltungen sowie internationale Stars für Abwechslung im Spielplan. Namhafte Künstler wie Manfred Krug, Jürgen von der Lippe, Jan Gabarek, Art Garfunkel, Udo Lindenberg oder Heinz Quermann waren auf der Varieté-Bühne zu Gast. In den letzten Jahren wurde die ursprüngliche architektonische Gestaltung des Innenraums von 1889 mit über 1000 Plätzen unter dem tausendfachen Sternenhimmel am dunkelblauen Deckengewölbe weitgehend wiederhergestellt.

✶ **Graf-Luckner-Denkmal**

Seit Mai 2003 erinnert ein Denkmal auf der Grünfläche am Steintor an das Verdienst des 1881 bei Dresden geborenen Seefahrers und Schriftstellers **Felix Graf von Luckner** (1881 – 1966), des »Retters von Halle«. Die Stele aus Edelstahl ist der US-Infanterie-Division »Timberwolf« gewidmet, die im April 1945 durch ihr umsichtiges Vorgehen die Stadt Halle vor der völligen Zerstörung bewahrte. Luckner gelang es, sich zur US-Armee durchzuschlagen. Nach Vorsprache beim Kommandeur der »Timberwolves«, die Halle erstürmen sollten, konnte er den deutschen Stadtkommandanten überzeugen, aus Halle abzuziehen. Ein Bronzerelief auf der Stele zeigt das Symbol der Division, den Timberwolf, sowie eine Luftaufnahme Halles vom August 1944. Im Jahr 1953 bekam der aus dem Ersten Weltkrieg auch als »Seeteufel« bekannte Luckner für seinen Einsatz in Halle das Große Bundesverdienstkreuz am Bande verliehen. Luckners Wohnhaus ist noch am Universitätsring Nr. 5 zu besichtigen.

Textil- und Gobelinmanufaktur

Auf dem Weg vom Steintor ins gründerzeitliche Paulusviertel lohnt sich ein Abstecher in die Textil- und Gobelinmanufaktur, wo Jacquardgewebe, Gobelins, Stickbilder, Altardecken, Leinentischdecken und Accessoires entstehen, die auch im angeschlossenen Werkstattladen käuflich erworben werden können (Puschkinstr. 19, Öffnungszeiten: Mo. – Do. 8.00 – 15.30, Fr. 8.00 – 12.30 Uhr).

★ Universitätsplatz

F 19

Lage: Universitätsplatz 10
Innenstadtplan: II C 3

Straßenbahn: Joliot-Curie-Platz (Linien 2, 5)

Die Wurzeln der ältesten und größten Hochschule Sachsen-Anhalts gehen auf die 1502 in Wittenberg gegründete sächsische Universität und die 1694 in Halle eröffnete brandenburgisch-preußische »Fridericiana« zurück. In Wittenberg lehrten Martin Luther (► Berühmte Persönlichkeiten) und Philipp Melanchthon.

Durch sie entwickelten sich die Stadt und ihre Universität zum geistigen Zentrum der Reformation. Um 1700 wurde Halle durch den Rechtsgelehrten **Christian Thomasius** und den Professor für alte Sprachen und Theologie, **August Hermann Francke** (► Berühmte Persönlichkeiten), zu einem der Ausgangspunkte der deutschen Aufklärung. Auch der Philosoph **Christian Wolff** (S. 283), der Landwirt **Julius Kühn** und der Mathematiker **Georg Cantor**, Begründer der Mengenlehre, prägten das wissenschaftliche Leben an der Lehr- und Forschungsstätte. Nicht nur bedeutende Lehrende wirkten an der Universität in Halle, sie brachte auch berühmte Absolventen hervor. Nachdem Napoleon die Wittenberger Universität 1813 kurzerhand hatte schließen lassen, wurden infolge der territorialen Neuordnung nach den Napoleonischen Kriegen beide Universitäten 1817 in Halle vereinigt. Seit 1933, dem Jahr des 450. Geburtstags von Martin Luther, trägt die Hochschule den Namen des berühmten Reformators.

? WUSSTEN SIE SCHON ...?

- ... dass in Halle 1754 die erste Frau Deutschlands, Dorothea Christiane Erxleben, einen Doktortitel erwarb? Auch der erste Afrikaner an einer europäischen Universität studierte hier: Anton Wilhelm Amo aus dem heutigen Ghana lebte von 1727 bis 1734 in Halle; zeitweise lehrte er selbst an der Universität.

Der Universitätsplatz inmitten des Stadtkerns bildet seit dem frühen 19. Jh. das **Zentrum der heutigen Martin-Luther-Universität Halle-Wittenberg** und gilt als einer der schönsten Plätze in Europa. Umsäumt wird der Platz von dem klassizistischen Hauptgebäude (Löwengebäude) von 1834, dem Robertinum (1891), dem Thomasianum, dem Melanchthonianum (1903), dem Juridicum (1998) sowie dem Audimax (2002) und der großen Freitreppe.

★ Löwengebäude mit Universitätsmuseum und Kupferstichkabinett

Zwei Löwenplastiken aus Bronze bewachen das Eingangsportal des Hauptgebäudes auf dem Universitätsplatz, auch Löwengebäude genannt, das 1832 bis 1834 von Ernst F. Zwirner und Wilhelm H. Matthias errichtet wurde. Das prunkvolle Treppenhaus und die Wandelgänge des klassizistischen Zentralbaus wurden von bedeutenden Künstlern ausgeschmückt. So wurde das Akanthusrankengeländer nach Entwürfen von Karl Friedrich Schinkel gefertigt, die Gelehrtenbüsten schufen Bildhauer wie Christian Daniel Rauch, Christian F. Tieck, Ludwig Wichmann und Gerhard Marcks. Über dem oberen Wandelgang zeigt ein Fries von zwanzig Gemälden Allegorien der vier klassischen Fakultäten Theologie, Philosophie, Jurisprudenz und Medizin, geschaffen von Gustav Adolph Spangenberg. Die **Aula** ziert ein Wandgemälde mit Porträts berühmter Professoren und Rektoren des 18. Jh.s von Peter Cornelius. Das **Museum universitatis** im Löwengebäude beherbergt eine Kunstsammlung mit Gemälden und Plastiken berühmter Gelehrter aus fünf Jahrhunderten sowie die Insignien der Universität und ein Kupferstichkabinett mit ca. 11 000 Grafiken des 15. bis 20. Jahrhunderts. Besucher können zudem nach Voranmeldung den Sessionssaal (altes Sitzungszimmer des Senats) und einen historischen Hörsaal mit altem Gestühl und Katheder besichtigen.

★ Robertinum – Lehrgebäude und Archäologisches Museum

Öffnungszeiten:
Do. 15.00 – 17.00
u. n. V.

Das Robertinum, rechts neben dem Löwengebäude, das den Namen seines langjährigen Direktors Carl Robert (1850 – 1922) führt, wurde ab 1889 von Richard Hallmann gebaut. Die neoklassizistische Formensprache nimmt Bezug auf seine Funktion als Archäologisches Museum. Es vermittelt einen Einblick in die Entwicklung der Kulturen des alten Griechenland, Rom und Ägypten. Die öffentliche Ausstellung umfasst unter anderem eine Auswahl von Gipsabgüssen bedeutender großplastischer Bildwerke, Aquarellreproduktionen pompejanischer Wandgemälde sowie zahlreiche Beispiele antiker Kleinkunst. Seit 1928 teilen sich das Museum und die Lehrstühle für Klassische Archäologie, Alte Geschichte und Klassische Philologie die Räumlichkeiten im Robertinum.

Meckelsche Sammlung

Gr. Steinstr. 52
Straßenbahn: Steintor (Linie 2,5,12) ►

Die Meckelsche Sammlung ist eine **Sammlung anatomischer Präparate** des Instituts für Anatomie und Zellbiologie der Martin-Luther-Universität Halle-Wittenberg, untergebracht in der Großen Steinstraße 52. Ihren Ausgangspunkt haben sie in der im 18. Jahrhundert begründeten Privatsammlung der berühmten Ärztefamilie Meckel. Sie bestehen aus einem human-anatomischen und einem vergleichend-anatomischen Sammlungsbereich mit insgesamt weit über 7000 Präparaten. Die Anatomischen Sammlungen gehören zu den umfangreichsten ihrer Art in Europa und dienen bis zum heutigen Tag der Lehre und der Forschung (Besichtigung nach Voranmeldung möglich).

Leopoldina

Wenige Meter von der Universitäts- und Landesbibliothek und dem Opernhaus entfernt hat die Nationale Akademie der Naturforscher, Leopoldina, die **älteste naturwissenschaftlich-medizinische Gelehrtengesellschaft in Deutschland**, ihren Sitz. Sie wurde im Jahr 1652 in Schweinfurt gegründet und ist seit 1878 in Halle angesiedelt. Ausschlaggebend für Halle war auch das Renommee der Martin-Luther-Universität. Seit ihrer Gründung förderte die Leopoldina zahlreiche

Der Campus der Martin-Luther-Universität in Halles Innenstadt gilt als einer der schönsten in Europa.

Wissenschaftler, darunter allein 170 Nobelpreisträger wie Marie Curie und Albert Einstein. Sie hat mehr als 1300 Mitglieder in aller Welt. Ihre wichtigsten Aufgaben sind die Beratung von Politik und Öffentlichkeit zu wissenschaftlichen Themen im nationalen und internationalen Kontext sowie die Förderung des wissenschaftlichen Nachwuchses. Im Jahr 2008 wurde die Leopoldina zur **Nationalen Akademie der Wissenschaften** ernannt (Öffnungszeiten: Bibliothek Hauptlesesaal Mo. – Sa. 8.00 – 23.00, So. 14.00 – 23.00; Führungen jeden 1. Sa. im Monat 11.00 Uhr).

◀ Aug.-Bebel-Str. 13/50
Straßenbahn: Joliot-Curie-Pl. (Linie 2, 5) od. Moritzburgring (Linie 7)

REGISTER

i

j

k

l

m

VERZEICHNIS DER KARTEN & GRAFISCHEN DARSTELLUNGEN

BILDNACHWEIS

Baedeker-Archiv S. 46, 47, 48, 49
Binsack, Gunther (Leipzig) S. 44
Göltz, Klaus E. (Halle a.d. Saale) S. 254, 273 (c) VG Bild-Kunst, Bonn 2009
Görne, Bernd (Leipzig) S. 6, 240
Gottlieb, Ingo (Halle a.d. Saale) S. 55, 242/243, 253 (unt. re.)
Grassi-Museum für Völkerkunde (Leipzig) S. 179
HB-Verlag/M.O. Schulz vordere Umschlaginnenseite, 2, 5, 8, 15, 50, 89, 136, 157, 159, 188, 196, 199, 209, 211, 234, 236, 238
Hentze, Reinhard (Halle a.d. Saale) S. 252
Leipziger Messe GmbH S. 21, 28, 29, 90, Umschlagklappe hinten
laif/Jehnichen, Martin S. 71
laif/Westrich, Gerhard S. 230
LTM/Schmidt S. 7, 12, 13 (ob., unt.), 16, 56, 63 81, 84, 87, 94, 97, 107, 110, 118, 122, 142, 149, 152/153, 162, 165, 169, 174, 177, 193, 203, 205, 221, 224, 228, 235 ob.li.
picture alliance/akg S. 27
picture alliance/transit/J. Riedel S. 35
picture alliance/W. Grubitzsch S. 58, 60
Rauch, Ludwig (Berlin) S. 14 (unt.)
Szerelmy, Beate S. 1, 11, 65, 73, 135, 153, 245, 253 (ob. li., unt.)
Wagner, Hanna S. 10/11, 13 (Mi.), 14 (ob.), 24, 64/65, 134/135, 171, 183, 215, 218, 235 (ob.re., unt.)
Wenzel, Marion (Universität Leipzig) S. 180
Ziegler, Thomas S. 3, 4, 9, 14 (Mitte), 36, 39, 43, 85, 100, 146, 246, 249, 257, 258, 261, 265, 267, 271, 275, 277, 280, 283, 284, 289

Titelbild: laif/Westrich – Riquetcafé Leipzig

IMPRESSUM

Ausstattung:
121 Abbildungen, 15 Karten und grafische Darstellungen, zwei große Citypläne
Text:
Bernd Görne und Anke Michler-Janhunen mit Beiträgen von Annekatrin Köhler, Dr. Michael Pantenius, Marlene Köhler, Helmut Linde, Rainer Eisenschmid und Beate Szerelmy
Bearbeitung:
Baedeker Redaktion
(Beate Szerelmy)
Kartografie:
Franz Huber, München;
Falk Verlag, Ostfildern (Citypläne)
3D-Illustrationen:
jangled nerves, Stuttgart
Gestalterisches Konzept:
independent Medien-Design, München
(Kathrin Schemel)

Chefredaktion:
Rainer Eisenschmid,
Baedeker Ostfildern

1. Auflage 2010

Urheberschaft:
Karl Baedeker Verlag, Ostfildern

Nutzungsrecht:
MAIRDUMONT GmbH & Co KG; Ostfildern
Der Name Baedeker ist als Warenzeichen geschützt. Alle Rechte im In- und Ausland sind vorbehalten. Jegliche – auch auszugsweise – Verwertung, Wiedergabe, Vervielfältigung, Übersetzung, Adaption, Mikroverfilmung, Einspeicherung oder Verarbeitung in EDV-Systemen ausnahmslos aller Teile des Werkes bedarf der ausdrücklichen Genehmigung durch den Verlag Karl Baedeker.

Anzeigenvermarktung:
MAIRDUMONT MEDIA
Tel. 0049 711 4502 333
Fax 0049 711 4502 1012
media@mairdumont.com
http://media.mairdumont.com

Printed in China
Gedruckt auf 100% chlorfrei gebleichtem Papier

i atmosfair

nachdenken • klimabewusst reisen
atmosfair

Reisen bereichert und verbindet Mnschen und Kulturen. Jedoch wer reist, erzeugt auch CO_2. Dabei trägt der Flugverkehr mit bis zu 10% zur globalen Erwärmung bei. Wer das Klima schützen will, sollte sich somit nach Möglichkeit für die schonendere Reiseform entscheiden (wie z. B. die Bahn). Wenn keine Alternative zum Fliegen besteht, kann man mit atmosfair handeln und klimafördernde Projekte unterstützen.
atmosfair ist eine gemeinnützige Klimaschutzorganisation unter der Schirmherrschaft von Klaus Töpfer. Die Idee: Flugpassagiere spenden einen kilometerabhängigen Beitrag für die von ihnen verursachten Emissionen und finanzieren damit Projekte in Entwicklungsländern, die dort den Ausstoß von Klimagasen verringern helfen. Dazu berechnet man mit dem Emissionsrechner auf **www.atmosfair.de** wieviel CO_2 der Flug produziert und was es kostet, eine vergleichbare Menge Klimagase einzusparen (z.B. Berlin – London – Berlin 13 Euro). atmosfair garantiert die sorgfältige Verwendung Ihres Beitrags. Auch Karl Baedeker Verlag fliegt mit *atmosfair*. Unterstützen auch Sie unser Klima. Alle Informationen dazu auf www.atmosfair.de.

BAEDEKER VERLAGSPROGRAMM

- Ägypten
- Algarve
- Allgäu
- Amsterdam
- Andalusien
- Athen
- Australien
- Australien • Osten
- Bali
- Baltikum
- Barcelona
- Belgien
- Berlin • Potsdam
- Bodensee
- Brasilien
- Bretagne
- Brüssel
- Budapest
- Bulgarien
- Burgund
- Chicago • Große Seen
- China
- Costa Blanca
- Costa Brava
- Dänemark
- Deutsche Nordseeküste
- Deutschland
- Deutschland • Osten
- Djerba • Südtunesien
- Dominik. Republik
- Dresden
- Dubai • VAE
- Elba
- Elsass • Vogesen
- Finnland
- Florenz
- Florida
- Franken
- Frankfurt am Main
- Frankreich
- Fuerteventura
- Gardasee
- Golf von Neapel
- Gomera
- Gran Canaria
- Griechenland
- Griechische Inseln
- Großbritannien
- Hamburg
- Harz
- Hongkong • Macao
- Indien
- Irland
- Island
- Israel
- Istanbul
- Istrien • Kvarner Bucht
- Italien
- Italien • Norden
- Italien • Süden
- Italienische Adria
- Italienische Riviera
- Japan
- Jordanien
- Kalifornien
- Kanada • Osten
- Kanada • Westen
- Kanalinseln
- Kapstadt • Garden Route
- Kenia
- Köln
- Kopenhagen
- Korfu • Ionische Inseln
- Korsika
- Kos
- Kreta
- Kroatische Adriaküste • Dalmatien
- Kuba
- La Palma
- Lanzarote
- Lissabon
- Loire
- London
- Madeira
- Madrid
- Malediven
- Mallorca
- Malta • Gozo • Comino
- Marokko
- Mecklenburg-Vorpommern
- Menorca
- Mexiko
- Moskau
- München
- Namibia
- Neuseeland
- New York
- Niederlande

- Norwegen
- Oberbayern
- Oberital. Seen • Lombardei • Mailand
- Österreich
- Paris
- Peking
- Piemont
- Polen
- Polnische Ostseeküste • Danzig • Masuren
- Portugal
- Prag
- Provence • Côte d'Azur
- Rhodos
- Rom
- Rügen • Hiddensee
- Rumänien
- Russland (Europäischer Teil)
- Sachsen
- Salzburger Land
- St. Petersburg
- Sardinien
- Schottland
- Schwäbische Alb
- Schwarzwald
- Schweden
- Schweiz
- Sizilien
- Skandinavien
- Slowenien
- Spanien
- Spanien • Norden • Jakobsweg
- Sri Lanka
- Stuttgart
- Südafrika
- Südengland
- Südtirol
- Sylt
- Teneriffa
- Tessin
- Thailand
- Thüringen
- Toskana
- Tschechien
- Tunesien
- Türkei
- Türkische Mittelmeerküste
- Umbrien
- Ungarn
- USA
- USA • Nordosten
- USA • Nordwesten
- USA • Südwesten
- Usedom
- Venedig
- Vietnam
- Weimar
- Wien
- Zypern

BAEDEKER ENGLISH

- Andalusia
- Austria
- Bali
- Barcelona
- Berlin
- Brazil
- Budapest
- Cape Town • Garden Route
- China
- Cologne
- Dresden
- Dubai
- Egypt
- Florence
- Florida
- France
- Gran Canaria
- Greece
- Iceland
- India
- Ireland
- Italy
- Japan
- London
- Mexico
- Morocco
- New York
- Norway
- Paris
- Portugal
- Prague
- Rome
- South Africa
- Spain
- Thailand
- Tuscany
- Venice
- Vienna
- Vietnam

LIEBE LESERINNEN, LIEBE LESER,

ein herzliches Dankeschön, dass Sie sich für einen Baedeker Allianz Reiseführer entschieden haben. Er wird Sie zuverlässig auf Ihrer Reise begleiten und Sie nicht im Stich lassen.
Natürlich beschreibt er die wichtigen Sehenswürdigkeiten, aber er empfiehlt auch die nettesten Kneipen und Bars, dazu Hotels für den großen und kleinen Geldbeutel, gibt Tipps für Restaurants, Shopping und für vieles mehr, was eine Reise zum Erlebnis macht. Dafür haben unsere Autoren und die Redaktion Sorge getragen. Sie sind für Sie regelmäßig nach Leipzig und Halle gereist und haben all ihre Erfahrungen und Kenntnisse in diesen Reiseführer gepackt.

Trotzdem: Die Erfahrung zeigt, dass Fehler und Änderungen nach Drucklegung, für die der Verlag keine Haftung übernehmen kann, nicht ausgeschlossen werden können. Für Kritik, Berichtigungen und Verbesserungsvorschläge sind wir Ihnen außerordentlich dankbar. Schreiben Sie uns, mailen Sie uns oder rufen Sie an:

► **Verlag Karl Baedeker GmbH**
Redaktion
Postfach 3162
D-73751 Ostfildern
Tel. (0711) 4502-262, Fax -343
E-Mail: info@baedeker.com

Besuchen Sie uns auch im Internet unter www. baedeker.com. Hier finden Sie jeden Monat den aktuellen Reisetipp der Redaktion und das gesamte Verlagsprogramm. Hier können Sie auch lesen, wer Karl Baedeker war und wie er seinen ersten Reiseführer geschrieben hat. Mit seinen über 180 Jahren ist der Karl Baedeker Verlag der älteste Reiseführer-Verlag der Welt.

www.baedeker.com

ZU GEWINNEN: STADTREISE NACH LONDON

Unter allen Einsendungen verlost der Verlag am Jahresende – unter Ausschluss des Rechtswegs – eine Städtekurzreise für zwei Personen nach London.
Freuen Sie sich auf ein spannendes Wochenende in London. Natürlich ist ein Baedeker Allianz Reiseführer London auch dabei!